Friedrich Carl Freiherr von Moser

Patriotisches Archiv für Deutschland

Friedrich Carl Freiherr von Moser

Patriotisches Archiv für Deutschland

ISBN/EAN: 9783741132988

Manufactured in Europe, USA, Canada, Australia, Japa

Cover: Foto ©ninafisch / pixelio.de

Manufactured and distributed by brebook publishing software (www.brebook.com)

Friedrich Carl Freiherr von Moser

Patriotisches Archiv für Deutschland

Patriotisches Archiv
für
Deutschland.

Achter Band.

Es gilt um die Crone.

Nebst dem Bildniß des Chur=Trierischen Geh. Staats=
Raths und Weyh=Bischofs, Herrn von Hontheim.

Mannheim und Leipzig
bey C. F. Schwan und G. C. Göz.

1788.

I.
Des
Fürstlichen Gesamthauses
Nassau
im Jahre 1783
erneuerter
Erbverein.

* * *

Nebst der Kayserlichen Bestättigungs-Urkunde
vom 29. Sept. 1786.

Nach dem Original-Druck von 1786.
in Folio 10. Bogen.

* * *

Nachfolgender Fürsten-Bund eines unserer ältesten und edelsten Deutschen Häuser wird noch von später Nachkommenschaft als ein Denkmahl von Regenten-Weisheit, Vater-Sinn und Fürstlicher Bruder-Liebe verehrt, geseegnet und bewundert werden, wenn alle die Preiswürdige Fürsten und edle Männer längst zu höhern Belohnungen schöner Handlungen eingegangen sind, welche diesen Eintrachts-Tempel entworfen und zu einem so herrlichen harmonischen Bau aufgeführt haben.

Es gilt hier nicht um Lob, dessen ein Werk nicht bedarf, das sich selbsten preißt, noch um Vorwürfe anderer Häuser, die durch ihre Ruinen berühmter sind, als durch ihren Flor, noch um Zergliederung des Fürsten-Glaubens: wenns nur hält, so lang wir leben; aber das ist erlaubt, ist Patrioten-Pflicht, zu wünschen, daß diese Erb-Verein von allen Deutschen Fürsten und Fürstenmäßigen Dynasten möge gelesen, beherziget und nachgeahmet — daß er von redlichen Ministern und Prinzen=Hofmeistern unsern nachwachsenden Erb=Fürsten als Muster und Spiegel möge vorgehalten werden, und Naßau's edle Fürsten noch hienieden den Trost und Freude erleben, durch ihr Ruhmvolles Beyspiel Wetteifer zur Nachfolge bey vielen andern erweckt zu haben.

Denn hier ist überdachtes, geprüftes, zusammenhangendes System, tiefgelegter Grund, Schutzwehren und Dämme gegen Fehler und Schwächen des Verstandes und Willens, hier ist, in politischem Sinn, Gesetz und Evangelium beysammen.

Gesetz gegen Vergeuder und Schuldenmacher von Fürsten und gegen Augendiener von Räthen, oder Ahitophels von Cabinets=Schurken, Evangelischer Trost vor jeden ehrlichen Mann, der sich gegen unehrbare Zumuthungen und heillose Rathschläge auf seinen Eyd berufen und bey einem rechtschaffenen und standhaften Betragen auf den Schutz und Vertrettung der hohen Agnaten rechnen kann.

Ein seltenes Glück ist es freilich, daß die Lebens=Tage so vieler von Einem Geist belebten, auf Einen gemeinsamen wohlthätigen Zweck gestimmten Fürsten, als ihrer hier erscheinen, zusam=

mengetroffen sind und daß ihnen das Glück von eben so vielen würdigen, einsehenden, sich unter einander verstehenden und vor bleibende Ehre und Gröſſe des Hauses Empfindungsvollen Ministern zu theil geworden. Man sieht aber auch, daß, wenn drey redlich und ernstlich wollen, der vierdte muß, er mag wollen oder nicht.

Ganz einzig in seiner Art, ganz vortreflich und nachahmungswürdig ist der im 18. §. benannte **Erwerbungs- und Verbesserungs-Fond** des Fürstlichen Sammthauses und es wäre Beleidigung, zu denken, daß dieser glückliche Gedanke (wie dann doch leider dieß der Fall bey so vielen Fürstlichen Testamenten und Haus-Verträgen ist) nur zu frommen Wünschen gehören solle, vielmehr läßt der ganze Character der Erbvereinten Fürsten mit Zuversicht unterstellen, daß Wort und That auch hierinn zusammen treffen werden. Zur allgemeinen Erbauung und Frommen, zum Beyspiel für andere, die gerne wollten, wenn sie es nur anzufangen wüßten, und zur Beschämung für die, so könnten, und nicht wollen, erlaube ich mir aber den Wunsch, daß früher oder später die eigentliche Bestandtheile und Verfahrungsweise dieses schönen Plans näher bekannt gemacht werden möchten und dürften, da solche doch in die länge kein Geheimniß bleiben können und

Schuldenzahlen immer Ehre und Erwerben auf die Art, wie hier der Entwurf gemacht zu seyn scheint, keine politische Goldmacherey, sondern eine auf System, Ordnung, Treu und Glauben, und freundschaftliches Einverständniß gegründete Möglichkeit ist.

Ohngeachtet die Kayserliche Confirmation in dem unverbesserlichen schwerfälligen Reichs-Canzley-Styl gefaßt und den vereinigten Fürsten über ihren exemplarischen Bund auch nicht ein einiges schönes Wörtgen gesagt ist: so darf man doch um so gewisser glauben, daß Joseph dem II. der selbst so viel auf Schuldenzahlen, Erwerben und Zusammenlegen hält, der Vortrag hievon einen frohen Augenblick gemacht, und Ihro Majestät mit Vergnügen Ihren Reichs-Obrist-Hauptlichen Seegen darüber ausgesprochen haben werden.

*

Wir Joseph der Andere von Gottes Gnaden erwählter Römischer Kaiser, zu allen Zeiten Mehrer des Reichs, König in Germanien, zu Jerusalem, Hungarn, Böheim, Dalmatien, Croatien, Slavonien, Galizien und Lodomerien, Erzherzog zu Oesterreich, Herzog zu Burgund, zu Lothringen, zu Steyer, zu Cärnten und zu Crain, Großherzog zu Toscana, Großfürst zu

Nassauische Erbverein von 1783.

Siebenbürgen, Marggraf zu Mähren, Herzog zu Brabant, zu Limburg, zu Lützenburg, und zu Geldern, zu Würtemberg, zu Ober= und Nieder= Schlesien, zu Mailand, zu Mantua, zu Parma, Piazenz, Quastala, Auschwitz, und Zator, zu Calabrien, zu Bar, zu Montferrat, und zu Teschen, Fürst zu Schwaben und Charleville, gefürsteter Graf zu Habsburg, zu Flandern, zu Tyrol, zu Henegau, zu Kyburg, zu Görz, und zu Gradisca, Marggraf des heiligen Römischen Reichs zu Burgau, zu Ober= und Nieder=laußnitz, zu Pont a Mauson, und zu Nomeny, Graf zu Namur, zu Provinz, zu Vaudemont, zu Blan= kenberg, zu Zütphen, zu Saarwerden, zu Salm und zu Falkenstein, Herr auf der Windischen Mark, und zu Mechlen ꝛc. ꝛc.

Bekennen öffentlich mit diesem Brief, und thun kund allermänniglich, daß Uns die Durch= lauchtig Hochgebohrne, **Wilhelm**, Prinz von Oranien, Fürst zu Nassau, Graf zu Catzenellen= bogen, Vianden und Dietz, Erbstatthalter, Capi= taine, und Admiral=General der vereinigten Nie= derlanden; dann **Carl** Fürst zu Nassau, Graf zu Saarwerden, Herr zu Lahr, Wiesbaden, Idstein und Weilburg; auch **Carl Wilhelm**, Fürst zu Nassau, Graf zu Saarbrücken und Saarwerden,

10 Nassauische Erbverein von 1783.

Herr zu Lahr, Wiesbaden, Jdstein und Ottweiler; dann Ludwig, Fürst zu Nassau, Graf zu Saarbrücken und Saarwerden, Herr zu Lahr, Wiesbaden, Jdstein und Usingen, Unsere respective liebe Vetter, Oheime und Fürsten; und des Carl Wilhelm, Fürsten zu Nassau, zween nachgebohrne Brüder, Friedrich und Adolph, Fürsten zu Nassau-Usingen, Liebden, Liebden, in Unterthänigkeit zu vernehmen gegeben, wasmaßen zwischen ihren Fürstlichen Hauptstämmen und Linien allschon im Jahr Siebenzehenhundert sechs und dreißig ein Erb-Vertrag und wechselweise Successions-Ordnung errichtet, und mittelst feierlichen Eides bestättiget, darüber aber gar bald von des damals noch lebenden, nunmehr verstorbenen Fürsten von Nassau-Oranien Liebden, Anstände erreget, und diese Sache an Unseren Kaiserlichen Reichs-Hof-Rath klagbar gebracht worden seye; Endlichen aber hätten sich diese Anstände mit der im Jahr Siebenzehenhundert acht und vierzig erfolgten Geburt des dermaligen Fürsten zu Nassau-Oranien Liebden, merklichen abgeänderet, die ganze Streit-Sache seye auf sich inzwischen erliegen geblieben, bis daß im Jahr Siebenzehenhundert drey und achtzig von sämtlich Fürstlich-Nassauischen Häusern ein neuer Versuch zur gütlichen Hinlegung sothaner Mißverständnissen gemacht, und

Naſſauiſche Erbverein von 1783.

nach mehrmalen gepflogenen Unterhandlungen, unter allſeitiger Renunciation der im Jahr Siebenzehenhundert ſechs und dreißig erhobenen Strittigkeit, zur Wohlfahrt und Aufnahme bemeldter Fürſtlicher Häuſer abgeſchloſſen worden, mit unterthänigſter Bitte, Wir ſothanen neuen Erb-Verein zu confirmiren und zu beſtättigen gnädigſt geruhen möchten: Welcher neue Erb-Verein von Wort zu Wort hernach geſchrieben ſtehet, und alſo lautet:

Im Namen Gottes Amen!

Von Gottes Gnaden Wir Wilhelm, Prinz von Oranien, Fürſt zu Naſſau, Graf zu Catzenellenbogen, Vianden, Dietz, Spiegelberg, Büren, Leerdam und Cuylenburg, Marggraf von Veere und Vlißingen, Baron zu Breda, Dieſt, Beilſtein, der Stadt Grave und der Landſchaft Cuyk, Yſſelſtein, Cranendonk, Eindhoven und Ließfeld, Souverainer Herr der Inſel Ameland, Herr zu Borkeloh, Bredevoort, Lichtenfoort, Loo, Gertruidenberg, Clundert, Sevenbergen, der hohen und niedern Swaluwe, Naaltwyk, Polanen, St. Martensdyk, Soeſt, Baeren und Ter-Eem, Willemſtadt, Steenbergen, Montfort, St. Vith, Butgenbach und Daasburg, Erbburggraf von Antwerpen, Erbmarſchall von Holland,

12 Nassauische Erbverein von 1783.

Erbstatthalter, Erb-Gouverneur, Erb-Capitaine und Admiral-General der vereinigten Niederlande, Erb-Capitaine, General und Admiral der Union, Ritter des Hosenbandes, auch des schwarzen Adlers 2c. 2c.

Von Gottes Gnaden Wir Carl, Fürst zu Nassau, Graf zu Saarbrücken und Saarwerden, Herr zu Lahr und Mahlberg, auch Wiesbaden und Idstein 2c. des Oberrheinischen Craises commandirender General-Feldmarschall und Obrister eines Regiments Infanterie, Ihro Hochmögenden derer Herrn General-Staaten der vereinigten Niederlanden bestellter General der Infanterie und Obrister Commandant der Garde zu Pferd, Gouverneur von Mastricht, des Königl. Dänischen Elephanten Ordens-Ritter, dermaliger Senior Unseres Fürstlichen Hauses Nassau-Saarbrücken 2c.

Von Gottes Gnaden Wir Carl Wilhelm, regierender Fürst zu Nassau, Graf zu Saarbrücken und Saarwerden, Herr zu Lahr und Mahlberg, auch Wiesbaden und Idstein 2c. Ihro Hochmögenden derer Herren General-Staaten der vereinigten Niederlanden bestellter General-Lieutenant, des Königlich Pohlnischen weißen Adler Ordens-Ritter 2c.

Nassauische Erbverein von 1783.

Von Gottes Gnaden, Wir Ludwig, Fürst zu Nassau, Graf zu Saarbrücken und Saarwerden, Herr zu Lahr und Mahlberg, auch Wiesbaden und Jdstein ꝛc. Maréchal de Camp derer Königlich Französischen Armeen und Inhaber derer beiden Regimenter Nassau-Saarbrück Infanterie, und Nassau-Saarbrück Cuirassiers, des Königlich-Französischen pour le merite Militaire, Königlich-Dänischen Elephanten, und Kurpfälzischen Sancti Huberti Ordens-Ritter ꝛc.

Urkunden und bekennen hiermit für Uns, Unsere Nachfolgere an der Regierung, auch Erben und Erbnehmen: Demnach über die zwischen denen beiderseitigen Hauptlinien Unseres Fürstlichen Gesamthauses Nassau im Jahre 1736. zu Stande gebrachte nähere Erbvereinigung allschon im Jahre 1738. einige Anstände sich hervorgethan haben, deren Erläuterung und nähere Bestimmung von Unsers des **Prinzen von Oranien** in Gott ruhenden Herrn Vaters Gnaden gewünschet worden, solche aber wegen verschiedener immittelst entstandener weiterer Mißverständnisse und wechselseitiger Bedenklichkeiten, auch darzwischen gekommener Sterbfälle, Kriegs- und anderer Ereignisse, nicht erfolget, dannenhero diese hochwichtige Sache bis

Veranlassung und Absicht des neuen Erb-Vertrags.

daher unerörtert geblieben ist, daß Wir solchem nach für räthlich angesehen haben, einen nochmaligen Versuch zu Hinlegung sothaner Mißverständnisse zu machen, auch endlich, nach mehrmalen gepflogenen Unterhandlungen dahin übereingekommen sind, abgeredet, geschlossen und Uns verglichen haben, wie hiernach folget.

Die bey der Brüder-Theilung im Jahre 1255. beibehaltene ursprüngliche Gemeinschaft des Grund-Eigenthums aller alten Naßauischen Stamms-Lande,

Erstens haben Wir Uns erinnert, daß, gleichwie vor der im Jahre 1255. vollzogenen Abtheilung Unserer uralten Naßauischen Stamms-Lande, der Mannsstamm jedesmals mit Ausschluß derer Töchter des letztlebenden und derer Schwestern gefolget ist, also in dem Theilungsbriefe selbst, dessen Anfang ist: In nomine Domini Amen. Walramus & Otto Comites de Naſſowe, und sich endet: Datum & actum apud Naſſowe Anno Domini 1255. menſe Decembris, quinta feria poſt feſtum beate Lucie Virginis, — sowohl die paßiv- als activ bereits heimgefallene oder künftig heimfallende Lehne nebst dem Stammhause Nassau und dem ganzen Einrich in wirklicher Gemeinschaft des Genusses, so wie die sämtliche übrige eigenthümliche Stamms-Lande, der Vertheilung derer Einkünfte ungeachtet, in einer wahren Gemein-

Nassauische Erbverein von 1783.

schaft des Grundeigenthums gelassen worden und noch sind, allermaßen mehrere annoch vorhandene, einige Jahre nach der Theilung vollzogene Urkunden Unserer theilenden Anherren, weiland Grafen **Walrams** und **Otten** selbst, gleich denen im Jahre 1309. und 1324. unter denen damals lebenden sämtlichen Stammsverwandten Grafen **Gerlach** und **Walrabe** Gebrüderen, mit denen Gebrüderen, Grafen **Heinrich**, **Emich** und **Johann**, für Sich und Ihre Erben, auch Lande und Leute, die Sie damals besessen, oder die Sie und Ihre Erben künftig gewinnen würden, abgeschlossenen ewigen Erbverbindnissen, nebst der beibehaltenen Gemeinschaft des Stammnamens und Wappens mit mehrerem zu erkennen geben, und solchergestalt auf das deutlichste bewähren, wasmaßen von einer Todttheilung der beiden Fürstlichen Linien, weder bey der ersten Brüdertheilung, noch in der Folge einige Frage, oder irgend ein Gedanke gewesen ist.

ist der Grund einiger nachgefolgten Erbvereine,

Eben so haben Wir Uns die von Unsern beiderseitigen Vorfahren wohlseligster Gedächtniß seit dem Jahre 1560. bis in das Jahr 1736. fast ohnunterbrochen gemachte Versuche und Entwürfe, zu

so wie derer seit 200. Jahren deshalber gepflogenen neuen Handlungen, noch festerer Knüpfung des unter Unseren beiden Linien bestehenden Erbverbands, zumalen auch die zur Befestigung desselben, in dem von Unsern, des **Prinzen von Oranien**, in Gott ruhenden Vorfahren unterm 8ten April des Jahres 1607. geschlossenen Nassau-Catzenellenbogischen Erbverein Art. 22. vorläufig eingegangene eidliche Verbindung, so wie den in deren Gemäsheit im Jahre 1736. am ²⁵⁄₃₀ May wirklich abgeschlossenen Erbvertrag mit allen dabey vorgefallenen Umständen und Folgen von Unseren beiderseitigen Fürstlichen Regierungen geziemend vortragen lassen.

<small>und des endlich im Jahr 1736. wirklich abgeschlossenen Erbvertrags.</small>

Gleichwie Wir nun hierbey von dem Rechte sowohl, als dem nach reifer Ueberlegung geäuserten ernstlichen Willen derer an diesem Erbvertrage theilhabenden= nunmehr in Gott ruhenden hohen Compaciscenten gänzlich überzeugt worden sind: als ist zuförderst abgeredet, beschlossen und festgesetzet worden, daß es bey dem nurgedachten im Jahre 1736. wohlbedächtlich abgeschlossenen Erbvereine, nach dessen wesentlichen Absicht und Inhalt sein ungeändertes Verbleiben haben solle.

Alldieweilen jedoch

<small>Bestätigung des Erbvereins vom Jahr</small> Zweitens zur Hinlegung derer theils über dessen Wortfassung, theils

über

Naſſauiſche Erbverein von 1783.

über deſſen Verſtand, theils endlich über deſſen Vollzug gleich Anfangs entſtandener Anſtände nöthig gefunden worden iſt, ſolchen der urſprünglichen Abſicht, und denen Zeit-Umſtänden gemäs zu erläutern und zu beſtimmen: So haben Wir für räthlich angeſehen; den weſentlichen Inhalt dieſes, wie derer vorher gegangenen Erbvereine Unſeres Fürſtlichen Geſamt-Hauſes Naſſau in der Maſe, wie ſolche, als das ewige Grundgeſetz Unſeres Fürſtlichen Geſamthauſes, zu allen Zeiten beſtehen ſolle, zu wiederhohlen, mit der ausdrücklichen Erklärung, daß dieſer gegenwärtige Erläuterungsvertrag in allen Fällen zur Richtſchnur genommen, alle vorhergehende Verträge aber hiernach ausgelegt, erweitert, eingeſchränkt, oder erkläret und bemeſſen, ſolche auch dem gegenwärtigen zuwider, auf keine Weiſe angezogen, oder angewendet werden ſollen. *1736. nach Maasgabe der hier nachfolgenden näheren Erläuterung.*

In ſolcher Vorausſetzung haben Wir Uns demnach

Drittens wohlbedächtlich und vertraulich, erblich und unwiederruflich verbunden, vereint, auch für Uns, Unſere Nachfolger und Nachkommen, Erben und Erbnehmen, einer dem an- *I. Ewiger Hausverband in Anſehung aller Fürſtlichen Lande, wobey a) die urſprüngliche Gemeinſchaft*

Patr. Archiv, VIII. Theil.　　　B

des Grund-Eigenthums der alten Stamms-Lande bestätiget wird.

dern versprochen und zugesagt, daß zuforderst Unsere sämtliche Nassauische Stamms-Lande, sie seyen Lehn oder Eigen, mit allen ihren Zugehörungen, so wie sie ursprünglich gewesen sind und haben seyn sollen, der bereits bestehenden, oder noch ferner gutfindenden Mutschar derer Einkünfte, und abgesonderten Regierungen ungeachtet, zu ewigen Tagen ein einziges unzertrenntes Corpus seyn und bleiben, und kein Stück derselben von diesem Verbande je und zu ewigen Tagen getrennet werden solle.

Alldieweilen auch

b) Die seit dem Jahre 1255. neu erworbene oder künftig erwerbende unmittelbare Reichs-Lande werden dieser Gemeinschaft einverleibt.

Viertens beide über ein halbtausend Jahre bestandene Fürstliche Hauptlinien Ihre ursprüngliche Stamms-Besitzungen unter Gottes Seegen mit verschiedenen ansehnlichen Erwerbungen, Graf- und Herrschaften zu vermehren, und eine sowohl als die andere auf mancherley Weise zu verbessern Gelegenheit gehabt, solche auch sofort, wann sie gleich zum Theil durch Vermählungen an das Haus gebracht worden sind, dem Mannsstamme, zu desto mehrerer Aufnahme und Lustre desselben zu überlassen und selbige mit Ihren

Nassauische Erbverein von 1783.

Stamms-Landen zu vereinigen gutgefunden haben, so sind Wir in Ansehung dieser und zu fernerer Fortpflanzung sothanen Lustre aus angebohrner Liebe, Treue und Freundschaft, die Wir als Bluts- und Stammsverwandte billig gegen einander hägen, übereingekommen und haben wiederhohlt abgeredet, bedungen und festgesetzt, bedingen, setzen fest, und bestimmen auch hierdurch, daß alle Reichs unmittelbare Lande und Güter, welche Unsere allerseitige in Gott ruhende Vorfahren bis daher erworben, und zu der Regierung Unserer Nassauischen Lande gezogen haben, oder Wir und Unsere Nachkommen und Nachfolger fernerhin im Deutschen Reiche erwerben möchten, sie seyen gelegen wo sie wollen, sie seyen erworben, auf welche Art und von wem sie wollen, Eigen oder Lehn, doch in Ansehung der letzteren mit ausdrücklichem Beding des etwa erforderlichen Lehnherrlichen Consenses, zu dessen Erlangung Wir einander treulich behülflich seyn sollen und wollen, mit allen ihren Meliorationen, Zugehörungen, Renten, Rechten und Gerechtigkeiten, und zwar die schon vorhandene Erwerbungen fernerhin, die künftige Erwerbungen aber von dem Tage, da sie durch Kauf, Tausch, oder auf irgend eine andere Art zum Hause gebracht worden sind, als Bestandtheile Unserer Fürstlich Nassauischen Lande geach-

tet, somit dem Corpori Unserer gesamten Stamms=
lande in vim fideicommissi familiæ conventio-
nalis & pacti realis zu ewigen Tagen einverleibet
seyn und bleiben sollen.

Gleichergestalt sollen

c) Gleiche Verordnung wegen der innerhalb denen Landesgränzen oder denselben zunächst gelegenen neu=erwerbenden Particular= güter.

Fünftens auch die in Land und Leuten nicht bestehende innerhalb denen Gränzen Unserer Fürstlich=Nassauischen erbvereinten Lande gelegene, oder unmittelbar daran gränzende neu erworbene, oder künftighin zu erwer=bende Güter, Zehnten, Zinsen, Renten, Rechte und Gerechtigkeiten, von dem ersten Augenblicke der Erwerbung an zu rechnen, als wahre Bestandtheile und Zubehörungen Unserer Lande geachtet, und nimmermehr wieder davon ge=trennet; dahingegen alle, außer denen Gränzen der Fürstlich=Nassauischen Lande, in Deutschland neu erworbene, aus der Ersparniß eines Fürsten erkaufte, oder Ihm sonst zugekommene mittelbare

Vorbehalt wegen der Me= diatbesigun= gen.

Güter, Renten, Rechte und Gerech=tigkeiten, währendem Leben des ersten Erwerbers, in den allgemeinen Haus=verband nicht gezogen, und also dessen freyen Dispo=sition darüber, sowohl unter Lebendigen, als von Todeswegen, der ohngehinderte Lauf gelassen werden.

Sobald aber auch diese Güter einmal in den Erbgang gekommen, somit von jenem durch Erbschaft an einen Sohn, Bruder, oder Agnaten Unseres Hauses gelanget sind, bleiben sie dem Erbverbande desselben unwiederruflich zugethan.

Eben so verbleibet

Sechstens dasjenige, was einer Fürstlichen Linie durch eine Gemahlin an Reichs unmittelbaren Landen, Leuten, Gütern, Renten, Rechten und Gerechtsamen zugebracht, oder von dieser aus Ihren Paraphernalgeldern in eigenem Namen erworben wird, derselben freyen Disposition unter Lebendigen, oder von Todeswegen vorbehalten, und gedenken Wir die einer solchen Fürstin deshalber zustehende Eigenthums-Rechte nicht zu beschränken.

d) Wie es mit denen durch Gemahlinnen künftig in das Haus kommenden Gütern zu halten seye?

Geschähe es aber, daß derlei zugebrachte Reichs unmittelbare Güter und Gerechtsame, ohne eine solche Disposition, einem oder mehreren Söhnen zu Theil, und sie also einmal in Unserem Fürstlichen Hause in den Erbgang kommen würden, oder gekommen wären, so soll es damit, wie mit allen denen Graf- und Herrschaften gehalten werden, welche in denen älteren Zeiten durch Vermählungen an Unser Fürstliches Haus gebracht worden sind, also, daß solche gleich diesen dem allgemeinen Verbande Unseres Fürstlichen Gesamthauses und Unserer Lande unterworfen, fort unter diesem Unserem Erbverein unwiederruflich begriffen seyn sollen.

So wenig wir nun auch

e) **Erwerbungen derer apanagirten Prinzen**
Siebentens die nachgebohrne Prinzen Unseres Fürstlichen Gesamthauses und deren etwaige männliche Nachkommenschaft in Ihren neuen Erwerbungen und in der freyen Disposition darüber zu beschränken gemeynet sind, so hägen Wir jedoch das Vertrauen, daß Sie solche neue Erwerbungen, aus angebohrner Liebe und Neigung für Unser Gesamthaus, das auch das Ihrige ist, diesem gerne gönnen, und deshalber, so viel von Ihnen abhänget, in Zeiten Vorsehung zu thun geneigt seyn werden;

sollen in Ermangelung einer gültigen Disposition, gleich denen der regierenden Fürsten, dem Hausverbande einverleibt seyn;
Auf den Fall hingegen, daß solches nicht geschähe, sollen die von einer solchen nachgebohrnen Linie erworbene oder ererbte unmittelbare Reichslande, Graf= und Herrschaften, sobald deren Eigenthum dieser Linie zugewachsen ist, dem allgemeinen Hausverbande einverleibt und mit dem Fürstlich=Nassauischen Familienfideicommiß vereinigt seyn, dergestalt, daß in Anse=

Nassauische Erbverein von 1783.

hung derselben alle die Verordnungen ihre Anwendung finden, welche wegen der neuen Erwerbungen regierender Fürsten verbindlich verabredet und festgesetzt worden sind, mit der weiteren daraus herfliesenden Bestimmung, daß bey Erlöschung des Mannsstammes einer solchen Nebenlinie, die regierende Linie, woraus jene entsprossen gewesen ist, zwar in Kraft dieses Unseres Erbvereins in die vorbemeldte von der erloschenen Nebenlinie neu erworbene Reichslande, Graf= oder Herrschaften, ohne die mindeste Hinderniß folgen, jedoch denen etwa hinterbliebenen Töchtern, oder andern Allodial=Erben eine verhältnismäßige Vergütung dieses Anfalls, unter der wohlbedächtlich hiermit beigefügten Einschränkung, entrichten solle, daß solche diejenige Summe, welche der Erbtochter eines Hauptstamms unten wird bestimmt werden, nicht übersteige, als womit gedachte Töchter und Erben sich in ermeldtem Falle zu begnügen, in Kraft dieses verbunden und gehalten seyn sollen.

jedoch die Allodial=Erben dagegen eine billig=mäsige Abfindung erhalten.

Indessen bleiben diejenige Güter, welche etwa von dem gemeinsamen Stammvater oder sonsten aus Unserem Fürstlichen Hause an einen nachgebohrnen Prinzen oder seine Linie gekommen sind, dem ursprünglichen Hausverbande, und dem Fürst=

24 Nassauische Erbverein von 1783.

lich-Nassauischen Familienfideicommiße, wie es sich von selbst verstehet, ein für allemal unterworfen.

Obwohlen nun

Ausnahme der Niederländischen Herrschaften und Grafschaft Spiegelberg von dem Haus-Verbande. **Achtens** durch die bis hieher angezeigte Bestimmung deutlich genug festgesetzet ist, welche, so gegenwärtige, als zukünftige Besitzungen Unser derer erbvereinten Fürsten, Unserer Erben und Nachkommen, unter diesem Erbverbande begriffen seyn sollen, oder nicht, so haben gleichwohl Wir, die Fürsten der Nassau-Saarbrückischen Linie, zu Hebung allen etwa künftig entstehenden Zweifels, ausdrücklich erkläret, erklären auch hiermit und in Kraft dieses auf das allerverbindlichste, daß Unser, des Prinzen von Oranien, Fürsten zu Nassau, Souveraine Besitzungen, gleich Unseren sogenannten Niederländischen, sowohl unter Kaiserlich-Königlicher Hoheit in dem Burgundischen Kreise, als in dem Umfange der vereinigten Niederlande gelegenen Herrschaften, die Wir jetzt inne haben, oder noch erwerben werden, samt der Grafschaft Spiegelberg, und, wann solche etwa künftighin vertauschet werden sollte, deren Surrogatum unter jenem Verbande nicht begriffen, sondern solche Unser

Nassauische Erbverein von 1783. 25

des Prinzen eigener gutfindender Disposition lediglich vorbehalten seyn; dahingegen aber auch die gegenwärtig auf diesen Herrschaften und gedachter Grafschaft etwa liegende, oder noch darauf zu legende Schulden, Verhaftungen und Lasten deren künftigen Besitzern, ohne alles Unser der Fürsten zu Nassau-Saarbrücken, Unserer Erben und Nachkommen, Zuthun oder Nachtheil, folgen und verbleiben sollen.

In Ansehung derer in der Gemeinschaft des Grundeigenthums bisher gestandenen, oder in Kraft dieses Erbvertrags eingeworfenen Lande, Leute, Güter, Renten, Rechte und Gerechtsame nun, wollen

Neuntens Wir, die regierende Fürsten zu Nassau beider Hauptstämme, einander hiermit und in Kraft dieses den civil Besitz aller und jeder derselben, sie seyen Eigen oder Lehne, (doch in Ansehung derer neu erworbenen Lehne, unter dem oben erwähnten ausdrücklichen Vorbehalt), vermittelst des Constituti possessorii, so weit es nöthig, übertragen; und in dessen Folge reden und verbinden Wir Uns, für Uns, Unsere Nach-

i) Beide Fürstliche Hauptstämme bestätigen und übertragen einander den civil Mitbesitz sämtlicher Ihrer deutschen Lande ꝛc. so weit Sie solchen nicht schon vorhin gehabt haben.

16 Naſſauiſche Erbverein von 1783.

kommen, Nachfolger, Erben und Erbnehmen, daß von nun an ein jeder regierender Fürſt zu Naſſau ſeine inhabende deutſche Reichslande, Leute, Güter, Renten, Rechte und Gerechtigkeiten, hinführo nicht nur für ſich, ſondern auch für ſeine Fürſtlich-männliche Nachkommenſchaft und Agnaten, und in deren Namen, doch ſeiner Landeshoheit und ſeinen Regierungsrechten im übrigen unbeſchadet, beſitzen und inhaben, fort ſolche nach der Erlöſchung des Mannsſtamms einer oder der andern Linie, auf die überbleibende, in der Ordnung, wie unten näher verſehen iſt, ohne daß es einiger Beſitzergreifung bedürfte, ipſo jure kommen und fallen, und ſolchergeſtalt der natural Beſitz dem civil Beſitze ohne alle Umſchweife anwachſen ſolle.

Damit aber

g) Verbot aller Veräuſerungen. **Zehntens** dieſe ſolchergeſtalt, ſowohl in Anſehung des Eigenthums, als des Beſitzes vereint- verbunden- und zuſammengeſetzte Lande nun und zu ewigen Tagen zuſammen gehalten, nichts davon entfremdet, oder ſolche auf irgend eine Weiſe verkürzet und geſchmälert werden, ſo erinnern Wir Uns billig derjenigen Verbote aller Verduſerungen, welche Unſere in GOtt ruhende Vorfahren in Ihren errichteten

Nassauische Erbverein von 1783.

Particular Statuten sowohl, als in dem Erbvertrage vom Jahre 1736., Sich und Ihrer Nachkommenschaft allschon zu einem ewigen Gesetz gemacht haben, wiederhohlen, erneuern und bestätigen demnach solche Verbote hiermit also und dergestalt, daß keiner Unser der erbvereinigten Fürsten, Unserer Erben und Nachkommen, zu ewigen Tagen, seine so Stamm- als neu erworbene, dem Familienverbande einverleibte Schlösser, Städte, Dörfer, Leute, Güter, Nutzungen, Renten, Rechte und Gerechtigkeiten, veräusern, oder von dem Fürstenthume entfremden solle oder wolle.

Geschähe solches aber wider Verhoffen, heimlich oder öffentlich, unter was Vorwande es immer geschähe, so soll solches keine Gültigkeit haben, sondern in Kraft dieses Erbvertrags, jetzt alsdann und dann als jetzt, null und nichtig, auch in Ansehung künftiger Successoren, sie seyen gleich des veräuserenden oder darin consentirenden Fürsten Söhne, Brüder oder Agnaten, unverbindlich, vielmehr dem nächsten, und bey dessen Saumseligkeit einem jeden entfernteren Nachfolger, zu welcher Zeit es Ihme belieben wird, immassen in Ansehung dieser willkührlichen Handlung zu ewigen Tagen keine Verjährung Statt findet, frey und erlaubt seyn, sich solchem Beginnen mit eigener That zu widersetzen, daran dann Ihrer keiner gefrevelt, sondern seines vorbehaltenen Rechts sich soll gebraucht haben.

Damit auch

<small>Welche Handlungen für eine wirkliche Veräuserung.</small> **Eilftens** darüber, was unter der Veräuserung eigentlich zu verstehen seye, kein Mißverstand erwachsen möge, erklären Wir die sämtliche Fürsten, andurch auf das verbindlichste, daß nicht nur ein wirklicher Verkauf, sondern auch eine Schenkung unter denen lebendigen, Verschaffung durch eine letzte Willens Verordnung, Beschwerung mit einer ewigen Last, solche bestehe in wenig oder viel, Ansetzung zum neuen Mann- Kunkel- oder Erb-Lehn, selbst die Hingabe durch einen Vergleich gegen Annahme eines Stück Geldes, und was sonsten für Arten einer Veräuserung erdacht werden möchten, hierunter gemeynet und also samt und sonders verboten seyn und bleiben sollen.

Damit jedoch

<small>und welche dafür nicht geachtet werden sollen?</small> **Zwölftens** Wir oder Unsere Nachfolger an der Regierung, unter dem Vorwande sothanen Verbots der Veräuserung, nicht behindert werden, dasjenige zu thun, was einem jeden Regenten nach guten Grün-

Nassauische Erbverein von 1783.

den der Staatswirthschaft und seiner Regenten-Rechte und Pflichten zu thun in gewissen Fällen obliegen, wenigstens räthlich scheinen möchte; so erklären Wir zugleich, daß die Vertauschung, ja selbst der Verkauf abgelegener so alt als neu erworbener Landesstücke oder Gerechtsame mit Vorwissen und Genehmigung derer Fürstlichen Agnaten, in so fern dagegen andere denen vertauscht- oder verkauften im wahren Werth und Güte gleich stehende Grundstücke und Gerechtsame erworben werden; die Abtheilung beschwerlicher Gemeinschaften, in so ferne solche blos gegen hinlängliche Aequivalente ohne einige Unserer Seits anzunehmende Gleichstellung mit Geld geschiehet; die Erlassung gewisser denen Unterthanen beschwerlicher Abgaben und Dienstbarkeiten gegen ein jährliches billiges Surrogatum an Geld oder Naturalien, auf Wiederruf oder ewig; die Vererbleibung einzelner zerstreuter, oder kleiner Domanial-Güter und Grundstücke gegen einen jährlichen Canonem, selbst der Verkauf dergleichen mit Zehent, Schatzung, Dienstgeld, oder andern herkömmlichen Beschwerden zu belegender Kammergüter an Landes Unterthanen, so wie die Niederlegung oder Veräuserung unnützer und überflüssiger Gebäude, keinem regierenden Fürsten verwehret, vielmehr solche seinem vernünftigen und landesväterlichen Gutfinden überlassen seyn und bleiben solle; doch, daß der in denen zwey letzten Fällen eingehende Kapital-Erlöß nicht anderst, als zu neuen Erwerbungen, Bezahlung anerkannter altvdterlicher Schulden, und zu andern das Wohl des Fürstlichen Hauses und derer Lande bezielenden Absichten verwendet werde.

Und obwohl Unser aller Wille und Meynung, in Ansehung der Lehns-Begebung, dahin gehet, daß unter dem Verbote der Ansetzung zu neuem Lehne, auch die Wiederbegebung der innerhalb Unserer Landesgränzen gelegenen, oder unmittelbar angränzenden, schon heimgefallenen oder künftig heimfallenden Lehngüter, Zehnten und Nutzungen verstanden seyn, und diese nicht wieder verliehen, sondern eingezogen und zu denen Kammer Einkünften geschlagen werden sollen, so bleibet gleichwohl einem jeden regierenden Fürsten frey, die außerhalb seiner Landesgränzen erfindliche, bereits heimgefallene jedoch noch nicht in den Erbgang gekommene Lehne, durch wirkliche Verleihung, so wie die hinkünftig heimfallende, vermittelst zu ertheilender Expectanzien, nach seinem Wohlgefallen, doch ohne Veränderung der Lehns Natur und Eigenschaft, von neuem zu begeben, immaßen Wir hierunter seinem guten Willen und seiner Gnade gegen die Seinige, oder andere wohlverdiente Personen, einige Gränz

Naſſauiſche Erbverein von 1783.

zen zu ſetzen nicht gemeynet ſind. Uebrigens bleibet allen in dieſem Erbverein begriffenen Fürſten ohnbenommen, unter ſich einige gut und dienſam findende Veräuſerungen und Vertauſchungen, als wodurch dem Stamme keine Güter entfremdet werden, zu vollziehen, ohne daß hierzu der übrigen Agnaten Einwilligung nöthig erachtet werde.

Gleich denen Veräuſerungen iſt

Dreizehntens das gefährliche und unvorſichtige Schuldenmachen bereits in allen Satzungen Unſers Fürſtlichen Geſamthauſes überhaupt, ſo wie in dem oft angezogenen Erbvertrage vom Jahr 1736. ausdrücklich verboten.

h) Verbot aller unrechtfertiger unverbindlicher Schulden.

Je größer nun der Schade und beſorgliche Nachtheil iſt, welcher dadurch Unſerem Fürſtlichen Geſamthauſe, und Unſeren Nachkommen ſowohl, als Unſeren Landen und getreuen Unterthanen zugezogen werden kann, deſto ſorgfältiger ſind Wir auch bedacht dieſem Unweſen für die Zukunft zu begegnen.

In ſolcher Abſicht haben Wir, die ſämtliche Fürſten, Uns verbunden, verabredet und verglichen, verbinden Uns auch und verſprechen bey Fürſtlichen wahren Worten und Ehren, hiermit und in Kraft dieses, daß sowohl Wir als Unsere Erben und Nachkommen, aller frivoler, unrechtfertiger oder gar gefährlicher Schulden Uns enthalten, Unsere in dem Erbverein begriffene Fürstliche Lande, Fürstenthümer, Graf- und Herrschaften, Güter, Renten, Rechte und Gerechtsame, ohne dringende Noth und ohne erhebliche hiernächst bestimmte Ursache, fort, ohne ausdrücklichen Consens Unserer und respective Ihrer Herren Agnaten, auf keine Weise mit Schulden beschweren, noch das Grund Eigenthum derselben verpfänden, solche in antichretischen Genuß, oder gar auf Wiederkauf begeben sollen oder wollen, als welches alles eben so, wie oben wegen der Veräußerungen bedungen worden ist, null und nichtig und in Ansehung der Nachfolger, sie seyen gleich Söhne, Brüder oder Agnaten, kraftlos und unverbindlich seyn solle.

Damit aber

Bestimmung und Verbindlichkeit redlicher Schulden. Vierzehntens jeder wissen möge, was unter gefährlichen und unrechtfertigen, mithin verbotenen, und was hingegen unter redlichen und also erlaubten Schulden verstanden werde, auch welches die Nothfälle und erhebliche Ursachen seyen, aus welchen nur allein hinkünftig einige Geld-Aufnahmen in Unserm

Nassauische Erbverein von 1783.

Unserm Fürstlichen Gesamthause Nassau gerechtfertiget und der erbende Sohn, Bruder oder Agnat zur Anerkenntniß und Uebernahme einiger Schulden verbunden werden könne: so haben Wir ferner verabredet, bedungen und festgesetzt, daß

1) die **altväterliche**, das ist, die mit einem angefallenen Landestheil überkommene,

2) **die zum Nutzen des Fürstenthums verwandte**, namentlich, die von vorhandenen denen Fürstlichen Landen einverleibten Erwerbungen wirklicher Lande, Leute, Güter, Pfandschaften, Renten, Rechte und Gerechtsame, die von wirklichen einträglichen Verbesserungen, von Abfindung der Fürstlichen Witwen, wegen Ihrer eingebrachten und zum Besten des Landes erweislich verwendeten Dotalgelder, so, wie die von Ausfertigung und Dotirung der Töchter herrührende; endlich die zu Tilgung älterer consentirter auf höhern Zinsen gestandener Kapitalien gemachte Schulden, sodann aber

3) **die in Kriegs- und andern gefährlichen Zeiten zur Rettung des Herrn, oder des Landes**, weniger nicht die zur Auferbauung eines durch Brand verzehrten Fürstlichen Residenz Schlosses erweislich contrahirte Schulden, gleich denen in jenen Zeiten hinterstellig verbliebenen Reichs- und Kreis-Præstandis

Patr. Archiv, VIII. Theil.

für rechtfertige erlaubte Schulden geachtet, fort für jetzt und allezeit, sowohl von Söhnen, als Brüdern und Agnaten dafür erkannt und angenommen, auch ohne einigen Anstand von sämtlichen Fürstlichen Agnaten ausdrücklich genehmiget werden sollen.

Dahingegen sollen

Unredliche Schulden ist weder ein Sohn noch Agnat zu bezahlen verbunden.

Fünfzehntens alle übrige unter vorbemerkte Klassen nicht gehörige, ohne Noth, aus Verschwendung und übler Wirthschaft, oder gar gefährlicher Weise gemachte Schulden, sie mögen übrigens, aus welchem Scheingrunde es nur immer geschähe, gemacht worden seyn, als unrechtfertige unerlaubte Schulden angesehen, und ein Sohn, wann Er sich der privat- oder allodial-Verlassenschaft seines Vaters entschlagen wollte, solche eben so wenig, als ein Bruder und Agnat anzuerkennen schuldig erachtet werden.

Und obwohl

1) Nothwendigkeit des Agnatischen Consenses in allen Fällen.

Sechszehntens die in dem XIVten Artickel benannte verschiedene Gattungen erlaubter Schulden ihre Gültig- und Verbindlichkeit bey deren erstem Ursprunge in sich selbst haben, welche Beschaffenheit

Nassauische Erbverein von 1783.

Wir durch gegenwärtigen Vertrag ihnen nicht benehmen, sondern solche vielmehr hiermit bestätigen wollen: so ist gleichwohl der Ordnung wegen, und damit nicht ein Landestheil in einem langen Zeitverlauf auf solche Art nach und nach mit unerschwinglichen Schulden beladen werde, weiter abgeredet, bedungen, und festgesetzet worden, daß auch bey rechtfertigen, an sich verbindlichen Schulden, der Agnatische Consens als eine wesentliche Erforderniß angesehen, mithin dieser bey allen Geldaufnahmen, wann dieselbe nicht eine ganz unbeträchtliche im Lauf des Jahres aus denen gewöhnlichen Renten wieder abzustoßende Summe ausmacht, ohnfehlbar beygebracht; dahingegen aber auch von Seiten der Agnaten in denen vorhingedachten geeigneten Fällen ohne die erheblichste Ursachen nie erschweret, noch verweigert, sondern wechselseitig ertheilt werden soll.

Damit aber

Siebenzehntens die in dieser oder jener Linie Unseres Fürstlichen Gesamthauses dermalen vorfindliche oder in der Folge aus redlich und erheblichen Ursachen gemachte werdende Schulden desto geschwinder und zuverlässiger wieder bezahlt, und Unser Fürstliches Gesamthaus in

Die gegenwärtige Kammerschulden aller F. Linien werden in vorgeschriebener Ordnung consentirt.

seinen einzelnen Theilen einer solchen drückenden Bürde des ehestens entlediget werden möge, so ist nach allerseitiger Einverständniß nützlich erachtet und also verbindlich verabredet worden, daß sogleich nach ausgewechselter Ratification des gegenwärtigen Erbvereins, von einer jeden linie Unsers Fürstlichen Gesamthauses ein genaues Verzeichniß aller Sie betreffenden Schulden, welche auf denen deutschen Landen haften, in Zinsen laufen und anerkannt sind, sie bestehen übrigens, worinnen sie wollen, aufgestellt, und in beglaubter beurkundeter Form, den sämtlich Fürstlichen Agnaten wechselseitig zur Einsicht vorgelegt, von diesen aber sothane Schulden für diesmal ohne alle Ausnahme und Untersuchung für gültig angesehen, anerkannt und eventualiter übernommen, immittelst aber zu deren Tilgung die behufige Mittel und Wege ausgefunden, solche denen Fürstlichen Agnaten bekannt gemacht und demnächst auch getreulich eingehalten werden sollen.

In solcher heilsamen Absicht soll

k) Festsetzung eines immerwährenden Schulden Tilgungs=Erwerbungs = und Verbesserungs=Fonds.

Achtzehntens mit dem Anfange des 1784sten Jahrs ein sicherer Schuldentilgungs = Erwerbungs = und Landesverbesserungs=Fonds aus denen bereitesten Einkünften eines jeden Landesantheils in verhältnißmäsiger Summe ausgesetzt und angeordnet werden, wodurch die dermalen auf unsern Landen haftende, oder in der Folge darauf noch kommende Schulden in Zeiten getilgt und abgeführt werden mögen, als welches Wir Uns selbst und Unserer Nachkommenschaft zu einer ewigen unveränderlichen Pflicht machen, anbey Uns verbinden, daß die Verwendung sothaner Summe denen Fürstlichen Agnaten von Zeit zu Zeit, welche näher zu bestimmen Wir Uns hiermit vorbehalten, bekannt gemacht und urkundlich nachgewiesen werden solle.

Allermasen nun solchergestalten

Neunzehntens für die ewige Zusammenhaltung Unserer Fürstlich-Nassauischen Reichslande, auch für die Abwendung alles Nachtheiles, so wie für deren mögliche Aufnahme hinlängliche Vorsehung geschehen ist; dieser Endzweck aber, ohne ein freundvertrauliches Einverständniß Unserer der Fürsten zu Nassau, vollständig nicht erzielet werden kann; also gereden und versprechen Wir einander für Uns, Unsere Nachkommen und Nachfolger, Erben und Erbnehmen, in der Uns beywohnenden treu-redlich-und aufrichtigsten Gesinnung, allezeit ein vertrauliches Vernehmen mit einander

II. Persönlich ewiges Freundschaftsband aller Fürsten des Hauses unter sich.

zu unterhalten und alles dasjenige zu vermeiden, so darinn einigen Anstoß erwecken könnte, folglich, wann dergleichen etwas entstehen wollte, es einander freundschaftlich zu offenbaren, damit alles Mißverständniß gehoben und die Sache wieder in den Weg der ewigen und unverbrüchlichen Freundschaft, die Wir einander hiermit zusagen, eingeleitet werde.

Wir wollen auch

Befestigung desselben a) durch Conventionalausträge. Zwanzigstens in dem Falle, daß wider Verhoffen dennoch einige Mißverständnisse unter Uns oder Unsern Nachkommen sich ereignen sollten, welche nach mehrmaligem Versuch durch eine gütliche Correspondenz oder Conferenz nicht gehoben werden könnten, Uns derer in denen Reichssatzungen ohnehin begründeten Austräge gebrauchen, solche aber dahin bestimmen, daß in dem Falle, da in Unserer Fürstlichen Nassau-Saarbrückischen Linie einige Mißverständnisse sich ereignen sollten, Wir der Prinz von Oranien als Fürst zu Nassau, oder Unsere Nachfolger an der Regierung, auf die an Uns gebrachte Requisition, zu deren Beylegung vier Unserer trefflichsten Räthe, deren jedem Theil zween zu erwählen frey stehen, der Obmann aber von uns benahmt werden solle, nach

Naſſauiſche Erbverein von 1783.

Entſchlagung ihrer den ſtreitenden Fürſten geleiſteten Pflichten, niederſetzen, die Güte verſuchen, und in deren Entſtehung, durch ſolche die Sache längſtens binnen Jahresfriſt nach behöriger Verhandlung derſelben, rechtlich entſcheiden laſſen ſollen und wollen.

Auf gleiche Weiſe ſollen, wenn in **Unſerer, des Prinzen von Oranien, Fürſten zu Naſſau, Linie,** über Unſere in dieſem Erbvereine begriffene Land und Leute, Güter, Renten, Rechte und Gerechtſame, oder was auf dieſe Lande einen Bezug hat, einige Irrungen entſtehen ſollten, die im Streit befangene Theile einen gleichen Austrag, welchen Wir die Fürſten der Naſſau-Saarbrückiſchen Linie für Uns und Unſere Landesnachfolger, auf vorhin gedachte Art, niederzuſetzen verſprechen, anzunehmen und deſſen rechtlichen Entſcheid zu erwarten gehalten ſeyn.

Daferne aber zwiſchen **Unſern beiden Hauptſtämmen, oder einer Haupt- und einer ſpecial Linie,** Unſern und deren Erben und Erbnehmen, es ſehe über den Inhalt des gegenwärtigen Erbvertrages, oder worüber es ſich ſonſt zutragen möchte, mit alleiniger Ausnahme der unten erwähnten qualificirten Uebertrettung der Erbvereinsmäßigen Verbindlichkeit, einige Irrungen sich ereigneten, welche nach mehrmaligem Versuche durch eine freundvetterliche Correspondenz oder Conferenz nicht gehoben werden könnten; so sollen alsdann von jeglicher Seite zween Unserer Räthe, welche in der Sache die Feder nicht geführet haben, ernannt, solche ihrer Uns und Unseren Nachkommen geleisteten Pflichten entlassen, unter Direction eines von dem General-Hausdirectorio zu ernennenden Obmanns, welcher sofort seiner gemeinsamen Pflichten ebenfalls zu entlassen ist, und hierauf mit votiren soll, zusammengesetzt, von solchen wiederhohlt die Güte versucht, in deren Entstehung aber die Sache behörig instruiret, und in dem Falle, daß vier Stimmen gegen eine sich vereinigten, definitive entschieden, andern Falls aber die Acten an eine auswärtige Fürstliche Regierung, oder Juristenfacultät, welche unter vieren, wovon ein jeder Theil zwey vorzuschlagen hat, durch das loos zu bestimmen ist, versandt und der Entscheid von daher erwartet werden.

b) durch rechtlichen thätigen Beystand in Nothfällen: **Ein und zwanzigstens** verbinden Wir Uns, in Sachen, so Unsere beiderseitige Fürstlich-Nassauische Lande, Güter, Rechte und Gerechtsame angehen,

Naſſauiſche Erbverein von 1783.

bey Vorfallenheiten von Wichtigkeit, vertraulich miteinander zu Rathe zu gehen, auch, wo es im Falle einer bevorſtehenden Vergewaltigung nöthig und nützlich iſt, einander aus allen Kräften beyzuſtehen, um das Unrecht, ſo Uns und Unſeren Landen und Unterthanen etwa zugehen könnte, mit allem Nachdrucke, jedoch in Gemäsheit derer Reichsſatzungen, zu verhüten und abzutreiben.

Alldieweilen auch

Zwei und zwanzigſtens die ſo eben bemerkte und andere allgemeine Angelegenheiten Unſers Fürſtlichen Geſamthauſes ein gewiſſes Direktorium erfordern, ſo haben Wir die Fürſten der Naſſau-Saarbrückiſchen Linie, aus beſonderem freundvetterlichem Vertrauen, Uns bereit erkläret, Uns, dem Prinzen von Oranien, als Fürſten zu Naſſau, und ſofort dem jedesmaligen einzigen Inhaber Unſeres ganzen Stammtheils, in dieſer und mehr andern Rückſichten, ſothanes allgemeines Hausdirectorium auf Art und Weiſe, wie ſolches nach Zeit und Umſtänden beſtimmt werden wird, zu überlaſſen, anbenebſt Rang und Präcedenz allenthalben anzuerkennen, auch den Titel Hoheit in öffentlichen Handlungen und immerhin von denen Unſerigen beilegen zu

c) durch das dem F. Oraniſchen Stamme übertragene allgemeine Hausdirectorium, und Anerkennung der demſelben beygelegten Präcedenz, während dem es

laſſen, welchen freundvetterlichen Auftrag und Erklärung dann Wir, der Prinz, mit Vergnügen aufgenommen, und zugleich die Versicherung für Uns und Unsere nachkommende Landesfolger ertheilet haben, ertheilen ſolche auch hiermit, daß Wir hinwieder Unseres Orts beeifert ſeyn werden, Unſeren erbvereinten Fürſtlichen Herrn Agnaten alle mögliche Diſtinction, die von Uns abhängen möchte, angedeihen zu laſſen, und zu Erlangung gleicher Vorzüge nach Möglichkeit behülflich zu ſeyn, hiernächſt aber das Uns aufgetragene Hausdirectorium zum gemeinen Beſten Unſeres Fürſtlichen Geſamthauſes zu führen; allermaſen Wir und Unſere Nachkommen Uns hierbey die Ehre und Aufnahme deſſelben eben ſo zu einer wahren Angelegenheit, als zu einer angenehmen Pflicht machen werden.

Da auch

d) bey dem F. Naſſau-Saarbrückiſchen ſpecial Hausdirectorio verbleibet.

Drei und zwanzigſtens in Unſer, derer Fürſten des Naſſau-Saarbrückiſchen Hauptſtammes, Hausſtatuten, ein beſonderes auf die noch ſubſiſtirende drei Fürſtliche Linien gerichtetes Seniorat und Directorium eingeführet iſt, ſo behält es hierbey ſein unveränderliches Bewenden.

Nassauische Erbverein von 1783.

So gewiß nun auch aus der vorstehendermaßen festgesetzten Gemeinschaft des Grundeigenthums, civil Mitbesitzes, und der Natur eines pactirten Familienfideicommisses alle mögliche Fälle ihre hinlängliche Entscheidung erhalten; so erfordert doch

Vier und zwanzigstens der Blick in die Zukunft und, die Erwägung der gewissen Sterblichkeit, eine nähere Vorsorge. Wir haben in solcher Absicht

III. Vorsehung wegen zukünftiger Sterbfälle.

1) auf die Successionsordnung des Mannsstamms in allen möglichen Fällen;

1) Ordnung der Succession, nach welcher

2) auf die Anordnung derer Vormundschaften für unmündige Landesfolger und andere Fürstliche Kinder;

a) das Recht der Erstgeburt in jeder Linie ohne Abbruch zu beobachten ist; zugleich aber auch

3) auf die einem jeden Fürsten zustehende Befugniß, einen letzten Willen zu errichten;

4) auf die Versorgung derer Wittwen, und

5) auf die Berathung derer Fürstlichen Töchter und Abfindung dererselben auch anderer Allodialerben, Unser Augenmerk geheftet.

So viel nun den ersten Gegenstand, die Successionsordnung des Mannsstammes betrift, ist das so eben bestätigte enge Verband der Freundschaft, worinne Wir sämtliche aus einem Stamm entsprossene Fürsten stehen, so wie die Verknüpfung Unserer erbvereinten Lande, der Beweggrund, welcher Unsere Entschliesungen und Verbindungen in solcher Absicht bestimmet.

Der Fall des Ablebens eines Unser der erbvereinten Fürsten mit Hinterlassung successionsfähiger volljähriger Söhne bedarf keiner Vorsehung, nachdeme das Recht der Erstgeburt allbereits in denen sämtlichen Haupt- und Speciallinien Unseres Fürstlichen Hauses eingeführt, und respective bisher beobachtet worden ist. Indessen wollen Wir zu allem Ueberfluß sothanes Recht der Erstgeburt mit der dabey zum Grunde liegenden Untheilbarkeit derer einer jeden Fürstlichen Linie zugetheilten Lande in Kraft dieses dergestalten ausdrücklich bestätiget und bekräftiget haben, daß eine weitere Aftertheilung Unserer Fürstlich Nassauischen deutschen Lande nun und zu ewigen Tagen in ein und eben derselben Linie nicht statt finden, Paragia auf keine Weise und unter keinerley Gestalt in Unsern Fürstlich Nassauischen Landen constituirt, im Gegentheil die zu deren Ausschliesung in denen besonderen Fürstlichen Linien errichtete Dispositiones und Verträge hierdurch wiederhohlt,

Naſſauiſche Erbverein von 1783.

fort die Landeshoheit eines jeden Theiles dem Erſtgebohrnen, ohne alle Schmälerung, verbleiben ſolle.

Wohingegen es

Fünf und zwanzigſtens in Anſehung der Verſorgung der nachgebohrnen Prinzen, wegen deren Standesmäſigen Unterhalts, allenfalſigen Vermählung, Ausſtattung und Apanagien, auch Verſorgung deren Deſcendenz und der Wittwen ſolcher Linien, bey denen nurgedachten in jeder Fürſtlichen Linie beſtehenden, oder noch zu errichtenden Ordnungen und Verträgen, ſein unabänderliches Bewenden behält. b) die nachgebohrne Prinzen dem Herkommen einer jeden Linie gemäs zu verſorgen ſind.

Geſchähe es

Sechs und zwanzigſtens über kurz oder lang, daß einer von Uns, denen erbvereinten Fürſten, Unſeren männlichen Erben und Nachkommen, welches Gott verhüten wolle, ohne männliche eheliche Leibeserben mit Tode abgienge, ſo verſtehet es ſich von ſelbſt, daß vorerſt Unſere, oder des abgelebten Fürſten Brüder und deren ſucceſſionsfähiger Mannsſtamm, wann dergleichen vorhanden wäre, in deſſelben Mangel aber deſſen von einem näheren Stammvater entſproſſene Fürſtliche ſucceſſionsfä c) Allgemeine Beſtimmung der Agnatiſchen Succeſſion.

hige Agnaten, nach deren Abgange endlich die weiter gesippte erbvereinte Stammsverwandte, nach der in folgendem festgesetzten Ordnung eintreten, und solchen die eröfnete Lande, Leute, Güter, Renten, Rechte und Gerechtsame ipso jure, und ohne daß es einer besonderen neuen Besitzergreifung bedürfte, accresciren sollen.

Solchergestalt bleiben

I) Besondere Bestimmung der Succession der N. Usingisch- und Saarbrückischen Linien unter sich, so wie im Falle beider Erlöschung.

Sieben und zwanzigstens die beide Fürstlich Nassau-Using- und Nassau-Saarbrückische Linien in begebendem Falle, ohne alle Vertheilung derer accrescirenden Lande, einander, und diesen beiden hinwieder die Fürstlich Nassau-Weilburgische Linie auf gleiche Art substituirt, und zwar also, daß die in solchem Falle erledigte Lande der andern, nach dem Recht der Erstgeburt, zufallen, die etwa vorhandene apanagirte Prinzen der succedirenden Linie aber an einem solchen Landesanfalle in so lange, bis sie das Recht der Erstgeburt in weiteren Fällen trift, keinen Theil haben sollen.

Immittelst ist hierbey abgeredet, bedungen und festgesetzet worden, daß in solchem Falle die statutenmäßige Deputate derer nachgebohrnen Söhne, Brüder oder Vettern aus derselben Linie, nach dem Verhältniß der accrescirten Lande, und nach Maasgabe derer deshalb vorhandenen Dispositionen und Verträge, noch weiter erhöhet und verstärket werden sollen.

Trüge sich aber

Acht und zwanzigstens der Fall in Unser, des Fürsten Carls zu Nassau-Weilburg Linie, während deme, daß die beide Fürstlich Nassau-Usingen- und Saarbrückische special-Linien bestehen, zuerst zu, alsdann verbleibet es zwar in Gemäsheit derer in solchen vorliegenden Verträgen bey der gemeinsamen Succession, jedoch sollen in solchem Falle abermalen die accrescirende Lande nicht in Capita vertheilet, sondern in zwei Theile gesetzet und mit Beobachtung der bestmöglichsten Gleichheit einer jeden Linie, die ihr zunächst gelegenen Lande, also und dergestalt, daß dasjenige, was von Natur oder Lehnsgewohnheit wegen, auch anderer Gelegenheit und Gerechtigkeit halber zusammen gehöret, nicht zerrissen, sondern in andere billige Wege verglichen werde, nach dem Rechte der Erstgeburt zur Regierung zugeschieden, die Unterhaltsgelder oder Apanagien derer nachgebohrnen Söhne und Vettern aber, alsdann auf gleiche

c) Succession im Falle der Erlöschung des Fürstl. Nassau-Weilburgischen Mannsstammes.

Weise, wie hier verordnet worden ist, verhältnismäsig erhöhet, und überhaupt, so lange Unser derer Fürsten zu Nassau Saarbrücken Mannsstamm bestehen wird, denen von Unsern in Gott ruhenden Vorfahren in denen Jahren 1351., 1355., 1442., 1491. und ferner, so wie denen von Uns selbst allschon aufgerichteten, oder noch aufzurichtenden Erbeinigungen und Erbverträgen, in so ferne solche die Aufrechthaltung und ausschliesende Landesfolge Unseres Mannsstammes unter sich bezielen, fort mit dieser Unserer allgemeinen Hauserbeinigung vereinbarlich sind, unverbrüchlich nachgelebet werden.

Sollte endlich

f) Succession im Fall der gänzlichen Erlöschung des F. Nassau=Saarbrückischen Hauptstammes.

Neun und zwanzigstens, welches Gott gnädiglich verhüten wolle, Unser ganzer Fürstlich=Nassau-Saarbrückischer Mannsstamm erlöschen; so ist abgeredet, verglichen und festgesetzet, daß alsdann sämtliche von dieser Fürstlichen Linie besessene so alte Stammlehne und Güter, als alle andere neu erworbene Graf= und Herrschaften, Lande, Leute, Güter, Renten, Rechte und Gerechtsame, wie die Namen haben mögen, Eigen als Eigen, Lehne als Lehne, und zwar letztere mit Vorbehalt des auszubringenden lehn-

Nassauische Erbverein von 1783.

lehnherrlichen Consenses, so weit solcher erforderlich ist, Uns dem Prinzen von Oranien, Fürsten zu Nassau, oder Unsern männlichen Nachkommen, nach dem Rechte der Erstgeburt, ohne besondere neue Besitzergreifung, ipso jure accresciren und zufallen sollen.

Sollte aber im Gegentheil

Dreißigstens der Fall der Erlöschung des Mannsstammes Unsern des Prinzen von Oranien, Fürsten zu Nassau, Hauptstamm, welches der Allerhöchste ebenfalls gnädiglich abwenden wolle, betreffen; so sollen auch Unsere, so alt als neu erworbene in diesem Erbverein begriffene = in Deutschland belegene Reichsunmittelbare Fürstenthümer, Graf= und Herrschaften, Land und Leute, Güter, Renten, Rechte und Gerechtsame, Eigen als Eigen, Lehne als Lehne, jedoch letztere unter dem vorhin bemerkten Vorbehalt der zu erwirkenden lehnherrlichen Einwilligung, in so weit solche denen Rechten nach erforderlich ist, Uns denen Fürsten zu Nassau=Saarbrücken, Unsern männlichen Erben und Nachkommen, ebenfalls ipso jure und ohne besondere Besitz=Ergreifung, accresciren und zufallen, auch in dem Falle, daß die gegenwärtige drey special=linien Unser derer Fürsten zu

g) Succession im Falle der Erlöschung des F. Oranien=Nassauischen Mannsstammes.

Naſſau-Saarbrücken, annoch blüheten, nach der in dem Fürſtlich-Naſſau-Saarbrückiſchen Hauptſtamme feſtgeſetzten Succeſſionsordnung ſuccedirt; die Lande nach äuſerſter Möglichkeit zuſammengehalten, des Endes eine anderweite Ausgleichung verſuchet, und im übrigen eben das, was oben wegen Zuſammenhaltung der zuſammen gehörigen Landesſtücke iſt verordnet worden, auch in dieſem Falle beobachtet, einer zu Streit und Mißvergnügen, auch zum größten Schaden der Unterthanen gereichenden Gemeinſchaft aber auf keine Weiſe Statt gegeben werden.

Allermaſen hiernächſt

h) Redliches Verhalten des letzten einer Linie, in der Regierung und Verwaltung ſeiner Lande;

Ein und dreißigſtens dieſer Erbverein nicht nur die eventuale Succeßion, nicht blos die Vermehrung des Luſtre Unſeres Hauſes, ſondern auch die Wohlfahrt Unſerer erbvereinten geſamten Lande, Leute und getreuen Unterthanen zum Zweck hat; ſo verſtehet es ſich von ſelbſt, daß keiner von Uns, Unſern Erben und Nachkommen, in dem Falle, wo Er wahrnehmen ſollte, daß ſeine Linie ſich zum Ende neigte, irgend etwas thun oder unternehmen werde, das ſeinen Agnaten, oder denen Landen und Unterthanen, deren Grundeigenthum und civil Mitbeſitz jenen vorhin zuſtehet, zum Verderben und Nachtheil gereichte; wie dann Unser Vertrauen, welches Wir desfalls gegen einander und zu Unsern Fürstlichen Nachkommen hegen, unbeschränkt ist; alldieweilen jedoch nicht selten bey solchen Ereignissen sich üble Rathgeber einzuschleichen pflegen, so ist in Absicht auf künftige Zeiten bedungen und festgesetzet worden, daß von dem etwaig-letzten seiner Linie oder seines Stammes, sämtliche Lande und Leute in ihrem Wesen und guten Stande sorgfältig erhalten, die Benachtheiligung derselben hingegen, zum Beispiele, die Verwüstung derer Waldungen, die Vernachläßigung derer öffentlichen Gebäude, die Vorauserhebung derer Landeseinkünfte und wie dergleichen Beschädigungen des Landes Nachfolgers nur immer erdacht werden mögen, schlechterdings unterlassen, widrigenfalls aber ersagtem Nachfolger frey stehen solle, mit Vorbeygehung der oben festgesetzten Austräge, die behufige Mandata S. C. an denen höchsten Reichsgerichten zu suchen, welche auch sofort erkannt und zur gebührenden Vollstreckung gebracht, immittelst aber sothane Benachtheiligung von dem nächsten Nachfolger selbst, durch alle ausgiebige Mittel, besonders durch eigene Verbote an die in gemeinsamen Pflichten stehende Bediente und Unterthanen abgekehrt,

Erlaubte Vorkehrungen und Rettungsmittel des Landes Nachfolgers gegen eine nicht vermuthete unredliche Verwaltung.

und diesen von solchen auch sofort Folge geleistet werden solle, alles zu dem Ende, damit dem Landesfolger nicht ein verdorbenes Land, unglückliche Unterthanen und verwüstete Waldungen zu Theil werden mögen.

Geschähe es aber dennoch, daß auch diese Vorkehrungen den gewünschten Zweck nicht erreichten, so soll dem Nachfolger frey und unbenommen seyn, sich an demjenigen, was weiter unten denen Allodialerben zum Guten bedungen worden ist, zu erhohlen und sich solchergestalt zu entschädigen.

Der zweite besondere Fall, worüber Wir Vorsehung zu thun nöthig finden, und welcher sich so lange und so oft zutragen kann, als Unser Fürstliches Gesamthaus aufrecht stehet, betrift

2. Anordnung der Vormundschaften, a) in Absicht auf die Erziehung der F. Kinder;

Zwei und dreißigstens die Anordnung derer Vormundschaften: Trüge es sich nun zu, daß Unser oder Unserer Fürstlichen Nachkommen einer, welches Gott verhüten wolle, mit Hinterlassung unmündiger Söhne und Töchter Todes verführe, so verbleibt es, in Ansehung der mütterlichen Vormundschaft, und wegen deren Erziehung, bey der Verfassung und dem Herkommen einer jeden Fürstlichen Linie, und in so weit diese nichts bestimmtes vorschreiben, bey der Disposition des Vaters.

In Ansehung derer in diesem Erbvereine begriffenen Lande hingegen ist

Drei und dreisigstens abgeredet und zu ewigen Zeiten festgesetzt, bedungen und zugesagt worden, daß in solchem Falle die Mitvormundschaft = oder im Falle, daß keine Fürstliche Mutter am Leben wäre, die alleinige vormundschaftliche Regierung jedesmalen, nach der in der Succession bestimmten Ordnung, und wann sich der Fall in einem Hauptstamme begäbe, ohne daß volljährige Agnaten in solchem vorhanden wären, von demjenigen Fürsten des andern Hauptstammes, welchen der verstorbene Vater in seinem letzten Willen aus besonderem Vertrauen benannt haben wird, in Ermangelung einer solchen Benennung aber, von dem Seniore Domus, unter Kaiserlicher Allerhöchster Bestätigung übernommen, fort von demselben, nach bestem Wissen und Einsichten, mit Beyrath der abgelebten Fürsten hinterlassene Landes=Regierung geführet, und hierbey die wahre Wohlfahrt sowohl der Fürstlichen Pflegbefohlenen als der vormund=

b) In Ansehung der Landes Regierung.

schaftlichen Lande, Leute und Unterthanen, allerbestens und nach dem ohnehin wohlgegründeten Vertrauen, Administratorio nomine besorget, einer tutelæ fructuariæ aber in Unserem Fürstlichen Gesamthause niemalen Statt gegeben werden solle.

Auf den Fall jedoch, daß eine solche Vormundschaftsbestellung Unser, des Prinzen von Oranien und Fürsten zu Nassau, Stamm betreffen, und das Vertrauen einem andern, als dem Seniori des Fürstlich Nassau-Saarbrückischen Stammes zugewandt werden sollte, ist festgesetzt, daß alsdann das allgemeine Hausdirectorium von gedachtem Seniore in Fürstlich-Oranien-Nassauischen Namen ohne die mindeste Einmischung in die übrige vormundschaftliche und andere special Hausangelegenheiten, sofort übernommen, und bis zur Volljährigkeit des Erstgebohrnen Prinzen geführet werden solle.

So viel hiernächst

3. Letzte Willens-Verordnung eines jeden Fürsten, deren Gültigkeit und eigentlicher Gegenstand.

Vier und dreisigstens den dritten Gegenstand Unserer Vorsorge für die Zukunft, nämlich die Bestimmung der Uns und Unsern Nachkommen auf den Todesfall vor-

Naſſauiſche Erbverein von 1783.

behaltenen Befugniß, eine letzte Willens-
verordnung zu errichten, betrift, gedenken
Wir ſolche in Anſehung derer unter dem allgemeinen Verbande Unſeres Hauſes nicht begriffenen
oben im fünften Artickel angezeigten auswärtigen
neu erworbenen mittelbaren Güter und Grund-
ſtücke, ſo wie in Anſehung der Vormundſchafts-
beſtellung für minderjährige Kinder, in Gemäsheit
der hiervor getroffenen Abrede, nicht zu beſchrän-
ken. Ingleichem verbleibet einem jeden Fürſten
das Recht, unter ſeinen Kindern eine väterliche
Diſpoſition über dasjenige zu errichten, was ſolchen nach dem gegenwärtigen Erbvertrage auf irgend eine Weiſe zuflieſet.

Auſer dieſem allen ſoll einem jeden Fürſten
Unſeres Hauſes, Er ſeye der letzte einer Linie oder
nicht, ohne Rückſicht auf den geringen Werth
oder gänzlichen Mangel eigener Erwerbungen, wann
Er übrigens nur keine unerlaubte oder gar gefährliche Schulden contrahiret hat, und demjenigen
getreulich nachgekommen iſt, was von dem zehnten
bis zum achtzehnten Artickel dieſes Erbvereins,
wegen der verbotenen Veräuſerungen, wegen des
Schuldenweſens und deren Tilgungs-Fonds feſtgeſetzt worden, hiermit geſtattet ſeyn, über eine
Summe von dreiſig Tauſend Gulden, zu

Gunsten seiner Erben, milder Stiftungen, oder fremder um Ihn verdienter Personen, nach Wohlgefallen zu disponiren, welche dessen Landesfolger, Er seye Sohn, Bruder oder Agnat, anzuerkennen und ohnweigerlich zu entrichten schuldig und gehalten seyn soll.

Wäre es auch, daß Wir oder einige Unserer Fürstlichen Nachkommen, auserhalb dem gedachten zweckmäsig verwendeten Schuldentilgungs- und Erwerbungs-Fonds, solche Güter und Grundstücke in oder auser Landes erkauft, und Wir aus Unserer, oder Sie aus Ihrer Ersparnis baar bezahlt hätten, welche nach dem vierten und fünften Artickel dieses Erbvereins dem Hausverbande von dem Augenblicke der Erwerbung an, zugeeignet bleiben, so wollen Wir zwar über das erworbene Gut selbst alle Disposition hiermit wiederhohlt verboten, gleichwohl Uns und Ihnen vorbehalten haben, über den ganzen Betrag des erweislichen Kauffschillings nach freyer Willkühr und Wohlgefallen unter denen Lebendigen, oder von Todes wegen, zu disponiren, um dadurch abermalen Uns und Ihnen die Gelegenheit offen zu lassen, die Vortheile und die Erhebung Unseres Hauses mit denen Gesinnungen der natürlichen Liebe für die Ihrigen, oder für das gemeine Beste wirksam seyn zu lassen.

Naſſauiſche Erbverein von 1783. 57

So viel hiernächſt

Fünf und dreißigſtens den
vierten Gegenſtand Unſerer Vor-
ſorge auf künftige Sterbfälle, die
Verſorgung derer Witwen Unſeres Fürſtlichen Geſamthauſes betrift; ſind Wir nach
reifer der Sachen Erwägung dahin übereingekommen, daß, ſo lange eine ſpecial Linie beſtehet, oder
auch nach dem Abgange derſelben, es vorerſt bey
dem, was einer jeden Fürſtlichen Witwe in Ihren
Ehepacten bedungen und ſonſt verbindlich verſprochen worden iſt, oder noch wird verſprochen, allenfalls auch durch künftige Diſpoſitionen in einer
Fürſtlichen ſpecial-Linie wird feſtgeſetzt werden, ſein
ungeändertes Bewenden haben ſolle.

4. Verſor-
gung derer
Fürſtlichen
Witwen.

Auf den Fall der Erlöſchung eines ganzen
Hauptſtammes hingegen, iſt verabredet und bedungen, daß einer oder mehreren vorhandenen
Fürſtlichen Witwen dieſes Stammes ohne Unter-
ſchied, ob Sie von einem regierenden Fürſten oder
einem nachgebohrnen Prinzen des Fürſtlichen Hauſes verlaſſen worden wären, dasjenige, was Sie
in die Fürſtlich Naſſauiſche Lande wirklich einge-
bracht haben, und darinne erweislich iſt verwendet,
ſo wie das, was Ihnen in Ihren Ehepacten zu
Ihrem Wittum iſt zugeſichert worden, in ſo ferne

D 5

das, was einer jeden bestimmt ist, auser der gewöhnlichen Wohnung und denen verhältnißmäsigen Naturalien, den zwanzigsten Theil des unabgekürzten rohen Ertrags der jährlichen Einkünfte desjenigen Theils derer Fürstlich=Nassauischen Lande, welcher dem oder denen Landesnachfolgern wirklich zu Theil wird, nicht übersteiget, ohne allen Abzug und Schmälerung verabreichet, anderergestalt aber nach diesem Maasstabe verhältnismäsig gemindert werden solle.

Eben so soll es

5. Versorgung und Abfindung der Fürstl. Töchter,
a) währendem Bestande der beiden Hauptstämme.

Sechs und dreisigstens in Ansehung derer Töchter, als des fünften Gegenstands Unserer Vorsorge, so lange beide Hauptstämme aufrecht stehen, der Deputaten und Aussteuer halber dermasen gehalten werden, wie es in jedem Stamme und besonders in Unseren, derer Fürsten zu Nassau=Saarbrücken, annoch subsistirenden Special=Linien, verordnet und Herkommens ist, oder hinkünftig noch wird verordnet und beliebet werden.

Daferne aber

b) nach Abgang eines Hauptstammes beides sowohl in Ansehung

Sieben und dreisigstens der Mannsstamm eines ganzen Hauptstammes mit Hinterlassung unbera=

Nassauische Erbverein von 1783.

thener Prinzessinnen abgehen sollte, ist *der Deputate als des Heyrathsgutes auf vorgängigen gebührenden Verzicht;* auf solchen Fall bedungen und verglichen, daß, mit Vorbehalt dessen, was hiernächst unten wegen der Allodialerbschaft auf alle Fälle abgeredet und festgesetzt worden ist, einer jeden vorhandenen Prinzessin des abgegangenen Fürstlichen Stammes, so lange Sie unvermählt bleibt, eine Standesmäsige Wohnung mit der nöthigen Holzbedürfnis, und zu ihrem Deputat drei Tausend Gulden, auf den Fall Ihrer Vermählung aber, einer jeden vierzig Tausend Gulden, mit Einschluß der in ein- oder dem andern Landestheile üblichen sogenannten Fräuleinsteuer, alles im zwanzig Guldenfuse angewiesen, verabfolget und gegeben, auch in dem Falle, daß die Zahlung nicht gleich geschehen könnte, Sie wegen deren in gewissen Jahrsterminen zu bewirkenden Zahlung und mittlerweile davon zu entrichtenden Zinsen, behörig sicher gestellet werden sollen.

Dahingegen sollen aber auch sämtliche Prinzessinnen jezt und künftig ohne Unterschied pro ipso jure renunciatis gehalten werden, und solche von aller Succession in Land und Leute, ohne weiteres Geding, ausgeschlossen seyn und bleiben, zu allem Ueberfluß jedoch noch über das bey Ihren Vermählungen, vermittelst eines feyerlichen Eides in Person, im Falle Sie aber vor vollendetem achtzehnten Jahre sich nicht vermählen würden, nach dessen Erfüllung einsweilen, vermittelst eines zu unterzeichnenden eidlichen Reverses, nach vorgängiger genugsamer Verständigung, auf sämtliche Fürstliche Nassauische so alt als neu erworbene Lande, Fürstenthümer, Graf= und Herrschaften, Güter, Renten, Rechte und Gerechtsame und deren Zubehörungen, auch Verbesserungen, wie nicht weniger auf den sogenannten Pflichttheil und deren Complemente, auch alle Regredienterbschaft, nach einer desfalls verglichenen Formel, zu verzeihen schuldig und gehalten seyn.

Sollten

*) wie es in leztem Falle zu halten, wenn keine Witwen oder unberathene Töchter vorhanden wären?

Acht und dreyßigstens keine Witwen oder keine unberathene Prinzessinnen des Fürstlichen Hauses vorhanden seyn; so ist gegenwärtige wegen deren Deputate und Aussteuer getroffene Abrede zwar schon an und vor sich erlediget, und davon weiter keine Frage, in Ansehung des eingebrachten und zu wirklichen Acquisitionen, oder Abstosung derer davon herrührenden Schulden verwendeten Heyrathsguts einer etwa schon vorhin verstorbenen Gemahlin, behält es indessen bey der deshalber oben wegen der erlaubten Schulden Art.

XIV. getroffenen Abrede, so wie in dem Falle, daß das Heyrathsgut ohne Nutzen des Landes wäre verwendet worden, bey dem, was in dem Art. XV. wegen der unrechtfertigen Schulden ist beliebet worden, und in Ansehung des Vorzugs, im Falle eines über die Allodialverlassenschaft etwa entstehenden Debitwesens, bey dem, was ohnehin Rechtens ist, sein ohngeändertes Bewenden.

Wirklich ausgesteuerten Töchtern des letzten regierenden Fürsten eines Hauptstammes, welche währendem Leben Ihres Herrn Vaters die bis dahin übliche Aussteuer aus dessen Landestheile empfangen haben, soll in dem Fall, da Sie in die Stelle der Erbtöchter treten, dasjenige, was Sie vorhin weniger als die gegenwärtige Abrede Ihnen zuweiset, empfangen haben, demnächst suppliret und solches Supplement Ihnen entweder gleichbalden, oder gegen behörige Versicherung, successive erstattet, verzinset und bezahlet werden.

Da auch

Neun und dreisigstens bey dergleichen Successionsfällen, es mögen Töchter, oder weiter gesippte, oder auch Testamentserben vorhanden seyn, die Fragen von der Staats- und Allodialerbschaft zu entstehen, d) Eigentliche Bestimmung der Allodialerbschaft.

und hieraus nicht selten die verderblichste Folgen zu erwachsen pflegen, Wir aber hierunter, so viel von uns abhänget, etwas unbestimmt und einigen Vorwurf zu unübersehlichen Streitigkeiten unter Unserer Nachkommenschaft übrig zu lassen nicht gemeynet sind; so verbinden Wir Uns, setzen, ordnen und wollen, daß auf den Fall der wirklichen Erlöschung eines der beiden Hauptstämme, mit gänzlicher Beiseitsetzung dieser Fragen, die Fürstlichen Töchter des letzten Fürsten eines Hauptstammes nebst Ihrer mütterlichen Erbschaft, aus der Verlassenschaft Ihres Herrn Vaters, die Chatoul, alles vorräthige Gold und Silber, Juwelen, Perlen, Kleinodien, die Garderobbe, Spitzen und alles Weißzeug, nebst denen ausstehenden Privatkapitalien, das ist solchen, welche aus der Ersparniß des Fürsten, nicht aber aus veräuserten-dem Hausverbande einverleibten Landesstücken und Gerechtsamen erwachsen sind, mit denen davon verfallenen Zinsen, nehmen, haben, und behalten sollen.

Wozu in Mangel der Töchter auch weiter gesippte Erben in ihrer Ordnung gelangen sollen. In Ermangelung derer Töchter sollen denen Schwestern und andern weiter gesippten Allodialerben, in Ansehung der Mobiliarverlassenschaft Ihres respective Bruders, Vetters und Erblassers, gleiche Rechte zustehen, und die denen Töchtern so

Naſſauiſche Erbverein van 1783.

eben nach gewiſſen Rubricken zugeſtandene Stücke derſelben, wie ſolche nur immer an den Verſtorbenen gekommen ſeyn mögen, auch dieſen ohne Widerſpruch verabfolget werden.

Aufer dieſem ſoll

Vierzigſtens denen Töchtern und in deren Mangel andern nächſt geſippten Allodialerben eines ganzen Hauptſtammtheiles, auf den Fall der Erlöſchung eines ſolchen Stammes, eine Summe von **fünfmal Hundert Tauſend Gulden** im zwanzig Guldenmünzfuß, in fünf unverzinslichen Jahrsterminen, von dem Landesfolger unweigerlich baar bezahlet, fort Ihnen dasjenige, worüber ein Fürſt, nach dem Ihme oben Art. XXXIV. zugeſtandenen Befugniß, zu Ihren Gunſten diſponirt haben wird, gelaſſen, dagegen aber auch von Ihnen, an irgend einige andere, in denen unter dieſem Erbverein begriffenen Fürſtlich-Naſſauiſchen deutſchen Landen, erfindliche beweglich- oder unbewegliche Beſitzungen, welche nicht unter die in den vorhergehenden Ihnen zugeſtandene Rubricken gehören, einiges Recht nicht geſucht, oder einige Forderung erdacht, gemacht oder geſtattet werden.

e) Beſtimmung der von dem Landesfolger zu zahlenden baaren Abfindungsſumme.

Bestätigung weiterer gutfindender Uebereinkunft.

Indeſſen ſoll diejenige Uebereinkunft, welche Wir, die jetzt pactirende Fürſten, zu Gunſten einer Erbtochter, Schweſter oder nächſten Allodialerbin eines Hauptſtammes, zur Verbeſſerung Ihrer Abfindung, auf alle Fälle weiter treffen werden, Ihres Verzichts und dieſer Unſerer verbindlichen Abrede ungeachtet, von dem Landesfolger des andern Hauptſtammes in alle Wege gehalten, und eine ſolche Allodialerbin hierunter, Unſerer Abſicht zuwider, nicht verkürzet werden.

Dieſes vorausgeſetzt, verbleiben

Was denen Allodialerben nicht Namentlich zugeſchieden iſt, gehöret zur Staatserbſchaft des Landesfolgers.

Ein und vierzigſtens dem Landesfolger neben allen und jeglichen, ſo alt als neu erworbenen Städten, Schlöſſern, Dörfern, Gütern, Häuſern und andern Liegenſchaften, deren etwaigen Meliorationen, auch allen und jeden Renten, Rechten und Gerechtſamen, zuförderſt die Archive, Regiſtraturen und Bibliotheken, demnächſt alle zur Armatur und Landesdefenſion gehörige Stücke, der Marſtall mit ſeinen Zugehörungen, alles was mit der Jagd in Verbindung ſtehet, alles Holz in denen Holzgärten, ſo wie das geſchlagene Holz und Kohlen in denen Waldungen, Hütten und Hämmern, alle an dem Sterbetag

auf

auf denen herrschaftlichen Speichern, in denen öffentlichen Magazinen, Kellern und Kassen erfindliche Naturalien, Geld- und andere Vorräthe, alle Mobilien und Inventarien in denen Fürstlichen Schlössern, Häusern und Höfen, mit Ausnahme derer oben denen Töchtern, so wie andern Allodialerben, vorbehaltenen Rubricken, ferner die Nutzungen des von dem ersten Jänner bis zum letzten December zu berechnenden Sterbjahrs, in welchem Theile desselben der Erblasser auch immer verschieden seyn möchte, so weit solche Nutzungen noch nicht consumirt, oder versilbert und zur Chatoul geliefert worden sind, endlich alle Rückstände und Recesse, sie rühren woher sie immer wollen, mit Ausnahme derer denen Allodialerben oben zugeschiedenen Privat-Kapitalien, kurz alles das, was denen Allodialerben in dem vorhergehenden XXXIX. und XL. Artickel nicht namentlich zugeschieden worden, und in denen Fürstlich-Nassauischen deutschen Landen zu finden ist, und verbleibt es übrigens wegen derer von dem Landesfolger zu übernehmenden rechtfertigen und erlaubten; so wie wegen derer denen Allodialerben heimzuweisenden unrechtfertigen Schulden, schädlichen Verduserungen, auch gefährlichen Landesbenachtheiligungen bey demjenigen, was oben Art. X. und folgenden, dann XXXI. ist verglichen und verordnet worden.

66 Naſſauiſche Erbverein von 1783.

Da übrigens auch

**6. Vorſe-
hung auf den
Fall der Erlö-
ſchung des
ganzen Fürſt-
lich-Naſſaui-
ſchen Manns-
ſtammes.**

Zwei und vierzigſtens der Fall möglich iſt, welchen jedoch der Allerhöchſte gnädiglich abwenden wolle, daß Unſer ganzer Naſſauiſcher Mannsſtamm erlöſchen möchte, ſo laſſen Wir es in Anſehung derer jeweilen exiſtirenden Töchter, bey dem von ſolchen geleiſteten, auch künftig und zu ewigen Tagen zu leiſtenden unbedingten Verzicht, ohne Vorbehalt einiger Regredientſchaft bewenden, verbinden Uns, ſetzen, ordnen und wollen demnach, daß in ſolchem Falle eine Tochter und zwar, wann deren mehrere vorhanden, die Erſtgebohrne, oder in deren Mangel die nächſte Erbin des letzten Mannsſtammes, mit Ausſchluß aller andern entfernterer, zur Succeſſion berufen ſeyn ſolle, es wäre dann, daß Wir oder Unſere Nachkommen auf ſolchen Fall anders übereingekommen wären, oder ſonſtige Vorſehung gethan hätten, als welches zu thun Wir Ihnen und Uns hiermit ausdrücklich vorbehalten, fort Unſere und Unſerer Nachkommen reſpective Töchter und Erben zur Feſthaltung einer ſolchen Vorſehung Kraft dieſes verbunden haben wollen.

Damit nun

**IV. Ewige
Feſthaltung
des gegenwär-**

Drei und vierzigſtens dieſe Unſere Erbeinigung und Pactum Suc-

Nassauische Erbverein von 1783.

cessorium perpetuum & reale desto genauer beobachtet und gehalten werde; so schwören nicht allein Wir sämtliche Erbvereinte Fürsten hiermit, daß Wir deme, was bis daher abgeredet, verglichen und festgesetzt worden ist, niemalen zuwider handeln, sondern solches in allen und jeden Puncten fest, stet und unverbrüchlich halten sollen und wollen, so wahr Uns Gott helfe, sondern es sollen auch alle Unsere männliche Nachkommen, sobald Sie das Achtzehnte Jahr erreichet haben werden, auf die von einer jeden Fürstlichen Landes-Regierung beschehene Erinnerung, als welches Denselben samt und sonders hiermit auf Ihre Pflichten gebunden wird, ein gleiches zu thun schuldig seyn, und von dieser eiblichen Bestätigung dem allgemeinen Hausdirectorio ein unverwerfliches Document eingeschickt werden.

tigen Erbvertrags überhaupt; insbesondere

a) dessen feyerliche Beschwörung;

Nicht weniger sollen

Vier und vierzigstens die allerseitige Landesdicasterien mit ihren Subalternen, die Oberforstbediente, auch Räthe und Beamte darauf verpflichtet, und wie solches geschehen, dem andern Theile ein Document extrabirt, fort ein gleiches bey dem jedes-

b) bedungne Verpflichtung der F. Räthe und Diener;

maligen Antritt einer neuen Regierung, und Verpflichtung eines jeden in oben bemeldter Eigenschaft neu angestellten Dieners also beobachtet werden.

Daß

c) Bewilligte Erbhuldigung der Unterthanen.

Fünf und vierzigstens die Unterthanen bey Erbhuldigungen einander eventualiter verpflichtet werden sollen, ist in dem Erbvereine vom Jahre 1736. Art. XIII. zugesagt worden. Diese Zusage wiederhohlen Wir zwar hiermit nochmalen, jedoch mit der Bescheidenheit, daß, gleichwie die ganze Erbhuldigung ein Actus meræ facultatis ist, also dieselbe auch in Ansehung der erbverbundenen Fürsten immer und allezeit dafür gehalten, deren gemeinsame Erforderung im ganzen oder in einzelnen Landestheilen nach einer jeden der beiden compaciscirenden Hauptlinien Gutfinden, unter Communication mit dem allgemeinen Hausdirectorio, geschehen, sort die eventual Huldigung bewerkstelliget und unterlassen werden mag, wie es denen Umständen wird gemäs erachtet werden, ohne daß die Unterlassung an irgend einem Orte je zu einem Nachtheile, oder zur Ausschliesung eines Orts von diesem Erbvereine, angezogen werden möge.

Naſſauiſche Erbverein von 1783. 69

Gleiche Bewantdniß hat es auch

Sechs und vierzigſtens mit dem Kirchengebät, welches nicht nur auf den regierenden Fürſten und deſſen Angehörige, ſondern demnächſt auch auf das Fürſtliche Geſamthaus Naſſau, ohne weiteren Beiſatz derer ſpecial Linien, eingerichtet werden mag, doch daß die Unterlaſſung im Ganzen oder an einzelnen Ortſchaften eben ſo wenig, als die unterlaſſene Landeshuldigung denen erbvereinten Fürſten und Agnaten jemalen zu einigem Nachtheile angezogen werden kann und ſoll.

d) verglichene Einführung des gemeinen Kirchengebäts.

Gleichwie nun

Sieben und vierzigſtens durch dieſe Unſere Erbeinigung nichts anders geſucht wird, als daß Unſer uraltes Haus Naſſau, durch ein gutes Verſtändniß beider Haupt- und aller ſpecial Linien, mit zuſammen geſetztem Rath und That in einem aufrechten Stand erhalten, mehreres Aufnehmen befördert, und alle zu demſelbigen gehörige Lande und Leute, mit Meliorationen, Lehnſchaften und allen Gerechtſamen bey dem männlichen Geſchlechte beſtändig, und, ſo lange ein ehlich gebohrner, oder von ſelbigem herſtammender Agnat aus beiden Eingang erwähnten Stämmen im Leben iſt, ruhig-

e) Geſtattete ſelbſt beliebige Ergreifung des natural-Mitbeſitzes.

lich verbleiben möge; also haben Wir zu desto mehrerer Versicherung einer dem andern, schon oben erwähntermasen, den Mitbesitz in seinem Landestheile eingeräumt, thun das auch hierdurch nochmalen mit dem weiteren Beifügen, daß Uns denen sämtlichen erbvereinten Fürsten und Agnaten jetzt und künftig, wann es Uns, Unseren Erben und Nachkommen gefällig seyn wird, freygestellet seyn solle, den natürlichen Besitz, denen Regierungsrechten und Nutzungen des regierenden Fürsten unbeschadet, auf vorgängige Communication und Benachrichtigung desselben, zu ergreifen, wobey jedoch abermalen bedungen worden ist, daß diese Besitzergreifung pro actu meræ facultatis gehalten, und deren Unterlassung dem oben Art. IX. bedungenen und übertragenen civil Mitbesitz weder im Ganzen noch in einzelnen Theilen je zum Nachtheile angezogen werden solle.

Nun ist zwar

f) Clausula executiva.   Acht und vierzigstens einige Contravention gegen diesen Unseren wohlbedächtlich und eidlich eingegangenen Erbverein von Seiten Unser, oder Unserer Erben und Nachkommen, nicht zu vermuthen.

Sollte es jedoch, wider Verhoffen, geschehen, so ist verglichen, abgeredet und bedungen worden,

Naſſauiſche Erbverein von 1783.

daß ein jeder, ſich bey dem, was der gegenwärtige auf ältere Erbvereine gegründete Erbvertrag ihm gewähret, mittelſt eigener Gewalt zu handhaben, denſelben mit und ohne Recht in Vollzug zu ſetzen, auch, zur Beſtätigung ſeiner eigenthätigen rechtlichen Vorkehrungen, Mandata de non contraveniendo pactis, de non turbando, & de non offendendo &c. &c. bey denen höchſten Reichsgerichten zu ſuchen, guten Fug und erlangtes Recht haben, ſolchen geſuchten und darauf erkannten Allerhöchſten Mandatis auch ein jeder, ohne Abwartung einer Paritoriæ, ohne alle Ein- und Widerrede, zu gehorſamen ſchuldig ſeyn ſolle.

Deſſen allen zu wahrer Urkunde und ſteter Feſthaltung haben Wir, die erbvereinte Fürſten ſowohl, als auch Wir, die in Unſerem Geſamthauſe Naſſau dermalen vorhandene volljährige Prinzen, dieſen Erbvertrag in vier gleichlautenden Exemplarien eigenhändig unterſchrieben, und Unſere Siegel daran zu hängen befohlen, auch Wir, die Fürſten, ihn von Unſern wirklichen Geheimen Räthen und respective Bevollmächtigten unterſchreiben und beſiegeln laſſen. So geſchehen, S' Gravenhaag, den 13ten, Kirchheim, den 23ſten, Biebrich, den 26ſten, und Saarbrücken, den 30ſten Junius, im Jahr Chriſti, Eintauſend Siebenhundert drei und Achzig.

Wilhelm,
Prince d'Orange,
Fürſt zu Naſſau.

Carl,
Fürſt zu Naſſau.

Carl Wilhelm,
Fürſt zu Naſſau.

Ludwig,
Fürſt zu Naſſau.

Friedrich,
P. zu Naſſau-Uſingen.

Adolph,
P. zu Naſſau-Uſingen.

Ad Mandatum Sereniſſimorum Principum proprium.

Thomas Iſaac v. Lairey.
Georg Ernſt Ludwig von Preuſchen.
J. W. Winter.
Johann David von Paſſavant-Paſſenburg.
Rob. von Neufville.

Friederich Ludwig von Botzheim.

Carl Friederich von Kruſe.

Joh. Friedrich von Hammerer.

Nun haben Wir Uns gnädigſt bewogen gefunden, des Herzogs Carl Wilhelm Ferdinand zu Braunſchweig-Lüneburg Liebden, als von Uns beſtellten Curatori der annoch minderjährigen Fürſtlich-Naſſau-Oraniſchen Kinder, dann dem Johann Auguſt, Burggrafen zu Kirch-

Naſſauiſche Erbverein von 1783. 73

berg, als ebenmäſig von Uns aufgeſtellten Curatori der minderjährigen Kinder des Fürſten Carl zu Naſſau-Weilburg liebden, nicht minder des Fürſten **Friederich Carl** zu Schwarzburg-Rudolſtadt liebden, als auf gleiche Art von Uns beſtellten Curatori der Fürſtlich-Naſſau-Saarbrückiſchen Deſcendenz, endlichen des Fürſten **Wolfgang Ernſt** zu Iſenburg-Bierſtein liebden, als von Uns beſtellten Curatori ſämtlicher minderjährigen Kinder der Fürſten **Carl Wilhelm** und **Friederich Auguſt** zu Naſſau-Uſingen liebden liebden, aufzutragen, daß Dieſelbe ſothanen neuen Erbverein genau prüfen, ſofort ihre gutachtliche Berichte und Dafürhalten, auch allenfalſige Einwilligung im Nahmen ihrer Curandorum, dem Befund nach erſtatten ſollen.

Da nun hierauf an Uns von ſämtlichen obbemelten Curatoren die allergehorſamſte Berichte erſtattet, und ſothaner neu errichtete Erbvertrag für räthlich, und nützlich befunden, auch die Originalconſenſe der Fürſtin **Caroline** zu Naſſau-Weilburg, gebohrnen Fürſtin zu Naſſau-Oranien liebden, dann der Fürſtin **Henriette** zu Naſſau-Saarbrücken liebden, förmlich beigebracht, und in Rückſicht der Fürſtin **Anna Carolina**, vermählten Herzogin zu Braunſchweig-Bevern liebden, von des Herzogs zu Braunſchweig liebden, in dessen curatorischen Bericht ausdrücklich bezeuget worden, daß gedachte Fürstin allschon bey ihrer ersten Ehe mit Wilhelm Herzogs zu Holstein Liebden, eidlich renunciiret habe, sofort auch Uns von Unserm Kaiserlichen Reichs-Hofrath hierüber ein gehorsamstes Gutachten erstattet worden.

Als haben Wir angesehen solche der sämtlichen Fürsten zu Nassau Liebden gethane unterthänigste Bitte und darum mit wohlbedachtem Muth, gutem Rath und rechten Wissen vorgeschriebenen neuen Erbvertrag (nachdeme dieselbe sich in Exhibitis de præsentatis acht und zwanzigsten, und ein und dreißigsten Augusti nuperi ausdrücklich erkläret haben, daß Sie von dem in dem zehenden Absatz des ad confirmandum übergebenen obigen Erbvertrags gemachten Vorbehalt der zu ewigen Tagen nicht statt findenden Verjährung völlig abstehen, und solchen gänzlich fallen lassen wollen) im übrigen alles seines Inhalts mit allen Puncten, Clausulen, Meyn- und Begreifungen, gnädigst confirmiret und bestättiget.

Thun das, confirmiren und bestättigen denselben auch, wie vorerwehnt, von Römisch Kaiserlicher Machtvollkommenheit, hiemit wissentlich, in Kraft dieses Briefes, meynen, setzen und wollen, daß mehrgedachter erneuerter Erbvertrag, wie obstehet, im übrigen in allen Worten, Puncten,

Naſſauiſche Erbverein von 1783.

Clauſulen, Meynu- und Begreifungen kräftig und mächtig ſeyn, ſtet, feſt und unverbrüchlich vollzogen, auch die ſämtliche Fürſtlich-Naſſauiſche Häuſer und deren Nachkommenſchaft ſich deſſelben ruhiglich gebrauchen und genießen ſollen und mögen, von allermänniglich unverhindert, doch Uns und dem heiligen Reich, und ſonſt männiglich an ſeinen Rechten und Gerechtigkeiten unvergriffen und unſchädlich.

Und gebieten darauf allen und jeden Kurfürſten, Fürſten, geiſt- und weltlichen, Prälaten, Grafen, Freyen, Herren, Ritteren, Knechten, Landmarſchallen, Landshauptleuten, Landvögten, Hauptleuten, Vitzdomen, Vögten, Pflegeren, Verweſeren, Amtleuten, Landrichteren, Schultheißen, Burgermeiſteren, Richteren, Räthen, Burgeren, Gemeinden, und ſonſt allen anderen, Unſeren, und des Reichs Unterthanen und Getreuen, in was Würden, Stands oder Weſens die ſeynd, ernſt und veſtiglich mit dieſem Brief, und wollen, daß Sie, mehrernannte Fürſten zu Naſſau liebden, dererſelben Fürſtliche Häuſer und ihre Nachkommenſchaft an dem vorbeſchriebenen neuen Erbvertrag, wie obſtehet, auch dieſer Unſer darüber ertheilten Kaiſerlichen Confirmation und Beſtättigung nicht hinderen, noch irren, ſondern Sie deſſen geruhiglich erfreuen, gebrauchen, genießen und dabey bleiben laſſen, darwider nichts thun, handlen oder vornehmen, noch das jemand andern zu thun geſtatten, in keine Weiße noch Wege, als lieb einem jeden ſeye, Unſere und des Reichs ſchwere Ungnade und Straf, und darzu noch eine Poen von fünfzig Mark löthigen Goldes zu vermeiden, die ein jeder, ſo oft er freventlich hierwider thäte, Uns halb in Unſere Kaiſerliche Kammer, und den andern halben Theil vielbemelten Fürſten zu Naſſau liebden, deren ſämtlichen Fürſtlichen Häuſern oder deren Nachkommenſchaft ſo hierwider beleidiget würden, unnachläßig zu bezahlen verfallen ſeyn ſolle.

Mit Urkund dieſes Briefs beſiegelt mit Unſerm Kayſerlichen anhangenden Inſiegel, der geben iſt zu Prag den neun und zwanzigſten Tag Monats Septembris, nach Chriſti Unſers lieben Herrns und Seeligmachers gnadenreichen Geburth im Siebenzehenhundert ſechs und achtzigſten, UnſererReiche des Römiſchen im drey und zwanzigſten, des Hungariſchen und Böhmiſchen aber im ſechſten Jahre.

Joſeph.

Vt. R. Fürſt Colloredo.
Ad Mandatum Sac. Cæſ.
Majeſtatis proprium
Franz Georg von Leykam.
Mit anhangendem Kaiſerlicher Majeſtät Inſiegel.

II.
Actenmäsiger Beytrag
zur Geschichte des
Kayserl. Reichs-Hof-Raths
unter der Regierung
Kayser Josephs des Zweyten.

*

Aus glaubhaften Handschriften.

* * *

Unsers jetzt regierenden allergnädigsten Kaysers Josephs II. Maj. ließen sich nach dem den 18. August 1765. erfolgten Ableben Kayser Franzens und Ihro dadurch übertragenen völligen Reichs-Regierung eines Ihrer ersten und dringendsten Anliegen seyn, das Justiz-Wesen an beyden höchsten Reichs-Gerichten zu beleuchten und zu verbessern.

So viel den Reichs-Hof-Rath betraffe, in Ansehung dessen der Kayser freyere Hände, als bey dem Reichs-Cammer-Gericht, hatte, so erschiene unterm 5. April 1766. in offentlichem Druck ein ausführliches Kayserliches Decret, worinn manche wahrgenommene Gebrechen und Mißbräuche gerügt und insbesondere auf eine reine und schleunige Justiz-Pflege mit warmen Ernst gedrungen wurde.

In diesem Decret ward dann insbesondere wegen der Geschenke und Bestechungen folgendes ausführlich verordnet:

„Und wiewohlen 17tens Ihro Kaiserl. Majestät zu denen Personen Dero Kaiserl. Reichs-Hof-Raths sammt und sonders die gänzliche Zuversicht haben, es werden dieselbe das ihnen anvertraute Amt dergestalt verwalten, daß sie mit unverletztem Gewissen jederzeit Gott dem höchsten Richter davon Rechenschaft geben, auch gegen Ihro Kaiserl. Majestät es wohl verantworten können, und so viel an ihnen durch Vermeidung alles bösen Scheins und Verdachts ein vollkommenes Vertrauen zu diesem höchsten Reichs-Gericht, und willigen Gehorsam gegen dessen Urtheil und Bescheid zu erwecken, und zu erhalten sich befleißigen, folglich aller derer auf gewisse Fälle gesetzter Strafen bey so redlichen, tapferen, und unverdächtigen Männeren es niemalen bedörfen. Um aber jedoch inskünftige allem dem sorgfältig entgegen zu gehen, wodurch das Gericht beschrien werden könnte, so wird von Ihro Kaiserl. Majestät dem Præsidenten, Vice-Præsidenten, und sammtlichen Reichs-Hof-Räthen hiemit ernstlich anbefohlen, daß Ihrer keiner, seinem geleisteten theuern Eid zuwider, in denen am Reichs-Hofrath Rechtshängigen Sachen, weder durch sich selbst, noch die seinige, einiges Geschenk, oder Nutzen, es seye vor- oder nach ergangenem Urtheil, unter was Schein, oder Vorwand, und durch wen es auch angeboten werden möchte, weder directe noch indirecte anzunehmen Macht haben solle. Gestalten alle Partheyen, ingleichen deren Agenten, und Sollicitanten durch so unredliche

liche Wege die Justiz zu erkaufen, oder aber auch nur die Beförderung der an sich sonsten gerechten Sache zu suchen, um so mehr zu vermeiden haben, als der dem Gericht hierdurch erweckende böse Ruf an der demselben gebührenden Authoritåt einen ganz unleidentlichen Abbruch thuet. Woferne sich aber dannoch jemand so weit vergehen, und sein Gewissen und Ehre dermassen vergessen würde, daß er vor sich selbst, oder durch die seinige mit seinem Wissen wirklichen Geschänke annähme, oder sich etwas versprechen liesse, derselbe solle, wann er dessen überführet worden, nicht allein zur dreyfachen Wiedererstattung des empfangenen, und zweyfachen Erlegung des versprochenen, zu des Fisci Nutzen angehalten, sondern auch mit unverweilter Entsetzung seines Amts angesehen werden, und seiner Ehre verlustiget seyn. Welcher Agent oder Sollicitant aber sich zum Werkzeug hierunter gebrauchen lasse, derselbe solle gleichfalls ohne Hofnung einiger Begnadigung seines Amts und Ehren entsetzet werden. Wie dann auch die Parteyen, so dergleichen selbst gethan, oder thun lassen, um eine Summa Geldes, so den Werth dessen, was gegeben worden, doppelt erreichet, und dem Fisco zuzueignen, gestrafet, auch, nach Befinden, weiter willkührlich darum angesehen werden sollen, allermassen dem Kaiserl. Reichs-Hofrath die in denen gemeinen Rechten geschärfte Strafen, vorkommenden Umständen nach, gegen die Verbrecher zu verhängen unbenommen bleibe. Würde aber etwas nur angeboten, jedoch weder gegeben, noch angenommen, und gleichwohl dem Præsidenten, oder wem es sonsten zu wissen gebühret, nicht angezeiget, so soll diejenige Gerichts-Person, welcher das Anbieten geschehen, nach gestalten Sachen willkührlich bestrafet, die Parten, so solches gethan, was sie erweislich angeboten, dem Fisco zur Strafe erlegen, und wann ein Agent, oder Sollicitant sich solches unterstanden, selbiger nicht allein ebenfalls den Werth des angebotenen Geschenks an den Fiscum aus eigenen Mitteln zu liefern schuldig erkannt, sondern auch noch über dieses ab officio eine Zeit lang suspendiret, ja wohl gar, befindenden Dingen nach, mit Verlust der Ehre abgestrafet werden. Ihro Käiserl. Majestät wollen demnach alle und jede Gerichts-Personen treulich ermahnet haben, hierunter so wenig sich selbst, als denen Ihrigen das mindeste erlaubt zu halten, oder nachzusehen, sondern vielmehr allen Ernst zu gebrauchen, daß, so bald von dergleichen Verbrechen und unziemlichen Anmuthungen einem oder andern das geringste zu Ohren kommt, solches dem Reichs-Hofraths-Præsidenten, oder wem es nach der Sachen Gelegenheit zu wissen nothwendig, ohne Anseyn der Person, ungesäumt eröfnet, folglich gegen die Beschuldigte gehörend inquiriret und obiger Verordnung gemäß durchgehends verfahren werden möge.

*

Unterm 21. Oct. 1767. erließen des Kaysers Majestät den damaligen Reichs-Hofraths-Präsidenten, Grafen Ferdinand von Harrach, über eben diesen Gegenstand noch weiters folgenden Cabinets-Befehl:

„Lieber Graf von Harrach! Nachdem, außer dem allgemeinen Ruf, Ich auch sonst in sichere Erfahrung gebracht habe, daß bey meinem Reichs-Hofrath verschiedene Geschänknisse oder so genannte Regalien, unter allerley Vorwand, von höchsten bis zu den mindern, angeboten, auch öfters angenommen, ja wohl gar gefordert worden: So gebiete Ich hiemit allen insgesamt und einem jeden insbesondere, daß à 1ma Novembr. anzufangen, ein jeder vierteljährig, unter seiner eigenhändigen Unterschrift und Pettschaft, meinem Präsidenten specifice, unter zwey separirten Rubriquen, eingeben solle, was er erstlich an erlaubten Tax- und Laudemial-Gebühren, dann zweytens an Geschänknissen oder sogenannten Er-

F 2

kanntlichkeiten, unter was auch noch so schmeichlenden Namen und Vorwand es nur immer seye, entweder selbst, oder durch die seinige, empfangen, oder ihme und denen seinigen angetragen worden, es bestehe nun in baarem Geld (wovon jederzeit die Summe zu specificiren) Geldeswerth, Comestibilien, oder so genannte Kuchel-Regalen und, mit einem Wort, was es nur immer seyn oder wie es immer heißen möge, nichts ausgenommen, mit ausdrücklicher nahmentlicher Beyrückung des Agenten oder anderer Person, so ihm es überbracht oder angetragen, wie auch der Ursache oder des Vorwandes, unter welchem er es empfangen oder hätte empfangen sollen. Die mindeste Verhelung oder Uebertrettung dieses meines ernstlichsten Befehls werde Ich, ohne Ansehung der auch noch so lange geleisteten Dienste, oder noch so großen Geschicklichkeit, denen Redlichen zur Genugthuung, Eigennützigen aber zum billigen Schrecken, auf das allerschärfeste, auch mit Cassation, ahnden. Um auch dieses Uebel recht aus der Wurzel zu heben, soll derjenige, der antragt, derjenige, der annimmt, oder der durch die seinigen annehmen läßt und derjenige, der davon weiß und mir es nicht anzeigt, einer wie der andere, für gleich strafmäßig angesehen werden. Es soll auch kein sogenannter respectus humanus minderer gegen ihre Obere, von

Neigung eines der Justiz so zuwiederlaufenden Vergehens sie entschuldigt halten. Nur werden keine anonyme Denunciationes angenommen werden, sondern ein jeder für die Wahrheit seiner Anzeige selbst zu haften haben. Wien den 21sten Octobr. 1767.

Joseph.

Eigenhändig von Ihro Kayserl. Majestät beygesetzt. { Dieses Billet ist öffentlich im Rath vorzulesen und einem jeden in die Feder zu dictiren.

Inscriptio.

Des Kayserl. Herrn Reichs-Hofraths-Præsidenten Grafen von Harrach Hochgräfl. Excellenz gehorsamst einzuhändigen.

*

Der starke Ton, worinn dieser ganze Befehl gefaßt war, das sichtbare Mißtrauen Ihro Maj. zu der Redlichkeit und Rechtschaffenheit des Gerichts, der durch den Ausdruck von sicherer Erfahrung dem ganzen Collegio angeheftete Verdacht und Argwohn, daß sich würklich unehrliche und gewissenlose Männer in dessen Mitte befän-

ßen und die empörende Empfindung jeden Manns von Ehre, sich mit schlechten, zweideutigen und wohl schon überwiesen strafwürdigen Collegen vermengt zu sehen, erfüllte den ganzen Reichs-Hofrath bey Vorlesung dieses Billets mit allgemeinem Schmerz und demjenigen edlen Unmuth, dessen sich ein redlicher, der Reinigkeit seines Herzens und Hände bewußter Richter in solchen Augenblicken nicht wohl erwehren kann.

Die Achtung, welche das Gericht sich selbst und vor dem Angesicht des ganzen Vaterlands schuldig war, ließe nicht zu, blos zu schweigen und zu gehorchen, es galt darum, das Vertrauen des Monarchen nicht zu verliehren, ungegründete Angaben und Beschuldigungen zu berichtigen, mit dem Freimuth eines guten Gewissens geheimer Verldumdung entgegen zu treten und den Souverain selbst aufzufodern: daß er die Schafe von den Böcken scheiden und an den schuldig befundenen Beyspiele des strengsten Ernsts aufstellen möge; anderer Seits aber eben so wohl zu fühlen zu geben, welche Rücksichten, Erkänntlichkeit und Fürsorge ein mit dem mühseeligen Richteramt beladener, blos an einer schmalen Besoldung nagender, vor seine hinterlassende Familie aller Aussichten beraubter rechtschaffener Diener von einem gerechten und billigen Herrn gewärtigen dürfe. Der

Wahrheitsliebende und offene Character des Kayſers ließe verhoffen, daß eine ſo geartete Vorſtellung aus dem richtigen Geſichts-Punct werde angeſehen und den Redlichen beruhigende Genugthuung zu theil, denen etwa Schuldigen aber nach Verdienſt gelohnet werden.

Nach einer gemeinſchaftlichen Collegial-Berathſchlagung ward ſolchemnach den 2. Dec. 1767. an des Kayſers Maj. folgendes

Reichs-Hofraths rechtliches Bitten und Vorſtellung auf das unterm 21. Octobr. erlaſſene Kayſerl. Billet

übergeben:

Imperator

Ew. Kayſ. Maj. treugehorſamſten Reichs-Hofrath iſt durch deſſen vorgeſetzten Präſidenten den 27. Nov. (da es wegen nicht beyſammen geweſenen Pleni nicht wohl ehender bewerkſtelliget werden können) folgendes Handſchreiben vom 21. Oct. verleſen worden: (Inſeratur)

In der vollkommenſten Uebereinſtimmung mit Ew. Kayſerl. Maj. allerhöchſt eigenen Preiswürdigſten Geſinnungen hat gehorſamſter Reichs-Hofrath, unter ſteter Erinnerung ſeiner Pflichten, ſich unabläßig überzeugt gehalten, daß die Verwaltung einer rejnen, unbefleckten und unparthenischen Gerechtigkeit das würksamste Mittel seye, Ew. Kays. Maj. die Liebe, Vertrauen und Ehrfurcht des gesammten Reichs zu erwerben und den Respect des Kayserlichen Obrist-Richter-Amts auf das zuverläßigste zu befestigen.

Je sorgfältiger derselbe nach diesen Grundsätzen sein ganzes Betragen zu bemessen bisanhero beeifert gewesen und sich zum Ruhm und Trost gemacht hat, daß selbst in denen während letztern Deutschen Kriegs zum Vorschein gekommenen, die Zeichen der heftigsten Erbitterung an sich tragenden Schriften, dem Reichs-Hofrath dieser schmälige Vorwurf der Corruption gleichwohl nie gemacht worden; mit je größerer Bestürzung, ja äußerster Wehmuth hat sich gehorsamster R. H. R. betroffen gefunden, daß Ew. K. M. als das höchste Oberhaupt dieses Gerichts, durch die dringendeste Gründe Sich bewogen zu seyn erachtet, dem ganzen Corpori, vom höchsten bis zum niedern, den schmerzhaften und deshonorirenden Vorhalt annehmender, ja gar fordernder unerlaubter Geschenke zu thun.

Der allgemeine Ruf, worauf gedachtes allerhöchstes Handschreiben sich gründet, würde Ew. K. M. zu einem so bedenklichen Schritt wohl niemahlen bewogen haben; da Allerhöchst Dero tiefen Einsicht unverborgen ist, wie betrüglich solcher überhaupt seye, und ein unbestimmter Ruf als ein

Algemeiner Ruf gegen ein ganzes Collegium niemals gelten könne, auch daß kein Gericht in der Welt, am allerwenigsten in einer Verfassung, wie die von Deutschland ist, demselben entgehen könne, wo die mehreste Ständische Rathgeber die Reichs-Gerichte schon als den geschwornen Erb-Feind der Chur = und Fürstlichen vermeinten Souverändität betrachten, sich alle Arten von Verläumdungen gegen dieselbe unbedenklich erlauben, und auch jeder andere unterliegende Theil sein Mißvergnügen durch unwahrhafte Beschuldigungen des Richters zu lindern suchet.

Ew. K. M. beziehen sich dahero Selbst und vorzüglich auf die eigene sichere Erfahrung, daß bey R. H. R. verschiedene Geschenke, unter allerley Vorwand, vom höchsten bis zum niedern, angeboten, angenommen, ja wohl gar gefordert würden.

Diese sichere Erfahrung nun ist der Gegenstand, welcher, da er den gesammten Rath ohne Ausnahme treffen sollte, demselben zu Rettung seiner Ehre und guten Leumuths gegenwärtige allerunterthänigste Vorstellung abgenöthiget.

Ew. K. M. haben annoch in dem unterm 6. April abgewichenen Jahrs an R. H. R. erlaßenen und durch öffentlichen Druck bekannt gemachten Decret

„eine zu den Personen des Kayserl. R. H. R. samt und sonders als zu redlichen, tapfern und unverdächtigen Männern, hegende gänzliche Zuversicht„ zu haben allergnädigst bezeuget. Wann also Ew. K. M. überzeugende Beweise des Gegentheils immittelst zugekommen, so müssen sie die nämliche in verwichenem Jahr eines bessern Zeugnisses gewürdigte Männer und eben diejenige treffen, mit welchen (die seit kurzem ganz neu hinzu gekommene ausgenommen) R. H. R. noch gegenwärtig besetzt ist.

Ew. K. M. gehen zwar über alles Vergangene hinaus und setzen den 1. Nov. zum Termin des neuen Regulativs. Das Verflossene soll in Vergessenheit begraben und nur vors künftige Ordnung und Sicherheit geschaffet werden.

Vor würklich überführte Verbrecher würde dieses eine Gnade seyn. Ew. K. M. treugehorsamster R. H. R. verursacht aber dieser Umstand ganz eigentlich den gerechtesten und empfindlichsten Schmerz. Der Verdacht wegen des unaufgeklärten Vergangenen bleibt auf diese Weise bey Ew. K. M. und der üble Eindruck bey dem gesammten Publico haften, der Unschuldige sieht sich mit dem gegen Verhoffen etwa Schuldigen auf die unverdienteste Weise confundirt und jeder, der noch Empfindung vor die Ehre seines guten Nahmens hat, muß sich von nun an zur Schmach achten, ein Mitglied eines Collegii zu heißen, das bey seinem Oberhaupt und von demselben bey dem ganzen Reich mit dem Vorwurf bezeichnet ist, daß die unter dem leuchtenden Auge Ew. K. M. in Dero eigenen Residenz und Kays. Burg sich versammlende Gerichtsstätte mit Ehr= Eyd= und Pflichtvergessenen Leuten befleckt und geschändet seye.

Ew. K. M. und unter Allerhöchst Deroselben der R. H. R. selbst ist dessen Mitglieder alleiniger und eigener Richter.

Vor Ew. Majestät gerechten und gnädigem Angesicht stellet sich also, gehorsamster R. H. Rath samt und sonders, mit reinen Händen, freyem und unbescholtenem Gewissen dar, erkläret sich, jeder vor sich selbst, als unschuldig an denen herben Beschuldigungen, welche Ew. K. M. zu Lasten dieses Gerichts beygebracht worden und alle bitten nicht um Gnade, sondern um Gerechtigkeit.

Ew. K. M. haben in Ihro treugehorsamsten R. H. R. Männer von so allgemein anerkannter Tugend, daß die Verläumdung selbst mit ihrem Biß sich noch nie an sie gewaget hat, aber auch diese verlangen keine Ausnahme bey sich zu machen, sondern alle zusammen, ohne Unterschied, vom höchsten bis zum niedern, bitten in allerunterthaͤnigstem Respect Ew. K. M. als einen gewissenhaften, Wahrheit und Gerechtigkeit liebenden Monarchen, als unsern allergnädigsten Herrn und höchstes Oberhaupt dieses Gerichts, diejenige sichere Erfahrungen, welche Allerhöchstdieselbe von dem Anbieten, Annehmen und Fordern von unerlaubten Geschenken haben, Dero gehorsamsten R. H. R. specifice kund zu machen, und gegen jedes Mitglied ohne Ausnahme, wann die Ew. K. M. noch zur Zeit allein bekannte Umstände hiezu rechtliche Veranlassung geben sollten, oder doch gegen das verdächtig gewordene Individuum eine legale Untersuchung der angeschuldigten Vergebungen anordnen zu lassen. Sollten aber hiernächst die Ew. K. M. beygebrachte Beschuldigungen und ferners auszuforschende Beweise nicht überzeugend erfunden werden, so behält sich treugehorsamster R. H. R. nicht nur die rechtliche und offentliche Genugthuung gegen die Verläumder ausdrücklich hiemit bevor, sondern muß zugleich Ew. K. M. in aller submissester Ehrfurcht in voraus bezeugen, daß samtliche Mitglieder des R. H. R. sich auser Stande sehen würden, das ihnen anvertraute in seinem Umfang so hochwichtige Richter-Amt mit Nutzen zu versehen, ehe und bevor Ew. K. M. die gekränkte Ehre und guten

Nahmen des Gerichts auf eine eben so feyerliche Weise wieder gerettet haben würden.

Es erfordert dieses, Allergnädigster Kayser und Herr, die eigene Ehre des allerhöchsten Kayserl. Amts, welche mit der Ehre und guten Credit Ew. K. M. Reichs-Gerichts-Stellen so unzertrennlich verbunden ist.

Es erfordert dieses der Einfluß der Richterlichen Auctorität in die Justiz-Pflege selbsten und dem schuldigen und billigen Ansehen, welches ein Gericht haben solle, das an Ew. K. M. statt zwischen den großen und angesehenen Ständen eines so mächtigen Reichs Recht und Gerechtigkeit verwalten solle. Welche Ehrerbietung, Vertrauen und Aufmerksamkeit kann aber ein Gericht von andern verlangen, und erwarten, welches bey seinem eigenen obersten Haupt in der Beschuldigung steht, als ob dasselbe aus eitel solchen Männern bestünde, die vom höchsten bis zum niedern von niederträchtigem Eigennutz eingenommen das wichtige Richter-Amt zu bekleiden so untüchtig als unwürdig seyen.

Es erfordert solches, wie zu Ew. K. M. großmüthigem und menschenfreundlichen Herzen gehorsamster R. H. R. zu sagen getrauet, die billige und gerechte Rücksicht auf die Lasten des mit so vielen sauren, unangenehmen und ermüdenden Ar-

wie beträchtlich die Einnahme der Laudemien in jenen Zeiten gewesen seye, wohingegen solche, besag der ferners angeschlossenen Pflichtmäßigen Auszüge der Laudemien-Bücher und Vertheilungs-Zettel, in den Regierungs-Jahren Allerhöchst Dero in Gott ruhenden Ihro. Vaters Maj. kaum ein Drittel der ehevorigen Summe ertragen haben, wann man zumalen den Savoyischen Posten hinweg rechnet, dessen Wiedereignung vor Ew. K. M. Erblande ohnehin niemahls zu wünschen ist.

Daß aber diese Abnahme ohne Schuld des R. H. R. durch Mißdeutung der in die Wahl Capitulation K. Carls VII. erstmals eingeflossenen Stelle, und durch die von den großen Ständen behauptete und von andern in der Folge mit angenommene eigenmächtige Grundsätze veranlaßt worden, wird wohl keiner weitern Ausführung bedürfen, und wünschte R. H. R. nichts Mehreres, als vor die künftige Zeiten eine bessere Hoffnung, als sich noch zur Zeit darstellt, fassen zu können.

Die in den Reichs-Gesetzen selbst gegründete und durch dieselbe den Reichs-Gerichten beygelegte Revisions-Sportuln kommen mit jenen weder in Ansehung des Ertrags, noch der Frequenz in gar keinen Vergleich, wie solches die ferners anliegende gleichmäßige Auszüge derselben bewahrheiten.

Was

Was aber die unter obigen 3 Rubriquen bemeldte den Nahmen von Geschenken alleinig verdienende Regalen betrift, so ist an dem, daß man solche bisher um so mehr vor erlaubt gehalten hat, als solche auf einem von fast undenklichen Jahren obwaltenden, allen Allerhöchst Dero glorreichesten Regierungs-Vorfahren und Ew. K. M. selbst nicht unbekannt gebliebenen Herkommen beruhen und um desto unverfänglicher gehalten worden, weil es dabey auf die Wagschaale der Gerechtigkeit auch bey weitem nicht ankommt, noch der Fall einer Partheylichkeit und Beugung der Justiz dabey statt finden kann.

Mit wahrer und einstimmiger Ueberzeugung bekennet jedoch gehorsamster R. H. R. daß es allemal ein Mißstand bey einem Gericht von so vorzüglichem Rang seye, wann dessen Mitglieder halb von Besoldung und halb von Accidentien leben sollen, daß alle Arten von Geschenken bey einer Gerichts-Stelle überhaupt nichts taugen und der Verläumdung nie genug gesteuert, noch den Versuchungs-Möglichkeiten sattsam vorgebeuget werden könne, wann nicht alle Neben-Zugänge unauflößlich verriegelt und versiegelt seynd, dahero, um das Uebel, nach Ew. K. M. Preiswürdigsten Absicht, aus der Wurzel zu heben, R. H. R. zu

Allerhöchst eigener Entschließung anheim zu geben sich unterstehet:

Ob Ew. K. M. geruhen wollen, zu Allerhöchst Dero eigenen Beruhigung und zu Sicherstellung redlicher Männer gegen alle scheinbare Vorwürfe, samtliche Geschenke und Regalen, wie die Nahmen haben, mithin auch jene bishero billig vor erlaubt geachtete, schlechterdings auf selbst gefällige geschärfteste Weise zu verbieten.

Gleichwie Ew. K. M. gerechte und billige Denkungsart hiebey ohnehin mit gänzlichem Vertrauen voraus setzet, das Allerhöchst Selbige diesen Abgang mittelst einer demselben proportionirten ständigen Zulage zu ersetzen, von selbst allergnädigst geruhen würde, so kann gehorsamster R. H. R. hiebey fernerweit nicht umhin, Ew. K. M. allerrespectueusest vorzustellen, wie je länger je mehr die wahrhafte Unmöglichkeit seye, daß die Mitglieder des Kays. R. H. R. mit der bisherigen Besoldung, selbst alle oberwehnte Emolumenten mit eingeschloßen, auf eine der Würde dieses ersten und höchsten Reichs-Gerichts anständige Weise, auch bey der ordentlichsten Haushaltung und bescheidensten Einrichtung, dergestalt leben können, daß sie bey ihrer beschwerlichen Arbeit vor vielen geheimen drückenden Sorgen gesichert, auch sie selbst und nach ihrem Tod die Ihrige vor dem bitterſten und ſchmdlichſten Mangel geſchützet wdren.

Ohne des bereits erwehnten ſtarken Abgangs an denen ehemals ungleich höhern Laudemial-Gefällen nochmahls zu gedenken, ſo iſt die von Jahr zu Jahren durch ſo viele Auflagen ſteigende Geſetzmäßige Theurung aller hieſigen Lebens-Mittel und übrigen Bedürfniſſe Stadtkündig und die zunehmende Beſchränkung deren durch die Reichs-Geſetze dem R. H. R. beigelegten Immuniræten (wogegen ſo viele bisherige Vorſtellungen theils ganz unerledigt geblieben, theils mit niedrigen Reſolutionen zurückgekommen) eben ſo unläugbar. Nimmt man die auf politiſche Erfahrungen und Berechnungen ſich gründende Wahrheit dazu: daß durch ganz Europa von 20 zu 20 Jahren die pretia rerum ſteigen, welche Mißverhältniß ergiebt ſich daraus ſeit dem Jahr 1722. gegen jetzo und welche noch traurigere Ausſicht vor das künftige?

Ew. K. M. erlauben allergnädigſt, noch eine Betrachtung mit anzufügen, welche Allerhöchſt Dero eigene auf die Lauterkeit der Juſtiz-Pflege gerichtete Abſicht auf das genaueſte berühret und aus einer durchaus rechtſchaffenen Verwaltung des Richter-Amts unvermeidlich fließet. Ein Mann, der mit der ſchuldigen Unpartheylichkeit 10 bis 12 Jahre im Rath zugebracht hat, darf ſich die sichere Rechnung machen, daß sein Nahme bey allen Reichs-Ständischen Höfen nach der Reihe in das schwarze Register kommen und er dieß Jahr diesen, das folgende Jahr einen andern Reichs-Stand mißvergnügt über sich machen werde. Je mehr ein Rath über allen von Ew. K. M. Selbst mit dem Zeichen der Verwerfung bedrückten respectum humanum sich hinaus zu setzen verbunden solches auch als ein ohne Ansehen der Person richtender legaler Mann durch sein ganzes Betragen stets zu bewähren beflissen ist, welch tiefer und nagender Kummer muß dagegen in seinem Innern entstehen, wann er sich als den Vater einer zahlreichen Familie betrachtet, dem hiedurch fast alle Thüren der künftigen Versorgung seiner Kinder verschlossen sind, der seine Kräfte in einem so wichtigen Dienst des gemeinen Wesens, als die Verwaltung der Gerechtigkeit ist, mühsam verzehrt und bey jedem Anfall von Krankheit von dem noch schreckhaftern Gedanken gequälet wird, Weib und Kinder in den Trost-Rath- und Hülflosesten Umständen zurück lassen zu müssen, nachdem er selbst mit aller Treue und Redlichkeit der Trost und Zuflucht so vieler Hülfbedürftigen gewesen ist. Es ist unmöglich, daß Ew. K. M. große Seele bey einer der Wahrheit leider! so sehr gemäßen Vorstellung ohne mitleidende Empfindung bleiben und

Allerhöchst Dero Milde gegen die Personen eines Gerichts verschließen sollten, welches das erste und nächste an Dero Kayser-Thron zu seyn geordnet und gewürdiget ist.

Gehorsamsten R. H. R. bleibt nur noch der Punkt übrig, da Ew. K. M. anbefehlen, daß derjenige, so von angenommenen Geschenken weiß und Allerhöchst denenselben es nicht anzeigt, einer wie der andere vor gleich strafmäßig gehalten, jedoch keine anonyme Denuntiationes gelten, sondern jeder vor die Wahrheit seiner Anzeige selbst haften solle.

Wir sind Collegen, Allergnädigster Kayser und Herr und halten uns vor ehrliche Männer, muthen Ew. K. M. uns nicht zu, den Fiscal oder gar den Kundschafter gegen einander zu machen. Glauben Allerhöchstdieselbe, daß verdächtige und Gewissenlose Leute in Allerhöchst Dero R. H. R. seyen, so bittet solcher selbst darum, sie aus dessen Mitte heraus zu nehmen, zu beleuchten und nach Verdienst zu bestraffen. Eine andere Art zu handeln würde die gänzliche Aufhebung allen collegialischen Vertrauens, ein geplagtes Leben voller Argwohn untereinander und unaufhörliche Ew. K. M. Selbst am meisten ärgerliche Afterreden verursachen.

Einander seiner Pflichten erinnern, bey würklichem Verdacht vor Gefahr und Verantwortung warnen, in dringend scheinenden Umständen dem vorgesetzten Präsidenten des Raths es anzeigen, ist die Pflicht von Collegen, den Denuntianten von und gegen einander zu machen, wollen Ew. K. M. gehorsamsten R. H. R. in allerhöchsten Gnaden verschonen.

Ew. K. M. gründlich zu beruhigen und die gegenwärtige so wohl als künftige Mitglieder des Raths billig sicher zu stellen, dürfte nur dieses Mittel seyn: den R. H. R. von denen, welche eine erwiesene Schuld treffen könnte, zu reinigen, mit Männern von geprüftem Uneigennutz und Redlichkeit zu besetzen, sie hinreichend und anständig zu besolden, alle Geschenke ohne Ausnahme verbieten und den, der alsdann gleichwohl nimmt, vor dem ganzen Reich exemplarisch zu bestrafen.

In der trostvollen und allerdevotesten Zuversicht auf Ew. K. M. Gerechtigkeit, Gnade und Billigkeit faßt gehorsamster R. H. R. sein gesamtes Anliegen wiederholter darinn zusammen:

1. Ew. K. M. geruhen forderist die R. H. Rathen in Corpore oder desselben einzeln Mitgliedern zur Last liegen sollende, Allerhöchst Deroselben annoch allein bewußte, sichere Erfahrungen mitzutheilen und eine aus dem Mittel

des R. H. R. zu bestellende Commission zur weitern legalen Untersuchung allergnädigst anzuordnen.

2. Im Nicht-Erweisungs-Fall die Verläumder öffentlich zu bestrafen und die gekränkte Ehre und guten Nahmen des Gerichts mit einer feyerlichen Erklärung wieder zu retten;

3. Die bisher durch den immer stärkern Abgang der Laudemien so sehr verminderte Besoldung auf eine dem Quanto zu Zeiten Caroli VI. und der jetzigen Theurung proportionirte Weise zu ersetzen;

4. Falls Ew. K. M. die in obigen 3 Rubriquen benahmte Extraordinaria, selbst allerunterthänigst angetragener maßen, zu verbieten gut fänden, auch dieserhalb eine verhältnißmäßige Vergütung allergnädigst angedeihen zu lassen.

5. Kays. R. H. R. so vielfältig gekränkte Immunitæten, mittelst allergnädigster Erledigung der vorlängst angebrachten Beschwer- und Verordnung vors künftige, sicher zu stellen, endlich und

6. Gehorsamsten R. H. R. mit der Zumuthung, den Denuntianten unter und gegen sich selbst zu machen, allermildest zu verschonen.

In welcher Hofnung der allerhuldreichsten Erhörung zu Ew. K. M. allerhöchsten Hulden gehorsamster R. H. R. sich allersubmissest empfiehlet.

Wien den 2. Dec. 1767.

Concluſ. die 27. Nov.
Lect. & approbat. die 2. Dec. 1767.

PRAESENTIBUS.

Excell^{mo}. D^{no}. Pr. D^{n}. Com. ab Harrach.
    Exmo. D. V. P. D. B. ab Hagen.
    D. C. ab Uberacker.
    D. C. a Sternberg.
    D. C. a Dürckheim.
    D. C. a Kauniz.
    D. B. a Senckenberg.
    D. B. a Waldſtætter.
    D. B. a Bartenſtein.
    D. B. ab Hillebrand.
    D. B. a Braun.
    D. a Gärtner.
    D. a Steeb.
    D. B. a Münch.
    D. a Moſer.
& me Secretario Reizer.

Das, was der Reichs-Hof-Rath erbeten, verhoft und erwartet, geschahe nicht, sondern es kame eine kurze und durchgreifende Kayserliche allerhöchste Resolution auf dieses Votum den 21. Dec. 1767. aus dem Cabinet herab, welche also lautete:

„Wann der wahre Sinn und klare Buchstaben meines Billets recht eingenommen und nicht auf diese so unanständige Art verdrehet worden wäre, so hätte es diese so schwache Rechtfertigung gar nicht gebraucht, welche nur denen Eigennützigen, sich hinter die Redlichen zu verbergen, Gelegenheit giebt.

Daß in gewissen Gelegenheiten Geschenke genommen sind worden, das wird hier selbst eingestanden, um also deren eigentliche Bewandniß zu erfahren, sind mir, ohne weitere Widerrede, die anverlangten vierteljährigen Eingaben zu geben und da die Angebung der Schuldigen Reichs-Gesetzmäßig beym Cammer-Gericht eingeführet ist, so hat es bey meinem Befehl sein ohnabweichliches Verbleiben.

Joseph.

Diese Kayserl. Resolution roulirte noch selbigen Tags ad ædes mittelst eines Billets des

Präsidenten bey sämtlichen Reichs-Hof-Räthen und in der nächsten Raths-Session würde folgende fernere ehrerbietigste Erklärung an des Kaysers Maj. zu übergeben beschlossen:

Imperator!

Ew. K. Maj. gehorsamster Reichs-Hof-Rath hat die in dreyen Puncten bestehende allerhöchste Resolution über die Vorstellung auf das unterm 21. Octobr. jüngsthin erlassene Kayserliche Billet mit unterthänigstem Respect erhalten.

Der erste Resolutions-Punct giebt dem gehorsamsten Reichs-Hof-Rath in Corpore nicht nur angenehme Vermuthung, man habe Ew. K. M. bisanhero noch keine zulängliche Indicia von dem Verschulden eines Individui beygebracht, sondern auch die sichere Hofnung, daß, wann es jemahlen beschehen sollte, Ew. K. M. geruhen würden, hierüber gesetzmäßig inquiriren zu lassen.

In Ansehung des zweyten Puncts, nehmlich derer vierteljährigen Eingaben wird die gehorsamste unumwundene Erklärung wiederhohlt, daß gehorsamster Reichs-Hof-Rath über die, bishero in causis pure gratialibus, für erlaubt gehaltene und Ew. K. Maj. angezeigte Geschänknissen die Specificationen einzureichen pflichtschuldigst unermangeln werde, woraus Ew. K. M. die Veranlassung zu weiterer allerhöchsten Verordnung zu nehmen allergnädigst geruhen werden.

So viel endlichen die Angebung der Schuldigen anlanget, solle auch mit solcher nicht zurückgehalten werden, wann nehmlich, nach Maasgab obangeführten allerhöchsten Billets vom 27. Oct. man für die Wahrheit der Anzeige zu haften im Stande seyn wird.

*

Der Schluß dieser Handlungen ist im nachstehendem von des Kaysers Majestät an den Reichs-Hofraths-Präsidenten, Grafen von Harrach, erlassenen ernstlich-mildem Cabinets-Befehl oder Billet enthalten:

Lieber Graf von Harrach! Nach nunmehro eingesehenen vierteljährigen Eingaben erkläre alle Schänkungen, wie diese Nahmen haben mögen, bey meinem Reichs-Hofrath für unerlaubt, und untersage deren Anbietung und Annehmung unter denen in meinem Decret vom 5. April 1766. ausgedruckten Strafen, weil eine jede derselben denen Partheyen zur Last gereichet, solche überhaupt für ein Justiz-Collegium nicht geeignet seynd, und zu einem bedenklichen Nachsinnen Anlaß geben können. Ich bin hingegen nicht ungeneigt, denenjenigen, so durch ihren Fleiß und uneigennützigen

Dienst-Eifer sich besonders verdienstlich machen werden, auch nach Maas deren Reichs-Einkünften ausserordentliche Belohnungen angedeihen zu lassen. Wien den 19. Februarii 1768.

Joseph.

*   *   *

So viel von dem Actenmäsigen Hergang der Sache. Was zu dessen mehreren Verständniß und Erläuterung von der Veranlassung und den würkenden Ursachen des Kayserlichen Befehls, von dessen wahren Absichten und deren Vereitlung, von denen Persönlichkeiten todter und damahls lebender Mitglieder des Gerichts, von der würklichen Einführung der anbefohlenen Taschen-Beichte und deren Folgen und sonst zu sagen wäre, mag ein vor das kommende Jahrhundert aufgehobenes Vermächtniß bleiben.

III.

Leben
Hans Meynhards v. Schönburg
Ritters,

Königlich Groß-Brittannischen Raths, Kurpfälzischen Geheimen-Raths, Obermarschalls und Obersten.

Ein Beytrag

zur

Geschichte der Protestantischen Union.

Aus

Original-Urkunden

mit

Beylagen.

Die Bescheidenheit des Herrn Verfassers hat sich nur mit dem Anfangs-Buchstaben K. zu erkennen gegeben; mir wird es aber Pflicht, dem Publico zu sagen: daß es diese schätzbare Biographie des edlen braven Deutschen Manns dem Gräflich Degenfeld-Schönburgischen Hof-Rath, Herrn Kazner zu verdanken habe.

Vorbericht.

Der so oft mit Condé und Turennen verglichene Deutsche Held, **Friederich von Schönburg** (Marschall von Schomberg) hat noch bis jetzt, ein paar magere Artickel in historischen Wörterbüchern, und die von seinem Kaplan geschriebene kurze Personalien *) ausgenommen, keine Biographie, wenn die Lebens-Beschreibungen der genannten grossen Männer in allen Formaten und Sprachen in den Büchersälen prangen.

Dieser Gedanke ermunterte mich, in meinen Erholungsstunden, diese Lücke zu ergänzen, und dazu die Materialien zu benutzen, welche meiner Aufsicht anvertraut sind. **)

---

*) Abregé de la vie de Frederic Duc de Schomberg p. Mr. de Luzancy (eigentlich Mathieu de Beauchasteau) à la Haye 1690. 2 1/2 Bogen in klein 12mo.

**) Das Gräflich Degenfeld-Schönburgische Familien-Archiv zu Frankfurt am Mayn.

Vorbericht.

Unter dem Nachsuchen stieß ich auf einige Bruchstücke zu einer Schilderung seines Vaters, Hans Meynhards von Schönburg, und fand, daß nur ein Sohn wie jener einen solchen Vater übertreffen könnte.

Das patriotische Publikum lese, und entscheide, ob dieser beynahe vergessene edle Pfälzer hier einen Platz verdient habe.

K.

Hans Meynhard von Schönburg kam auf die Welt zu Bacharach den 28ten August 1582. Seine Eltern waren Meynhard von Schönburg *) damaliger Kurpfälzischer Amtmann daselbst und zu Waldböckelheim, und Dorothea eine gebohrne Riedeselin zu Bellersheim.

Seinen Vater verlohr er schon im April 1596, da er das 14te Jahr noch nicht zurückgelegt hatte, er wurde hingegen von seiner Mutter, einer sehr würdigen Dame, überlebt. Daß seine Eltern an seiner Erziehung nichts hatten ermangeln lassen, beweisen die wichtigen Geschäfte, zu deren Ausführung sowohl er, als seine Brüder, gebraucht

---

*) Er war auch Hofmarschall und Fauth zu Heydelberg, und starb, nachdem er sich zur Ruhe begeben hatte, als Kurfürstl. Geheimerrath auf seinem Stammhaus Schönburg bei Oberwesel. In der Geschichte ist er vornehmlich als Feldmarschall der Truppen bekannt, welche mit Herzog Wolfgang zu Zweybrück, und nachmals unter dem Pfalzgrafen Johann Casimir den Protestanten in Frankreich zu Hülfe zogen. Er liegt in der Kirche zu Bacharach begraben, allwo ihm seine hinterlassene Wittwe ein schönes Monument errichten lassen. S. Acta Acad. Palatinæ Vol. III. Historico p. 34.

wurden. Sein Vater hinterließ auch ein für die damaligen Zeiten sehr ansehnliches Vermögen; ein Umstand, dessen hier gedacht werden mußte, weil sonst die großen Vorschüsse und Anlehne, welcher in der Folge wird erwähnt werden, kaum glaublich sind.

Die Quelle dieser Reichthümer ist weder in den väterlichen Kriegs- und Staatsbedienungen, noch in ungewöhnlicher Freygebigkeit der Großen damaliger Zeiten *) sondern blos in der Simplicität, wodurch sich die Haushaltung seiner Eltern auszeichnete, zu suchen. Man erstaunt, wenn man das Inventar über die geringe Verlassenschaft seines Großvaters, worein sich zwei Söhne theilten, mit demjenigen vergleicht, welches nach dem Tode seines Vaters errichtet wurde. An große Herrschaften, ja nicht einmal an ein Dorf von

---

*) Nur einen Beweiß davon. Meinhard, der Vater unsers Helden, wurde im Jahr 1570. von Kurfürst Friederich III. zu Pfalz mit einem Manngeld von 100. fl. belehnt. Der Kurfürst wollte zwar diese 100 fl. mit 2000 fl. ablösen, wenn solches aber nicht bei seinem Leben geschehen würde, so konnten seine Nachfolger sie nur mit 100 fl. auf einmal, oder nach und nach, mit Geld, oder mit Gütern ablösen, in welchem Fall dieses Capital von den Vasallen in liegende Güter verwandelt, und diese der Pfalz zu Mannlehen aufgetragen werden sollten. Der Nachfolger, Kurfürst Ludwig, veränderte das Lehnscapital, für sich und seine Nachkommen, wieder in 2000 fl. oder

einiger Beträchtlichkeit, war bei dieser Linie nicht
zu gedenken. Die liegenden Güter, und was
dazu gerechnet wird, bestanden, außer dem Schloße,
welches mehr zu unterhalten kostete, als eintrug,
aus Weinbergen, Aeckern, Wiesen, Zehenden
und unbedeutenden Manngeldern. Diese Gefälle
und kleine Güterstücke waren theils Eigenthum,
theils Lehen, und auch von diesen hatte die Familie
manche wieder andern adelichen Vasallen zu Lehen
gegeben. Allein sie besoldeten weder Räthe, noch
Beamten, sie verwalteten ihre Gefälle selbst, ver=
kauften ihre Früchte und Weine, liehen das Geld
wieder auf Güter, oder Naturalien, und lebten
in Kleidung und Hausgeräth, mehr als heut zu Tage
bürgerlich heißt. Da im Gegentheil die Fürsten
eine Menge Ritter, Gelehrte und Beamte als Die=

---

derselben Werth, und Meynhard legte dem neuen Lehen=
brief einen Zettel folgenden Innhalts bei: „Dieser Lehen=
„brief ist auf mein Anhalten gebessert worden. Habe viele
„Mühe darum gehabt, ehe ich diese Verbesserung er=
„langt habe. Also ist das Lehen mein Verdienst, was
„ich bei der Kurfürstlichen Pfalz verdient habe von
„Jugend auf, denn ich sonst, leider, wenig, oder
„selten etwas verdient habe. Also müssen meine Kin=
„der sehen, wie sie es dereinst bei Fürsten angreifen,
„daß sie nicht vergebens dienen, oder das ihrige nicht
„dereinsten bey den Herrendiensten einbüßen.

ner angestellet hatten, auch ihre Höfe gleichsam offene Gastherbergen nicht nur für andere Fürsten, sondern auch für den ganzen Adel waren, welcher daselbst Futter und Mahl für sich und seine Pferde fand: so kann man es daraus erklären, warum damals die Edelleute beinahe immer, die Fürsten hingegen nie mit baaren Mitteln versehen waren.

So sah es zu Ende des 16ten Jahrhunderts, wenigstens in der Gegend des Rheinstrohms, aus. Mit dem Anfang des 17ten Jahrhunderts scheint sich die Pracht auch unter dem Adel eingeschlichen zu haben, und das Inventar Hans Meynhards ist Fürstlich gegen dem von seinem Vater. Vermuthlich hat die Verwandtschaft der Pfalz mit England zu den Riesenschritten, welche der Luxus um diese Zeit machte, den Weg gebahnt.

Man verzeihe mir diese Ausschweifung. Sie war vielleicht den Beobachtern des Sittengangs unserer Nation nicht ganz unangenehm, und diente hier, um die Lücke von Hans Meynhards Geburt an, bis über den Termin seiner Volljährigkeit auszufüllen.

Da ich bis in das Jahr 1609, wo er schon 27 alt war, nichts mehr von ihm entdecken konnte *).

―――――――――――――――――

*) Von seinen Brüdern sind Nachrichten übrig geblieben, daß sie theils in Heydelberg, theils in Marpurg studier-

Von diesem Zeitpunct hingegen, bis an sein Ende, findet man ihn mitten in den Geschäften auf dem Theater der Welt.

Es ist unmöglich, von den Nebenpersonen des Spiels einen deutlichen Begriff zu bekommen, wenn man nicht derjenigen zuerst erwähnt, welche die Hauptrolle spielten, und einen kurzen Inhalt des Stücks vorausschickt. Ich finde mich daher gezwungen, etwas aus der Deutschen Geschichte hier einzuschalten, welches man zwar bei den meisten Lesern, aber doch nicht bei allen, als bekannt annehmen kann, nämlich den **Jülchischen Erbfolgestreit**.

Johann Wilhelm, der letzte Herzog von Jülch, Cleve und Bergen, Graf von der Mark, von Ravenstein und Ravensberg, welcher den 28sten des Monats May 1562 gebohren war, starb den 5ten März 1609, ohne eheliche Leibeserben nachzulassen. Er hatte seiner über 11 Jahre geführten Würde eines Bischofs zu Münster entsagt, um Jacobeen, eine Toch-

---

ten. Nur von ihm wußte ich noch nicht ausfindig zu machen, wo, und durch welchen Lehrer er den Grund zu den mathematischen Studien gelegt habe, worinn er es nachher zu einer für die damalige Zeiten so ausgezeichneten Vollkommenheit brachte.

ter Philiberts, Marggrafens zu Baden, zu heurathen, die er, nach einem über 11 Jahre geführten unfruchtbaren Ehestand, in den Verdacht der Galanterie zog, und erdrosseln ließ.

Er vermählte sich im Jahr 1599 zum andernmal mit Antonia, einer Tochter Carls III. Herzogs von Lothringen, welche jedoch eben so wenig fruchtbar war. Zuletzt wurde er rasend, und starb in diesem Zustand. So sonderbar seine Lebensgeschichte gewesen, so hatte dieser Fürst auch nach seinem Tode noch das außerordentliche Schicksal, daß der Krieg, welcher über seine Erbschaft entstand, seinen nächsten Anverwandten nicht einmal Zeit ließ, ihm ein Leichenbegängniß zu halten. Erst 19 Jahre nachher wurde sein Leichnam durch Veranstaltung seines Schwestersohns, Wolfgang Wilhelms, Pfalzgrafens von Neuburg beigesetzt. Sollte sein Geist eben so lange hiernieden haben verweilen müssen, so war es Buße genug für ihn, alles Unheil mit anzusehen, welches die Begierde nach seinen Ländern stiftete.

Er hatte 4 Schwestern gehabt. Die älteste Maria Eleonore, war an Albert Friederich, Marggrafen zu Brandenburg und Herzog in Preußen, unter der ausdrücklichen Bedingung vermählt, daß ihr, als der ältesten Schwester, alle Länder ihres Bruders anfallen sollten, wenn dieser ohne Leibeserben sterben würde. Sie war aber ein Jahr vor ihrem Bruder von dem Schauplatz abgetretten, und hinterließ eine Tochter, welche an den Kurfürsten **Johann Sigismund von Brandenburg** vermählt wurde.

Die zweite Schwester, **Anna**, war verheurathet an **Philipp Ludwig, Pfalzgrafen von Neuburg**, und da sie den Tod ihres Bruders, und ihrer älteren Schwester erlebt hatte, so nahm sie die ganze brüderliche Erbschaft, als die nunmehrige älteste Schwester, in Anspruch.

Die dritte Schwester des Herzogs, **Magdalena**, hätte zum Gemahl den Pfalzgrafen **Johann von Zweibrück**, und da sie zu dieser Zeit ebenfalls noch lebte, so behauptete sie, mit ihrer Schwester Anna, und der nachher zu meldenden 4ten Schwester, **Sibylla**, zu gleichen Theilen zu erben.

Der Grund dieses Anspruchs war, weil ihre geleistete Renunciation auf die Erbschaft nur zu Gunst ihrer ältesten Schwester Maria Eleonore, welche aber den Fall nicht erlebt hätte, und nicht zu Gunst ihrer zweiten Schwester Anna, und noch weniger zum Vortheil der um einen Grad entferntern Schwestertochter, der Kurfürstin zu Brandenburg, geschehen wäre.

Die vierte Schwester, **Sibylla**, stand in zweiter Ehe mit **Carl, Erzherzog von Oesterreich**, und Marggrafen zu Burgau. Da diese nicht weniger sich noch am Leben befand, so verlangte auch sie den dritten Theil von ihres Bruders Verlassenschaft. Sie gründete sich insonderheit auf gewisse Privilegien Kaisers Carl V. wodurch schon ihrem Vater versichert worden, daß seine Länder, nach Abgang des männlichen Stamms, ungeachtet ihrer Eigenschaft als Reichs-Mann-Lehen, auf die Töchter fallen sollten.

An diesen vier Prätendenten war es noch nicht genug. Johann Friederich I. oder Großmüthige, Kurfürst zu Sachsen, hatte Sibylla, die Tante, oder Vatersschwester des verstorbenen letzten Herzogs zu Jülch im Jahr 1527 geheurathet, mit dem in den Vermählungspacten ausdrücklichen Beding, daß, wenn dieser Sibylla Bruder, Wilhelm, ohne männliche Erben mit Tod abgienge, seine Staaten an das Haus Sachsen fallen sollten. Diesem Hause hatten in Gefolge einer vorhandenen ältern Anwartschaft von 1483 (die aber bei einem im Jahr 1511 erschienenen Fall nicht zum Vollzug gekommen war) die Kaiser Friederich III. und Maximilian I. bereits Eventualbelehnungen angedeihen lassen. Auch Sachsen war also ein Prätendent dieser Länder, nämlich Kur-Sachsen aus erstgedachter Kaiserlichen Anwartschaft, und das Hauß Sachsen

Ernestinischer Linie aus eben derselben, und den Heurathspacten von 1527, weil nunmehr der Mannsstamm von Jülch und Cleve ausgestorben war *). Biß man allen diesen Prätensionen würde auf den Grund sehen können, beschloß Kaiser Rudolf, diese Länder zu sequestriren, und ihre Administration seinem Vetter, dem Erzherzog Leopold von Oesterreich, damaligen Bischof von Straßburg, aufzutragen. Dieser überfiel auch die Stadt und Festung Jülch unvermuthet, und belegte Namens des Reichs, dieselbe mit einer

---

*) Gerard van *Loon*, in seiner Histoire metallique des XVII. Provinces des Pays-bas, drückt sich hierüber nicht schicklich aus, wenn er (Tom. II. p. 64.) sagt: Cette conduite imprevue fit beaucoup de peine à la maison de Saxe. Jean Frederic I. Duc de Saxe, en épousant Sibylle, fille ainée de Jean Duc de Juliers, avoit stipulé par le contrat de mariage, qu'en cas, que Guillaume, frere unique de cette Princesse, vint à déceder sans enfans, ses Etats seroient censés devolus à elle ou à sa posterité. *En vertu de cette convention* les Empereurs Frederic III. & Maximilien I. avoient déja donné provisionellement aux Ducs de Saxe l'Investiture de ces pays. „Beide Kaiser Friederich III. und Maximilian I. waren gestorben, ehe diese Convention errichtet wurde. Ihre Eventual-Belehnungen konnten folglich nicht en vertu de cette convention geschehen seyn. Dergleichen Schreibfehler nennen die Deutschen Geschichtschreiber einen Anachronismum.

so wohlmeynende Erinnerungen, daß sie sich nicht gnädig genug bedanken konnten.

Als der Französische Gesandte, Bongarsius, zu Düsseldorf angelangt war, beriefen ihn Marggraf Ernst zu Brandenburg und vorgedachter Pfalzgraf Wolfgang Wilhelm den $\frac{24.\ November.}{4.\ December.}$ aus dem Haag eben dahin, weil sie seiner Person hochbedürftig wären. Sie trugen ihm in diesem Zurückberufungsschreiben auf, daran zu seyn, daß die Englische und Holländische Gesandten auch bald eintreffen möchten, und empfahlen sich aufs angelegentlichste der Fortsetzung seiner treuen Affection.

Johann Graf zu Nassau, lag um diese Zeit zu Düsseldorf. Da nicht nur der Coadjutor zu Cölln sich wieder die Schanzen auflehnte, welche jener Bonn gegen über anlegen lassen wollte, sondern im Gegentheil anfangen ließ, Deutz zu befestigen; da der Graf von Nassau ferner Nachricht erhielt, daß die Besatzung in Kaiserswerth verstärkt werden sollte; daß der Erzherzog Leopold sich die Jülchische Lande von dem Kaiser ausgebethen, und von Bayern einen Vorschuß von 70 M. fl. erhalten habe, auch noch eines weitern Vorschusses gewärtig sey, so daß nichts anders zu vermuthen wäre, als daß Oesterreich

Hans Meynhards v. Schönburg. 125

und **Bayern** diese Erbschaft unter sich theilen wollten, so machte er den Fürsten davon den 5ten Decembr. die schriftliche Anzeige, um diesem drohenden Ungewitter zuvor zu kommen. Er drang insonderheit darauf, daß man doch durch unsern Schönburg, welcher bereits, was gegen eine zu besorgende Belagerung vonnöthen sey, zu Papier gebracht habe, eiligst suchen möchte, in den **Niederlanden** Stücke 2c. zu bekommen, weil es ein großer Vortheil im Krieg wäre, Zeit gewonnen, und sich gerüstet zu haben.

Dieser Bericht enthält unter andern den trockenen soldatischen Ausdruck, daß es mit der Kaiserl. Commission und Communication, womit die Landstände vertröstet wurden, nur lauter Betrug sey.

Graf Johann schrieb wegen dieser nöthigen Vorsichten auf eine dringende Weise an unsern Schönburg selbst den 7ten Decembr. und machte ihm darinn das schöne Compliment: „Ob mir wohl Eure Sorgfalt und Fleiß genugsam bekannt, so halte ich doch dafür, Ihr werdet zum unbesten nicht bemerken, daß ich abermal daran erinnere„ 2c.

Indessen scheint **Hans Meynhard** noch immer als Freywilliger hierbei gedient zu haben, da die Aufschrift des Grafen nur an den Vesten, unsern besonders lieben und guten Gönner N. N. von Schönberg lautet, und auch auf den Schreiben der possidirenden Fürsten an ihn keines Titels erwähnt wird *).

Eben so vertraulich war um diese Zeit der Briefwechsel Ernst Casimirs, Grafens von Nassau, Feldmarschalls der vereinigten Niederlanden, mit unserm Schönburg, der dieses Grafen Holländisches Regiment commandirte, welches den possidirenden Fürsten in Sold war gegeben worden.

Dieser kluge General hielt dafür, daß Jülich genugsam belagert wäre, wenn die possidirende Fürsten nur in allen um die Festung liegenden Orten Besatzungen hätten, weil die Leopoldische Detaschementer, die er zur Bedeckung der für die Festung nöthigen Lebensmittel ausschicken mußte, auf diese Weise eines nach dem andern leicht geschlagen werden könnten. Uebrigens wünschte er hauptsächlich, daß das Hauß Sachsen befriediget

---

*) Weil die Werbsachen unserer Zeiten für die Geschichte von einem höchst-unbedeutenden Belang sind, so hätte ein ehmaliger Registrator leicht veranlassen können, daß diese schönen Briefe auf einmal cassirt, oder in das Makulatur geworfen worden wären, indem er sie blos, Werbungs-Sachen, überschrieb. Ich bemerke dieses als eine Probe, daß es besser sey, alten Papieren gar keine, als eine ungeschickte Aufschrift zu geben: wodurch wahrscheinlicher Weise schon manche wichtige Nachrichten zu tod registrirt worden.

werden möchte, um dadurch den Kaiser den Vorwand zu benehmen, sich in diese Erbstreitigkeit, als Richter, zu mengen. Den weitern Inhalt dieser Correspondenz, welcher die damalige Niederländische und Französische Affairen anbetrift, übergehe ich, als nicht hieher gehörig, mit Stillschweigen. Schönburg meldete ihm dagegen die Jülchische Neuigkeiten, deren Mittheilung Ernst Casimir mit dem höflichsten Dank erkannte. *)

In dem darauf folgenden Jahr nahmen die Unterhandlungen der protestantischen Fürsten zu Hall in Schwaben ihren Anfang, und eben daselbst wurde beschlossen, unsern Schönburg als Brandenburgischen Gesandten an die Generalstaaten abzuordnen.

In seiner den 24ten Jänner 1610 von Kurfürst Sigismund von Brandenburg zu Schwäbisch-Hall unterzeichneten Instruction

---

*) Nur zum Beispiel eine Stelle, weil sie die Achtung beweist, in welcher Schönburg bei Personen dieser Art stand, aus einem Brief vom 17/27 Decembr. 1609. J'ai reçu la votre du 19/9 de ce mois, & entendu par icelle toutes les particularités & l'Etat, en quoi se trouvent présentement Mfrs les Princes, de quoi je vous baise bien-humblement les mains & vous prie y vouloir continuer, vous assurant de vous rendre la pareille &c.

heißt er jetzt Guberneur von Düsseldorf und Obrister.

Der Auftrag dieser Absendung bestand hauptsächlich darinn, den Staaten den Beitritt dieses Kurfürsten und des Landgraf Moritzens von Hessen zur Union zu eröfnen, und von ihnen die erforderliche Artillerie, nebst der Zugehörung, wie auch 2322 Centner Stückkugeln, 2000 Centner des besten Pulvers, und 1000 Centner guter Lunten zu entlehnen, wofür der Kurfürst den Ersatz an Materialien zusichern ließ.

Den 5ten Febr. bekam Schönburg von den unirten Fürsten die Vollmacht, ein neues Regiment von 10 Fähnlein für die Union zu errichten, und von nun an hieß er also auch der unirten, oder interessirten Kur- und Fürsten bestellter Obrister.

In dieser Eigenschaft wurde ihm nicht weniger aufgetragen, um Ueberlassung noch eines Regiments Fußvolk bei den Generalstaaten zu werben.

Fürst Christian von Anhalt übernahm bekanntermasen das General-Commando über die Armee der Union, und im Sommer des nämlichen Jahrs wurde von den unirten Ständen mit König Jacob von England ein so genannter Correspondenz-Tractat geschlossen. England sollte

Kraft

Kraft dessen den Fürsten mit 4000 die Fürsten aber England mit 2000 Mann, oder an deren Stelle mit so viel Geld, als zu ihrer Aufrichtung und Unterhaltung nöthig wäre, zu Hülfe kommen, wenn einer oder der andere Theil feindlich angegriffen würde. Die **Würtenbergische** Gesandten, durch welche dieser Tractat geschlossen wurde, waren **Hippolytus von Koll und Benjamin von Bouwinghausen**, von Pfalz und Brandenburg aber allein unser Schönburg.

Daß dieser dabey das Detail der militärischen Erfordernisse hauptsächlich zu bestimmen hatte, beweisen die von diesen Unterhandlungen in dem Familien-Archive noch vorhandene Aktenstücke. *)

Bis hieher fanden wir unsern Schönburg nur in den Cabinetten; allein eben dieses Jahr, worinn er schon so viel gethan hatte, both ihm auch noch Gelegenheit dar, sich im Felde zu zeigen.

---

*) Daß unsere Deutsche Sprache damals in der Kriegsterminologie nicht so arm war, als man heut zu Tag glauben möchte, weil wir es nun gewohnt sind, uns meistens Französischer mit dem Deutschen Burgerrecht beschenkter Worte, darinn zu bedienen, davon mögen das Noth-magazin und die geschwohrnen Sudler zum Beispiel dienen, womit in diesen Acten das Dépôt, und die Vivandiers, oder Marquedenter, ausgedruckt wurden. So fand ich auch an einem andern Ort die Brêche durch Sturmstücke gegeben.

Die Kaiserliche Besatzung in Jülich machte
dem umliegenden Lande so viel Beschwerlichkeiten,
daß eine förmliche Belagerung und Eroberung dieser Festung für unumgänglich erachtet wurde.
Schönburg hatte hierzu nicht nur die vorhin bemerkte Requisiten, sondern noch ein mehreres, von
den Holländern erhalten, und die possidirende
Fürsten vertrauten ihm, neben oben gemeldeten
Kriegs-Chargen, auch das Kommando über die
Artillerie. In dieser Eigenschaft legte er die
glänzendsten Proben ab, wie weit er es in diesem
wichtigen, damals noch seltenen, Theil der Kriegskunst, und der mit demselben verbundenen Wissenschaft, welcher zu unserer Zeit der Name, **Genie**,
vorzüglich beigelegt wird, gebracht habe.

Während daß dieser in den besten Stand ge-
setzten Festung mit einem außerordentlichen Feuer
zugesetzt wurde, dirigirte Schönburg die Appro-
schen mit einer solchen Geschicklichkeit, daß der
tapfere Kommandant, nach einer vierwöchigen ver-
zweifelten Vertheidigung, da die Canonen schon
an dem Graben standen, zu kapituliren genöthi-
get wurde.

Prinz Moritz von Oranien trug zwar,
als der kommandirende General, in der Geschichte
den Ruhm dieser Eroberung, deren Andenken man
zum Beweis ihrer Wichtigkeit durch eine Medaille

Hans Meynhards v. Schönburg.

verewigte *), davon. Aber auch Schönburgs Name wurde durch diese Aktion der Vergessenheit entrissen.

Ihm gehörten, nach altem Kriegsgebrauch, alle gesprungene Canonen, die verschossene und wiedergesammelte Kugeln, das aufgeschlagene Pulver, Feuerwerk und dergleichen: und die possedirende Fürsten beschlossen noch überdieß, ihm ihren Dank für seine dabei bewiesene Tapferkeit durch ein Geschenk von 2000 brabanter Gulden für ihn, und 1000 fl. für die Arkeley-Personen, deren Austheilung seiner Discretion überlassen wurde, zu erzeigen.

Schönburg, ein Mann, welchem Ehre mehr als Geld war, erwählte statt allem, was ihm gebührte, und dieses ihm bestimmten Geschenks, eine in Jülich gelegene zerbrochene halbe Karthaune, um sich (nach seinem eigenen Ausdruck) zu besserem ewigen unterthänigen Gedächtniß, daraus

---

*) S. Lochners Sammlung merkwürdiger Medaillen (IItes Jahr S. 17.) Auf der Hauptseite sieht man die Festung selbst, nebst dem Lager, den Laufgräben ꝛc. und der Umschrift: Nihil inexpugnabile. Auf dem Revers steht in 9 Linien: Ipsis Calendis Sept. MDCX. suis & subsidiariis armis Juliacum, ejusque propugnaculum munitissimum Principibus asseritur Possidentibus.

2 Stückchen gießen zu lassen. Um aber auch seines Orts das gute Verhalten der unter seinem Kommando gestandenen Offiziere zu belohnen, ließ er eine besondere silberne Medaille von der Größe eines Conventionsthalers prägen, welche er unter die letztern austheilte.

Auf der Hauptseite dieser Denkmünze sieht man die belagerte Stadt und Festung Jülich im Grundrisse, mit den dafür angelegten Laufgräben, ohne einige Umschrift. Auf dem Revers aber liest man in 17 Zeilen: „Anno 1610 den 30. Julii ist die Vestuug Gulich belagert und den 2ten Sept. erobert worden. Zur Gedæchtnis hab ich M. von Schonburgh, Obrister über die Artillerie Fortification und ein Regiment Fussvolk, aus einer Verehrung, so die possedirende Fürsten mir damahls zur Recompens gethan, dieser Pfenningen etliche machen lassen, und meinen unterhabenden Officieren, zur Zeugnis ihres ehrlichen Verhaltens ausgetheilet„ *).

---

*) Der schon vorhin in einer Anmerkung genannte Gerhard von Loon erwähnt dieser Anecdote, und liefert die Medaille in Kupferstich.
(Histoire metallique des XVII. Provinces T. II. p. 72).
Die Umstände davon aber hat der Verfasser dieser Biographie aus Schombergischen Papieren berichtigt. Der

Hans Meynhards v. Schönburg.

Vielleicht ist es einigen Lesern nicht unangenehm, etwas von den Besoldungen, oder Gagen, der damaligen Zeiten hier zu finden. Diese fallen dem ersten Anblick nach, gegen die heutigen genommen, sehr ansehnlich in die Augen.

Unser Schönburg hatte, als Gouverneur von Düsseldorf, welche Charge er den 1ten Oct. 1609 übernahm, monatlich 350 Reichsthaler, oder (den Brabanter Gulden zu 9 damaligen Batzen, den Reichsthaler zu 21 Batzen, den Königsthaler, oder Philippen zu 23 Batzen, eine Ducate aber zu 34 Batzen Frankfurter Währung, nach einer bei eben diesen Papieren gefundenen gleichzeitigen Vergleichung, gerechnet) ungefähr 1080 fl. nach dem vier und zwanzig Gulden-Fuß. Als Obrister

---

Prägstock, und die zwey metallene Stücke, deren jedes 12 Pf. Eisen schoß, und mit Schönburgs Wappen geziert war, wurden noch in dem Inventar über seine Verlassenschaft zu Heydelberg, gefunden, letztere nach seinem Tode auf das Stammschloß der Familie abgeführt, und bei dessen Zerstörung durch die Franzosen geraubt.

Ludwig (in Germ. Princ. in dem Buch vom Pfälzischen Hause L. V. C. 556.) und de la Neuville (histoire de la Hollande T. I. p. 31.) gedenken zwar auch eines Schönbergs, welcher sich in dem belagerten Jülch befunden habe. Dieser war aber einer von unsers Hans Meynhards Katholischen Vettern, welche mit gleichem Ruhm und Eifer in Kayserlichen Diensten standen.

über die Artillerie aber sollte er monatlich 2000 fl. Batzen, oder nach vorerwähntem Fuß ungefähr heutige 4410 fl. bekommen.

Von letzterem Gehalt hingegen mußte Schönburg, wie wir in der Folge hören werden, das ganze Artillerie-Personale stellen und besolden, auch von jenem einen Vice-Gouverneur zu Düsseldorf, nebst dessen Pferden und Gesind unterhalten.

Dieses war jedoch bei weitem noch nicht der schlimmste Umstand.

Die possibirende Fürsten waren schon zu Anfang dieser Belagerung, als Prinz Moritz von Oranien vor der Festung anlangte, in dem dußersten Geldmangel, folglich jene Besoldungen nur auf dem Papier.

Hier kam also nicht nur unserm Schönburg, sondern seinen gnädigsten Herrn selbst, sein eigenes Vermögen wohl zu statten, und eine von Marggraf Ernst zu Brandenburg und Pfalzgraf Wolfgang Wilhelm im Feldlager vor Jülch den $\frac{17}{7}$ten Septembr. eigenhändig unterschriebene Abrechnung zeigt, daß sie ihrem Diener bereits damals an rückständiger Gage, und baaren Auslagen 27,370 fl. Brabantisch, d. i. nach obiger Vergleichung, etwa 36,225 fl. unseres Geldes, schuldig verblieben.

Er hatte alſo die Feſtung nicht nur mit ſeinem Muth, ſondern auch mit ſeinem Geld erobern helfen. Um ſolche nicht weniger zu erhalten, oder ihre ruinirten Werke wieder herzuſtellen, wurde von den poſſidirenden Fürſten an ihn geſonnen, vollends bis auf die Summa von 40000 Brabanter, oder gegen 53000 heutiger Gulden vorzuſchießen.

Schönburg ließ ſich auch hierzu willig finden, worüber er eine von Marggrafen Ernſt zu Brandenburg und Pfalzgrafen Wolfgang Wilhelm, als Bevollmächtigten der Frau Kurfürſtin zu Brandenburg (Johann Sigismunds Gemahlinn) und der Frau Pfalzgräfin Anna, unterſchriebene, und beſiegelte verbindliche Obligation, und zuerſt Silbergeſchirr, bald darauf aber, anſtatt deſſelben Kleinodien in Verſatz bekam, welche auf 18845 Rthlr. 15 Batzen angeſchlagen waren.

Auf gleiche Weiſe wurde Schönburg im Anfang des Jahrs 1611 von Kurfürſt Johann Sigismund den 20ten Febr. zu Zoſſen ein koſtbares Halsband zu treuen Handen anvertraut, um ſolches auf den Nothfall zu Beſtellung der Artillerie, und ſonſt zu Abwendung des Kurfürſten Schadens, Schimpfs und Nachtheils, zu gebrauchen, und beſtmöglichſt zu verpfänden.

Liebhabern alter Schatzkammern zu Gefallen, auch um den damaligen Werth des Goldes und der Juwelen zu zeigen, soll die Beschreibung dieser schönen Kleinodien unter den Beilagen erscheinen. *)

Hans Meynhards erstes bei der Belagerung Jülich im Dienst der possidirenden Fürsten rühmlich geführtes Artillerie-Commando hatte nämlich, nach damaliger Kriegssitte, wieder aufgehört. Da jedoch der Kurfürst von Brandenburg einsah, daß der längere Bestand einer Artillerie zur Vertheidigung seiner Lande eben so nothwendig, als zu deren Eroberung sey, so bestellte derselbe für sich allein unsern Schönburg den 22ten erstgedachten Monats aufs neue zum Obristen über seine eigene Artillerie in den Niederlanden. Diese Anstalt sollte wenigstens noch auf ein Jahr lang gemacht werden, und war mit einer monatlichen Bestallung von 2200 fl. Batzen (oder ungefähr 4850 fl. unsers leichten Geldes) verknüpft. Von dieser Summa waren aber anzustellen und zu unterhalten: ein Lieutenant über die Artillerie, ein Commissär über 3 Magazine, nebst 3 Subalternen und 6 Conducteurs, ein Capitain über die Constabler und Batteriemeister, nebst 10 der besten Constabler, ein Capitain über die Zugpferde, mit einem Conducteur,

---

*) Num. 1. und 2.

ein Capitain über die Wagen, einer über die Matrosen, einer über die Pionniers, ein guter Petardier, ein Minier-Capitain, ein Feuerwerker, ein Laveten- Rad- und Zimmermeister, ein Schanzkorbmacher, und ein Ingenieur mit 4 der besten Werkmeister, nebst noch 100 Soldaten mit ihren Officieren. Wesel war zum Aufenthalt dieser von der Pfalzgräflichen separirten Artillerie bestimmt.

Das ganze Bestallungspatent unseres Schönburgs lautet sehr ehrenvoll. Insonderheit bemerke ich daraus folgende Stelle: „Und weil wir bei diesem allem und ganzer Behandlung seine getreue Affection, und rühmliche Intention zu Unserm Nutzen und Besten verspühren und vermerken: so wollen wir uns gegen Ihm also hingegen erweisen, damit er zuvordrist, dann auch andere ehrliche und gute Officier und Diener, die Er behandeln wird, ob dieser ihrer getreuen und gutwilligen Bezeugung, zum wenigsten keinen Nachtheil oder Schaden sich sollen zu befahren, sondern vielmehr unsern gnädigsten und geneigten Willen im Werk jederzeit zu verspühren haben.„ Aus einer eigenhändigen Nota des Obristen war zu ersehen, daß er nicht nur diesen beschwehrlichen Auftrag pünktlich erfüllte, sondern über dieses schon auf 140 Köpfe sich belaufende Corps, noch 6 bis

7 Personen mehr aufgestellt, auch den Obristlieutenant Pithan, einen in diesem Fach belobten Offizier, zum Beytritt gewonnen, und demselben sein halbes Traktament überlassen habe.

Schönburg hatte auch einen Lieutenant von solcher Erfahrung nöthig, da ihm kurz darauf eine andere Laufbahn von Geschäften angewiesen wurde. Ehe ich ihn aber solche betretten lasse, muß ich abermal, der Deutlichkeit wegen, etwas aus der Geschichte unsers Vaterlandes vorausschicken.

Kaiser Rudolph war mit seinem Bruder, dem König Mathias, der ihm bereits Ungarn und Oesterreich abgedrungen hatte, gar nicht zufrieden, und die mit eben demselben gleich unzufriedene Spanische Parthie trachtete dahin, demselben wenigstens die Krone Böhmen und das Kaiserthum aus den Händen zu spielen. Zu diesem Ende rückte Erzherzog Leopold, ihr Neffe (ein Prinz, dessen Lebenslauf einem Ritter-Romanen ähnlich sehen würde) mit einem, unter dem Vorwand einer Jülchischen Expedition in dem Passauischen zusammengezogenen Haufen Kriegsvolks, in das Land ob der Ens, nachher aber in Böhmen. Er hatte schon die kleine Seite von Prag überrumpelt, wurde jedoch von der Alt- und Neustadt noch zurückgehalten.

Hans Meynhards v. Schönburg.

Da dieser Ueberfall die Unterdrückung der Böhmischen Stände in Religions- und weltlichen Sachen mit zum Zweck zu haben schien, und sich zugleich das Gerücht verbreitete, als ob diese Leopoldische Völker, wenn alles in Böhmen berichtiget wäre, in das Brandenburgische geführt werden sollten, so konnte solcher weder von den unirten protestantischen Ständen, noch am allerwenigsten von dem Kurfürsten von Brandenburg mit gleichgültigen Augen angesehen werden. letzterer beschloß also eine Gesandschaft an den von den Böhmischen Ständen zu Hülfe gerufenen König Mathias abzuordnen, um zu erfahren, wo die Sache hinauswollte: weil dieser König zwar den Protestanten und der Union nicht ungeneigt schien, beide aber doch nicht recht wußten, wessen sie sich zu ihm zu versehen hätten.

Zu dieser wichtigen Absendung wurde Hans Meynhard von Schönburg ausersehen, und die von diesem Geschäft vorhandenen Papiere zeugen, wie sehr er demselben gewachsen war. *)

---

*) Aus einer zu Berlin gepflogenen Abrechnung ergiebt sich, daß Schönburg auch zu dieser Reise, die er in Begleitung eines von Adel, eines Einspännigers (d. i. Trompeters) und 6 Bedienten gemacht, die Kosten vorgeschossen habe, welche sich auf 500 Rthlr., oder 700 fl. Batzen beliefen, und von dem Kurfürsten, in Gegenwart des Marggrafen von Anspach und Fürst Christians von Anhalt, decretirt wurden.

Schönburg erreichte den 7ten März 1611 den bereits im Anzug nach **Prag** begriffenen **Mathias** zu **Iglau.** Den 8ten hatte er seine erste geheime Audienz, und erfuhr zum Anfang so viel, daß der König den Ueberfall von **Prag** durch das Paſſauiſche Volk ganz nicht genehmigte, und eben deßwegen seine Reise dahin angestellt hätte, um diesem Uebel abzuhelfen. Da **Mathias** es sehr billigte, daß die Benachbarten sich gegen dieſe leopoldiſche Völker in Poſitur ſetzten: ſo gieng Schönburg näher heraus, und erboth dem König nicht nur alle Hülfe und Beiſtand von dem Kurfürſten ſeinem Herrn, ſondern auch von dem **Marggrafen von Anſpach** und dem **Fürſten Chriſtian von Anhalt** ihre Perſon, und was von ihnen abhienge.

In der 2ten den Tag nachher gehabten Audienz drang Schönburg noch ſtärker darauf, daß der König keine Zeit verliehren möchte, den **Böhmen** beizuſtehen. Er erſuchte nicht weniger denſelben, einen Geſandten auf den Unionstag abzufertigen, mit der heiligſten Verſicherung, daß dieſe Union keinen andern Zweck hätte, als die hochnöthige Vertheidigung der unirten Stände, und daß dem König die Vertraulichkeit mit derſelben zu großem Anſehen und Nutzen in dem ganzen Reich gereichen würde. Die von unſerm Schönburg in beiden Audienzien gehaltene Reden sind kurz, bündig und schön, und insbesondere der Beschluß der zweiten abschreibenswürdig, wo er sagte:

„Ueber das, so halten wir für gewiß, und
„haben in Frankreich und Niederland
„gute Exempel, daß, wenn die Liga und
„König von Spanien offensive wegen der
„Religion, oder die Gewissen zu zwingen,
„sich unterstanden, und gekrieget, oder daß
„wir unserer Seits weiter gegangen
„sind, als defensive, daß kein Theil dazu
„niemals Glück gehabt. Wollte viel Ur-
„sachen, hierzu dienend fürbringen, aber weil
„solches also beschaffen, daß sie mir bei bei-
„den Theilen keine Gunst machen möchten,
„will ich hiermit schließen. Es sind Mittel
„genug, zu einer solchen Vergleichung, daß
„welcher Theil am ersten brechen, und sün-
„digen würde, durch alle die andere könnte
„im Zaum gehalten werden, also beide Theile
„sicher und friedlich leben, und betrügen
„sich alle die, so meynen, sie wollen
„die Welt allein unter ihnen, und in
„derselbigen nur eine Religion haben.

Der König versprach in dieser Audienz wirklich, dem Kurfürsten gegen das Passauische

Kriegsvolk, wenn es sich ins Brandenburgische ziehen wollte, ebenfalls beizustehen, mit dem Kurfürsten einen Feind zu haben; von den Prager-Händeln mit ihm zu correspondiren, und keinen Vergleich einzugehen, ohne ihm, und den unirten Ständen davon Nachricht zu geben. Auch den Unionstag wollte er durch den v. Stahrenberg beschicken.

Am nämlichen Tag unterzeichnete Mathias den Böhmischen Ständen ihre Freiheiten und Religions-Assecuration mit beigefügter Versicherung, daß auch andere evangelische Stände nicht über ihn zu klagen Ursache haben sollten.

Noch eine wahrhaft rednerische Stelle verdient aus unsers Schönburgs Relation über diese Audienz abgeschrieben zu werden:

„Weil dann (so preußt schloß unser Ge-
„sandter) aus zwei Uebeln das beste zu er-
„kiesen, Euer Königl. Majestät deren Re-
„ligion durch Verfolgung keinen Nutzen
„schaffen, was Gott also haben will, nicht
„zu ändern: was können dann Euer Königl.
„Majestät für größer Contento auf dieser
„Welt haben, was für größern Namen und
„Reputation können Sie mit sich in die
„Grube nehmen, wie können sie ruhiger schla-

„fen, als daß sie die ganze Christenheit in
„Frieden gesetzt, von jedermann geliebet, der
„armen Leute Fluch über die Verursacher des
„Kriegs alle in Gebeth verwandelt, zu allen
„Dero Intentionen gelangen, ohne Blutver-
„gießen, ohne ihre Religion zu offendiren,
„ohne das Weltliche dem Geistlichen vorzu-
„ziehen, indem Sie nichts Neues, nichts
„Präjudicirliches, sondern in Ihrer löblichen
„Vorfahren Fußstapfen trettend, das was
„Recht, Christlich, bräuchlich, und Sie
„nicht ändern können, eingehen, oder
„zulassen; also sonder Schwerd, mit Liebe
„in das Regiment kommen, im Reich bei
„beider Religion Potentaten und Ständen
„sich geliebt, respectirt, und, weil sie mit
„denselben einig, Sich und das ganze
„Reich Deutscher Nation bei dem Fremden
„wieder ästimirt, und gefürchtet machen."

Mathias brach wirklich des folgenden Tags,
ungeachtet der Gegenvorstellungen des päbstlichen
Nuntius, und des Spanischen Bottschafters,
auf, und langte den 14ten zu Prag an. Schönburg reißte mit, und beschrieb sorgfältig, wie sich
das Königl. bewehrte Gefolg gleichsam von Station zu Station vermehrte, so daß Mathias

seinen Einzug mit einer Anzahl Mannschaft zu Roß und zu Fuß hielt, welche für die damalige Zeiten schon den Namen einer Armee verdiente.

Der König besprach sich nicht nur unterwegs zweimal mit unserm Schönburg, sondern auch zweimal zu Prag selbst. Der Gegenstand ihrer Unterredungen betraf vornehmlich die Kriegskunst überhaupt, und das Artillerie= und Fortifications= Wesen insbesondere. Der König aber fand an dieser Unterhaltung ein solches Vergnügen, daß ihm Schönburg auch seine bei sich habende Risse und Instrumenten zeigen mußte. Endlich, nachdem er unterschiedlichemal um seine Abfertigungen angehalten, ihm auch einigemal der Antrag gemacht worden, in des Königs Dienste zu tretten, erhielt er solche schriftlich, ungefähr in eben den Ausdrücken, deren sich der König vorhin mündlich gegen ihn bedient hatte.

Eine Unterredung unsers Gesandten mit dem berühmten nachmahligen Cardinal Clesel, ist noch werth, mit Schönburgs eigenen Worten hier eingerückt zu werden:

„Der Clesel hat mit mir folgenden Dis=
„cours gehabt, expresse zu mir kommen,
„und, um destomehr von mir zu er=
„fahren, mich genug gelobt, und wie
„wohl

„wohl Ihre Königl. Majestät mit meinem
„Anbringen zufrieden, daß die meine Person
„sonderlich contentirt, auch wohl mich in
„Dero Bestallung sehen möchten, hernach mir
„geklagt, daß er in so bösem Credit bey den
„evangelischen Fürsten; könnte nicht wissen,
„warum? Bekennte wohl, daß er seiner
„Religion gern fürstehen wollte, auch vor
„diesem den König gehindert, den Evangeli-
„schen kein Exercitium zu verstatten, Ihre
„Majestät auch mit der Excommunication
„gedrohet. Weil er aber sehe, daß Dero
„Vorfahren, und nicht Ihro Majestät die
„Privilegien gegeben, daß Ihre Majestät
„nicht ruhig regieren könnten, daß so viel
„Krieg, als bißher gewesen, keinen Nutzen
„geschaft, daß Ihro Königl. Majestät in
„Dero Landen übel versichert; daß der Kaiser
„solch Werk angesponnen und practicirt, um
„wieder zu den Landen zu kommen, daß der
„Kaiser auf solchen Fall an Ihrer Königl.
„Majestät sich würde rächen, er für seine
„Person in großen Ungnaden bei Ihrer
„Kaiserl. Majestät, welcher als ein Thrann,
„sonder Treu, Glauben, Religion oder Con-
„scienz, seinen König, und auch ihn, um
„das Leben bringen zu lassen, sich unterstan-

„den (mit Erzählung mehrerer schändlicher
„Facten) daß diese Ursachen ihn gezwungen,
„dem König zu rathen, die Privilegien zu
„confirmiren. Weil nun das geschehen, so
„hätte er seither niemals dazu rathen wollen,
„ungeachtet des Kurfürsten von Cölln, und
„Ferdinandi Suchen, sondern daß man
„mit den Evangelischen friedlich leben, was
„man ihnen einmal zugesagt hätte, halten.
„Solches wolle er noch thun, so lang er lebe,
„oder Gott solle seiner Seele nimmer gnädig
„seyn. Nicht, daß er die evangelische Reli=
„gion liebe, sondern weil er sehe, daß ein
„Theil dem andern fast gewachsen, daß es
„nicht anders seyn könne, und daß sein König
„nicht allein um Land und Leute, sondern
„um seine weitere Hofnungen komme, und
„das Hauß Oesterreich ganz ruinire.

„Darauf ich ihme geantwortet, daß, wenn
„er den halben Theil solches meynte,
„effectuirte und nachkommen würde, daß
„ich bekennte, daß wir keine nützlichere Per=
„son im Reich hätten, als ihn ꝛc.„

Gewiß eine Deutsche Antwort für einen
Mann, der es durch seine Feinheiten dahin ge=
bracht hatte, daß man ihm nicht mehr traute, als

man wirklich sah; obgleich seine Versicherungen vielleicht in diesem Fall, wie sein nachher erfahrenes hartes Schicksal zu beweisen scheint, von Herzen gegangen seyn mochten.

Auch Schönburgs übrige Anmerkungen, die er aus Gelegenheit dieser Abschickung machte, beweisen den forschenden Kopf (ein eigentliches Gesandten=Talent) gehören aber nicht hieher *). Nur zum Beispiel, so bemerkte er von Ungarn, daß Mathias aus diesem ganzen Königreich nicht nur kein Einkommen ziehe, sondern noch jährlich 300000 fl. zur Unterhaltung der Gränze von andern Mitteln darauf verwenden müsse; und daß diese ganze Nation sich lieber dem Türken unterwürfig oder zinßbar machen, als mehr von einem Krieg etwas hören wollte.

Von Böhmen, Mähren und Schlesien hingegen wollte er erfahren haben, daß der Kaiser

---

*) Und um ein Haar hätten diese Nachrichten das Schicksal gehabt, in das Makulatur geworfen zu werden, wozu sie von einem alten Registrator durch die Aufschrift: Curiosa, zur Kanzlei aber eben nicht dienlich, bestimmt zu seyn schienen. Wahrscheinlich ist diese Ueberschrift die Ursache, daß sie wirklich Defect sind, und unter andern aus dem wichtigen Inquisitionsprotocoll Franz Tennagels über die Leopoldische Practiken einige Bogen fehlen.

aus diesen drey Ländern niemals mehr als eine Million gezogen hätte, seit einigen Jahren aber seyen nicht 400000 Thlr. daraus zu ziehen gewesen, u. s. f. Ein trauriger Zustand dieser Monarchen! Ein Glück für sie aber, daß es zu gleicher Zeit in allen andern Staaten nicht besser aussah.

Kaum war Schönburg aus Böhmen zurückgekommen, als er schon in dem darauf folgenden Monat April wieder als Gesandter nach dem Haag geschickt wurde, um bei dem Prinz Moritz und den Generalstaaten die Jüterbockische und Torgauische Verhandlungen zu erklären, und zu entschuldigen.

Es war nämlich vorhin schon zu Cölln, unter Kaiserlicher Direction, wegen Einnahm des Hauses Sachsen in den gemeinschaftlichen Besitz der Jülchischen Erbschaft gehandelt, aber nichts Entscheidendes abgeschlossen worden. Man hatte jedoch die präjudicirliche Clauseln bewilligt, daß die Possession, als ob sie im Namen des Kaisers geschehen wäre, angesehen werden, und der Gouverneur zu Jülich in Kaiserlichen besondern Pflichten stehen sollte. Diesen Clauseln hatten zwar die unirte Fürsten durch die Tractaten zu Jüterbock und Torgau eine andere Wendung zu geben gesucht, dafür hingegen drei possidirende Kur- und Fürsten anerkannt, obwohl die réelle Mitbesitzergreifung des Hauses Sachsen noch auf einen weitern Vergleich hinausgeschoben wurde. Allein so wie die Unirten hierdurch auf der einen Seite gewonnen zu haben glaubten, indem sie durch Sachsens Befriedigung den Kaiser aus dem Spiel zu setzen suchten: So hatte dieser dafür Pfalz-Neuburg auf seine Seite, und zum Widerspruch dieser neuen Conventionen gebracht. Dieses ließ sich bereits damals, wie die Schönburgische von Fürst Christian von Anhalt den 7ten April ausgefertigte Instruction ausweißt, vermuthen, und der Erfolg bestättigte, wie wir aus der Geschichte wissen, diese Vermuthung.

Indessen hielt sich Kur-Brandenburg für so sicher in seinen Sachen, oder dachte so voreilig ökonomisch, daß Schönburg in einem durchaus eigenhändig geschriebenen Brief vom Kurfürsten den 11ten des nämlichen Monats Befehl bekam, eine Abdankung der Brandenburgischen Truppen vorzunehmen.

Wie diese unternommen worden, was sie für Folgen gehabt, und was unser Schönburg auch bei dieser Gelegenheit für Auslagen aus seinen eigenen Mitteln thun mußte, davon wird es in der Folge zu reden, Gelegenheit geben.

Im Sommer eben dieses Jahrs 1611 erhielt Kurfürst Johann Sigismund die Nachricht, daß auf den 16. Sept. ein Reichstag in Pohlen gehalten, und daselbst auch die Preußische Lehens- und Successionssache vorgenommen werden sollte. Er fand also für gut, um diese Zeit selbst in Preußen gegenwärtig zu seyn, und glaubte (wie es in dem Rescript an Schönburg zweimal wiederholt wird) daß ihm viel daran gelegen wäre, Schönburgs Person daselbst bei sich zu haben, die ihm in vielen Sachen nützlich einträthig seyn könnte. Er befahl ihm also den 14. Jul. ganz gnädiglich aufs angelegentlichste, ja nicht auszubleiben, und ihm zu einer Leibwache 200 Mann mitzubringen. Um ihn hierzu noch mehr zu bewegen, setzte der Kurfürst nicht nur seinen Namen unter das Rescript, sondern schrieb außer dieser Unterschrift, noch mit eigener Hand darunter: „Euch mit allen Gnaden jederzeit wohl zugethan und gewogen, Hans Sigismund Kurfürst." Es scheint aber, daß die Umstände, und insonderheit die demselben von Kurpfalz übertragene Aufsicht auf den Festungsbau von Mannheim, unserm Hans Meynhard diese Reise nicht zugelassen hätten.

Bißher haben wir unsern Schönburg entweder in Kriegs- oder in politischen Händeln gesehen, und in beyden, als den klugen, tapfern und erfahrnen Mann gefunden. Nun kommen wir auf die Periode, wo ihn sein Vaterland auch für einen guten Mann öffentlich erklärte, da ihm noch im November dieses geschäftvollen Jahres die Ehre wiederfuhr, daß er zum Hofmeister des Kurprinzens, nachmals Friederichs V. berufen wurde.

Daß Schönburg die Wichtigkeit dieses Auftrags ganz einsah, daher aber auch weit davon entfernt war, solchen leichtsinniger Weise mit beiden Händen zu ergreifen, zeigt sich aus seiner Gegenvorstellung, und den Bedingungen, die er machte, ehe er sein Jawort zu geben, sich entschließen konnte. Diese Schrift ist mit so viel Vernunft und Offenherzigkeit abgefaßt, daß sie seine Karakter-Schilderung vertretten kann, und gewiß unter den Beilagen mit einem vorzüglichen Vergnügen wird gelesen werden *).

Seine Bescheidenheit, sein Vertrauen auf göttlichen Beistand, seine Bereitwilligkeit, selbst den guten Rath des Geringsten anzunehmen, mit der feyerlichen Erklärung, daß er hingegen heimliche Critiken weder dulten könnte, noch würde, sind zum Entzücken hinreißend. Doch genug. Diese Beylage will, wie gesagt, ganz gelesen seyn.

―――――――――――――――――――
*) Num. 3.

Es gereicht aber eben so sehr dem Kurfürstl. damals zu Nürnberg sich aufhaltenden geheimen Rath zur Ehre, daß diese mannhafte Vorstellung gut aufgenommen, und dem Schönburg die Instruction und Bestallung den 1. Novembr. ausgefertigt worden, welche nicht weniger als Beilage dieser Biographie folgen soll *). Ich bemerke hier nur, daß mit dieser so beschwehrlichen, als ehrenvollen Stelle, außer Futter und Mahl für 9 Pferde, und das dazu gehörige Gesind, ganz keine Besoldung verknüpft war. Wehe aber auch dem Mann, der des Gehalts wegen die Erziehung künftiger Fürsten übernehmen könnte.

Noch vor dem Ende des Jahrs 1611 schrieb der Kurfürst von Brandenburg an unsern Hans Meynhard aus Königsberg in Preußen, daß nunmehr die Preußische Sache geendigt sey, und er das Homagium in Person geleistet habe, auch belehnt worden wäre. Er ermunterte denselben, in seiner guten Intention gegen das Hauß Brandenburg beständiglich zu beharren, und wünschte, daß Schönburg nur auf eine kurze Zeit zu ihm kommen möchte. „Haben gleich jetzo „(fährt der Kurfürst fort) vom Pfalzgrafen "(nem„lich von Neuburg)" Nachrichtigung erlanget,

---

*) Num. 4.

„daß Er Vorhabens, sich wiederum zu Uns zu
„begeben: welches wir zwar dahin müssen gestellt
„seyn lassen, wollten aber, daß wir zur selben Zeit
„etzliche gute, vertraute, ehrliche Patrioten
„bei Uns haben möchten, Sr. Liebden um so viel
„mehr der Gebühr nach zu begegnen *). Ist es
„Euch möglich, so kommt anhero: dann
„wir auch in diesen Landen Uns Eures guten
„Raths zu gebrauchen, und müssen Wir
„bei dieser Gelegenheit Uns mit Unsern getreue-
„sten eines gewissen Schlusses vergleichen.„

Aus dieser Reise nach Preußen wurde nun
zwar nichts; diesem ungeachtet aber scheint Schönburg seine Hofmeisterschaft nicht lang geführt zu
haben, denn im Jänner 1612 wurde er schon wieder nach Brüssel, als Gesandter, geschickt. Er
sollte daselbst bei Erzherzog Albrecht von Oesterreich den Ausgang eines vor dem Conseil-Sou-
verain (oder wie es hier genannt wird, Parlament)

K 5

---

*) Mit der Ohrfeige, welche dieser Kurfürst dem Pfalzgra-
fen vorhin ertheilt haben soll, reimt sich diese Sorgfalt,
Seiner Liebden der Gebühr nach zu begegnen, nicht
wohl. Aus welcher Quelle mag der gekrönte Geschichtschreiber (Memoires pour servir à l'histoire de Brandeb:
P. 1. Art. Jean Sigismond) diese scandalose Anekdote geschöpft haben? Oder begäb sich solche nachher?

zu Mecheln hangenden vieljährigen Processes, wegen der in Brabant und Flandern gelegenen Pfälzischen Herrschaften Buggenholt, *) Bassenrodt und St. Amand betreiben. Ein weiteres Memorial vom letzten des gedachten Monats giebt zu erkennen, daß ihm auch aufgetragen war, das Condolenz-Compliment, wegen tödtlichen Ablebens Kaiser Rudolphs, abzustatten, und die Uebernahm des der Pfalz auf diesen Fall zuständigen Vicariats anzuzeigen.

Nicht weniger sollte Schönburg bei den vorgewesenen gütlichen Tractaten des Herzogs von Würtenberg mit dem Erzherzog zu Brüssel, jenem, der die Assistenz der unirten Fürsten bei der zu Rothenburg an der Tauber gehaltenen Versammlung angerufen hatte, beistehen: und die Marggräfl. Badensche Successionssache gegen Marggraf Eduard Fortunats Kinder bei dem Erzherzog unterstützen, und zu gütlichem Austrag befördern helfen.

Damit endlich auf einem und dem nämlichen Wege zwei Geschäften ausgerichtet werden möchten, wurden ihm zu gleicher Zeit Instructionen nach dem Haag mitgegeben, um bei dem Prinzen

---

*) Bouggenhoudt.

Moritz von Oranien, und den General-Staaten einige Werbungen zu verrichten.

Die erste derselben bestand, laut dem Neben-Memorial vom 3. Febr. in einem theologischen Auftrag.

Man hatte nämlich zu Heidelberg mit Schrecken vernommen, daß ein gewisser D. Gerhard Vorst, der zum Professor der Theologie in Leiden angestellt worden, nicht orthodox wäre. Da nun aber dem Kurfürsten zu Pfalz viel an der reinen christlichen Lehre gelegen sey: so möchte man doch in dieser wichtigen Sache mit Pfalz communiciren, damit Zwiespalt und schädlichen Trennungen abzuhelfen, getrachtet werden könnte. Hierinn wurde also nichts, wie solches bei andern Gegenständen geschah, der Discretion des Gesandten überlassen: welcher auch durch seinen Stand nicht zu Ausgleichung solcher Streitigkeiten berufen war. Indessen gehörte diese heut zu tag für eine Kleinigkeit geachtete Sache damals noch unter die Staatsangelegenheiten, weil es vornehmlich den Ständen reformirter Religion nicht gleichgültig seyn durfte, wenn ihnen von den übrigen Religionspartheyen vorgerucht werden konnte, daß sie selbst nicht recht wüßten, was sie glauben, oder lehren wollten.

Die andere Werbung daselbst betraf die Assistenz der Reichsstadt Aachen, und das Ersuchen um Beistand, wenn etwa von dem Hauß Neuburg dem Vicariat des Administrators der Kurpfalz etwas in den Weg gelegt werden wollte. Es war hiermit auch noch ein geheimer Auftrag wegen der Kaiserwahl verbunden, dessen Innhalt aber verlohren gegangen.

In den Instructionen von diesem Monat heißt Schönburg nicht mehr Hofmeister bei dem Kurprinzen, sondern Kurpfälzischer geheimer Rath und Obrister.

Gleich in dem folgenden Monat März treffen wir ihn zu Wesel an, um die wechselseitige Hülfsleistung, welche England, und die unirten Deutschen Stände, schon obengemeltermasen, einander zugesichert hatten; mit dem daselbst eingetroffenen Königl. Großbrittannischen Rath und Ambassadeur bei den vereinigten Niederlanden, Rudolph Winwood, unter Mitwürkung des Würtenbergischen Gesandtens von Burwinghausen, ins klare zu setzen.

Die bey dieser Gelegenheit entworfene Reglements wegen der Unterhaltung von 4000 Mann Englischer und 2000 Deutscher Truppen sind vielleicht einem Liebhaber der Geschichte des militärischen Oekonomie-Wesens, zur Vergleichung mit den gegenwärtigen Unterhaltungskosten des Militärs, nicht ganz unangenehm, und folgen deswegen, als Beilagen. *)

Da unter andern daraus zu lernen ist, daß das Deutsche Kriegsvolk um ein ansehnliches höher zu stehen kam, als das Englische; folglich die Hülfe, wenn sie in Geld zu leisten gewesen wäre, nicht Verhältnißmäsig gewesen seyn würde, so wurde festgesetzt, daß England auf diesen Fall den unirten Fürsten monatlich 85,663 fl. 10 Stüb, Brab. Geld, die Fürsten aber an England 42831 fl. 15 Stüb. dergleichen zu Subsidien zu zahlen, gehalten seyn sollten. An Englischem Geld, 10 Brabanter Gulden auf ein Pfund Sterl. gerechnet, betrug diese Summe jenseits ungefähr 8566 dißeits aber 4283 Pfund. Zehen Brabanter Gulden aber, oder 1 Pfund Sterling wurden mit 6 Deutschen Gulden Batzen gleichgestellt.

Die schließende Deutsche Fürsten, welche den obengenannten Abgesandten Vollmacht gegeben hatten, waren: Pfalzgraf Johann, der Kurpfälzische Administrator und Reichsvikar; Johann Sigismund Kurfürst zu Brandenburg; Christian und Joachim Ernst, Gebrüder Marggrafen zu Brandenburg,

---

*) Num. 5.

Johann Friederich Herzog zu Würtenberg, Landgraf Moritz von Hessen, Marggraf Georg Friederich von Baden, Johann Georg, Christian, Ludwig, Rudolph und August, Prinzen von Anhalt. Dem Herrn Pfalzgrafen von Neuburg wurde der Beitritt in den nächsten 4 Monaten, vom 28. März alten Styls an zu rechnen, freigestellt, welches überhaupt der beliebte Ratifications-Termin für sämtliche Paciscenten war.

Noch in eben diesem Jahr bekam Schönburg eine andere ansehnliche Gesandtschaft, nämlich aus Gelegenheit der Verlöbniß des Kurprinzen mit der Tochter Jacobs des I. Königs in England.

Die Sache war schon vor Anfang dieses Jahres im Werk, und rührte der Vorschlag ursprünglich von dem Herzog von Bouillon her, bei welchem der Kurprinz eine Zeit lang erzogen wurde. Fürst Christian von Anhalt rieth deßwegen den 22. Jän., daß man den Obrist von Schönburg von Brüssel aus nach Paris schicken sollte, um sich mit dem Herzog von Bouillon und dem Englischen Gesandten daselbst vorläufig darüber zu besprechen.

Ueberhaupt war dieser Fürst gleichsam der Pfalz geheimster Rath, und gefällt mir dessen

Dafürhalten besonders auch deßwegen, daß er immer der Meynung war, hierinn nichts zu übereilen, und hauptsächlich dem Kurprinzen die freie Hand so lange, als immer möglich, zu lassen, damit er sich auch aus eigner Affection (die man sonst bei Fürsten-Kindern so selten zu Rath zieht) entschließen könnte.

Die Briefe dieses Fürsten an den Administrator zeugen von seinem ausgezeichneten Vertrauen auf unsern Schönburg, ohne welchen er beinahe nichts gethan haben wollte.

Von Schönburgs Pariser Reise findet sich nun zwar keine gewisse Spur. Nachdem aber gedachter Herzog von Bouillon sich mit dem Englischen Gesandten, von Edmond, zu Paris so weit besprochen, auch schriftliche Versicherung erhalten hatte, daß man von England keine abschlägliche Antwort bekommen würde: nachdem auch die Werbung durch den Grafen von Hanau und einen von Plessen zu London geschehen, und die Heuraths-Artikeln zwischen ihnen und dem Englischen Ministerium berichtigt waren, so wurde Schönburg, welcher indessen mit dem Prinzen Moritz und den Generalstaaten in dieser Angelegenheit zu Rath gegangen war, nach England abgeordnet, um dem König die Kurfürstl. Ratification dieser Heurathstractaten zu überreichen, und was noch zu verabreden übrig seyn möchte, in Richtigkeit zu bringen.

In den an den König, die Königinn und den Prinzen von Galles ihm mitgegebenen Credenzschreiben wird er des H. R. Reichs=Ritter *) und der Kurfürstlichen Pfalz geheimer Staats= und Kriegsrath genannt.

Seine Instruktion gieng unter andern dahin, nicht nur dem Englischen Kronprinzen, welcher diese Verlobung hauptsächlich durchgesetzt hatte, deßwegen besondere Danksagungs=Komplimenten zu machen, sondern auch, wo möglich, sein Vertrauen zu gewinnen, und ihn selbst von einer Verlobung mit einer katholischen Prinzessinn, worauf Spanien, und die in der Liga stehende Höfe angelegentlichst machinirten, durch alle mögliche politische Beweggründe abzuhalten.

Ein besonderer Artickel dieser Instruktion weißt unsern Schönburg auch an, dem König und dem Prinzen von Wallis einen rechten Begriff von der Deutschen Reichsverfassung beizubringen. Allen Umständen nach vermengte man daselbst unsere Deutsche Reichsfürsten mit den Ducs und
Pairs

---

*) Auf dem letztern Reichstag zu Frankfurt war er nämlich zum Ritter geschlagen worden.

Hans Meynhards v. Schönburg.

Pairs von England, und eignete jenem kaum so viel Macht und Ansehen zu, als diesen damals zugestanden wurde.

Der Kurfürst war indessen an den Hof seiner Mutter Bruder, des Prinzen Moritz von Oranien, geschickt worden, „pour s'y façonner avant que faire le voyage d'Angleterre,,, wie der Ausdruck in dem Pfälzischen Ministerialgutachten lautet. Er kam jedoch bald darauf selbst nach England. Das Beilager wurde den 14. Febr. 1613 vollzogen, und der König ernannte bei dieser Gelegenheit Schönburg zu seinem Rath mit einem Gehalt von jährlichen 400 Pfund Sterling, welche Pension er bis an seinen Tod wirklich bezog.

Daß Hans Meynhard bei der Einrichtung des eigenen Hofstaats für die Kurprinzeßinn, und den Anstalten ihrer Heimführung, die Functionen eines Obermarschalls, neben seinen politischen Aufträgen, zu besorgen hatte, ist aus der unter seinen Papieren gefundenen Hofordnung der Frau Kurprinzeßinn, und aus den Beschwerden des Englischen Gefolges, auch der Neuvermählten selbst, über verschiedene ökonomische Einrichtungen der Pfälzer, zu schließen.

Der trotzige Ton, worinn einige dieser Klagen abgefaßt sind, zeigt, wie hoch die Engländer dem Deutschen Fürsten die Ehre dieser Verbindung aufrechneten. Daß auch für Reutpferde, Sattel und Zeug der weiblichen Dienerschaft gesorgt werden mußte, gehört noch zur Schilderung der damaligen Zeiten, und insonderheit der Englischen Sitten.

Im Novembr. 1613 bekam Schönburg abermal den Auftrag als Pfälzischer Gesandter nach den vereinigten Niederlanden und England abzugehen.

Der Hauptbeweggrund zu dieser Absendung lag in dem unfreundlichen Ausgang des letzten Reichstags, auf welchem sich vorzüglich die Geistlichkeit in einem so hohen und muthigen Ton geäußert hatte, daß die protestantische Fürsten daraus auf einen mächtigen Hinterhalt schlossen, und daher auf ihre eigene Sicherheit Bedacht nahmen. Zugleich suchte der Administrator in Holland Credit auf 200000 fl., wogegen er seiner Gemahlin Heurathsgut zur Sicherheit verpfänden, und 6 oder auch höhere Procenten, welche gebräuchlich seyn möchten, geben wollte.

Dabei wurde den Generalstaaten die Reichsstadt Aachen gegen besorgliche Vergewaltigung empfohlen, und zu gütlicher Beilegung der Holländischen Religionszänkereien in der Stille, herzlich angerathen.

Bei dem König von England hingegen hatte Schönburg vornehmlich die allianzmäßige Hülfe auf den Nothfall in Erinnerung zu bringen, und zu bewirken, daß durch Englische Vermittlung der König von Dännemark, und der junge Herzog von Braunschweig zu besserer Verständniß und Verbindung mit der Union bewogen würden.

Das Französische Memoire, welches dem Gesandten mitgegeben wurde, um daraus dem Englischen Hof die Geschichte des letzten Reichstags einleuchtend beizubringen, gehört unter die Probstücke der Deutsch=Französischen Staatsschriften damaliger Zeit. *)

Im Jahr 1614 that Schönburg, welcher Kurbrandenburg. geheimer Rath und Oberster geblieben war, in eigenen Angelegenheiten eine Reise nach Berlin. Er traf nämlich Abrechnung wegen seiner Forderungen, und das Resultat war (ohne den Posten, wofür ihm einst die Kleinodien versetzt wurden) ein Kapital von 33,460 Rthlr. Man ertheilte ihm hierüber den 12. August eine förmliche Obligation, und die

---

*) Beyl. Num. 6.

Versicherung auf die Rentmeisterey, nebst dem Zoll zu Huesenn. *)

Hieran war es noch nicht genug. Marggraf **Georg Wilhelm von Brandenburg** fand im Herbst dieses Jahrs, daß es die unvermeidliche Nothdurft erfoderte, zur Bedeckung der Clevischen, Jülchischen und dazu gehörigen Lande ein Regiment Fußvolk anwerben zu lassen. Hierzu wurde nun wieder unser Schönburg gebraucht; weil aber Sr. Fürstl. Gnaden mit keinen dazu nöthigen Geldern in der Eile versehen waren, so mußte derselbe auch diesen Vorschuß leisten, der sich nach richtiger Liquidation, auf 10000 Rthlr. oder 14000 fl. Batzen belief.

In der ihm für dieses Anlehen zu Rens den $\frac{5}{15}$ten Sept. ausgestellten Obligation wurde dem Glaubiger das Land von **Brißkensandt** **) in Flandern bei der Stadt Schlense gelegen, zum Unterpfand wirklich eingeräumt, so, daß er alle Gefälle, Einkommen, Rechte und Gerechtigkeiten

---

*) Auch Huissen oder Heußen, in dem Clevischen steuerräthlichen Stadtkreiß westseit Rheims unterwärts.

**) Oder Breßkesand. Büsching nennt diese Herrschaft zweymal in der Einleitung zum Herzogthum Cleve, ohne ihrer im Verfolg zu gedenken. Die Stadt Schlense wird man ebenfalls vergeblich bei ihm suchen.

genießen, ja es unwiderlößlich als Eigenthum behalten sollte, wofern die Heimbezahlung nicht innerhalb den nächsten zwei Monaten erfolgte.

Würde er jedoch bei einer etwa künftigen Theilung beider Fürsten, dieses Unterpfand abzutretten, gezwungen seyn, so sollte ihm aus andern Brandenburgischen Gütern in diesen Landen Erstattung geschehen.

Endlich wurde den 21. Novembr. eben dieses Jahrs von Marggrafen Georg Wilhelm im Namen seines Herrn Vaters, des Kurfürsten zu **Brandenburg**, und dessen dazu abgeordneten geheimen Räthen, mit eben demselben zu gedächtem **Rens** noch eine General-Abrechnung getroffen, nach welcher der Kurfürst unserm **Schönburg** 23,572 Rthlr. oder 33000 fl. 12 Batzen schuldig verblieb. Diese Summe sollte in vier Terminen bezahlt werden, und ihm dafür die ganze Brandenburgische Artillerie, samt Pulver, Kugeln und aller Zugehör zu wahrem Unterpfand eingesetzt seyn. **Schönburg** erhielt in dieser Verschreibung die Befugniß, wenn er in der nächsten Frankfurter Ostermesse nicht vollkommen bezahlt wäre, diese Artillerie, ohne weiteres, zu verkaufen, und sich davon bezahlt zu machen.

Im Jahr 1615 gieng unser **Schönburg**, zum dritten, oder viertenmal nach **England**.

Vermuthlich geschah es in Verrichtungen, von deren eigentlichen Gegenstand ich jedoch keine Belehrung finden konnte. Für seine Person aber zeichnete sich diese Englische Reise dadurch aus, daß er sich mit Anna Sutton, (Eduards Suttons Grafens von Dudley und Theodosia, gebohrner Lady von Harrington, Tochter) in London den 22. März vermählte, und also mit einer Landsmännin seiner Kurfürstinn zurückkam.

In eben diesem Jahr, nachdem unser Schönburg bereits Kurpfälzischer Obermarschall geworden war, fielen die Zahlungs-Termine aus den Gefällen der Rentmeisterey und Zolls zu Huysen nicht ganz nach der getroffenen Abrede. Schönburg beklagte sich darüber, und erhielt von Marggraf Georg Wilhelm Entschuldigungen und Vertröstungen, welche jedoch immer kälter und trockener lauteten.

Brandenburg hatte nämlich auch an die Generalstaaten zu bezahlen, und suchte sie dem Privatglaubiger vorzuziehen. Schönburg, der dieses merkte, trachtete demnach, sich wenigstens in den ihm versicherten Gefällen zu Huysen in Besitz zu erhalten, legte eine Anzahl Soldaten von seinem Brandenburgischen Regiment zur Besatzung in das dortige Schloß, und verweigerte den Holländischen Truppen, welche Brandenburg in allen Clevischen Städten in Garnison eingenommen hatte, den Eingang. So hoch ihm dieses Brandenburgischer Seits aufgerechnet wurde: so ließ doch Marggraf Georg Wilhelm in einem Rescript vom 7. April seine Empfindlichkeit darüber nicht sonderlich vermerken. Er gab nur unserm Schönburg zu verstehen, daß Brandenburg mit Kriegsvolk sattsam versehen sey, auch allenfalls von Holland noch mehr haben könne; der Marggraf stelle es also in Schönburgs Gefallen und Discretion, diese Besatzung von Huysen auf eigene Kosten ferner zu unterhalten, oder zu verabschieden, indem es sich zu Besoldung dieser Garnison, weder seit solche dahin gelegt worden, noch fürs künftige verbunden zu seyn erachte. Dem Kurfürsten aber wurde dieser Schritt von den Personen, welche den Marggrafen umgaben, und leiteten, mit sehr schwarzen Farben vorgemahlt.

Was Huysen anbetrift, so mußte nun Schönburg wohl seine Leute in der Eile abdanken, worauf sogleich Holländische Besatzung darinn einrückte; Verläumdungen aber konnte er nicht auf sich liegen lassen. Da er sich nichts unrechtes bewußt war, so ersuchte er selbst den Marggrafen, seine Rechtfertigung mit einem Vorschreiben an seinen Vater, den Kurfürsten, zu begleiten.

So wenig jener ihm, als dem Abwesenden, mehr geneigt zu seyn schien, so gelang es dessen Räthen doch nicht, ihn dahin zu stimmen, unserm Schönburg die Bitte abzuschlagen. Er schrieb daher im May an seinen Herrn Vater, und gab Schönburg darinn das wiederholte Zeugniß, daß er dem Brandenburgischen Hause wohl gedient habe, auch wohl affectionirt gewesen. Nur ließ er mit einfließen, daß ihm derselbe wegen seiner Besoldung und Versicherung etwas kostbar und schwehr gefallen sey.

Dieser heimliche Stachel machte zwar auf das Gemüth des biedern Fürsten keinen Eindruck. Er antwortete vielmehr den 16. Jul. von Cüstrin aus dem getreuen Diener in solchen verbindlichen Ausdrücken, daß eine Stelle dieses Briefs in der Anmerkung wörtlich eingerückt zu werden verdient. *)

---

*) „Nun sind wir zuforderist, vor eure erwiesene unter-
„thänigste, getreue nützliche Dienstleistung ganz gnädigst
„dankbar; Sollte Uns auch, als Ihr Uns gewiß zutrauen
„möget, kein Liebers begegnen, dann das Wir Euch
„jetzo bald, weil es bis anhero nicht geschehen können,
„entweder mit baarem Gelde, oder doch mit gänzlicher
„Uebergab des Amts Huysen, der Gebühr nach conten-
„tiren könnten. ꝛc.„

Allein zu Geld sey kein Rath zu finden, und die Uebergabe des oftgedachten Amts weder für den Kurfürsten, noch für den Glaubiger thunlich. Letzterer möchte sich also noch ein wenig gedulten.

Eben so gnädig lautete das von dem Bruder des Kurfürsten, Marggrafen Johann Georg zu gleicher Zeit an Schönburg erlassene Schreiben. Allein der Ton des Vorschreibens von Marggraf Georg Wilhelm war diesem zu empfindlich, um dazu still zu schweigen. Er erließ deßwegen den 1. August an den Marggrafen einen so merkwürdigen Brief, daß ihn kein Mann von Gefühl unter den Beilagen überschlagen wird. *)

Diesem ungeachtet erboth er sich am Beschluß, wenn es die Noth erfordern sollte, nochmals seinen Leib, und eine gute Anzahl Gelds wiederum dem Hauß Brandenburg zu Diensten mit ganzer Treue zu widmen. Weil auch das Geschütz ihm für eine andere Summe verschrieben, der Kurfürst aber solches der Union zu überlassen gemeint sey, so gieng sein ferneres Erbiethen dahin, diese Summe auf die Obligationen, worinn die Renten von Zuysen verpfändt waren, schlagen zu lassen, und über alles zusammen eine neue Verschreibung an-

*) Num. 7.

zunehmen; nicht weniger die ihm versetzte Kleinodien noch zwei Jahre, bis Sr. Fürstl. Gnaden zu Geld kämen, aufzubewahren, und alsdann um das Geld, wofür solche versetzt seyen, zurück zu geben.

In der Antwort auf diese gewiß ungeschminkte Vorstellung äußerte der Marggraf nicht die mindeste Empfindlichkeit. Nur vertröstete er den Gläubiger auf bessere Zeiten. Er schickte demselben auch den $\frac{5}{15}$ Sept. eine abermalige Obligation, worinn die Summe von 11868 Rthlr. Kriegsgelder, wofür Schönburg die Artillerie verschrieben war, ebenmäßig auf die Renten von Huysen versichert wurden; jedoch mit dem Anhang, daß er hieraus keine Zinse bekommen sollte.

Wie wenig Schönburg mit dieser geflissentlichen Mißdeutung seines Anerbietens gedient war, wenn ihm überdieß die Renten dieses Orts, von welchen er die Interessen für das erste Capital zu beziehen hatte, nach, wie vor entzogen blieben, ist leicht zu erachten. Er wandte sich also unmittelbar an den Kurfürsten, und begleitete sein Beschwehrungsschreiben mit einem Brief an den Kur-Brandenburgischen Kanzler, worinn er sich unter andern der rührenden und kühnen Ausdrücke bediente:

„Soll ich dann für meine treue Dienste
„anderst nichts verdient haben, so gereuet es

Hans Meynhards v. Schönburg. 171

"mich zu leben. Es ist zu bedauren
"und zu verwundern, daß Kur- und
"Fürsten Dero treue Diener also
"wollen tractiren, und ihrer Zusage
"also vergessen. Es ist keine Kunst, auf
"solche Manier einen ehrlichen Mann zu
"ruiniren; denn ich all mein Gut und Blut
"auf solche Worte und Verschreibungen
"hätte hergeben."

Er wollte, wenn es nöthig wäre, Vorschreiben von England, der Union und den Generalstaaten beibringen, welchen allen seine der Kur-Brandenburg geleistete Dienste bekannt seyen. Würde auch dieses nicht helfen, so wäre er Desperat. Am Beschluß bittet er, daß ihm eine Abschrift der Kurfürstl. Resolution mitgetheilet werden möchte, mit dem Anhang:

"Wenn mir solche Schreiben, nebst den
"Copien, zugeschickt werden, so will ich mich
"mit denselben nach Cleve "(wo sich der
"Marggraf aufhielt)„ begeben, und von dannen nicht ziehen lebendig, ich wisse dann,
"woran ich sey."

Da der Hauptinnhalt des Schönburgischen Schreibens an den Vater ungefähr mit dem an den Sohn erlassenen übereinkommt, so könnte ich solches übergehen, wenn nicht einige Particularitäten des Brandenburgischen Betragens in dem zweiten Aufzug der Jülchischen Händel, oder bei der Clevischen Expedition darinn aufgedeckt würden.

Schönburg schickte also dem Kurfürsten die Marggräfliche Resolution und Zumuthung vom $\frac{1}{17}$ Sept. um daraus zu ersehen, wie unbillig man ihn behandle, und gleichsam seiner spotte. „Und „daß (fuhr er fort) meine Mißgönner mehr gelten, „als alle Ihrer Kurfürstl. Gnaden schriftliche und „mündliche Zusagen, und alle meine gute Dienst, „die ich in Darstreckung Leibs und Guts dem Kur„hauß Brandenburg gethan rc. In diesem „letzten Clevischen Krieg habe ich so oft dafür „gebethen, mich daraus zu lassen, weil ich gese„hen die große Unordnungen, Irresolution, und „ganz keine Präparation und Verfassung, so der „Orten Brandenburgischer Seits gewesen, „unangesehen meiner vielfältigen schriftlichen und „mündlichen Erinnerung. Aber alles ist damit „beantwortet: ∺ Es hat keine Noth. ∺ Gott „weiß, wie es damit ist zugegangen, und wie „man die Occasion, die man hatte, wie Jülich „von den Staaten eingenommen, so schlecht nach„läßig versäumet. Als die Gefahr dazumal am „höchsten, und jedermann seine Commission schon

„hatte, da mußte ich auch, gegen mein Herz und
„Willen, werben, mit der Zusage, daß ich sollte
„die Werbung, Armirung thun, und den ersten
„Monat sollte herschießen. Daß man bei Fürstl.
„wahren Worten in 4 bis 5 Wochen mich wieder
„zahlen wollte, oder ich sollte die Herrschaft Bres-
„quensanden dafür einbehalten, den Rest, was
„sie werth wäre, herausgeben. Welches ich dann,
„zu Salvirung des jungen Prinzen Reputation,
„eingangen; aber 3 Wochen hernach ist Zeitung
„von Berlin kommen daß solches von Ihrer
„Kurfürstl. Gnaden schon anderwärts verschenkt
„wäre.

„Dieses ist die Summa Gelds, welche in
„Sr. Fürstl. Gnaden Schreiben der Kriegshin-
„terstand genennt wird, und da man mir die In-
„teressen von weigert. Es ist aber keine Besol-
„dung, oder verdient, sondern gelehnt Geld. Denn
„meine ganze Besoldung der 3 Monaten auf mei-
„nen Obristen, Rath und was dem anhängig, nur
„1500 fl. da doch die gelehnte Summa bis an
„13000 Ducaten sich erträgt. Jetzunder wollen
„Ihre Fürstl. Gnaden noch in diesem Schreiben
„mir meine Versicherung, so ich wegen dieser
„letzten Summa auf das Geschütz gehabt, nehmen,
„und auf die Rentmeisterey Huysen wechseln,
„sonder Interesse, welche mir ohne das schon ohne

"Exception verschrieben, und ich das gebührliche
"Interesse meines schon darauf habenden Capitals,
"sich 34000 Rthlr. belaufend, nicht erheben kann.
"Was ist mir dann eine dergleichen Verschrei-
"bung nuz? Es haben alle Gesandten bei der
"Tractation zu Zanten meine Schuld vor rich-
"tig, auch die da anwesende Landstände erkennt,
"und daß sie zur Defension Dero Landen aufge-
"wandt, wie auch daß mir Huysen versezt, ge-
"recht und billig geheißen. Die Staaten und
"Spanier haben meistentheils der Lande ein.
"Wenn die Staaten mit ihren Schulden, und
"andere Particuliere in Dero Landen ihre Schul-
"den fodern wollen, so ist ihnen Huysen am näch:
"sten gelegen. Wenn ich alsdann nicht daselbst in
"Possession, so nehmen sie es ein, und werden
"es schwehrlich restituiren. So bin ich gar um
"das Meinige, wie auch wenn dieß Werk in die-
"sem Interim und Ungewißheit also noch 2 oder
"3 Jahre continuirt, und Ew. ꝛc. nicht anders
"dazu thun, so verliehren Sie die Lande darunter
"gar. — Ich will Ew. ꝛc. klar weisen, daß der
"Pfalzgraf durch seine Anhänger zu Cleve diese
"und dergleichen Sachen mehr dirigirt, und Ihre
"Fürstl. Gnaden, den Herrn Marggrafen Georg
"Wilhelm hindern, daß sie nicht dürfen mir hel-
"fen; also, daß es Ew. ꝛc. Nuzen und Vortheil

„nicht ist, sondern nur allein um Deroselben Cre-
„dit ganz zu nicht zu machen.„ ꝛc. ꝛc.

Diese Vorstellung bewirkte doch endlich ein
geschärfteres Immissionsdecret vom 3. December
an die Officianten zu Huysen, dem Schönburgischen Bevollmächtigten anzugeloben, ihn als
Pfandsherrn zu erkennen, und Niemand, als ihm,
oder wen er dazu ernennen würde, die Intraden
abfolgen zu lassen.

Schönburgs Vorhersagungen aber von den
Folgen der vernachläßigten Verfassung in dieser
Gegend giengen dermaßen in Erfüllung, daß noch
zur Zeit des Westphälischen Friedens der große
Kurfürst Friederich Wilhelm darunter zu leiden, und Mühe hatte, wieder in den Besitz desjenigen zu gelangen, was damals den besser gerü-
steten Nachbarn halb freywillig, halb gezwungen,
war eingeraumt worden.

Diese Verdrüßlichkeiten versüßte zum Theil
unserm Helden eine besondere Ehre, welche ihm noch
in eben diesem Jahr wiederfuhr, und, als ein Beweiß des ausgebreiteten Ruhms seiner militärischen Talente nicht mit Stillschweigen übergangen
werden darf.

Die Stadt Braunschweig, deren alte
Händel mit den Herzogen bekannt sind, hatte nämlich dem Herzog Friederich Ulrich die Huldi-

gung verſagt, und ihn dadurch veranlaßt, ſie zu belagern. Bei einem den 1. Sept. gethanen Ausfall nahmen ſie ihm ſeinen Obriſt, Michael Victor von Wiſtrow hinweg, ohne daß der Fürſt weiter etwas von ihm in Erfahrung bringen konnte. In dieſer Verlegenheit erſuchte er den König Chriſtian IV. von Dännemark, für ihn bei Kurfürſt Friederich V. zu Pfalz zu intercediren, daß dieſer ihm den Obriſt von Schönburg, als einen fürnehmen und verſtändigen Kriegsofficier, mit welchem der Herzog bei dieſen Händeln gedeihlich und erſprieslich verſehen ſeyn würde, auf eine kurze Zeit zukommen laſſen möchte.

Der König that ſolches in einem für unſern Oberſten ſehr rühmlichen Schreiben an den Kurfürſten. Dieſer ertheilte auch die Erlaubniß zur Uebernahm der Expedition, ſchien aber mehr zu einer gütlichen Vermittlung, als zu gewaltſamen Schritten, anzurathen.

Schönburg konnte zwar bei dieſer Belagerung nicht ſo lang verbleiben, bis die Stadt den 11. Nov. entſetzt wurde. Daß er ſich jedoch bei dieſer Gelegenheit auch um den Herrn, der ſich ihn ausgebeten hatte, merklich verdient gemacht habe, beweißt eine ſchriftliche Verehrung von 15000 Rthlrn., die ihm von genanntem Herzog Friederich Ulrich den 29. Sept. vor ſeiner Zurückreiſe

reise gemacht, auf die Kammer angewiesen, aber, wegen darauf eingebrochener noch betrübteren Zeiten, niemals bezahlt wurde.

Den kurzen Ueberrest seiner Tage brachte Schönburg zu Heydelberg zu, wo er schon im Jahr 1613 ein Haus, mit einem Garten, und zu solchem noch einige Nebengebäude und Plätze erkauft, von Kurfürst Friederich V. aber die Befreyung von allen bürgerlichen Lasten auf dasselbe, so lang es in seinen, oder seiner Erben Händen seyn würde, erlangt hatte. Diese Behausung, und den auf den Neckar stoßenden ansehnlichen Garten ließ er als ein Mann von Geschmack meubliren, und anlegen, hatte auch, wie seine Hausrechnungen zeigen, öfters das Glück, seinen gnädigsten Herrn darinn zu bewirthen.

Noch vor dem Ausgang des Jahrs 1615 verlohr unser Hans Meynhard von Schönburg seine Gemahlin durch den Tod in dem ersten Wochenbette, wo sie ihm den nachmals so berühmt gewordenen Marschall Friederich von Schönburg (oder wie ihn, nach der Französischen Aussprache, die meisten Schriftsteller nennen, Schomberg) geschenkt hatte.

Das schmerzhafte der Trennung einer kaum 9 Monate genossenen glücklichen Ehe, der Unmuth über das Planwidrige in den Kriegsoperationen damaliger Zeit, welcher für einen das Handwerk verstehenden Mann alle Beschreibung übertroffen haben muß, und der herznagende Gram, das Andenken seiner treuen Dienste an dem Brandenburgischen Hof, durch hinter seinem Rücken machinirende Neider, ausgelöscht zu sehen, untergruben seine Gesundheit. Eine im Sommer 1616 zu Heydelberg grassirende Dysenterie stürzte sie vollends zusammen, und machte den 3. August seinem so thätigen Leben, in einem Alter von nicht ganz 34 Jahren, ein Ende. *).

Da man eigentlich nur die letzte siebenjährige Periode rechnen, und nie vergessen darf, daß die bisherige Erzählung nur aus wenig übrig gebliebenen Fragmenten genommen ist: so wird man ohne Uebertreibung sagen können, daß Lebensläufe von gleicher Dauer und eben so viel Handlung selten angetroffen werden.

---

*) Hierdurch erhält auch der siebente Band des patriotischen Archivs eine kleine Berichtigung, woselbst in dem merkwürdigen geheimen Bericht von der Römischen Königswahl Ferdinands II. ꝛc. Meynhard von Schönburg noch einigemal, anstatt seiner Brüder, Hans Ottens und Heinrich Diederichs (beide Kurpfälzische geheime Räthe) genannt wird. Er selbst war damals schon, wie sein Leichenredner prophetisch sagte, weggerafft vor dem Unglück.

Von der Hochachtung, welche unser Schönburg sich in seinem Vaterland erworben, zeugt das Einladungsprogramm der Universität zu Heydelberg an ihre Bürger zu seinem den 8. August gehaltenen Leichenbegängniß *); von seinem christlichen Wandel aber die bei der Beisetzung seines Leichnams in der H. Geists-Kirche daselbst von dem Kurfürstl. Hofkaplan, Nicol. Eccius, gehaltene, nicht panegyrische, sondern kernhafte und erbauliche Leichenrede.

Man erlaube mir von den Leiden Schönburgs bei seinen Kriegsdiensten noch etwas nachzuholen.

Daß die Stelle eines Befehlshabers zu der damaligen Zeit, wo die ganze Kriegsverfassung in einer unaufhörlichen Abwechslung von Werben und Abdanken bestand, äußerst beschwerlich gewesen seyn müsse, versteht sich von selbst. Die Klagen der Länder, in deren Nachbarschaft ein solcher Haufen gesammelt, oder entlassen wurde, bestätigen zur Genüge, was es für eine Herkulische Arbeit gewesen seyn müsse, bei Soldaten die

---

*) Num. 8. Man ersieht daraus, daß von der Universität die nemliche Ehre auch seiner vorher verschiedenen Gemahlinn bei ihrer Beerdigung erwiesen worden.

ser Art, wenigstens so lange sie noch beisammen waren, Mannszucht zu unterhalten.

Allein ein Oberster bei der Union hatte noch überdieß seine eigene Qual an den Deputirten dieses Bundes, oder vielmehr an ihren Erinnerungen, wenn auf ihren Versammlungstagen Abrechnung gepflogen wurde.

Die Abgeordneten der Reichsstädte, lauter trefliche Doctoren der Rechte, zeichneten sich dabei vornehmlich aus, und waren unerschöpflich an Ausstellungen, wenn etwa eine Expedition mißlungen war, oder wenn sie nicht einsahen, daß etwas Gutes darauf erfolgt wäre, oder wenn sie glaubten, daß der Zug nur diesem, oder jenem von den Unirten, nicht aber jeden einzelnen Gliedern der Verbindung gefruchtet hätte. Hier sollte man nicht nur die Ursache von allem angeben, sondern auch gleichsam für den Erfolg haften. Die Artillerie vorzüglich, als der kostbarste Artickel, war ihnen immer der größte Dorn in den Augen, und Schönburg mußte sich müde predigen, daß ohne sie das Kriegsvolk weder Angriffs= noch Vertheidigungsweise etwas ausrichten könnte.

Unter vielen treffenden, und sehr gelassenen Antworten unsers Obristen verdient folgende, die er auf eine Ausstellung dieser Art ertheilte, angefügt zu werden. „Die Intention (schrieb er) ist

„gut gewesen, und dem gemeinen Wesen zum
„Besten angesehen, und ist leicht zu wissen, wann
„ein Ding anzufangen, aber nicht, wann solches
„zu enden; sondern die Occasiones weisen den
„Weg, nach welchem allem sich das Kriegswesen
„reguliren muß: Sonst bestände desselben
„Fundament und Vortheil in deme, wel-
„cher seinem General die beste Instruk-
„tion geben könnte."

Noch ein Wort zum Beschluß.

Vielleicht haben es einige Leser dieser Biogra=
phie zu ermüdend gefunden, daß sich mit den
Geldsachen unsers Helden so oft aufgehalten wurde.
Allein es ist belehrend und tröstlich, auch diesen
rechtschaffenen Mann mit heimlichen Feinden, ja
selbst mit denjenigen, von welchen er Dank zu
gewarten hatte, im ehrenvollen Kampf zu sehen:
und hierzu mußte doch die Veranlassung erzählt
werden. *)

---

*) Mit der Einlösungsgeschichte der versetzten Kleinodien,
und dem Verfolg dieser Geldhändel bis in das gegenwärtige Jahrhundert, wird der Leser billig verschont. Einen
Auszug aber aus den Inventarien dieses Schönburgs,
und seines Vaters Meynhards und eine Gegeneinanderstellung derselben, habe ich unter der Num. 9. anzuhän-
gen, mich nicht erwehren können. Den Beweggrund
dazu sagt die Einleitung dieser Beylage.

Wen hingegen dieser Umstand von Schönburgs Leben nicht von dieser Seite interessirt, den wird die Vergleichung der Verlegenheit Deutscher Fürsten damaliger Zeit um Kleinigkeiten mit der Kollossalischen Größe unserer heutigen Regenten, die Vergleichung eines Johann Sigismunds von Brandenburg, der seine ganze Artillerie in den Niederlanden an einen Privatmann verpfändete, mit seinen Nachfolgern Friederich dem Einzigen, oder Friederich Wilhelm dem Vielgeliebten schadlos halten.

Verzeichniß der Beylagen.

Num. 1). Beschreibung der Kleinodien, welche Pfalz-Neuburg in dem Jülchischen Krieg verpfändete.

Num. 2). Beschreibung eines kostbaren Halsbands, welches Kur-Brandenburg bey eben dieser Gelegenheit versetzte.

Num. 3). Hans Meynhards von Schönburg Vorstellung, als er zum Hofmeister bey dem Kurprinzen zu Pfalz berufen wurde.

Num. 4). Instruktion für den Hofmeister des Kurprinzen vom 1. Novembr. 1611.

Num. 5). Beytrag zur Geschichte des militärischen Oekonomie-Wesens.

Num. 6). Information ou Déduction des griefs des Electeurs, Princes & Etats Evangeliques, & ce qui s'est passé en ce sujet à la derniere diette de Ratisbonne.

Num. 7). Hans Meynhards von Schönburg Beschwehrungsschreiben an Marggraf Georg Wilhelm zu Brandenburg vom 1. August 1615.

Num. 8). Einladungs-Programm der Universität Heydelberg zur Leichenbegängniß Hans Meynhards von Schönburg.

Num. 9). Auszug aus den Inventarien Meynhards und Hans Meynhards von Schönburg.

I.
Beschreibung
der
Kleinodien,
welche Pfalz-Neuburg in dem Jülchischen Krieg
verpfändete.

                                                     Rthlr. Batz.

Ein Kleinod mit einer überausgrossen
  Diamant-Tafel, und einer anhangenden Perle, angeschlagen auf —   7000 —

Ein Kleinod, worinn ein gar grosser schöner Balais, und eine grosse Diamant-
  Tafel, mit anhangender grosser Perle. 7000 —

Noch eine Diamant-Tafel, mit einer
  anhangenden Perle.   700 —

Ein Huthband, worinn 12 Steinstücke
  und 13 goldene Stücke aneinander
  gehängt, samt einer grossen Diamant-
  Tafel, 2 Rosen und 9 Kreutzen von
  Diamanten.   1785 15

Ein gekrönter goldener Löwe, dessen
  Halsband mit 3 Diamanten, 2 Rubinen, und 4 Perlen, und die Krone

mit 2 Diamanten, 2 Rubinen und 8 Perlen besetzt war. Der Löwe hielt in den Vorderklauen das Pfälzische Wappen.

Eine goldene Kette, mit schwarz emaillirten Eschge, daran 9 dreyeckigte Posten, und an jeden Posten 3 Rubinen.

Neun Knöpfgen, auf jeden Knopf 5 Perlen, samt einer daran hangenden Birn, welche oben mit 3 Diamanten, und unten mit 3 Rubinen besetzt war. }2360 —

Eine goldene Kette mit platten runden Masseln, blau emaillirt, mit 11 platten emaillirten Posten, worauf 8 Diamanten, und 10 Rubinkörner, samt einen Knopf mit 3 Diamanten, und 3 Rubinen, und einem anhangenden Kettgen mit blauen Knöpfgen.

Ein goldener Gürtel mit gestampften Masseln, worauf 215 Perlen.

Noch 19 goldene Ketten, Gürtel und ein paar Brasseletten.

18845 Rthl. 15 B.

Die letztern 6 Artickel wogen zusammen 11 Pfund 13⅞ loth, und es wurde das loth, ohne die Edelgesteine und Perlen, angeschlagen auf 9 Reichsgulden, zu 15 Batzen, oder 6 Rthlr. 9 Batzen, den Reichsthaler zu 21 Batzen gerechnet. Nur daß man anstatt 3452 Rthlr., so die Kleinodien, von Löwen an, betragen haben würden, die runde Summe von 2360 Reichsthalern setzte.

Man kann hieraus ersehen, wie hoch damals die Mark feinen Goldes geschätzt wurde, und daß das Unterpfand, welches sich, nach den in der Abhandlung nur zur ungefähren Belehrung der Leser angenommenen Fuß, auf 58200 Gulden heutigen Geldes belief, mit dem Anlehen von 52940 dergleichen Gulden in keinem übermäßigen Verhältniß stand.

II.
Beschreibung
des
Brandenburgischen Halsbands.

An Gold hat es gehalten 2 Mark 10 loth, thun zusammen 182 Kronen.

Das Principal oder Mittelstück hielt:
2 grosse runde Perlen.
1 grossen Tafel-Diamanten.
1 spitzigen Diamant.
2 mittelmäßige Tafel-Diamanten.
1 Rubinkorn, Rubin Balais.
1 grossen Schmaragd.

Das kleine Mittelstück:
1 grossen schönen Tafel-Diamanten.
1 spitzigen Diamant.
2 Diamant-Puncten, rautenweise geschnitten.
1 grossen Rubin.
2 grosse runde Perlen.
1 kleinen runden Schmaragd.

In dem einen Seitenstück waren versetzt:

    1 groſſer dicker Tafel-Diamant.
    1 groſſer Rubin.
    10 mittelmäſſige dicke Diamanten; auf jeder Seite 5.
    2 groſſe runde Perlen.

Im andern Seiten-Stück:

    2 groſſe dicke Tafel-Diamanten.
    1 groſſer Rubin.
    10 andere mittelmäſige Tafel-Diamanten; auf jeder Seite 5.
    2 groſſe runde Perlen.

Im dritten Seitenstück waren:

    1 groſſer dicker Tafel-Diamant.
    1 groſſer Rubin.
    10 mittelmäſige Diamanten; auf jeder Seite 5.
    2 groſſe runde Perlen.

Im vierten Seiten-Stück befanden sich:

    2 groſſe dicke Tafel-Diamanten.
    1 groſſer Rubin.
    10 mittelmäſige Tafel-Diamanten, und
    2 groſſe runde Perlen.

Alle darinn befindliche Edelgesteine waren untadelhafte, reine und perfecte Steine, auch die

Perlen rund und groß, und das Halsband von schöner Arbeit und Bildern.

Es wurde ein Abguß davon gemacht, und an den Kurfürstl. Hoflager zurück behalten.

Diesem allem ungeachtet wurde es von einem Juwelier in Cölln nicht höher als auf 4000 Rthlr. (oder ungefähr 12485 fl. unsers leichten Geldes) angeschlagen.

III.

Hans Meynhards von Schönburg
Vorstellung,
als er
zum Hofmeister bey dem Kurprinzen zu Pfalz
berufen wurde.

Wiewohl ich mich nicht qualificirt erkenne, einen solchen Herrn und Kurfürsten zu guberniren, sondern dieses Amts lieber wollte überhoben seyn, weilen es nicht meiner Profession, und ich niemals mir in Gedanken gezogen, dergestalt mich gebrauchen zu lassen, dadurch auch meinen Schaden thue, andere occasiones zurücksetzen muß, durch welche ich mich bekannt machen könnt, und was zu meiner Intention dienet, je mehr und mehr erkennen, zudem es auch ein sehr gefährliches Werk, so vieler Censur unterworfen, bei welchem selten Dank zu verdienen, auch keine rechte Instruction darauf kann gemacht werden; weilen man aber so unterschiedliche mal, mit vielem Remonstriren, was für Dienst ich dem ganzen Vaterland, und dem Hochlöbl. Hauß Kurpfalz thun könne, in mich gesetzet: so setze ich obige und andere noch mehr erhebliche Motiven zurück, vertraue, der Allmächtige werde dieß Werk regieren, und mir in dieser, wie in andern meinen Resolutionibus, die fürnehmlich allzeit dahin gangen, der Kur-Pfalz mit Leib und Gut zu dienen, Glück geben und gnädig beistehen; fürnehmlich weilen ich mich in diesen Beruf nicht gedrungen, oder mein Particular suche, sondern von unterschiedlichen darzu erfodert und mir anbefohlen; jedoch vertröstetermasen, daß ich nit gebunden, sondern meine Libertät ganz behalte, und in allen meinen fürfallenden Occasionen unaufgehalten seyn möge. Hergegen will ich mein äußerst Bestes thun, den mir übergebenen 12 Puncten nachzukommen, doch nicht, daß ich mich verobligiren wolle, solche zu effectuiren, oder daß ich den Herrn zwingen könne, auch für allem Unglück behüten, gesund aus- und also wieder nacher Hauß zu führen, Ihn in allen Sachen perfect zu machen ꝛc. Dieses alles ist Gottes Werk. Aber ich will mein äußerstes Bestes thun, und sein Leben, da es möglich wäre, durch meinen Tod zu salviren, sorgfältig seyn; Ihrer Kurfürstl. Gnaden zu remonstriren, nicht laviren, sondern rund den guten und löblichsten Weg weisen, mit Anziehung der fürnehmsten Fürsten Exempel, was ästimirt, und was verachtet ist. Alles nach meinem besten Verstand, auch in allem, was die Zeit leiden mag, mich Befehls, Bescheids und Raths zu erholen.

Da gegen den Frühling Ihre Kurfürstl. Gnaden verreisen sollte, müßte eine absonderliche ausführliche Instruction gemacht werden, wie auf alle Fäll ich mich zu verhalten, im Reisen, Conversationen, auch wegen Deroselben Gesundheit, wie weit ich dem Præceptor oder Stallmeister zu befehlen, was für Personen mitziehen sollten, nach wem sich die zu reguliren? Dann da einer, deren sie wären, auch weß Stands sie wären, in Gegenwart Ihrer Kurfürstl. Gnaden mir viel contradiciren, disputiren, und meine Authorität nehmen wollten, oder da jemand anders, als zu rathen, und a part zu remonstriren, neben oder für mir sollte geordnet werden, so wollte ich viel lieber mit diesem Befelch anjetzo verschont bleiben, hingegen aber mich glücklich achten, und demüthig finden lassen, auch des Geringsten guten Rath zu folgen, auch einen jeden der Gebühr nach hiermit gebethen haben, da etwas ihm einfiele, dadurch der Zweck, nämlich des jungen Kurfürstens Bestes, gefördert, er wolle solches mich, und hernach an gehörigen Orten, erinnern: will ich mich nach Befinden gern accommodiren, und sein Wohlmeinen mit Dank annehmen, und nach Möglichkeit darnach reguliren. Hingegen aber, da ich der Welt Lauf,

Factionen und heimliches Miniren gegen mich spühren sollte, würde ich solches zu dulten nicht Patienz genug haben. Verhoffe aber man werde mir rund unter Augen gehen, und in billigen Sachen die Hand biethen, und dasjenige befördern helfen, so zu des jungen Kurfürsten Besten, und zu Beförderung Sr. Kurfürstl. Gnaden, wie auch meiner Reputation gereichen mag. In solcher Zuversicht, und da Niemand sich jetzo findet, so sich solcher Mühe unterfangen wollte, will ich mich gesetztermasen mit Gottes Hülf als fürnehmsten Directorn dieses Werks des ufgetragenen Befelchs unterfangen ꝛc.

IV.
Instruction
für
Hans Meynhard von Schönburg,
als Hofmeister des Kurprinzen zu Pfalz.

Wir Johannes von Gottes gnaden, Pfalzgraue bei Rhein, vormund vnd der Churf. Pfalz ꝛc. Administrator, Herzog in Baiern, Graue zu Veldenz vnd Sponheimb ꝛc. Thun kundt hiemit offenbar, daß Wir vnsern vnd der Chur. Pfalz ꝛc. bestelten Obristen Meinhardten von Schönberg ꝛc. neben der anbefohlenen inspeftion vber den Mannheimer Fortifications Bau, die Ihme auch hiemit nochmalß vfgetragen würt, zu deß Hochgebornen Fürst vnsers freundtlichen lieben Vetern und Pflegsohns Herrn Friderich Pfalzgrauen bey Rhein, Churfürsten, Herzogen in Bayern ꝛc. Hofmeister vff= vnd angenommen, thun es auch hiemit vnd in crafft diß, also und dergestalt, daß er S. ld. zu vorderst zur ehr vndt furcht Gottes, welches der Weisheit anfang ist, sodann allen löblichen und sonderlich den Fürstl. personen, hochnöthigen, wohl anstehenden Tugenden, embsig und fleißig anweißen soll. Zu welchem endt er S. ld. vor allen Dingen dahin zu halten, daß sie sich im gebet gegen Gott, lesung der heiligen schrift, widerholung vnd widereinbildung dessen, so sie bei der institution deß catechismi, gefasset. Anhörung der predigten, fleißig vben, vnd sich daruff aller Fürstlichen Tugenden, guten sitten, sanftmuth, in reden vnd geberden, gegen jedermenniglich, so wol frembden vnd außlendischen als inheimbischen, befleißigen, hingegen aller Vntugenden vnd vngebührnuß mit worten vnd wercken, als die sonderlich Fürstlichen personen vbel anstehen, enthalten, dieselbe fliehen vnd meiden, und zu solchem endt ihre ld. in guter Uebung beedes des gemüths vnd leibs erhalten werden, dergestalt, daß sie nimmer ohne etwaß löblichen Vorhabens vnd fürnehmens seyen, noch sich in schädlichen mußiggang, darauß allerhandt vbels entspringt, einlasse, oder darzu gewöhne, dauon umb so viel mehr abzuhalten, soll er fleiß anwenden, daß S. ld. neben dem es auch einem Fürsten zu thun vnd zu wissen gebürt, in frembden Sprachen, wie auch in Ingegnerie, Mathematicis, Rechnungen vnd dergleichen wissenschafften, so zum Kriegswesen gehörig, gevbt, vnd dahin angehalten werden, daß sie daßjenige, was sie allbereit in Geographicis und Historicis begriffen, nit in vergeß stelle, sondern auch in diesem stück ie mehr und mehr zunehmen, vnd damit S. ld. desto mehr in allem gutem wesen und wandel befestiget, soll er ihm mit allem treuen fleiß angelegen sein lassen, daß sich S. Ld. iederzeit guter erbewlicher und rhümblicher Conversation gebrauchen, hingegen aber alles nachtheiligen conuersirens enteißern, Insonderheit aber soll er dahin trachten, daß S. Ld. sich mit frembden außlendischen Nationes wohl umbzugehen, vnd vielmehr derselben gunst vnd affection erlangen, alß sich dieselbe widerig zu machen, oder von sich derselben gemüther abzuwenden befleißigen. Vnd weilen Ihre Ld. allbereith angefangen, auch zu rhat zu gehen, auch solches fürters continuiren werden, soll er mit Er. Ld. alßdann den rhat ebenmesig Besuchen.

Im fall sich zutrüge, daß S. Ld. verreiseten, uf welchen fall ein sonderbare instruction darzu gefertigt soll, oder sohnsten nur ins feldt zögen vnd außspazirten, soll er stettigs bei vnd vmb ihre Ld. sein, derselben iederzeit vleißig wahrnehmen, vnd sich mit Dero,ohne noth in kein vergebliche gefahr, wagen oder begeben, sondern sich wohl vorsehen, und beuorab auch wohl in acht nehmen, vnd deßhalb sorgfeltig sein, daß S. Ld. im essen und trinken, an frembden orten sonderlich, nichts schädlichs etwan beybracht werde.

Die Junckern, Pages vnd gesindt (die an ihne gewiesen werden sollen) hat er in guter ordnung vnd zu fleißiger uffwartung, auch verrichtung ihres berufs zu halten, darzu ihm auch in fürfallenden sachen, da es nötig sein würt, die handt geboten werden soll.

Waß die Rechnungen, Einnamb, Außgaben

vnd Rest betrifft, soll er oft vnd fleißig durchsehen, vnd wohl in acht nemmen, daß mit dem geldt treulich vmbgegangen, vnd daßelbe, so viel deßen im vorrhat iederzeit ist, wohl verwahret werde. In summa Soll er S. ld. embsig dahin vermahnen, weisen und anhalten, daß dieselbe ihr vnsere wahre rechte Religion, und derselben, wie auch deß allgemeinen Vatterlandts teutscher nation ehr nuz vnd Bestes für allen Dingen eifferig angelegen vnd Befohlen sein laße. In welchem allen vnd jedem, vnd insgemein Sr. ld. vnsern vnd der Chur-Pfalz schaden und nachtheil zu warnen, frommen vnd Bestes zu befürdern, soll er sich wie wir daß vertrauen zu ihm hegen, vnd er sich in einer mit eigenen Handen geschriebenen vnd vnterzeichneten schrifft ererlert, also verhalten und erweisen, wie einem ehrlichen trewen rittermeßigen Hoffmeister vnd Diener wohl anstehet, vnd gebühret, gestalt er auch vnß, solchem allenthalben also vestiglich nachzukommen, einen Leiblichen eyd geleistet. Welcher seiner getreuer Dienstverrichtungen wegen mit ihm dahin verglichen worden, daß ihm ihärlichs vf bis in neun Pferdt vnd darzu gehöriges notwendiges gesind, futter und mahl wie an diesem Churf. Hoff gebreuchig, gereicht werden soll. In Vhrkund deßen haben wir vnser Secret hiefür trucken laßen. So geschehen zu Nürnberg den 1. Nouemb. A. 2c. 1611. (L. S.)

V.
Unterhaltungskosten von 4000 Mann Englischer Infanterie

Den General über die 4000 Mann
 Für 4 Obristen, worunter der General mitbegriffen, jeden täglich 1 Pfund
4 Obrist=Lieutenants, jeden täglich 6 Schilling
Dem Kriegsschatzmeister für sich und seine Bedienten
Dem Commissair für sich und seine Schreiber
Einem General=Adjutanten
3 Majors, jeden täglich 5 Schilling
Einem General=Quartiermeister
Noch 3 Quartiermeistern, jeden 5 Schilling.
Dem General=Profosen à 6 Schilling mit 3 Reutern, jeder täglich 1½ Schilling
Noch 3 Staabsprofosen à 5 Schilling
Zwey Feldprediger, jeder täglich 5 Schilling.
Ein Kriegs=Raths Secretär.
Zwey Ammunitions= und Proviant=Commissärs à 9 Schilling 4 Pf.
8 Conducteurs zum Fuhrwesen à 2 Schilling.
1 General=Chirurgus à 5 Schill. mit 2 Staabs= Feldscherern, jeder 21 Pf.

Hans Meynhards v. Schönburg.

im Jahr 1612. Jeden Monat zu 28 Tagen gerechnet.

Täglich.			Monatlich.			Jährlich.		
℔.	schill.	Pf.	℔.	schill.	Pf.	℔.	schill.	Pf.
5	—	—	140	—	—	1825	—	—
4	—	—	112	—	—	1460	—	—
1	4	—	33	12	—	438	—	—
1	6	8	37	6	8	486	13	4
—	13	4	18	13	4	243	6	8
—	6	—	8	8	—	109	10	—
—	15	—	21	—	—	273	15	—
—	6	—	8	8	—	109	10	—
—	15	—	21	—	—	273	15	—
—	10	6	14	14	—	191	12	6
—	15	—	21	—	—	273	15	—
—	10	—	14	—	—	182	10	—
—	3	9	5	5	—	68	8	9
—	18	8	26	2	8	340	13	4
—	16	—	22	8	—	292	—	—
—	8	6	11	18	—	155	2	6
18	8	5	515	15	8	6723	12	1

1 Wagen-Commissär à 5 Schill. und 3 Wagenmeister jeder à 3 Schilling.
1 Wagner.
1 Schmied.
150 Wagen à 6 Schill.
Abgang und Reparaturkosten an Gewehr und Geräthschaften.
Von hierüben.

Hierzu kommen 4000 Mann zu Fuß oder 40 Compagnien. Der Capitain von 100 Köpfen auf 4 Schilling täglich, der Lieutenant auf 2 Schilling, der Fähndrich auf 1½ Schilling, zwey Sergeanten, ein Tambour, und ein Compagnie-Feldscheerer jeder auf 1 Schilling täglich und 100 Mann, jeder täglich auf 8 Pf. gerechnet; beträgt für eine Compagnie täglich 3 Pfund 18 Schilling 2 Pf. also von 40 Compagnien

Summa —

Hans Meynhardts v. Schönburg.

Täglich.			Monatlich.			Jährlich.		
℔.	schill.	Pf.	℔.	schill.	Pf.	℔.	schill.	Pf.
—	14	—	19	12	—	255	10	—
—	3	—	4	4	—	54	15	—
—	2	—	2	16	—	36	10	—
45	—	—	1260	—	—	16425	—	—
17	17	1	500	—	—	6516	15	5
18	8	5	515	15	8	6723	12	1
82	4	6	2302	7	8	30012	2	6
156	6	8	4377	6	8	57061	13	4
238	11	2	6679	14	4	87073	15	10

Unterhaltungskosten
von
2000 Mann Deutscher Infanterie
im Jahr 1612.

Jeder Monat zu 30 Tagen gerechnet.
Nach Brabandter Gulden.

                                    fl.

Der Obriste oder General
   Für seine Person monatlich : 684
   Für seinen Feldprediger   : 20
   Seinen Secretär   : 20
   Für den General-Chirurgus : 40
   Für den Tambour-Major   : 20
   Für 12 Bedienten, welche nicht
      in die Musterung kommen,
      à 20 fl.   240
   Für 2 Bagage-Wägen à 50 fl. 100 : 1124.
Der Staab, als
   Der Obrist-Lieutenant monatl. 250
   Der Major, nebst Pferd und
      Bedienten   117
   Der Regimensquartiermeister,
      nebst Pferd und Bedienten   70

Hans Meynhards v. Schönburg. 203

	fl.
Der Auditor deßgleichen :	70
Der Profoß zu Pferd :	45
Sein Lieutenant : :	27
Für 6 Trabanten, jeder 12 fl.	72 651 : 1775

Bey jeder Compagnie
1 Hauptmann für seine Person 250
4 Bedienten, welche nicht in der
   Compagnie-Liste laufen à 12 fl. 48
1 Lieutenant mit einem Bedienten : : : 85
1 Fähndrich desgleichen : 70
3 Sergeanten zu 30 fl. : 90
1 Capitain d'Armes : : 24
1 Secretär à 18 und Feld-
   scheerer à 22 : : 40
3 Tambours à 14 und ein
   Pfeifer à 12 : : 54
1 Profoß : : : 12 : 673
   Macht auf 10 Compagnien 6730

Außer diesen Personen bestand
   eine Compagnie aus 6 Mann
   monatlich à 20 fl. : 120
8 Mann zu 18 fl. : : 144
10 Mann zu 16 fl. : 160
3 Corporals à 18 fl. : 54
28 Mann zu 15 fl. : : 420

		fl.
55 Mann zu 14 fl.		770
73 Mann zu 12 fl. 10 Stüb.	912 fl. 10 Stüb.	
	2580 fl. 10 St.	
Giebt auf 10 Compagnien		25805

Hierzu kommen noch zum Regiment
  4 Commissariats = Personen à
    60 fl.   240 fl.
Für jeden Hauptmann von 200
    Mann
  2 Bagage Wagen à 50 fl. oder
    auf 10 Compagnien   1000
Ferner 20 Proviant = und Muni=
    tions=Wagen für das Regi=
    ment   1600   2840
      Hierüber stehende   8505

    Summa monatl. Unterhalts 37150 fl.

Nach einer andern summarischen Berechnung war der Belauf der Unterhaltungskosten folgender:

                          fl.
Für den General, und was zum
    Staab gehörig, monatlich   2400
Für die Handwerksleute, als
    Zimmerleute, Wagner   150

Hans Meynhards v. Schönburg.

	fl.	
Für 2000 Mann, halb Piquenier, halb Mußquetier	29666	15 St.
Für die Officiers ꝛc. zu den Compagnien	7000	
Für 45 dreyspännige Wagen, täglich 3 fl. also monatl.	3615	

Summa monatl. Unterhalts 42,831 fl. 15 St.

Letzteres macht in der damahligen Währung, den Brabanter Gulden zu 9 Batzen gerechnet, 25,699 fl. Batzen, oder 34 Batzen auf einen Ducaten, 11,337 Ducaten. Also immer über 50000 fl. unsers leichten Geldes.

Aus der mit dem Kurpfälzischen geheimen Sigill bekräftigten, vom Pfalzgraf Johann aber, Namens Kurfürsten Friederichs IV. und für sich selbst, ingleichen von Marggrafen Joachim Ernst von Brandenburg, für sich und seinen Bruder Christian, wie auch von Herzog Johann Friederich zu Würtenberg und Fürst Christian von Anhalt eigenhändig unterschriebenen Bestallung des Obrists Hans Meynhards von Schönburg über ein Unions-Regiment von 2000 Mann hochteutscher Knecht, ist nachfolgende Solds-Berechnung gezogen:

fl.

Obristen Stab. (Nicht Staab.)
Erstlich dem Obristen zur Leib=Be=
    soldung,
Stab und Vortheil monatlich   400
Auf einen Schreiber   =   =   12
Auf einen Feldprediger   =   =   12
Auf einen Feldscheerer   =   =   18
Auf einen Trommelschläger =   8
Auf einen Pfeifer   =   =   8
Auf einen Wagen   =   =   24
Auf 10 Personen, deß Obristen
    Diener, einem jeden 12 fl.   120   602 fl.
    Stab der hohen Aemter.
Obrist=Lieutenant   =   =   150
Wachtmeister und einen Jungen   70
Regimentschreiber   =   40
Quartiermeister und einen Jungen 40
Profosen   =   =   25
Drey Trabanten à 7 fl.   =   21
Drey Steckenknecht à 5 fl.   =   15   361.
                                     ─────
                                     963 fl.

Der Hauptleute Besoldung:
Dem Hauptmann   =   =   150 fl.
Auf seine 4 Diener   =   =   40
Dem Lieutenant   =   =   50

Hans Meynhards v. Schönburg.

	fl.	
Dem Fähndrich	30	
Feldwebel	20	
2 Rottmeistern à 15 fl.	30	
Capitain über das Gewehr	18	
Wäbel	18	
Musterschreiber	16	
Feldscheerer	16	
2 Trommelschldgern à 8 fl.	16	
2 Pfeifern à 8 fl.	16	420 fl.
Diese 18 Personen bey zehn Compagnien		4200 fl.

Besoldung der Soldaten soll seyn:

5 lange Spiesse mit Harnisch à 13 fl.	65 fl.	
15 zu 11 fl. monatlich	165	
15 zu 10 fl.	150	
15 zu 9 fl.	135	
25 zu 8 fl.	200	
25 zu 7 fl.	175	
5 Mußquetirer à 13 fl.	65	
15 dergleichen zu 11 fl. monatl.	165	
15 —— — 10 —	150	
15 —— — 9 —	135	
25 —— — 8 —	200	
25 —— — 7 —	175	1780

	fl.
10 Compagnien zu dergleichen 200 Mann — —	17800
Von hierüben —	963

Summa der Unterhaltungskosten des Regiments   22,963 fl.

Batzen.

Man findet hierinn unter anderm den Unterschied gegen den vorhergehenden Plan, daß in dieser Bestallung die zu den Compagnien gehörige Personen nicht mit in der Zahl der Mannschaft begriffen waren, sondern jede Compagnie 100 Piquenier, und 100 Mußquetier vollzählig hatte. Uebrigens wenn man hinzuthut, daß dem Obristen hier noch 4000 fl. Laufgeld, und Werbungs-Unkosten, und 300 fl. für Anschaffung der 10 Fahnen ausgeworfen wurden, so kommt die Summe mit derjenigen ziemlich überein, welche bey dem Tractat zu Wesel mit England zum Grund gelegt zu ersehen war.

VI.

Information ou deduction des Griefs des Electeurs, Princes & Etats Euangeliques & ce qui s'eſt paſſé en ce ſuiet à la derniere Dierre de Ratisbone.

Il eſt notoire à ceux, qui ont quelque connoiſſance des affaires d'Allemagne, que la plainte de griefs des Etats Euangeliques, n'eſt choſe nouelle, ains qu'elle à eſté faite quaſi en toutes les Diettes Imperialles depuis trente ans en ça, & que touſiours l'on leur à donne eſperance d'y vouloir effectuellement pourveoir & remedier. Mais quand la ſubuention volontaire à eſté accordée, ils ſont non ſeulement demeurez indeciz, ains ont eſté de iour en iour augmentez & aggrauez. C'eſt pourquoy, comme l'on à remarqué par toutes les circonſtances de cete Dierre, mais particulierement en la propoſition de ſa Maieſté Imperiale, que la dite ſubvention etoit le principal but de cete aſſemblée, les dits Etats Evangeliques ont eu iuſte raiſon de ne vouloir accorder la dite ſubvention, qu'ils n'euſſent preallablement quelque foulagement & fatisfaction au fuiet des dits griefs; à cela d'autrant plus induits, que quand en la premiere feffion ils ont prefenté la deduction de leurs plaintes, l'on à recogneu que les Catholiques Romains ont voullu maintenir & etendre leur pretenduë pluralité des voix, (laquelle par le moyen des maifons d'Autriche & Bauiere auxquels les auttres prelats fe ioignent ordinairement ils peuuent tousiours obtenir) mesmes és points qui concernent la Religion, fubvention, & la liberté & franchifes des dits Etats Euangeliques, au moyen de quoy la meillieure partie les dits Electeurs Princes & Etats, les devanciers desquels ont acquis auec tant de peine cete liberté, pourroit etre priuéz par ce nombre des prelateaux toutes & quantes fois il leur fembleroit bon être de leurs Etats & falut entier, fe pratiquant au point de la dite fubvention ou contribution entre iceux Euangeliques & Catholiques Romains encores cete difference tresgrande & tres preiudiciable, qu'aux procez qui font intentéz pour le default du payement les dits Euangeliques font pourfuiuiz par execution du ban, & leurs heritiers fuiets à la perte de leurs pays, fuiets, & revenuz, la ou les prelats font feulement priuéz &

denuiéz de leurs dignitéz ou prelatures en femblable caz.

Il on plus eft il nouueau & inufité, que l'on n'aye voullu entrer en aucune confultation auec les auttres au parauant la moderation requife des dits griefs, parce qu'en tout pays d'etat, il fe pratique immediatement des fubiets à l'endroit de leurs Princes, & à ce faire l'on efté d'autant plus occafionné pour les raifons enfuiuantes.

1) Parce que contre toutes les promeffes iufques à prefent faites, les dits griefs font demeuréz en arriere en toutes les Diettes precedentes, des auffi tot que l'on à mis en deliberation quelque autre point.

2) Parce que fa maiefté Imperiale en à donne fa parole aux dits Etats Euangeliques auant & depuis fon Election & couronnement, & que les griefs font tellement augmentéz & accreuz que l'on n'a peu les endurer, ou bailler de l'argent auparauant quelque moderation d'icelle.

3) Qu'eftant entre les griefs le principal, la pluralité des voix, ou maiora, moiennant lequel les Catholiques Romains peuuent de fait decider & conclure toutes les affaires, & par ainfi continuer à preffer & ruiner les dits Euan-

geliques, ils n'ont peu se defaire & des barger de ce pesant fardeau par auttre voye que celle cy.

Or encores que tous les dits griefs proposéz & plaints des Etats Euangeliques soyent tres importants, & les pressent fort, ce non obstant l'on s'est offert vouloir entrer en consultation de la proposition & mesmes du point de la contribution pourveu que l'on voullut seulement faire paroitre quelque volonté ou desir de subleuer ou moderer à l'advenir les principaux des dicts griefs au cas qué l'on n'en eut peu decider le tout en cete Dierre.

Mais cela mesmes n'a esté tiré en consideration ains sa Maiesté à tousiours oy les Catholiques Romains leur contraires sur les requetes & Instances faites des dits Euangeliques qui ont à leur advantage conseillé qu'il ne falloit consentir à icelles ains les contraindre de s'assujetir à la pluralité des voix, par des moyens & voyes aspres & rigoureuses & de la sont ensuiuiz plusieurs decrets imposans aux dits Euangeliques d'assister aux consultations, à quoy ils n'ont peu acquiescer pour des consequences tres preiudiciables sus dits.

Entre les susdits Griefs le plus important & qui consiste au pouuoir & és mains de sa

Maiefté eft que les Confeillers de fa Court priuée entreprennent de iuger fans aucune diftinction les Electeurs, Princes & Etats, & par ce moyen tous les anciennes conftitutions de l'Empire, mesmes la Chambre Imperialle, laquelle les dits Electeurs Princes & Etats entretiennent auec tresgrande defpence font confufez & renuerféz. Et demeurent les dits Etats en cete forte priuéz de leur privileges & de la premiere Inftance: Il ny à auffi en la dite Court ou confeil priué aucune revifion, comme de mesmes l'on n'y veult permettre aucune appel, foit à l'Empereur mieux informé, ou aux Etats, ains fe pratique incontinent la publication du ban & execution, & quand l'on peut auoir le moien, ils en ufent comme montre l'exemple de la ville de Donawerth, de maniere qu'un Electeur du faint Empire peut eftre fur le fimple procez intenté par quelques moines contre les anciens conftitutions & ordonnances de l'Empire eftre debouté de tous fes pays & fuiets; & qui plus eft les dits Confeillers pour la plus part font partiaux & de la Religion Catholique Romaine, peu verfez aux droits & conftitutions, & aucuns non peu fubjets aux corruptions cy deuant en Allemagne point ufitéz, & par ainfi tel

Electeur du faint Empire Prince fouuerain feroit de pire condition que fes propres fuiets, qui ont leurs Inftances & le benefice d'appel: En Bohemie les Etats ont leur affifes, & en Auftriche leur Jurisdiction de la Marefchauffé du pais, lesquels ne leur peuuent efté refuféz de leur Roy ou Prince: En France font les parlements auxquels le Roy faiffe le cours de la Juftice interrompue. Et femblablement en l'Empire à efté etabli de gré & convention faite entre les Empereurs & les Etats une chambre Imperialle, de laquelle fa Maiefté mefme eft le premier Prefident quant il eft fur les lieux y à feance en telle qualité & s'expedient tous les procez foubs le nom & feel de fa Maiefté. Et par ce moyen icelle à en l'Empire la Jurisdiction fur les Etats, qu'elle peut exercer, fauf en certains caz referuéz en l'ordonnance de la dite Chambre Imperiale: C'eft donques une pure calomnie que par ces procedures l'on veuille empefcher fa Jurisdiction & par ainfi arracher à l'Empereur fa Couronne & fceptre, quand l'on ne veult confentir l'adminiftration partialle de la Juftice du confeil de la court de fa Maiefté rendente à la ruine & perte des Euangeliques: De mefmes eft ce une calomnie de dire, que les Etats Euangeliques ne veullent souffrir aucun iuge en leurs caufes, que l'on leur etabliffe & ordonne un Juge & droit non partial felon les couftummes anciennes de l'Empire, & les ordonnances de la Chambre Imperiale ils s'y furmetteront de bon gré, que l'on reforme la Chambre comme il appartient, & que fa Maiefté procede aux caz referuez comme ont fait fes prædeceffeurs, Empereurs cy deuant, les dits Euangeliques ne feront non plus refuz d'obeir à telle juftice non partielle.

Mais le Roy de France & aultres potentats voifins & anciens alliéz ont affes peu remarquer les procedures dont à ufe à la court de l'Empereur contre les Princes poffedans comme de fait cete procedure leur à donne mefme occafion de fecourir les caufes.

Les dits Etats Euangeliques ont procedé aux points des griefs fusdits auec telle moderation, que finalement l'on à feulement requis une fufpenfion & furceance de femblables præiudiciables Procéz iusques à la Diette prochaine, ou que par compofition & voye amiable l'on en fut convenu particulierement au fait du Marquis de Baden, d'Aix la chapelle & femblables, lesquels venants à eftre mifes en execution pourroient facilement caufer des emotions & troubles en l'Empire & le tout pour conferuer le repos & la paix de la Germanie esviter la continuation des deffiances & par ainsi une guerre ou effusion du sang, moiennant laquelle suspension l'on à offert aussi d'entendre auec les aultres à la subvention & au secours demande.

 Mais non obstant toutes ces submissions l'on n'a peu obtenir en la dite Diette le moindre point, ains d'autant que les dits Catholiques Romains ont remarqué, que par la voye de cez procéz de la Court ils peuuent soubs couleur & pretexte de Justice entierement ruiner les Euangeliques ils se sont aussi opiniatréz à les maintenir & aprouuer comme de fait l'on à eu aduis de bonne part qu'ils ont esté confirméz à Rome & en Espagne en ce desseins comme tres propre à incommoder & mettre en peine voire ruiner les dits Princes Euangeliques sans guerre ouuerte & soubs pretexte de Justice qui est un des principales bases & calomnes de la monarchie si long temps affectée d'Espagne, laquelle comme les exemples tesmoignent à tousiours l'aye les anciens droits & priuileges que les Electeurs & Princes ont de si long temps si vaillament conseruée, ce qui se peut assez clairement connoitre, en ce que durant les feu Empereurs Ferdinand & Maximilian second comme aussi de Rudolphe n'a gueres decedé lors qu'on à laiſſé lieu à l'equilibre ſans ſe pancher trop d'un coſte on d'aultre, ſemblables procez n'ont point eſté practiquéz, iusques à ce que le conſeil de ſa Maieſté s'eſt laiſſée aller parle directoire & regime du Pape & d'Eſpagne.

Ce qui demontre aſſéz que les Euangeliquez ne s'oppoſent en aucune façon à l'Empereur, mais à ceux de conſeil qui dependent par trop d'Eſpagne & des Etats Catholiques Romains déſquels ils ne peuuent eſperer aucune Juſtice ou droit.

Comme de fait la ville libre Imperialle & Euangelique de Donawehrt à eſté par ſemblables precipitez inuſitez & partiaulx procez arraché de l'Empire & contre tout droit mis entre les mains de Bauiere, qui la priuée de la Religion Evangelique & introduit la pretendue Catholique Romaine; puis donc que le feu Empereur Rudolphe à recogneu luy meſme cete iniquité, ſa Maieſté à promis par Reſcript aux uniz auſſi en l'année 1609 la pleniere reſtitution de la dite ville ſans aucune limitation ou reſerues, la dite reſtitution à eſté requiſe auec bon fondement en cete derniere Diette, & encores que ſa Maieſté à preſent regnante aye donné pareillement ſa parolle, cela s'eſt paſſé en tellé façon qu'il à eſté aiſe de voir ſon intention eſtre de la reſtituer ſeulement à l'Empire en l'etat, qu'elle l'auroit trouuée, & que non obſtant les Euangeliques refonderoyent les frais de l'Execution au Duc de Baviere, contre les proteſtations qu'on à tousiours faites & par la en effet les dits Euangeliques n'obtiendroyent rien pour le regard de la Religion, & s'il leur falloit oultre cela paier quelque choſe des frais de l'execution, ils approuueroient de fait les procez contre lesquels iusques à preſent ils ont tant de fois ainſi que dit eſt proteſtez.

L'on à ſupplié que les griefs touchant la chambre Imperialle & les aultres fuſſent enſemblement remiſes pour en eſtre traité & convenu entre les Etats de l'une & l'autre religion.

Que de meſme les differents & griefs que l'on à demellir auec les Etats pretenduz Catholiques Romains pour les Eueſchez, benefices & Cloiſtres fuſſent ſemblablement traitéz par conference amiable. Mais ils n'y ont voullu entendre n'y preter l'oreille à aucune compoſition iusque à la, qu'ils ſe ſont vantéz d'y vouloir coucher leur reſte & mettre tout ſur l'extremité auanque de ceder quelque choſe aux

dits Etats Euangeliques, ou leur laiſſer les dits
Eueſchez, Benefices & Cloiſtres dont ils ont la
poſſeſſion de ſi longue main: l'on à en oultre
peu remarquer aſſez euidement par les diſcours
& eſcripts, qu'aucuns Conſeillers des Electeurs
Eccleſiaſtiques ont faits, comme de meſme en
tous leurs actions deſeſperéz & menaſſes ani-
mées qu'ils n'ont peu cacher en la dite Diette,
qu'ils ont deſſeins de proceder avec la violence
es dits affaires des biens Eccleſiaſtiques, &
iaçoit qu'ils ſe vantent en cecy de quelque ap-
parence, à cauſe de la paix etablie ſur le fait
de la Religion, & qu'il ne ſeroit raiſonable qu'en
telles affaires la Juſtice & droit leur ſeroit de-
mié, ſi eſt ce que la verite de fait ſe comporte
comme s'en ſuiet.

Que les dits Euangeliques ſe fondent pareillement & plus qu'eux ſur la dite paix de la
Religion, premierement parce qu'icelle per-
met à un chaſcun la reformation de la Religion
en ces pays, & par ainſi es Eueſchez & Clois-
tres. 2) Que partant ſelon la raiſon les dits
Eccleſiaſtiques ne peuuent ny doibuent par la
pluralité de la voix interpreter les dits articles,
ou eſtre iugez en leur cauſe propre. 3) Que
la dite paix de la religion à eſté etablie comme
ils confeſſent meſmes, ſeulement ſur les con-

trouerſes des Etats de l'Empire & par ainſi d'aultres Eccleſiaſtiques, qui ne ſont pas Etats de l'Empire ne peuuent pretendre aucune action en vertu d'icelle. 4) Que les dits Euangeliques n'entendent d'oſter ou diminuer quelque choſe aux dits Eccleſiaſtiques contre le dit Edict de la paix, ains pluſtot s'offrent de les maintenir & laiſſer en la iouiſſance libre de leur dits Archeueſchez, Eueſchez & benefices comme auſſi de leur permettre & laiſſer à l'advenir les rentes & revenuz ainſi qu'ils les ont iouis iusque à preſent. 5) Qu'es Archeueſchéz & Eueſchez du pays de Saxe ou le chapitre eſt de la Religion Euangelique pour la plus part peut eslire ou poſtuler un Prince Euangelique le fait ſe comporte tout aultrement, que les dits Eccleſiaſtiques publient & mettent en auant, parce que ſur ce ſubiet il ne ſe trouue aucune prohibition ou deffenſe contraire au dit Edict de la Religion & ne peuuent les dicts Euangeliques au regard du Pape (que les dicts Etats Catholiques ont pour ſeul obiet) rien cedder. 6) Qu'aduenant que ſelon l'opinion des dicts Eccleſiaſtiques ils d'euſſent reſtituer les Cloiſtres reforméz & fruits reçeus depuis l'an 1552. la pluspart ſeroit contraint d'y foncer tout leur bien, & encore que l'on quitat la reſtitution des dicts fruits reçeuz ils ſeroient contraints neantmoins de reinſtaller les probſtres, moynes & religieuſes en leur pays, & remettre par ainſi la religion papiſtique à la ruine ou inuerſion totalle de leur ordre profeſſion Euangelique, choſe que de longue mains les Jeſuites ont taſché de mettre en practique pour s'etablir par toute l'Allemagne. 7) Que les dicts Catholiques Romains peuuent iouir de leurs benefices rentez & rentes & revenuz ſans aucun empechement, & par ainſi n'ont à craindre aucune violence ou troubles en leurs Etats. Mais s'ils ne ſe veullent contenter de l'Etat auquel ils ſe trouuent maintenant & entreprendre & attenter de ſorte meſmes ſur les benefices, Abbayes & Cloiſtres que les dits Euangeliques ont de ſi long temps en paiſible poſſeſſion, les dits Euangeliques ne pourroyent eſtre blaſméz, ſi par iuſte & legitime defence ils s'oppoſent à telles violences & voies de fait.

Et affin qu'un chaſcun meſmes ſa Maieſté Imperialle puiſſe tant plus evidement reconnoiſtre la moderation des dits Euangeliques en effet, l'on a pluſieurs fois requis que telles & ſemblables differents qui pourroient eſtre entre les dits Catholiqués & eux fuſſent remis cy apres ou bien à la prochaine Diette en deliberation pour en traiter & conuenir. Et combien que fa dite Maiefté aye ordonné à Spire vers les pasques prochaines une affemblée à cet effet, l'on n'a toutes fois peu auoir cete declaration par efcript, moins encores, que les points que fa Maiefté à fait propofer par l'interpofition de l'Archeduc Maximilian fuffent inferréz au refultat de cete Diette, d'autant que les dits Ecclefiaftiques n'y veullent entendre, ains demeurent ferme en leurs refolutions extremes, de forte que le feul point de la contribution à efté couché au dit refultat, & tout le refte reculé, lequel point de contribution à leurs advantage ils ont publié en tels termes comme fi tous l'auoyent unaniment accordéz.

Puis donc que l'on à procedé auec les Etats Euangeliques fi nullement & captieufement, ils ont efté occafionnéz de proteſter le dit refultat. Mais ce non obftant l'on offert à fa Maiefté de vouloir entretenir la paix, fur quoy elle à permife aux Ambaffadeurs des dits Electeurs Princes & Etats de retourner à la maifon & en faire relation à leurs princes & fupérieuŕs.

Il est aussi souuent advenu, que les Etats ne sont pas accordez en un resultat, comme tesmoignent plusieurs exemples de l'an 1427. jusque à maintenant que les villes Imperialles n'ont point voulu se soubmettre au secours ou à la contribution accordée par les Electeurs & Princes, ains au contraire sont departiz sans signer ou sceler le dit resultat: pourquoy donc maintenant le mesme ne sera-t-il permis à une si notable partye des Electeurs & Princes ioints aux dits villes.

La separation au college Electoral à esté commencée par les Electeurs Ecclesiastiques, & non les Euangeliques, car s'etant sur la question de la session de l'Archeuesque de Magdenburg, l'Archeuesque de Saltzburg leué du plein conseil de l'Empire les Electeurs Ecclesiastiques tous l'ont suiuy & se sont absentez du dit conseil un espace du temps & l'an 1609. quelques Electeurs en petit nombre ont entreprins de traiter choses appartenantes au college total. Et maintenant en ceste presente Diette les trois Electeurs Ecclesiastices ont separement traité aucuns differents de la session en forcluant les Ambassadeurs des Electeurs seculiers: la chancellerie de Mayence à introduit aussi des novations cy deuant inusitéz & ne s'est iamais veu qu'au college Electoral l'on n'aye ainſi procedé iceluy n'eſtant entier: & ce non obſtant ces Meſſieurs les Eccleſiaſtiques chargent les Euangeliques de tout le tord & des desordres, par ainſi il eſt raiſonable que l'autre partie ſoit auſſi oye, & alors ſe trouuera le neud de la matiere ſi les dits Euangeliques auroient la pluralité des voix en leur mains, les Catholiques Romains parleroient tout d'une aultre façon qu'ils font maintenant, comme de fait aux cercles ou ils n'ont cet advantage ils proteſtent contre la dite maiorité & ne les veullent permettre, mais ce qui leur eſt licite ne doibt eſtre permis aux Euangeliques & par ainſi le pauure agneau a touſiours troublé l'eau au loup.

VII.

Hans Meynhards von Schönburg
Beschwehrungsschreiben
an

Marggraf Georg Wilhelm zu Brandenburg
vom 1ten August 1615.

Ich habe Ew. ꝛc. gnädige Declaration wegen Huysen, und der eingelegten Garnison empfangen, und verstanden, daß es mir zum Guten gemeint sey; wiewohl doch die Art des Einzugs in das Hauß etwas seltsam. Weil aber an denselbigen Orten, wie jedermann bewußt, keine Garnison vonnöthen, und von Ew. ꝛc. wie auch Prinz Morizen mündlich und schriftlich ist zugesagt, kein ander Volk darein zu legen: Also bitte ich Ew. ꝛc. unterthänig, solche Garnison, sobald immer möglich, an einen andern Ort zu transferiren und logiren. Anlangend die Attestationsschrift meines Verhaltens an Dero Herrn Vatern, so Sie auf mein unterthänig Begehren gethan, habe ich solche

Copey empfangen, und mit Verwundern gelesen. Sobald ich zu Ew. ꝛc. kommen kann, will ich Ihr solche Copey zeigen, und hören, womit ich solches verursacht, und darauf mich also purgiren, daß Ew. ꝛc. klar sehen werden, daß sie unrecht informirt seyn, und will jederzeit mainteniren, daß von Anfang her des Gülchischen Kriegs biß uf diese Stund Niemand in meiner Faction Kur-Brandenburg treulicher gedient hat, als ich.

Man examinire aller Obristen Dero Volks Procediren, wie ich mich in während der Gülchischen Belagerung gehalten, und menagirt, mein Geld in der großen Noth verschossen, da Marggraf Ernsts Fürstliche Gnaden nicht 100 Thaler hatten.

Wie Prinz Moritz mit dem Lager ankommen, hab ich dem Herrn Grafen von Solms, dem Obrist Craften, und Ihr Fürstl. Gnaden selbst Geld gelehnt, nur in das Lager zu ziehen; das Geschütz zu Wesel geholt, in das Lager geführt, daselbst unterhalten, die Approchen bezalt, und geleitet. Alles, was ich habe denken können, das zu Kur-Brandenburg Diensten, Nutzen, Vortheil und Reputation wäre, hab ich bestes Vermögens avancirt: wie ich mit Gott bezeugen will. Für das Gouvernement zu Gülch, für die Approchen, für die Direction im Kriegsrath, so ich eine zeitlang versehen, und jedermann offendiren müssen, habe ich keine Besoldung gehabt. Die Union hat mein Regiment bezalt. Was habe ich dann mehr gehabt, als 300 Thlr. monatlich davon ich meinen Vicegouverneur zu Düsseldorf, Pferd und Gesind erhalten müssen? Hernach auf Avis Prinz Morizen, des Marggrafen von Anspach, Fürst Christians von Anhalt, und Ihro Kurfürstl. Durchlaucht und Dero Räthe habe ich die Officier und 100 Soldaten zu Wesel unterhalten, wie Ew. ꝛc. gesehen, und leicht nachrechnen können, was mein Vortheil gewesen, und wie lang ich mein vorgeschossen Geld gemangelt, und mich fast dadurch ins Verderben gesetzt. Daß es nicht mehr genutzet, ist meine Schuld nicht gewesen. Da keine Resolution ist, etwas zu thun, da hilft auch kein Geschütz. Was Unrecht hab ich seither gethan? Hab ich nicht in England, Frankreich, Niederland und Deutschland nach allem meinem Vermögen Kur-Brandenburgs Reputation, und Nutzen mit aller Treue und Eifer sollicitirt, und in Acht genommen? Wie alles Ew. ꝛc. fürnehmsten Dienern bewußt ist, wenn sie allein sonder Passion, nach ihrem Gewissen sprechen wollen. Mit allem diesem sind Ew. ꝛc. vor diesem wohl zufrieden gewesen, mir so oftermal, wie auch Dero Herr Vater, Recompensen zugesagt. Was hab ich dann seither gethan? Ew. ꝛc. suchen auf die Schreiben, so Sie an mich mit eigenen Handen, und durch Secretarien, und durch den von der Borch, aus Dero Befehl gethan. Darinn werden Sie finden, daß ich mich nicht zur letzten Desordre oder Occasion gedrungen, sondern ganz unterthänig gebethen, mich zu verschonen. Der Eifer aber, Ew. ꝛc. gleichwie in der ersten Occasion zu dienen, und nicht die Werbung eines Regiments, dann ich solches niemals annehmen wollen, hat mich fortgetrieben, allhier meinen gnädigsten Herrn, und meine Charge quittirt, die 15000 Rthlr. auf Ihro Fürstl. Gnaden so mannigfaltige Zusag verschossen, über alles vorige mein Regiment sonder Muster- oder Sammelplatz gemustert, auf meine Kosten, und den folgenden Tag alsbald in das Lager geführt, mich bei dasselbe campirt, von dem Meinigen gelebt.

Nachdem ich alles gethan, mein Geld verschossen, Bezalung für meine Soldaten sollicitirt, sowohl zu Erhaltung Ew. ꝛc. Reputation in seiner ersten Occasion, als meines Credits, so ich bei den Soldaten gehabt, so legt man dasselbe jetzunder so aus, und schreibt, daß ich wegen Besoldung und meiner Versicherung in Ew. ꝛc. zu hart gedrungen. Ew. ꝛc. wollen doch bedenken, was Versicherung sie mir gethan, mit Breßkensand, hernach mit dem Geschütz, und ob ich wohl soviel Besoldung gehabt, als bei der Union bräuchlich? Was mein Verreisen anlangt, bin ich durch Königl. Majestät aus England expresse Schreiben dazu gezwungen worden, und habe von Ew. ꝛc. nicht mehr als 100 Rthlr. zur Reise empfangen. Wegen der Abdankung der Compagnie zu Pferd, wie auch wegen des Regiments, item wegen Bezalungsversicherung und Abfertigung, ob ich nicht deßwegen mich hochlöblich gegen Gott und jedermänniglich zu beklagen hätte, laß ich jeden Unpartheyischen judiciren, ob ich nicht Reputation und meine Wohlfahrt in dem Dienst hazardirt habe. Hab ich dann verdient ein solch Zeugniß bey Dero Herrn Vatern, und ein solch Recompens? Vor Gott und der Welt geschieht mir Unrecht, und ist zu sehen aus den Verschreibungen, ob mir ist gehalten worden, was mir ist zugesagt. Ich bitte allein unterthänig zwei Dinge, damit jedermann sehen möge, daß Ew. ꝛc. mich gleich als einen Cavallier, der ehrlich gedient, und alles bei Ew. ꝛc. auf Dero Wort und Hand zugesetzt, hart tractiren wollen, 1) daß Sie mir mit allen Appertinenzien mein Unterpfand wollen einraumen, mich dahin

zu retriren, und zu wohnen, den Trost anders-
wohin transportiren, wie Ew. ꝛc. mir zugesagt,
bei erster Gelegenheit zu thun, und den Offizier das
selbst anweisen, daß ich mich in Einnehmen der
Renten handhaben, und solche richtig geniesen
könne, bis zur völligen Abzalung; oder 2) mir
zu Bezalung und andern Unterpfanden, so ich
sicher und richtig geniesen könne, verhelfen, denn
ich von meinen Renten leben muß, und ist diese
Manier mein dußerst Verderben ꝛc. ꝛc.

VIII.

Rector Academiæ Heidelbergensis

omnibus eiusdem Iuridictioni subiectis S.

Fortuna & vita hominis vitrea est, cum maxime splendet, frangitur facillime. Jure igitur merito, etiam Varronis tempore Latinorum dicebatur prouerbio, Homo Bulla. Et passim sacræ literæ hominem appellant, Carnem, quæ quantumuis laute pasta & curata, splendideque ornata, instar fœni & floris caduci, solo diuinis spiritus nutu & afflatu languescit, marcescit & contabescit. Theoriam hanc quotidiana confirmat praxis. Quæ nunc eò est, proh dolor, frequentior, quo magis niualescit & gliscit, pluresque absumit epidemius & dysentericus morbus. Nihilominus ita homines sumus, vt in huius doctrinæ veritate Ethnicorum dictis, diuinis oraculis, rerum ipsarum testimonys conuicti, ægrè nobis rem sic se habere & ad nos pertinere persuadeamus. Hinc non tanquam ex domo, sed tanquam ex hospitio migrandum esse, & quod

Cato apud M. Tullium afferebat, commorandi naturam diuerforium nobis, non habitandi locum dediffe, mortemque omni hominum aetati & dignitati effe communem. Cæteris humanæ fragilitatis & mortalis conditionis haud vulgaribus Documentis accenfendum eft illud, quod nuper admodum in Magnifico & Nobiliffimo viro Domino Meinhardo a Schönberg Deus nobis pofuit exemplum, multorum opinione paradoxum. Natus eft is Nobiliffimis & honeftiffimis parentibus patre Meinhardo a Schönberg, qui quondam Principibus & Electoribus Palatinis a Confilys fuit, Duci Joanni Cafimiro opprime clarus, cui ftrenuam & fidam, ab eo in expeditione Gallica conftitutus militiæ Marafchallus nauauit operam; Matre vero Dorothea Riedteffelin von Bellersheim Nobiliffima & honeftiffima matrona, quam filius, turbato mortalitatis ordine, fuperftitem reliquit. Puer literarum rudimentis imbutus, mox animum ad rei militaris, quam fpirabat, ftudium adiecit, in illoque ita profecit, vt non folum ordines cluceret, fed etiam fummum in acie militari Magifterium confequeretur. Magnæ Britanniæ, Franciæ, & Hiberniæ Rex, Romanique Impery Principes, Comites & Ciuitates in grauiffimis rebus &

negotys consilium ab eo expetiuerunt, eius-
que operam conduxerunt. A Cæsarea Maie-
state in nuperis Comitys Francofurtensibus or-
dini equestri solemniter est adscriptus. Sere-
nissimus noster Princeps non solum arcano eius
consilio est vsus, sed etiam Prætorio eum præ-
fecit, & charissimum habuit; nihil denique in
triplici bonorum genere, animi corporis fortunæ videbatur ei deesse. Animum gessit
magnum & celsum, cui corporis figura & con-
stitutio respondebat. Neque honores & facul-
tates deerant. Sed heu, summis est negatum
cliu stare. Xerxi inter alia, quæ ei consulebat
apud Herodotum Artabanus, etiam hec sugge-
rebat, φιλέει ὁ Θεὸς τὰ ὑπερέχοντα πάντα κολύειν
ἐδ' ἐᾶ φαντάζεσθ. Fecit autem Deus, vt in
Nobilissimo hoc viro, tanta fortunæ splendor
potius desineret quam deficeret. Dysenteria
enim corporis eius vires ita eneruauit & fregit,
vt superuenienti Catarrho suffocatiuo resistere
non possent. Armis igitur hactenus inuictus
& indomitus, morbi violentia superatus, placide & ingenua peccatorum, & in vera Christi
agnitione diem suum, tertium huius mensis.
Anno ætatis trigesimo quarto, obyt. Funus
ei hodie fiet hora secunda pomeridiana, exiis,
quas inhabitauit in subvrbio ædibus efferen-

dum. Quemadmodum ergo fub finem anni fuperioris Generofæ & nobiliffimæ eius vxori funebrem honorem habuimus: eodem modo & animo ad Nobiliffimi mariti honorificam frequentem, & folennem funeris deductionem omnes ordinis & Jurisdictionis noftræ homines atque ciues hortamur, & invitamus ferio.   Valete P. P. VIII. Augufti Anno cIↃIↃCXVI.

IX.
Auszug
aus den Inventarien
Meynhards und Hans Meynhards von Schönburg,
und Gegeneinanderstellung derselben.

Inventarien berühmter Personen aus den vormahligen Zeiten, wo der Geist der Nachahmung noch nicht alle Menschen aus den höhern und mittlern Ständen in die heutige scheinbare Aehnlichkeit zusammengeknetet hatte, sind in meinen Augen brauchbare Urkunden sowohl zur Schilderung der Besitzer der beschriebenen Stücke, als der Zeiten, in welchen sie gelebt haben. Sie gewähren uns wenigstens eben das Vergnügen, welches uns der Anblick alter Zeughäuser oder der sogenannten Schatzkammern auf Reisen schenkt, und dienen dazu, uns die Geschichte gleichsam anschaulicher zu machen.

In der Hofnung, gleichdenkende Liebhaber anzutreffen, will ich mir die Mühe geben, die Inventarien Meynhards, und Hans Meynhards von Schönburg, Vaters und Sohns, beyde reiche und angesehene Männer, deren Reliquien auch noch bey der Nachwelt einigen Werth haben, hier auszuziehen, und mit einander zu vergleichen. Das eine ist im Jahr 1598 und das andere im Jahr 1616 gefertigt, und dieses geringen Zeitzwischenraums von 18 Jahren ungeachtet, wird man eine auffallende Verschiedenheit bemerken. Doch ich will den Leser in seinen Beobachtungen nicht vorgreifen.

Unbewegliche Güter, und was dahin gerechnet wird, gehören nicht hieher, aber

Gült- oder Capital-Briefe und Baarschaft. Meinhard, der Vater hinterließ an jenen

10,500 Goldgulden,

160 Königsthaler,

1300 Reichsthaler, und

88,489 Gulden Batzen.

An dieser

24,714 Gulden Batzen *): welches zusammen,

---

*) Den Freunden der Münzkunde zu Gefallen will ich hier den Anschlag einiger Münz-Sorten im Jahr 1598 bemerken. Eine gedoppelte-Spanische Ducate mit 2 Köpfen, 64 Batzen. (Salzburger gedoppelte nur 60 bis 63 Batzen). Eine gedoppelte Pistolette 54 Batzen. Eine Rosenoble 4 fl. 10 Batzen. Ein Reichsgulden spec. 15 Batzen. Ein Rthlr. spec. 20 Batzen. Ein Königsthaler spec. 1 1/2 fl. Eine Sonnenkrone 28 Batzen. Ein Portuga-

nach einer nur ungefähren Reduktion auf heutige Münze im 24 Guldenfuß, gegen 300000 fl. betragen würde. Die Schuldner waren zum wenigsten Theil Privatpersonen, sondern meistens Kur- und Fürsten, Grafen, Freyherrn, Reichs- und andere Städte, und Gemeinden.

Die Erbschaft gieng in fünf Theile, und Hans Meynhard, der Sohn, hinterließ jedoch an Gültbriefen

85,888 Brabanter Gulden, (nehmlich die Pfalz-Neuburgische und Kurbrandenburgische Anlehne)

15,000 Reichsthalern, (nehmlich die Braunschweigische Schenkung)

500 Pfund Sterling, und ungefähr

4000 Gulden Batzen; an Baarschaft hingegen nur

4500 Gulden Batzen: oder zusammen über 185000 unserer heutigen leichten Gulden.

Das Silbergeräth

war bey den Vater sehr unbedeutend, und bestand, außer einer silbernen, etwas über eine Maas haltenden, Flasche, und 30 silbernen Bechern von

---

leser 20 fl. Eine Burgundische Krone 27 Batzen. Ein Goldgulden 1 1/2 fl. Ein Engellotte 3 fl. Im Jahr 1616 galt eine einfache Ducate 2 1/2 Gulden Batzen, ein Königsthaler 25 Batzen, und ein Reichsthaler 23 Batzen.

verschiedener Größe, aus 2 einzigen silbernen Salzfässern, und 28 silbernen löffeln.

Bey dem Sohn fand sich schon mehr Geräthschaft von diesem Metall, als Gießkannen und Becken, Schüsseln, Teller und Leuchter, auch Manns- und Damen-Toiletten, welche aber hier Comptoirs, und Apotheken genannt werden. Zwey silberne Schreibzeuge, und einen 4 Mark und 11 loth wiegender Ringkragen (hausse col) sind auch hier anzutreffen. Das Gewicht zusammen betrug 632 Mark.

Gold und Juwelen,

oder Kleinodien fanden sich bey dem Vater ebenfalls nicht viel, und, außer zwey schwehren goldenen Ketten, an deren einer Casimirs, und an der andern Kurfürst Friederichs III. Bildniß hieng, kaum ein halbes Dutzend Ringe, mit Türkisen, Rubinen, Schmaragden und Saphiren, mehr als mit Diamanten, besetzt, und ungefähr 50 goldene Buckeln, welche auf samtne Mannshauben gesetzt wurden. Sechs Perlen, wovon jedesmahl 3 auf eine solche Haube kommen, waren allein von dieser Art von Geschmeide vorhanden.

Bey dem Sohn wurden (ohne die versetzte Juwelen) Diamanten und Perlen schon häufiger angetroffen.

Eine Diamantkette in Gold gefaßt von 115 Gliedern;*) eine güldene Rosenkette von 40 Diamant-Rosen; eine Medaille (Medy) mit 63 Diamanten versetzt; eine goldene Rose mit 41 Diamanten, nebst drey kleinern dergleichen; neun Diamantknöpfe; zwei blaugeschmelzte Sterne jeder mit 6 Diamanten; ein Huthband von 23 goldenen Sternen, jeder mit 7 Diamanten, nebst der dazu gehörigen Schnalle mit 9 grossen - und den Stiftgen mit 23 kleinen Diamanten besetzt;**) ein goldener Federbusch mit einer goldnen Huthhafte mit 20 Diamanten; 42 goldene Wamsknöpfe, jeder mit 7 Diamanten versetzt ***), sind nur Beyspiele, und noch lange nicht das ganze Verzeichniß davon.

Der Geschmuck an Perlen füllt allein zwey enggeschriebene Folio-Seiten, worunter abermahl 3 Huthbänder mit Rosen von Perlen waren ****).

---

*) Diese erkaufte die Kur-Prinzessinn um 1200 Gulden.

**) Dieses Kleinod wurde an die Gräfin von Hanau um 800 Gulden verkauft.

***) Diese erkaufte der Kurfürst selbst um 1200 Cronen, jede Crone zu 27 Batzen.

****) 15 grosse Perlen wurden allen für 3286 fl. und 34 runde Perlen, mit 12 anhängenden durchsichtigen Diamanten um 800 fl. verhandelt.

Unter den zu diesen Titeln gehörigen Kleinigkeiten trift man bereits kleine Uhren, Taschenspiegel mit Portraits u. dergl. an.

Am sichtbarsten aber zeigt sich die gestiegene Pracht in der Rubrique von Kleidung.

Auf zwey Folio=Blättern war des Vaters ganze Garderobe beschrieben.

Ein Rock von Damast mit Samt verbrämt, ein roth zerschnittenes Atlaswams, mit Hosen von gleichem Zeug, und zwey schwarze Wämser und Beinkleider, das eine von Sammt, und das andere von Damast, waren ungefähr die kostbarsten Stücke. Alles Uebrige an Kleidung war von Wolle, und höchstens Kragen und Aufschlag oder die Knöpfe von Sammt, oder Seide, oder das Kleid mit seidenen Schnüren besetzt, oder auch mit Schnekenhäußlein gestepft. Zu jeden Prunkkleid gehörten zwey paar Aermel, und zur Bedeckung des Haupts waren zwey samtne Bareten, und zwey Spitzsamtne Hauben vorhanden. Hierbey war auch ein Klagmantel, und ein alter Nachtpelz.

Die Kleidungs=Rubrique des Sohns hingegen nimmt, mit ihren Zugehörungen, gegen 10 volle Bogen ein, ohne die Kleider seiner Gemahlinn.

linn. Der niedlichſte Geſchmack war hier mit der Pracht vereinigt. Die meiſten Kleider ſind von Atlas von allerhand Farben, mit Taft, meiſtens von der nehmlichen Farbe, gefüttert, oder durch= gezogen, wo ſie durchſchnitten waren, und, je nachdem es die Farbe am beſten erhob, mit Gold, Silber oder Seide, öfters mit Gold und Silber zugleich, geſtickt. Samtne Kleider waren mit At= las durchzogen, und verſchiedene Kleider waren von Drapd'or oder Drap=d'Argent. Ein ganzes Kleid beſtand aus Hoſen, Wams und Mantel, andere nur aus Hoſen und Caſaque, ohne Mantel. Von beyderley Arten zuſammen fanden ſich 72 complette Mannskleider *).

Zur Bedeckung des Haupts finden wir weder Barrete noch Hauben mehr, ſondern 21 Hüthe, welche in Spaniſche und Franzöſiſche, **) ganz oder halb=caſtorne, ſchwarze, und graue eingetheilt werden, und eben ſo viel Hutbänder, welche nach den Farben der Kleider gewählt wurden, und theils

---

*) Die Gemahlinn hinterließ nur 32. Alſo nicht einmahl halb ſo viel ! ! !

**) Auch die Beinkleider hieſſen theils à Bouillons, theils nach Spaniſcher Art gemacht.

mit Gold und Silber, theils mit Glaß, oder auch mit Perlen, theils mit Seide gestickt waren.

Zu diesen Hüthen gehörten besondere Federn, welche abermahl in Spanische und Französische unterschieden werden. Sie waren entweder einfärbig, roth, gelb, schwarz, grün, weiß, violet, oder von mehrern Farben zusammengesetzt, und beliefen sich auf 26.

Hiermit war aber die Mannskleidung noch nicht vollständig, sondern es gehörten noch Gürtein und Degengehänge dazu, welche sich wieder nach den Kleidern richteten. Zum Beyspiel. Ein Gürtel und Gehenk von violbraunen Sammt mit Gold und Silber gestickt zu Num. 1. Ein roth Atlasgürtel und Gehenk mit Gold und Silber gestickt zu Num. 2. Einer von schwarzen Sammt mit Silber zu Num. 3 ꝛc. Es fanden sich dergleichen 22 und verschiedene, neben der Stickerey, noch mit goldenen Franzen besetzt.

Von gleicher Farbe mit jedem Kleid waren auch die seidene Strümpfe, mit in Gold oder Silber gestickten Zwickeln. Auch gehörten noch dazu besondere Hosenbändel, und Schuh-Rosen von der Farbe der Kleider mit goldenen und silbernen Spi-

Hans Meynhards v. Schönburg.

zen besetzt, und nach der Menge mit Gold oder Silber gestickten Handschuhe sollte man beynahe vermuthen, daß nicht weniger jedes Kleid beynahe seine eigene Art von Handschuhen (vielleicht von der nehmlichen Stickerey) erfodert hätte.

Den Beschluß machen 8 prächtige Feldzeichen von Taft, und unterschiedlichen Farben, mit Gold, Silber oder Seide gestickt, und mit goldenen und silbernen Spitzen besetzt; nebst einen beträchtlichen Vorrath unangeschnittener seidener Stoffe, Englischer Tücher, goldener und silberner Borten und Spitzen. Was die

Meubles

anbetrift, so findet sich zwar in der Inventur des Vaters ein schöner Vorrath einer auch zu gastfreyen Beherbergung von Freunden eingerichteten Haußhaltung, und zu diesem Ende eine Menge von Betten, aber nur eine einzige Bettlade mit grünen seidenen Vorhängen, und einer Bettdecke von grünen Atlaß mit weissen Barchent gefüttert.

In der Erbschaft des Sohns war eine Bettstatt von grünem Sammt, eine von rothen Damaßt, ein orangefarbnes und grünes seidenes Bett mit silbernen Schnüren, und silbernen Franzen, ohne mehrere von geringerer Gattung, vorhanden.

An Tapeten wurde in dem Schloß des Vaters, dessen Zimmer wohl getäfelt waren, nicht gedacht, wohingegen in dem Hauß des Sohns zu Heydelberg die Wände bereits mit gewürkten seidenen, mit dergleichen Brüßler- und die geringsten mit vergoldeten Leder bekleidet waren. Jene sind nach den Geschichten, welche sie vorstellten, aufgeschrieben. Von Porzellän findet sich in beyden Haußhaltungen keine Spuhr, und auch wenig von Mahlereyen. Letztere werden schlechtweg Tafeln (tabulæ pictæ) genannt, und erst in einem Inventar von 1670 finde ich, daß man sich die Mühe genommen habe, ihren Innhalt, und bey einigen den Namen der Meister zu bemerken.

Die unendliche Verschiedenheit bequemer Stühle, welche man heutzutag erblickt, war noch nicht erfunden, und im ganzen Schloß des Vaters kein beschlagener Stuhl, oder Seßel. Hingegen hatte man Banckküssen und Sitzbette, und auf den wollenen Ueberzug der ersten war gemeiniglich das Wappen mit Wolle nach den Farben genäht.

In der Wohnung des Sohns fanden sich zwar auch noch keine Canapees, Sophas, Bergeres, Ottomannen ꝛc. aber doch schon rothsamtne Stühle, und türkische Stuhl- auch Sesselblätter, und zu den langen und kurzen Bank- und Stuhl-küssen gestickte seidene Ueberzüge. Für die Prunkzimmer waren sie von Sammt, und mit goldenen und silbernen Blumen gestickt.

Nun ist es Zeit, meine Leser in die

Rüstkammern

meiner Helden zu führen.

Bey dem Vater Meynhard fanden sich 14 Rappier oder Reutschwerdter, zween Köcher zu Patronen eines Reußgen, ein türkischer Säbel, 4 ganze weiße Cüraße und 6 dazu gehörige Helme, 7 schwarze Rüstungen und 25 schwarze Sturmhauben, 4 Speere und 16 Knebelspieße, 9 Doppelhaken, 17 theils Mußketen, theils Rohre mit Feuerschlössern, 5 Fäustling (vermuthlich Pistolen) ein Regiments-Staab, einige Armbrüste und Fausthämmer, 5 Panzerhembde und Aermel, ein Morgenstern, ein meßinges Ocher-Horn und noch ein grosses Blashorn, ein meßinges Falkenetlein und 3 kurze eißerne Dömler. Und endlich lag noch in einer Kiste bey des

Junkers Kleidern ein weiß, gelb und blautaffentnes Fähnlein mit Kurpfälzischen Wappen.

Bey seinem Sohn Hans Meynhard treffen wir an eine Pertuisane, 7 lange Rohr, 7 paar Pistolen, gegen 170 schöne Bandelier, 150 Mußketen, gegen 200 Picken, 113 Rüstungen zu Fuß, 109 Ringkragen, 209 Sturmhauben, 3 complete Ritterharnische, 2 schußfreye Rüstungen für Fußgänger, 4 Trommeln, 1 Cornet an einer Stange, und 5 metallene Canonen, worunter die 2 oben bemerkten Zwölfpfünder mit dem Schönburgischen Wappen.

Die Vergleichung des Marstalls darf auch nicht übergangen werden.

Der Vater hinterließ zwey Pferde, und eine wohlbeschlagene Gutsche.

Der Sohn 15 Pferde, worunter 9 Engländer und ein weißes barbarisches Pferd waren, nebst einem Maulthier. Die Beschreibung des Pferdegeschirrs aber erfüllt 8 Folio-Seiten. Man kann sich vorstellen, daß es mit der übrigen Pracht in Verhältniß stand, und viele samtne mit Gold und Silber gestickte Sättel von allen möglichen Farben, wie auch Damen-Sättel darunter befindlich gewesen.

Stangen-Bügel und dergleichen waren größtentheils übersilbert, auch zum Theil vergoldet.

Wir kommen zum Beschluß auf die Bibliothek.

Der ganze Büchervorrath des Vaters bestand aus ungefähr 19 Bänden, worunter Goebleri Rechtenspiegel, ein Deutscher Livius, die Zürcher Bibel im Jahr 1551 gedruckt, einige gedruckte Chronicken, das Kayserliche Kriegsrecht, Postillen von Luther und Melanchton, und ein altes Turnier-Buch waren.

Hans Meynhard, der Sohn, hinterließ eine Englische und eine Italiänische Bibel, drey Dictionäre, nehmlich Hulsii, Ravelli und ein Französisch-Spanisch- und Lateinisches, welches zu Brüssel herausgekommen war, die Essais de Montaigne, Cäsars Commentarien Französisch und Deutsch, Octavium Strada de viris imperatorum, Speckens Kriegsbaukunst, les Elemens de l'Artillerie, die Archeley des Diego Uffano, les raisons des forces mouvantes von Salomon de Caus, und den Canon Triangulorum, nebst vielen von ihm selbst zusammengeschriebenen Handschriften von Mathematischen und Kriegs-Sachen, und etlichen Landtafeln (Landkarten).

Mit so wenigem begnügte sich ein so grosser Mann! Aber das grosse Buch, die Welt, welches er zu studiren Kopf und Gelegenheit hatte, und wovon die Besitzer der größten Bibliotheken oft nichts wissen, kam nicht in sein Inventarium.

IV.

Das sich selbst nicht kennende Sachsen.

oder

Politische Rathschläge

über

Chur-Sachsens Stärke und Schwäche

vom Jahr 1707.

*

Aus einer beglaubten Handschrift.

Dieser Aufsatz befindet sich in mehreren Händen von Liebhabern der Sächsischen Staats- und Landes-Geschichte, wiewohlen unter verschiedenen Aufschriften. Einige Copien führen die Rubrik: das unerkannte Sachsen; andere haben den Titel, den ich hier beybehalten, weil er dem Innhalt und dem Zweck des Verfassers am meisten entspricht. Meines Wissens ist er noch nie gedruckt, wenigstens nach aller von mir dießfalls angestellten Erkundigung nicht.

Wer der Verfasser gewesen seye? habe eben so wenig in sichere Erfahrung bringen können. Einige wollten den verstorbenen Baron von Pöllniz dazu machen; zum Auctor des galanten Sachsens war Pöllniz ganz der Mann, aber gewiß nicht zu einem politischen Gutachten; andere muthmaßten auf den unglücklichen Patkul, der bekanntlich einige Zeit als Geheimer Rath in Augusts II. Diensten gestanden und, nach dem unternehmenden und brausenden Character dieses Manns zu urtheilen, könnte man ihm mit vieler Wahrscheinlichkeit die in diesem Aufsatz enthaltene gewaltsame Rathschläge zutrauen. Die ganze Muthmaßung fällt aber sogleich dadurch hinweg, weil in der Schrift der ohnlängst vorgefallenen Schlacht bey Kalisch Erwehnung geschehen. Nun saß zu dieser Zeit, im Jahr 1706 der unglückliche Mann schon als Staats-Gefangener auf dem Königstein und hatte fürwahr! keine Ursache, sich um Sachsens Wohl und Weh weiter zu bekümmern, wie er dann ohnehin bald nach dem alt-Ranstadter Frieden an den rachgierigen Carl XII. in Schweden ausgeliefert worden. In der literarischen Verlassenschaft des seel. D. Löschers, Oberhof-Predigers zu Dresden, befande sich diese Handschrift auch und war dabey bemerkt: daß der nachher auf der Plaßenburg in Vestungs-Arrest verstorbene Geheimer Rath Bose der ältere, Verfasser davon seye.

Es mag nun aber der Verfasser gewesen seyn, wer er wolle, so ist immer zu glauben, daß er selbst ein wohlbedächtliches Incognito gehalten und wenigstens von den Landständen und Geistlichen keine Belohnung verlangt oder erwartet haben werde. Der ganze Mann sieht einem politischen Abentheurer gleich, der mit Landes-Verfassung, Rechten und Freiheiten der Landstände und Unterthanen, Verträgen zwischen Herrn und Land u. s. w. just so umgeht, wie der Fragmentenmacher mit der Geschichte und Lehre Jesu und seiner Jünger. Die

Schreibart ist nicht die eines Staatsmanns, sie ist nicht nur unrein und schleppend, sondern fällt nur allzuoft ins niedrige und pöbelhafte herab. Wo Gründe seyn sollten, findet man nur Declamation und Schimpfworte. Die Geographische und statistische Kenntniß des Landes ist flach, seicht und mangelhaft; die Lobsprüche von dem Sächsischen Gold, Perlen, Wein, Sprache ꝛc. sind übertrieben und der Patriotismus geht häufig ins lächerliche und läppische über; die Grundsätze und Rathschläge zu Unterdrückung der Landstände, Herabwürdigung der Geistlichen, Bedrückung der Leipziger Kaufleute u. s. w. sind machiavellistisch und nicht die eines gerechten und billig denkenden Manns; mehrere der eingerathenen Verbesserungen sind Luftschlösser, Träumereyen und Rechnungen ohne Wirth.

Bey allen diesen unzuverkennenden Fehlern ist die Freymüthigkeit, womit so viele Gebrechen der Staatsverwaltung aufgedeckt werden, die Freymüthigkeit, womit Pfaffen-Stolz und Intoleranz, Schwelgerey und Großthun der Kaufleute, Eigennutz der angeblichen Landes-Väter, Nachläßigkeit und Unwissenheit der Minister, Kälte gegen das allgemeine Landesbeste ꝛc. gerüget wird, Achtungswürdig und der über die Gränzen der Anständigkeit zuweilen gehende Eifer läßt sich nur dadurch und durch die Menge der guten Wünsche, die sich dem Gemüth des Verfassers zudrängten, entschuldigen.

Der Nutzen dieser Schrift vor unsere Zeiten bleibt daher immer noch der, um aus Zusammenhaltung mit der gegenwärtigen Staats-Verfassung der Chur-Sächsischen Lande den Nutzen oder Schaden, die würkliche Erfüllung oder befundene Bedenklichkeiten der vor 70 bis 80 Jahren gethanen Vorschläge abnehmen und prüfen zu können.

Eingang.

Eine ganz überflüßige Bemühung wird es heißen, wenn man mit vielen Gründen darzuthun suchen wollte, daß eines Landes, und dessen Regentens Glückseeligkeit größtentheils darinnen bestehe, wann die Beherrschung desselben wohl eingerichtet, die Commerzien in guten Flor gebracht, und nach Größe des Landes proportionirte Mannschaft unterhalten würde. Angesehen dieses alles solche Dinge, die jedem, auch einem halbgescheuten, die freye Geständniß von selbsten in Mund geben, daß sich ohne selbige kein Staat der Aufrichtigkeit rühmen dürfe. Diese sind die wahren Säulen, auf denen die Sicherheit des Beherrschers, und die Ruhe und Vermögen der Unterthanen sich unzerfällig gründen.

Die erste giebet dem Oberhaupt die Liebe der unterworfenen und Hochachtung bey den Ausländern.

Die andere, welche die Seele alles zeitlichen Wohlseyns ist, bringet seiner Schatz-Kammer einen nie zu ergründenden Brunnen, den Innwohnern aber den unaufhörlichen Zufluß.

Die dritte macht sein Diadem bey Inn- und Ausländern, Freund und Feinden, gefürchtet, den Unterthanen aber gebähret sie Ruhm und Ansehen.

Und die letztere verschaffet den Regenten samt ganzen Lande eine zuverläßige Ruhe von allen unfreundlichen Anfällen.

Eben dieses waren diejenigen Mittel, die der Römischen Republik ein so unvergleichliches Wachsthum ihrer Macht zuwege brachten, sie in den florissantesten Zustande erhielten, und ihrem Adler die Kräfte gaben, seine Flügel über ein groß Theil der Welt so mächtig auszustrecken. Doch ist es unnöthig, dieses alles durch Beyspiel der verstorbenen Zeiten zu bestärken, da die je jetzt lebenden es überflüßig erfahren. Nimmermehr würden die Französischen Lilien so reichlich gewachsen seyn, und sich fast unauswurzlich eingesenket haben, wenn sie nicht diese Stärke zu ihrer vortreflichen Befrucht- und Nahrung gehabt. Weder der Niederländische Löwe würde fast in allen Theilen der Welt seine Kräfte so wundersam bekannt machen, noch die Englische Harfe ihren Ton in alle Winkel des Erd-Kreyses dermaßen nachdrücklich und erstaunend hören lassen können, so ferne nicht obiges das erforderte Vermögen darzu herreichte. Und was würde den Brandenburgischen Scepter zu seiner jetzigen Größe gebracht haben, wenn nicht die sorgfältige Trachtung auf diese Gründe solchen so mächtig unterbauten.

Die Natur hat jedes Land seiner Art nach in der Maße versorget, daß, wenn seine Einwohner ihre innländischen Schätze nur selber recht brauchen wollen, sie über selbige sich ganz nicht beklagen dürfen. Wiewohl man nicht in Abrede ist, daß immer eines besser als das andere von ihr nach ihrem unergründlichen Willen versehen worden; vornehmlich aber hat sothane preißwürdige Milde der gütigsten Schöpferin, sich vor allen andern Theilen dieses Rundes, an Europa und vor allen dessen Reichen an dem geliebten Deutschlande höchstgütig sehen lassen. Denn was die übrigen Welt-Stücke zertheilet haben, das findet man in Europa zusammen, in Deutschland aber als in einem Centro recht wundersam bey einander. Zwar
glaubet

glaubet Asien mit seinen Diamanten und Gewürzen zu prangen, und erwirbet sich dadurch die Kenntniß von Deutschland. Alleine nicht zu gedenken, daß das Land selbiger gar wohl entrathen können, wenn nur die so hoch gestiegene Pracht, Delicatesse, und üppiger Ueberfluß sein Ja darzu geben wollte; indem unsere Vorfahren ohne alle diese geldfreßende Kostbarkeiten in grösten Ruhm, Ruhe und Wohl gelebet: hierndchst es sich dieserwegen eben keines sonderbaren Vorzugs rühmen dürfe, sintemahl die meisten Deutschen Provinzen eben dergleichen Schätzbarkeiten aufzuweisen haben, welche jenen in einem sehr geringen Grad den Vorzug lassen, so überziehet die übelgemachte Ordnung anfangs berührte Hauptsäulen, und das schlechte Absehen, das dasige Prinzen auf selbigen führen; dennoch alles dieses schlimmer, als mit einer großen Finsterniß; viel zu weitläuftig würde es werden, die sämtlichen Schätze Deutschlandes ausführlich zu beschreiben als welches bereits von vielen andern geschehen, auch unser Zweck dermahlen nicht ist. So viel aber will man hier sagen, und in nachfolgenden darthun, daß alle diejenigen Vortreflichkeiten, welche die Anbetenswürdige Vorsorge des Schöpfers in Deutschland einzeln ausgetheilet, dessen gütige Hand beynahe alle beysammen in das werthe und edle Sachsen gar merkbar verleget habe.

§. 1.
Was unter Sachsen begriffen.

Bey Benennung Sachsen aber wird gleich zum voraus gemeldet, daß hier darunter nur dasjenige verstanden werde, was den Durchlauchtigsten Churfürsten vor seinen Souverain erkennet, dessen Landen mit einverleibet, auch was sonsten den Glanz von dem Churfürstlichen Diadem verehret, oder selben zu verehren Ursache hat. Wenn zwar nach der eigentlichen Benahmsung gegangen werden sollte, müßte darunter weiter nichts als der Chur-Kreys gezogen, Meißen aber ganz übergangen werden. Jedoch da die hohe Chur-Würde, die auf diesen Kreyse haftet, die andere Benennung verdunkelt, und unter dem Worte: Sachsen, vornehmlich Meißen begriffen: so hat von dieser im ganzen Reiche, und auch unser selbst angenommenen Benennung hier ebenfalls nicht abgegangen werden sollen. Wiewohl wenn man die Gestalt der vorigen Zeiten wieder lebendig machen, und Sachsen in der Figur betrachten wollte, die es unter dem unvergleichlichen Heinrich hätte, der seiner wunderwürdigen Tapferkeit halber, der Löwe, genennet worden, so würde gar eine andere Beschreibung davon ausfallen, und die meisten Potenzen von Ober- und Nieder-Sachsen, wie nicht weniger einige Westphälische, treflich zu kurz kommen, und zu der Verehrung der Sächsischen Rauten sich bekennen müssen. Allein die Zeiten sind begraben, und mit ihnen zugleich Sachsens damalige Gestalt und Herrschaft. Mit was Fug und Recht aber solche in das Grab gestoßen worden, stehet dahin, es ist der Stoff dieses Vorhabens jetzo nicht.

§. 2.

Die Gränzen.

Sachsen nach seinen dermahligen Wesen nach anzusehen, und von dessen innerlichen Beschaffenheit heutigen Ein- und Abtheilung seiner Confinien und Inwohnern einigen Entwurf zu machen, so bestehet solches aus Meissen, Thüringen, Voigtlande, Henneberg, Ober- und Nieder-Laußnitz, und hat zum Nachbar einestheils den Kayser, den Chur-Fürsten zu Brandenburg, Marggrafen von Bayreuth, Hessen, Lüneburg und etwas von Fränkischen Creyse.

§. 3.

Länge und Breite.

Dessen Länge oberhalb Schandau an gerechnet biß an die extremité von Treffurth möchte biß gegen 40 Meilen sich erstrecken, die Breite aber ist ungleich, dürfte doch mit der Länge fast meistens eines oder etwas darunter seyn.

§. 4.
Eintheilung.

Was immediate dem Churfürsten gehöret, worunter doch der drey Herren Vettern, als Weissenfels, Mörseburg und Zeitz, Ihre Landes-Portiones mitbegriffen, wird in sieben Kreyse vertheilet, welche sind der Chur-Kreys, auf dem die Chur-Würde eigentlich und unzertrennlich haftet, dem Thüringischen, Meißnischen, Leipzigischen, Erzgebürgischen, Voigtländischen und Neustädtischen Kreys. Hierauf folget die Ober- und Nieder-Laußniz, die Stifte Mörseburg und Zeitz, das Hennebergische Antheil, so zu Zeitz geschlagen, die Sächsische Hoheit von Mannsfeld, nebst eben dergleichen von der Graffschaft Schwarzburg, Stollberg und der Stadt Mühlhausen.

Bey dem Leipziger Kreys ist zu erinnern, daß von selben derer Herrn Grafen von Schönburg ihre Güter gänzlich abgehen, als die immediate zu dem Reiche sich rechnen wollen.

Ob nun wohl die drey Herren Vettern ihre eigene Regierung haben, so stehet doch in ihren Landes-Portionen dem Chur-Hause das Jus Belli, Pacis & Suprematus vollkommen zu, was auch

Zeitz und Mörseburg bisher darwider haben einstreuen wollen, und hat aus selbigen das Chur-Hauß gewisse Revenüen zu erheben.

§. 5.
Was avelliret.

Von diesen Corpore aber ist vor einigen Jahren leider avelliret worden, das Stift Quedlinburg, samt dem Amte Petersburg, und Borna und Schutz-Gerechtigkeit über Nordhausen in Thüringen; die wegen der Gräflichen Schwarzburgischen Lande habende Jura waren vor einigen Jahren auch alieniret, sollen aber gleichsam Jure Postliminii wieder beygebracht werden.

So kann auch ohne große Schmerzen nicht erwehnet werden, daß der ganze Saal-Kreys nebst Magdeburg an Brandenburg, durch die Münster-Osnabrückischen Friedens-Tractaten zu überlassen unseelig beliebet worden. Wodurch Sachsens rechte Augen ausgerissen; durch die An. 1666 an Maynz verschleuderte Stadt Erfurth aber seinen rechten Arm verlohren. Ob nun wohl ansehnliche Glieder von diesem Leibe abgekommen, so macht solches doch noch eine gute Figur.

§. 6.
Aemter.

Diejenigen Aemter, so dem Churhauße en Souverain zustehen, werden in circa in die 70 seyn, worunter viel gar groẞe und mit kleinen Städten, Schlössern, und Dörfern sattsam versehen seyn.

§. 7.
Zahl derer Städte und Dörfer.

Die Zahl der groẞen und kleinen Städte dürften in obangezogenen sieben Kreysen beynahe 190 ankommen, der Dörfer aber in die 6 bis 7000 seyn. In Ober- und Nieder-Laußnitz will man etliche 40 groẞe und kleine Städte zehlen, und der Dörfer nicht weit von 4000, darunter doch die Adlichen Schlösser unbegriffen seyn. Das Stift Mörseburg wird nebst der Residenz noch ein drey geringe Städtgen, und etwas über 400 Dörfer, Zeitz aber ebenfalls ein drey Städtgen, und in die 400 Dörfer in sich faẞen. Henneberg hat, so viel Zeitzisch Antheil, ebenfalls 2 à 3 Städte nebst etwan 200 Dörfern. Die Anzahl der Städte, Flecken und Dörfer, so in Mannsfeldischer Sächs. Hoheit zu befinden, ingleichen, was in Thüringen entweder auf Sächs. Hoheit, oder doch in die Chur- und Neben-Linien gehöret, stehet so præcisement nicht zu wissen, jedoch wird die Zahl nicht allzu irrig seyn, wenn man in allen Theilen der erstern in die 20 der andern aber zusammen bis 1000 rechnen wolle; bey alle dem sind die Adlichen Höfe und Güter nicht mitbegriffen, als die in Sachsen einen großen Theil ausmachen, dergestalt, daß man öfters viele Meilen reiset und auf Befragen, wenn dieses prächtige Schloß, jene herrliche Städte, Flecken, Dörfer, Felder, Wiesen, Holtzungen, Teiche und dergleichen gehören? Statt der Antwort: dem Landes Herrn, dem und dem Cavallier zur unvermutheten Nachricht sich sagen lassen muß. Von welchen großen Portionen aber der Souverain gar geringen Nutzen, hingegen viel Unlust hat, wie davon unten mit mehrern.

§. 8.

Flüße.

An Flüssen hat Sachsen vor allen die Elbe, welche mit guten Recht der übrigen Königin seyn kann, dieser folgen die Saale, die beyden Mulden, Schope, Unstruth, schwarze und andere Elster, Queus und Spree, nebst verschiedenen andern geringern, die doch insgesammt mit sehr delicaten und herrlichen Fischwerken bereichert sind.

§. 9.
Seen.

Von stehenden Seen findet man weiter keine als die große bey Weisensee, die sich auf etliche Meilen erstrecket, samt noch einigen geringen in Mannsfeldischen.

§. 10.
Teiche.

An Teichen und Weihern aber ist ein Ueberfluß, von denen der darinnen enthaltenen wohlgeschmackten Fische wegen, die Moritzburgischen, und die so man in der Gegend Oschatz findet, am berufensten.

§. 11.
Wälder.

Wäldereyen und Holzungen fehlen dem Lande gar nicht, und ist es theils mit dem Böhmischen, theils dem Thüringischen umzingelt, inwendig aber findet sich der Spreewald, die Dübische, Torgauische, und andere Heyden, samt andern großen Hölzern mehr. Wiewohl die auf den Bergwerken eingeführte schädliche hohe Oefen den Wäldern bereits fast unüberwindlichen Schaden zugezogen, worüber schon öfters Berathschlagung bey der

Churfürstl. Cammer gepflogen worden, so daß zu befahren, dafern in diesen nicht ein Mittel gefunden wird, und Einhalt geschieht, viele Oerter von Sachsen an Holz endlich große Noth leiden dürften, noch bis dato aber wird dessen eine ziemliche Menge an die Ausländer überlassen.

§. 12.
Jagden.

Bey sothanen vorhandenen Wäldereyen nun ist leichtlich zu schließen, daß in solchen allerley Arten des Wildprets häufig müssen anzutreffen seyn, welches die hin und wieder vorhandenen Churfürstl. prächtigen Jagd-Gebäude und die fast unglaubliche Menge der Jagd-Bedienten zur Gnüge bestätiget. Diese werden dermaßen zahlreich gehalten und erfordern samt den Jagd-Behörungen so viel Dépensen, daß statt deren einige Regimenter braver Soldaten, sonder die geringste Beschwerd, auf den Beinen stehen könnten. Und wollen viele als gewiß versichern, daß auf die Churfürstl. Tafel kein Pfund Wildpret geliefert werden könne, ohne einen Aufwand von vielen Species Ducaten deswegen zu machen, welches der große Apparatus venatorius & ingens venatorum numerus ganz glaubhaft machen.

§. 13.
Weinwachs.

Die gütige Natur hat ferner diese Lande mit einem guten und angenehmen Weinstock zu versorgen auch nicht vergessen, als der an vielen Orten in großer Menge erziehlet wird, jedoch ist die beste Gattung darvon zu Dreßden und Meißen anzutreffen, die, wenn sie einige Jahre sich erlegen, den Rheinischen gleich zu gehen sich nicht schämen dürfen, solchen folgen die Torgauschen und Naumburgischen Gewächse, die schlimmsten und ungesundesten sind die Jenischen, als welche weiter keinen Nutzen, als der Gesundheit zu schaden, und denen Haus-Müttern einen Brandtewein zu verschaffen.

§. 14.
Stuttereyen.

Die Erziehung tüchtiger und schöner Pferde ist Sachsen ebenfalls mitgetheilet, wovon die vielen Stuttereyen und die in selbigen fallenden Füllen abermahls ein untrüglich Zeugniß seynd.

§. 15.
Metallen und Steine.

Am allergütigsten aber hat die erschaffende Allmacht sich erwiesen in Darreichung der Metallen, und aller nur ersinnlichen Gattung von Steinen, denen der menschliche Wille den Nahmen der edlen und kostbaren beygeleget, von welchen allen sie in dessen Landes-Erdschooße und Grüften der Gebürge eine solche Menge eingesenket, daß billig darüber zu erstaunen, und ein Ausländer in eine geheime Verehrung gegen dieses Land dadurch gezogen wird. Diese mannigfaltige Arten derselben, von welchen viele in Sachsen alleine, ganz eigen und an andern Orten nicht gefunden werden, hat eine gelehrte Frau von Abel-H. in einer geschickten Schrift der Welt vor Augen gelegt, und dadurch Sachsens Ruhm nicht wenig mit veredelt. Man hat befunden, daß wenn die nachdenkliche Mühe der Künstler an solcher ihren Fleiß recht anwenden will, sie sodann vor denen in Asien gebohrnen wenig erröthen dürften und jene blos die menschliche Einbildung verkostbaret und erhöhet.

Das dermaßen beliebige Metall, das Silber, kann Sachsen aus seinen Schooße reichlich hervorlangen und will fast den Glauben übersteigen, was dessen vor eine Menge ein sicherer Sächs. Autor*) erzehlet, das in vorigen Jahrhundert, die Bergwerke geliefert, als dem auch ganz kein

---

*) Dn. de Schœnberg in Metallophylacio.

Zweifel unterlieget, in dem die Churfürstl. Cammer-Rechnungen solches bestärken.

Es ist auch das Land davon heut zu Tage daran nicht ärmer worden, sondern wollte seine Reichthümer gerne überflüßig mittheilen, wenn die Verlanger desselben nur mehrern Fleiß, Verstand, und Aufrichtigkeit darzu anwenden wollten. Sintemahl die Erfahrung und genommene Probe an vielen Orten bestärket, daß große Schätze von diesen herrlichen Metall man entweder verwahrloset, oder vergeudet, oder unverständig im Rauch wegfließen lässet, welche Bewandniß es denn durchgehends mit allen andern Metallen und Erzten hat. Was aber vor unverantwortlicher Betrug und Unterschleif auf denen Bergwerken vorgehet, dadurch Fremde abgeschreckt, Einheimische lässig gemacht, der Landesherr aber um seine Revenüen gebracht wird, das ist so Sonnenklar, als sündlich. Dergleichen Bescheid fället und würde alles in mehrern sich erweisen, wenn einmahl eine unpartheyische, gewissenhafte und der Sachen sattsam verständige Berg-Commission angestellet werden sollte.

Die Kayserin aller Erzte, das Gold, hat Sachsen mit seinem Durchlauchtigsten Glanze und Gegenwart zu begnadigen, ebenfalls nicht vergessen, und lässet sich sowohl in dem Ingeweide der

Gebürge, als auch in den Schleuchen einiger Flüße noch in ziemlicher Menge finden. Worunter vornehmlich die Oberlaußnitzer Queus, nebst der Voigtländischen Elster gehören, welches aber gebührend zu suchen, die Inwohner wiederum ihren Fleiß und Verstand schlafen lassen.

§. 16.
Perlen.

Ja dieser letztere Fluß ist so kühne, daß er denen Indianischen Seen Trotz bietet, indem er aus seinen Schooß eben so kostbare Perlen hervorbringen lässet, als jene in ihren Gründen haben, welches die Gegend von Oelßnitz bis ungefähr gegen Adorf bewähret, und der Schmuck, welchen die Durchl. Herzogin zu Sachsen Zeitz an ihrem hohen Leib zu tragen gewürdiget, hauptsächlich bekräftiget.

§. 17.
Weide und Viehzucht.

Die herrlichen Weyden und Viehzucht sind so bekannt, daß unnöthig davon viel Wesens zu machen.

§. 18.
Salz-Quellen.

Die Salz-Quellen haben die Treflichkeit Sachsens auch mit vermehren wollen, und darunter nicht die letzten zu seyn begehret; dieses erhellet aus den **Hällischen** Sorten, die bereits die Eißgraue Zeit berühmt, welche zwar, leider! jetzo nicht mehr zu dem eigentlichen Sachsen gehören, sondern an eine auswärtige Macht sich verknüpfet sehen müssen; jedoch was der Innwohner Unachtsamkeit und Fehler hier verwahrloßet hat, hat die Milde des Höchsten in denen vor einigen Jahren zu **Wittigau** und **Retschau** wieder gefundenen Salzkothen zu ersetzen sich bemühet; ist auch kein Zweifel, es werden derer im Lande noch mehrere anzutreffen seyn. Wie denn sonderlich von den Mannsfeldischen gesagt werden will, wenn nur behörige Mühe und Kosten von deren establirung und Einrichtung die unachtsamen Einwohner nicht zurücke hielten.

§. 19.

Getrayde und Obst.

Von seiner Fruchtbarkeit in allen Arten des Getraydes und sehr delicaten Obsts viel herzusagen wär überflüßig, in dem die häufige Zuführen, die da von denen Ausländern geschicht, dessen ein unverwerflich Zeugniß giebt, und wenn Gott Sachsen mit einem Mißwachs heimsuchet, so haben viel Deutsche Provinzen auch wenig zu essen.

§. 20.
Luft.

Endlich die Luft des Landes betreffend, so ist selbige durchgehends gut und gesund, wie man denn gar selten von ansteckenden Krankheiten etwas höret, und wenn solche sich finden, sie ihren Ursprung nicht so wohl aus dem Lande, als vielmehr durch beschehene Inficirung von andern Orten her haben. Leute von 60 70 und mehr Jahren in Sachsen zu sehen, ist eine ganz gemeine und gewöhnliche Sache und wenn etwan im Frühjahre oder Herbste an einen oder andern Orte des Tages ein paar Personen sterben, achtet man solches als etwas sonderliches, woraus die gesegnete gute Natur des Landes gnüglich zu erkennen. Aus diesen angeführten nun ist die herrliche Beschaffenheit Sachsens hoffentlich zur Gnüge zu ersehen.

§. 21.
Inwohner. Meißner.

Dessen Inwohner aber betreffend, so gehen die Meißnischen ganz unstreitig denen andern Sächs. Unterthanen, ja außer allen Zweifel allen Arten Deutscher Nation weit zuvor. Sie sind sehr artig, vornehmlich die in denen großen Städten, als Dreßden, und Leipzig wohnen, auch die welche durch Beschauung fremder Länder ihren Verstand auf den Vollkommenheits-Grund gebracht, darneben bescheiden, höflich, voller angenehmen Reden, Worten und Gefälligkeiten.

§. 22.
Sprache.

Ihre Sprache führet den Scepter von den übrigen Deutschen Dialecten, und ist selbige sehr lieblich, wohllautend, Wort- und Sinnreich, fließend, von ziemlicher Bethönung sich weit, erstreckend, und weis alles nach seiner Art wohl vorzustellen und auszudrücken. Das Laster der Schmeicheley wird gar nicht statt finden, wenn man saget, daß die Sächs. Mundart, so wie sie in Meißen, in den vornehmsten Städten und am Churfürstl. Hofe geredet wird, vor allen andern in Deutschland die reineste, verständlichste, lieblichste und den Ohren annehmlichste sey. Denn die Oesterreicher, Mährer und andere mit selben gränzende nehmen den Mund allzu voll, legen eine unangenehme Accentuation auf die Worte, verwechseln die Buchstaben gar übellautend, verkürzen oder verlängern die Syllaben gezwungen, und beschmitzen solche mit vielen alten verstorbenen Deutschen Redensarten. Die Franken, Schwaben und Rheinländer haben eben diese unangenehme Dinge an sich,
die

die Thüringer, Voigtländer, Hessen und was an selbigen gränzet, sind diesen allen nicht weniger unterworfen; die Märker, Nieder-Sachsen, und weiter hin gelegene liegen gleichfalls an dieser Krankheit und Gebrechen, so daß wenn von diesen Nationen jeden einer, der recht völlig nach seinem Munde redete, mit einem Hochteutschen oder Sachsen zu sprechen kommen sollte, es viel Mühe kosten würde, ehe sie einander zusammen verstehen lerneten.

§. 23.
Ihr Naturell.

Die Sachsen sind ferner sehr sinnreich, gelehrige Köpfe, großmüthig, tapfer und die gerne in der Welt auf Ehren-Staffeln sich gesezt sehen. Sie lieben die freyen Künste, Musik und alles galante Wesen, sind verschmizt, klug, und wissen auf den Nothfall sich wohl zu verbergen.

§. 24.
Frauenzimmer.

Ihr Frauenzimmer streitet an Schönheit, angenehmen Wesen, guter manierlicher Aufführung und treflichen Gewächse mit det Englischen selber um den Vorzug, sonderlich excelliret in diesen allen das, so Dreßden und Leipzig auf die Welt gebähret. Wiewohl die übrigen Städte der Töchter ihres Landes sich warlich nicht schämen dürfen, und man das ganze Land mit vielen irrdischen Engeln erfüllet siehet, jedoch muß bey denen Ausländern das Leipzigische sich dieses nachsagen lassen, als ob sie am verliebtesten unter allen, und der Himmel sie sonderlich mit solchen Herzen begabet, die nach der Männer Conversation jederzeit das sehnlichste Verlangen trügen; ob nun dieses wahr? werden sie am besten sagen und beweisen können.

§. 25.
Tapferkeit.

Das Lob, das die gesammte Nation wegen ihrer Tapferkeit und heroischen Thaten hat, ist so alt, daß es mit ihr selber ganz unfehlbar gebohren. Die vorigen Zeiten erzittern vor ihren Nahmen, Engelland, Italien und Thüringen wissen noch von denen Wundern zu sagen, die sie allda unter ihren Anführern und Herzogen den Hengsten, Harsen, Albernio und andern gethan. Ihr Ruhm durchschallet die ganze Welt, alle Puissancen traueten ihren Armeen keinen rechten Muth zu, wenn sie nicht Sachsen unter solche zehlen sollten. Dieses Lob dauert auch noch bis dato. Nur in neuen Zeiten zu bleiben, so reden Ungarn, Mähren, Dalmatien samt dem Rheinstrohm sattsam von ihrer

Tapferkeit, und ob gleich der Schwedisch Pohl‑
nische Krieg etwas davon vermindern wollen, so
ist solches doch mehr aus ihrem eigenen Versehen
als des hochmüthigen Feindes Bravoure geschehen,
und hat die jüngste Action bey Kalisch alle die dies‑
falls empfangene Mackel gröstentheils wieder aus‑
gelöschet.

§. 26.
Ursprung der Sachsen.

Zwar die eigentliche Ankunft und Ursprung
dieses berühmten Volks ist nicht recht erläutert,
indem die alten Vorfahren sich mehr bestrebten,
tapfere Thaten zu thun, als solche aufzuzeichnen.
Dahero sie um ihre Origines nicht sehr besorget
waren. Es ist auch kein Zweifel, daß meistens
um ihres allzu sehr bejahrten Alters willen die
Geschichtschreiber ihre eigentliche Geburt nicht fin‑
den können, doch ist glaubhaft, daß der Orient als
der Stammbaum aller Völker sie mit erzeuget, in
Hollsazen, oder nach jetziger Mundart in Hollstein
sie am ersten bekannt worden, und die ihren Nah‑
men dem Erd-Kreyse ferner mitgetheilet. Nichts
thut hierbey zur Sache, daß bey denen Römischen
und Griechischen Scribenten man ihrer nicht eher
Meldung findet, als ein paar 100 Jahr nach Christi
Geburt; diese beyden Völker waren in Uebermuth

ersoffen; achteten alle die andern gegen sich als wie tummes Vieh, derowegen bemüheten sie sich auch nicht sonderlich, von solchen eine Kenntniß zu erlangen. Aus diesen Stolze floße zugleich, daß sie sich öfters nicht einmahl die Mühe gaben, die Nahmen anderer Völker zu erforschen. Worzu noch kame, daß die damalige Beschaffenheit vieler Länder so bewannt, daß es schwer, ja fast unmöglich war, durch Reisen deren innerlichen Zustand zu erkundigen, weil die etwas rauhe Art derer Inwohner solche Besuchungen vor ihren Staat gefährlich hielten. Jedoch da die Noth und Einbruch der fremden Nationen die Römer zwange, sich um sie mehrers zu bekümmern, sind auch die Sachsen mit zur förmlichen Benenn= und Erwehnung kommen. Sothanen nun annoch in ihren Wiegen erhaltenen Ruf der bravoure haben sie durch alle Zeiten bis hieher beständig fortgepflanzet, und quellen alle Historien von diesen Lobe. Es bemühen sich zwar welche, bisher erzehltem Tugenden einige Fehler mit beyzusetzen, und die Sachsen eines hochmüthigen, unbeständigen, und falschen Humeurs zu beschuldigen. Man begehret nicht von allen zu reden, und jeden Individualiter eine Apologie zu schreiben, weil es in der ganzen Welt heißet: Sunt bona mixta malis. Jedoch wie es jederzeit von Scribenten ein unbedachtsamer Fehler gewe=

sen, wenn sie die Laster einiger einzeln Personen der ganzen Nation beymessen; als kann auch voriges mit keinen Wahrheits-Grunde von allen durchgehends gesaget und ihnen beygemessen werden.

§. 27.
Sächsischer Adel.

Wiewohl nicht zu läugnen, daß der Sächs. Land-Adel fast durchgehends Hochmüthig, welches zugleich von den Schwedischen auch gesagt werden will, und Sie öfters einen Bürger kaum ihrer Conversation würdigen, selbige fast nie anders als mit dem schimpflichsten Nahmen der Bürger-Canaillie belegen, alleine die so die Welt weiter gesehen, und wissen, daß hintern Berge auch Leute und ein Bürger auf eben diese Art und aus eben den Zeuge gezimmert sey, als wie sie, führen sich diesfalls gar bescheiden auf; obige inflati Domini aber mögten wohl consideriren, daß die Bürger sie bey ihren Stand erhalten, und ohne solche weder sie noch ein Landes Herr leben, ja kein Fürst und Staat in Ewigkeit nicht bestehen können, wenn selbigen die Bürgersköpfe nicht mit ihrer Mühe, Arbeit und Fleiß erhielten. Sintemahl bey denen von Adel es beynahe große Mode worden, wenig zu studiren, desto mehr aber zu brutalisiren. Die, so in Bedienungen seyn, legen ihre Arbeit auf der

Bürger ihre Schultern, die guten Tage aber und reichen Einkünfte auf die ihrigen. Und ist es freylich ein großes Unglück vor alle und jede Zeiten, daß ein Cavallier glaubet, es bestehe sein Adel darinnen, wenn er von guten Hunden, erjagten Wildpreth, eingeschluckten Maas Wein, und Bier, gemachten Debauchen mit Weibes-Volk, gehaltenen Duellen, und andern dergleichen raren Qualitäten einen Discours zu führen wisse, um Staats- und gelehrte Sachen aber sich zu bekümmern, gehöre zu seinen Character ganz nicht, und wären dieses Dinge, die selbigen nur verunedelten, da sie doch solchen ihren Adel ursprünglich zu danken. Daher siehet man auch, daß der meisten ihre Reisen ohne den behörigen Nutzen ablaufen. Denn wahrhaftig diejenigen, die dafür halten, daß, wenn sie zu erzehlen wissen, wie viel sie zu Paris a la Bassette verspielet, was der König den und den Tag vor ein Hemde angezogen, wie viel der Dauphin im Wald zu Vincennes Wölfe gefangen, was der Sprach- und Tanzmeister des Monats gekostet (davon doch viele Blutwenig mit nach Hause bringen) wie der Weg zwischen Orleans, Blois und Lion ausgesehen, ob er kothig oder trocken gewesen? Was in Rom vor Carlegiane seyn, und was eine koste, wie oft sie zu Venedig mit einer Maitresse auf der Gondel gefahren, sie in der

Das sich selbst n. kennende Sachsen. 279

Opera entreteniret, und wie sie sich etwa in Piazzo hätten tragen lassen müssen; wie gut die Weine zu Neapolis und Florenz geschmecket, was die welsche Köche vor herrliche Carbonaden und Olopotriten zu machen wüsten; wie vergnügt es sich in London mit einer Dame in der Bellemaille spazieren lasse, und wie angenehm ein Pfeifgen Toback auf einer Holländischen Dreckschütte schmecke. Daß dieses diejenigen Dinge wären, die sie nothwendig vor allen Menschen distinguiren, und zum vollkommenen Geheimen- und Staats-Rathe machen könnten, auch der Landes Herr sich groß versündigen würde, wenn Er Leute von sothanen seltenen Wissenschaften nicht allen andern vorzöge, dieselben irren gewaltig sehr, und müssen oft solche Fehler mit blutigen Thränen beweinen. Wann es dann geschicht, daß ein mit diesen Qualitäten ausgeschmückter Mensch in die Collegia und Officia mitgezogen wird, so kann alsdenn nicht anders folgen, als daß Er lauter Irrwische in Staats-Sachen, garstige Grumpen in der Justiz, und durchgehends die greulichste Fehler in allen Dingen gebähren muß, über welche der Herr und Unterthanen hernach die Hände über den Kopf zusammen zu schlagen Ursache haben. Doch es sey ferne, daß dieses von allen und jeden ohne Unterschied sollte gesagt werden, der Nahme so vieler um das Land sich genug verdienter redlicher von Adel bleibet allerdings in seinem unsterblichen Ruhm und wird Ihr Glanz durch dieser ungearteten ihre Flecken so wenig verdunkelt, als wenn ein Mohr der Sonnen fluchet, denn sie wissen selber gar wohl, daß ein Fürst in einem Tage gar viel Edelleute machen könne, in seinen Vermögen aber ganz nicht stehe, einen rechtschaffenen klugen Mann zu verfertigen.

Wer sollte aber nun aus bisher erzehlten nicht urtheilen und glauben wollen, daß Sachsen nothwendig ein solches Land, das oberzehlte Stücke des weltlichen Wohlstandes alle zusammen vollkommen besäße? aber weit gefehlet sie mangeln ihm beynahe alle.

§. 28.
Regimen Saxoniæ & ejus status Politicus.

Die höchste Gewalt bestehet zwar bey dem Durchlauchtigsten Churfürsten, der omnia, imo ferme regia, Regalia in so ferne allein besitzet. Bey alle dem aber macht Ihm derer drey Herrn Vettern, Ihr ex Proavi Testamento, in dem Ober-Steuer-Collegio und Ober-Hof-Gerichte mit eingemengtes Wort und denn das Votum Consultativum, welches die Herrn Land-Stände gar rigoureusement oft gnug erinnern, und die eine das jus suprematus übersteigende Macht sich arrogiren wollen, dem Landes Herrn in seinen Consiliis und Anschlägen allemahl viel hinderlichen Verdruß.

§. 29.
Status Provinciales.

Mit gemeldten Herrn Ständten aber hat es folgende Bewandniß. Es ist dieses Corpus zusammengesetzt aus Ritterschaft und Städten. Unter die ersten gehören, was an Prälaten da ist, welches noch ein Ueberbleibsel des Päbstlichen Sauerteigs ist. Dann folgen die Grafen, Baronen und andere Noblesse, wer die andern seyn, braucht keine Erklärung. Dieses Systema dürfte bald mit dem alten Griechischen Corpore Achaico in einige Verwandniß zu setzen seyn. Wiewohl jene zusammen Summam potestatem præsentiren, das aber bey diesen fehlet, außer wenn der Souverain noch unmündig, da aber doch sein Vormund indessen die Hoheit hat.

§. 30.
Ihre Eintheilung Gewalt, Zusammenberufung, Auslösung.

Jede Stadt erscheinet demnach auf dem von Landes Herrn angesetzten Landtage durch ihre Gevollmächtigten, welche doch nicht von der sämtlichen Commun sondern dem Rath alleine legitimiret seyn. Diese Theile nun zusammen gesetzt heissen die Land-Stände. Die ersten haben einen Erb-Marschall, welche Würde unverrückt auf einer Familie, der von Löser, bleibet, also, daß solche ein noch auf den Stecken reitender Knabe repræsentiret. Kann das einem Ausländer vielleicht lächerlich vorkommen und solcher darüber spöttische Einfälle haben. Hierüber haben sie ferner ihre Kreyß-Directores, und theilen sich weiter in Engern und Weitern Ausschuß, und dann in die allgemeine Ritterschaft ein. Bey den Städten ist ein Director, welches Amt Leipzig führet, das ihr doch von andern streitig gemacht wird (doch sie scheinet es possessione vel quasi zu haben, num justa aut injusta? stehet dahin) rangiren auch nach den Creysen, und haben nicht weniger den Engern und weiten Ausschuß gleich denen von Adel, und dann die allgemeinen Städte. Wenn nun der Landes Herr Gesetze einführen, Anlagen machen, oder sonst Geld haben will: so soll Er, nach der Herren Land-Stände stylo zu reden, regulariter Sie erst convociren, und wenn dieser modus procedendi beliebet wird, so dann werden sie durch ein aus dem geheimen Conseil ergangenes Ausschreiben dahin berufen, wohin Sie der Fürst haben will. So bald sie erscheinen, müssen Sie im Churfürstlichen Marschall-Amte und bey dem Erb-Marschall durchgehends sich melden, da denn der Tag ihrer Ankunft gar sorgfältig angemerket, jeden aber zugleich 14 Tage zu seiner Ab- und Zureise mit beygeleget werden. Dieses Melden geschicht um der Auslösung willen, als die nach jedes seiner Casse und Charge reguliret ist. Der Erb-Marschall bekömmt täglich 10 bis 12 fl. Meißnisch, ein Kreys-Director halb so viel, einer aus den Engern Ausschuß 3 à 4 fl. Aus den Weiten 3 fl. von der gemeinen Ritterschaft aber jeden des Tages 2 fl. eben dergleichen Bewandniß hat es bey den Städten auch, und ist den geringsten täglich geordnet 1 fl. Man siehet sein Wunder und Freude, wie diese Herren insgesammt auf einen Landtag sich freuen, noch mehr aber vermehret sich das gaudium, wenn dieser lange verzögert wird, denn da setzt es viele Auslösung, da sammelt sich mancher so viel, daß er und die Seinigen gar eine gute Zeit davon leben können, da werden neue Kleider gekauft, und die Familie auch nicht vergessen. Der so beym Landtage mit einen alten abgetragenen Röckchen angekommen, ziehet als ein Grand d'Espagne und mit einen guten gespickten Beutel davon. Nun sollte nach denen Sächs. Verfassungen alle 6 à 7 Jahr eine solche Dieta gehalten werben, es träget sich aber ofte zu, daß Sie ehe, zum wenigsten auf einen so genannten Ausschußtage, sich einfinden müssen. Dann und wann verziehet es sich auch etwas länger, das erstere thun sie mit großen Heiligen Christ-Freuden, das letztere aber gebähret sogleich ein Murmeln, als ob wieder ihre Privilegia gehandelt würde, und da fehlet es an Mißvergnügten ganz nicht, alleine sothanes Murmeln geschicht ganz nicht um des Landes Besten willen, sondern hat seine Quelle daher, weil es sodann keine Auslösung einzustreichen setzet.

§. 31.
Wer die Auslösung bezahle?

Diese Auslösung aber muß der Churfürst sich allemahl an demjenigen, was die Stände gewilliget haben, wieder abkürzen lassen, und dem nach seiner Diener und Unterthanen Willen und Ja, darzu Sie doch ihre natürliche Pflicht vorhin anweiset, mit seinem eigenen, oder seiner andern Unterthanen Geld bezahlen. Ist in Wahrheit eine rechte wunderliche Sache! Im Nachrechnen ist befunden worden, daß der An. 1699 bis ins 1700 Jahr gehaltene Landtag fast 3 Tonnen Goldes, der darauf erfolgte Ausschußtag beynahe zwey, und der An. 1704 gewesene nicht minder gekostet hat. Was vor schöne Truppen hätten vor dieses unnöthige vertändelte Geld gehalten werden, und wie viel ander Gutes würde dafür zu schaffen gewesen seyn! Diese Gelder werden aus der Churfürstl. Steuer-Casse contentiret und lässet wohl keiner jemahlen einen Pfenning zurücke, sondern sie wissen schon Art und Weise, sich selber bezahlt zu machen.

§. 32.
Ob diese Gewalt gegründet seye?

Sollte aber nun gleich wohl eine solche von den Ständen angemaßte Gewalt, und ihre sogenannte Bewilligung auch mit der gesunden Vernunft und denen Principiis der wahren Politic einstimmig fallen? ganz nicht! Denn wie wird es diesen Herrn anstehen, wenn ein dritter käme und befehle, Sie sollten einen andern so und so viel 1000 Thlr. zahlen. Was große Augen würden sie darzu machen. Eben also ist es mit ihren Bewilligungen auch beschaffen. Sie als selbst Unterthanen, die ihren Landes-Herrn allen Gehorsam, Folge, und schuldige Præstanda geschworen, consentiren, daß der Landes Herr seine andern Unterthanen um eine Gabe und Beysteuer ansprechen darf. Wie raumen sich doch diese unbegreifliche Dinge mit der Oberherrschaft, es muß unwidersprechlich daraus erfolgen, daß nicht der Fürst Herr vom Lande, sondern sie vielmehr solches seyn, weil ja deſſen Vermögen in ihrer Willkühr beruhet.

§. 33.
Wer die Contribuenten ſeyn?

Ueber dies contribuiren ſie alle zuſammen zu denen verwilligten Præſtandis nicht einen Deut, ſondern ſolches muß der arme Bürger und Landmann thun und dieſen Leuten noch Geld darzu geben, daß ſie auf ſeinen Beutel und Koſten eine Anlage machen können. Dann die von der Ritterſchaft haben den Henker zu braten mit den Ritter-Pferden, die zwar alſo aufm Papier ſtehen, in der That aber mera Entia rationis ſeyn, und von welchen der Landes Herr nicht den mindeſten Nutzen, wohl aber lauter Beſchwerung hat. Die Städte hingegen ſeyn E. E. und W. W. Raths ſelber, das wäre ſodann eine Himmelſchreyende Sünde, wenn dieſe ihren Landes Herrn was geben ſollten. Der Herr Bürgermeiſter aber, und wie dieſe Patres conſcripti nach einander heißen, haben alsdenn einen Vetter, Gevatter oder andern guten Zech- und Spiel-Compagnon, der muß nothwendig und nach der Regel der von dieſen Leuten ſelbſt gebackenen Juſtiz von allen frey ausgehen. Hernach kömmt noch ein Geiſtlicher oder Doctor angeſtochen, da jener ratione ſeines Geiſtlichen Barets, dieſer hingegen wegen seines Doctoralischen Sammet-Pelzes unstreitig auch frey seyn will und muß, oder es finden sich auch andere legis fraudes, die unmöglich alle zu erdenken. Fällt also das gesammte Onus auf den armen gemeinen Mann, der so lange gedränget, und mit der Execution geschurigelt wird, bis das Hemde vom Leibe, das Bette aus der Kammer, und die Kuhe aus dem Stalle und noch viel anders vor die Executions-Gebühren fortgehet; dieser arme Haufen, weil er nicht anders gelehret, und in der alten Meinung mit Fleiß also ersoffen gelassen wird, schweiget zu allen diesen durch der Herren Stände Bewilligung gestifteten Jammer und Preßuren, erkennet aber ihren rechten Ursprung nicht, sondern schreyet und seufzet über seinen Landes-Herrn, und wünschet statt des schuldigen Seegens ihn alles Unglück an den Hals, da doch der arme Landes Herr an alle dem auch nicht ein Quentlin Schuld träget, sondern den sämmtlichen Jammer einzig und allein die lieben Herrn Landes-Stände mit ihren Willigen angerichtet haben, als die dieses zu ihrer unveränderlichen Devise erwehlet: Daß in eines andern Rohr gut zu schneiden wäre.

288 Das sich selbst u. kennende Sachsen.

§. 34.
Ursprung der Land=Stände und Landtäge.

(Das ganze in diesem §. enthaltene weitläuftige Raisonnement ist durch und durch so grund= und bodenlos, so ganz von aller historischen und publicistischen Wahrheit entblößt, mit solchen Reichs=Gesetz= und Verfassungswidrigen Grundsätzen und Hypothesen durchwebt, daß ich mit dessen Wiederholung das Papier nicht verderben wollen; sondern gleich mit dem, eben so unrichtigen, Resultat dieser machiavellistischen Prämissen anfange.)

Entstehet demnach die Frage: ob die Durchl. Churfürsten auch sattsam erinnert, und ihnen aufrichtig gewiesen worden, was durch dergleichen Confirmationes Sie sich an Ihren hohen Rechten vergäben und præjudicirten, und wenn nun solches geschehen: ob Sie auch ihrer Macht und unumschränkten Potenz sich also freywillig begeben und selbe also in die Hände ihrer Unterthanen getheilet wissen wollen? Ist aber ein solches unterblieben, so würden auch alle diese Confirmationes Privilegiorum die verlangte validitarem in Ewigkeit nicht haben. Wird demnach kein Rechts= und Staatsvernünftiger Mann sagen und behaupten können, daß die theuersten Churfürsten von Sachsen

Das sich selbst n. kennende Sachsen.

sen an diese, ratione der Landtäge, und daraus fliessenden Exemtion ab onere contribuendi ihrer Unterthanen beliebten Privilegia gebunden seyn, sondern vielmehr in ihrer hohen freyen Macht stehet, solche zu revociren, aufzuheben und statt solcher andere Verordnungen einzuführen.

Die Befugniß dessen allen bewähret sich bey dem Durchlaucht. Churhauße Brandenburg nur allzusehr, in dem solches geglaubet, daß es dergleichen seinen Staate und Ländern schädliche Dinge ex purissima conscientia *) ausreuten könne und dürfe, wie denn die dortigen Landtäge gar eine andere Gestalt als die Sächsische haben, und werden selbige nicht mit der mindesten des Landes oder seines Souverain Incommodität gehalten, sondern, wenn die Stände zusammen kommen, ist in sehr wenig Tagen alles gethan und der hohe Wille des Landes Vaters erfüllet. Wobey sich die Brandenburgischen Lande sehr wohl befinden.

Denn was kann doch dieses in der gesunden politischen Vernunft vor Grund haben? Das Oberhaupt muß erst von denen Proceribus, die doch Unterthanen gleich allen übrigen sind, erbet-

---

*) Ein sauberer Grundsatz: wo das Gewissen der Könige und Fürsten das Gegengewicht gegen Menschen-Rechte und Volks-Freiheit seyn solle.

teln, daß Ihm sein Land seinen Unterhalt und Revenüen geben möchte, ja Er giebt jenen noch Geld darzu, daß sie dieserwegen ihren Consens ertheilen. Gewiß trügen diese Dinge denen Ständen nicht sein viel Auslösung, und sie müsten aus ihren Beutel zehren, sie würden warlich an keinen Landtag gedenken, noch ein solch Geschrey und Wesen von ihren Privilegiis machen. Denn wenn zum Exempel dem Fürsten eine Million gewilliget worden, so muß er erstlich eine Summe Geldes sich lassen abkürzen, die seine Herren Mit-Regenten (denn also wollen sie doch gerne heißen) in ihre vorhin leere Beutel gestecket. Alleine was entstehet daraus? Nichts anders, als daß der Landesherr in seinen gemachten Rechnungen sehr zurücke kömmt, in seiner Kammer lauter Unordnung, Schulden, verrückte Concepte, gebundene Hände, und andere dergleichen nachtheilige Folgen mehr erfolgen, welche doch alle nachbleiben würden, wenn die unnöthigen Landtäge nicht müsten gehalten werden.

Am allermerkwürdigsten ist hierbey dieses, daß die Herren Stände zu denen placidirten oneribus nicht einen Pfennig mit beytragen; denn die von Adel sind daher frey, weil Sie Edelleute heissen, die andern aber quia sunt status & Columna Regionis, wobey doch 1000 andere Intriquen als schon erwehnet, sich leider! mit einflechten. Alleine

Das sich selbst n. kennende Sachsen. 291

ist denn ein Edelmann, und Rathsherr, oder wie der Land-Stand sonst heißet, nicht auch ein Unterthan, und prætendiret von seinen Landesherrn nicht eben den Schutz, ja wohl noch einen mehrern als ein anderer? Sie können zwar hierauf nichts anders antworten, als daß sie solche wären. Jedoch die ab antecessoribus erlangte Privilegia immunitatis (man möchte immanitatis sagen in Betracht der vor das arme Land daraus erwachsenen Bedrückungen und schlimmen Zeiten) und weil sie mit den Sorgen vor des Landes Wohl die Köpfe zerbrechen müsten, eximirten sie à præstatione onerum; ist vortreflich wohl gegeben und die Sache mit unhintertreiblichen Gründen behauptet; derjenige, der das Mark des Landes verzehret, und dessen besten Güter besitzet, gehet leer aus, der andere aber, so an den bloßen Knochen gleichsam nagen muß, soll diese faulen Fratres mit ihrem Schweiße erhalten helfen. Ist gewiß eine unverantwortliche und Himmelschreyende Sünde. Es ist wohl ganz richtig, daß derjenige, so im Lande viele Güter, und ein ansehnlich Vermögen besitzet, von seinen Fürsten mehrern Schutz haben will, als ein armer Schlucker, sintemahl es mit einem solchen, wie mit jenen heist: omnia mea mecum porto, und wenn es hoch kömmt, etwa ein armseeliges Häußgen, geringen Weinwachs, obrústiges Wießgen, und dergleichen in seinen Vermögen hat, da hingegen jener große, und viele Güter, kostbare Palais, treflichen Haußrath und andern Reichthum herzurechnen weiß, welche nothwendig einen nachdrücklichen und mehrern Schuz requiriren, als des andern sein armer Kram, diese aber durch die graubärtigen Privilegia verpallisadirte Immunité ruhet auf eben solchen Fundamente, als wie die Convocatio statuum selber. Haben denn die Magistratus nicht schon ihr genügliches Auskommen? muß ihnen der Landesherr noch Geld darzu geben, daß Sie noch desto commoder leben, und die ihrigen mit einer großen Pracht vor andern sich hervorthun, oder sich noch mehrerer Güter erkaufen können? Ein Unterthan verändert essentiam und Naturam subditi nicht, er heiße wie er wolle, und je höher er ist, je mehr Schuz will er haben. Consequenter so muß er auch dem Principi um desto mehr contribuiren, daß er ihm diesen Schuz præstiren könne, folget demnach unwiederleglich, daß keiner & quicunque est pars rei publicæ (das sie sich doch nicht werden nehmen lassen wollen) befugt sey, ab oneribus sich zu eximiren, Sein Gewissen und Pflicht verbindet ihn darzu, und alle diejenigen, die ihren Fürsten sothane Nasen andrehen, mit einer vermeinten Exemtions-Gerechtigkeit die Augen verkleistern, und dadurch von der schuldigen Steuer-Pflicht sich entlasten, solche hingegen den andern aufn Hals wälzen, haben es gegen Gott gar schwer zu verantworten. Die höchste Obrigkeitliche Gewalt erstrecket sich über alle und jede, Hohe und Niedrige, Reiche und Arme, weiset also die Natur jeden selber dahin an, daß er zu Erhaltung des hohen Obrigkeitlichen Ansehens und Macht und daß dasselbe capable sey, ihm den verlangten Schutz præstiren zu können, das seinige pro viribus & status conditione unweigerlich mit beytragen sollte. Dieses befiehlet Christus selbst, in dem: dare Cæsari &c. allwo ganz keine distinction inter eximiorem & inferiorem subditum zu finden.

§. 35.
Num Ecclesiastici exemti?

Mit eben so übelgegründeten Rechte, suchen die Herren Geistlichen ihre Köpfe aus der Steuer-Schlinge zu ziehen. Ihr Stand ist zwar alles Respects werth, alleine man muß nicht eine mehrere Estime und höhere Veneration von ihm machen, als solcher verdienet, und Gott selber haben will. Sie vermelden an das Volk die Worte Gottes, so Sie in denen durch seinen Geist aufgezeichneten Büchern finden, wobey diese Herren sich doch leider! sehr ofte die unerträgliche Freyheit nehmen, ihre Worte mit beyzufügen und solche denen Einfältigen vor göttlich zu verkaufen, und also Staub unter dem Ambra mischen. Alleine das machet noch lange keinen Schluß: daß sie dieserhalber im Staat, von welchem sie ein Theil, wie alle andere Unterthanen, von allem und jedem durchgehends müssen frey seyn. Das General-Wort: **Unterthan**, stößet sie mit unter seinen Sprengel, saget ihnen also auch ihr Gewissen, daß sie demselben das ihrige mit beytragen, der sie solches alles gewähren und verschaffen muß. O! schämen sollten sich diese Herren (die das Volk zu demjenigen anvermahnen, das Sie selber nicht thun noch zu thun begehren) und mit ihnen alle ihre Vertheidiger, daß sie die Bestärkung ihrer Meinung aus dem aberglaubischen, und des rechten Weges verfehlenden Heydenthum, wie nicht weniger aus dem irregularen, und von allen andern Staaten, nach Gottes besondern Willen, etwas eigenes habenden Jüdischen Regimente her entlehnen wollen. Eine Aberglaubische Verehrung gegen diese kirchliche Verfassung, und weil bey den alten Völkern diejenigen, so sich auf den Gottesdienst legeten, zugleich die andere Studien meistens mit tractirten, hat diesen Leuten die Freyheit bey den Einfältigen und bis zum lächerlichen Aberglauben eingemischten lügen zuwege gebracht, Christen aber sollen sich schämen, daß Sie von den irrigen von Gott verworfenen Heyden den Beweiß und Bestättigung der Sache herhohlen wollen. Wiewohl auch eben nicht alle Heyden so einfältig gewesen und sich von diesen vermeinten Heiligen so ein Hocus Pocus vermachen lassen, sondern sie zogen oft genug diese Herren mit zu den gemeinen Lasten. Der Jüden ihre politische Verfassung aber bleibet einzeln und ist andern nicht zur Nachahmung vorgeschrieben, ist auch keine Folge; dieses Volk hat dieses oder jenes gethan, folglich müssen die andern es auch thun. Es schlägt oft gar übel aus, wenn man seinen Staats-Cörper zu jedem Kleide gerecht machen will. In der ersten Kirche finden wir nicht, daß die damahligen Heydnischen Kayser die Geistlichen von gemeinen Lasten frey erkannt; der mit vollkommener himmlischer Weißheit begabte Apostel Paulus saget in seiner heiligen Vermahnung, wie jeder sich politisch zu verhalten, ganz nicht, daß die Geistlichen der Obrigkeit zwar unterthan, doch solcher nichts geben sollen.

Nein! das Exempel Christi, der vor sich und seine Jünger den Zoll erlegte, stößet alle hierwieder etwa zu machen seyende Einwendungen rechtschaffen auf einmahl um.

§. 36.

Cur Conſtantinus M. exemerit?

Was Conſtantinus M. that, nutzet nicht viel, dieſer war ein Fuchs, und Camäleon, der um bey der Kayſerlichen Würde ſich allein zu erhalten, und die andern Rivalen aus dem Wege zu räumen, vor das bequemſte Mittel erachtete, wenn er ſich vor einen Chriſten ausgäbe, und dieſer ihre liebe zu erlangen ſuchte, als die damals ſchon mit ihrer Menge die Heyden, wo nicht übertrafen, doch ih̄nen wenigſtens an der Zahl gleich waren. Hierzu aber war ihm nichts nöthigers, und welches zu alle dem andern den Weg am leichteſten bahnen würde und könnte, als wenn er die Geiſtlichen careßirte, und ihnen mit ſolchen von ſeinen Vorfahren nicht gethanen Dingen ſchmeichelte. Denn Quantum valeant hi Domini apud vulgum, wuſte dieſer durchtriebene Gaſt ſehr wohl, weil nun ſeine vor gegebene Aenderung der Religion (mit welcher es doch noch eine ſehr zweifelhafte Sache iſt, ob gleich die meiſten Geiſtlichen Herren den, der ſolches in Zweifel ziehet, gar leichte zu einen Ketzer machen können) unter ſeinen hohen Staats-Bedienten ein großes Aufſehen gab, als die guten theils noch Hey den waren, und es dahero leichte zu einer großen Revolution hätte kommen können, als woran er

Das sich selbst n. kennende Sachsen. 297

gedachtermaßen ohne dem genugsam zu dämpfen hatte, so musten aus Staats-Raison die Christen und ihre Clerisey gewonnen und nicht selten mit vielen äußern Vortheilen geschmeichelt werden. Was seine Söhne und Nachfolger gethan, dienet ebenfalls zu keinen Beyspiel, weil die meisten mit Pfäffischen Principiis instruiret waren, dahero die angefangene Leier sofort spieleten, und per traducem auf alle Successores diese Dinge mit fortpflanzten. Zu dem fiengen bereits damahls die guten Künste und schönen Wissenschaften an sich treflich zu verlieren, und Weltkluge Leute waren sehr dünne geworden, die über dies mit ihren Vorstellungen bey dem einmahl eingerissenen verderbten Unwesen nicht viel würden ausgerichtet haben. Zu welchem allen der aus dem Grunde der Tiefe hervorsteigende Monachismus kam, und dem Faße beynahe den Boden gar ausstieße.

Was hierauf ingruente Papatu von den Fränkischen und Deutschen Kaysern geschehen, von welchen andere Potentaten es abgelernet, verdienet auch keine Nachfolge und bündigen Schluß, denn Unwissenheit und Barbarey hatten damahln aller Orten die schönsten Ehren-Pforten aufgerichtet; hingegen lagen die guten Wissenschaften größtentheils in den tiefen Misthaufen vergraben. Alle Höfe schwermeten und summeten von lauter Mönchen und Pfaffen, wer selbigen einen Dienst erwiese, der durfte sich nur ganz gewiß den Himmel einbilden, und hätte damahln unser Herre Gott selber nicht viel nehmen dürfen, einem solchen Kutten-Bettler den Himmel zu versagen.

Bey unternommener Reformation ist dieses Werk nicht verbessert, sondern in seinem alten Södgen gelassen worden, denn weil die Herren Gottes-Wort-Wucherer sahen, daß dergleichen Dinge in ihren Kram dieneten, und ihnen nützlich wäre: so musten sie bey leibe nicht angegriffen werden und derjenige Fürst, so sich dessen unternommen hätte, würde unfehlbar ein heilig Anathema auf den Buckel bekommen haben. Nachher ists immer so blieben und hat bis dato kein Fürst seine Rechte, die ihm sowohl hierinn als auch sonst in Kirchen-Sachen zustehen, recht zu gebrauchen, und den Päbstlichen Sauerteig mit Nachdruck auszufegen, sich die Mühe nehmen wollen.

§. 37.

Quid in Suecia & Borussia observantia?

Jedoch hat die Schwedische Majestät sich endlich aus diesen und einigen andern Stücken rühmlicher herausgerissen (denn in verschiedenen liegen sie ebenfalls noch verwickelt) welchen Sr. Königl. Majestät von Preußen ziemlicher maßen nachgefolget, und müssen die Herren Geistlichen allda das ihrige zu den gemeinen Lasten redlich mit beytragen.

§. 38.
Wie die Freyheit der Geistlichen einzuschränken.

Wenn man aber ja diesen Leuten eine Freyheit verstatten wollte, so könnte solches nur vor ihre Person seyn, nicht aber auf ihre Weiber, Kinder, Freunde, Gesinde, Güter und Vermögen ausgedehnt werden, als wodurch den herrschaftlichen Einkünften und den andern Unterthanen nur allzuempfindlicher Schaden und Nachtheil zugezogen wird. Denn wenn zum Exempel ein Ort 1000 Thlr. aufzubringen hat (man will nur ein weniges zur Probe geben) und kämen nach bestimmter Gleichheit 300 Thlr. auf den Magistrat, die Geistlichen, und die Personen, die mit ihnen verwandt oder sonsten frey seyn, so muß nach jetziger Verfassung die ganze Bürgerschaft ja diesen Antheil noch über sich nehmen, welches warlich ohne ihre große Beschwerde nicht geschehen kann.

§. 39.
Wie obigem allen abzuhelfen?

Was nun bisher gemeldet worden, wird Sachsens Zustand in Ansehung der Regierungs-

Form hoffentlich genugsam erläutert, zugleich auch gewiesen haben, daß solcher seiner übeln Suiten halber zu Beförderung des Landes Wohl ganz nicht dienlich sey, angesehen, wo viele Häupter zu befehlen und zu sprechen haben, es nimmermehr harmonisch zugehen kann, und nach dem gemeinen Sprüchwort, viele Köche den Brey verderben, noch weniger die Ungleichheit in Tragung der gemeinen Lasten eine gute Einigkeit stiftet, und des Landesherrn seiner Schatz-Kammer sichere und ständige Einkünfte verspricht. So ferne demnach der Durchl. Churfürst von Sachsen diesem Uebel nicht abhilft, die nichts nützlichen Landtage aufhebet, sich in volle Regierungs-Freyheit und Macht setzet, so daß sein Land dessen Dependentien und Incorporationes von nichts als seinen und seines geheimen Conseils Wink und Befehlen abhängt, ohne die Stände erst um ihren Consens zu fragen, diese durchgehends nebst denen Geistlichen, wenigstens die letzten in Ansehung ihrer Familien, gleich denen andern nach Maas ihrer Kräfte und Vermögens steuerbar machet, die Domainen auf bessern und gehörigen Fuß setzet, wo selbige stecken, und von wem sie besessen werden? genau untersuchen lässet, und hierinnen der Könige in Schweden und Preußen einem Staat gar zuträgliche Exempel folget, die vielen Freyheiten und Unterschleife im

Brauen, Freybieren, und was deme sonst anhängig, ganz und gar aufhebet, so wird weder Er noch sein Land einer blühenden Glückseeligkeit sich rühmen, oder selbiger sich getrösten dürfen. Denn nur die unumschränkte Macht ist diejenige, welche einem Lande diese Vortheile zu verschaffen vermag, und wo die Unterthanen wissen, daß in Ertragung der bisherigen Lasten eine proportionirte Gleichheit gehalten werde, seynd sie noch einmahl so vergnügt und der Landesherr hat sodann nicht zu befahren, daß in seinen Rechnungen und Einkünften Ihm in einige Weise das Concept verrückt werde, ganz unnachbleiblich werden die Fürstl. Einkünfte sich Jährlich mit vielen Tonnes Goldes, ohne des Landes Nachtheil, erhöhen, wenn nur obige schädliche Freyheiten erst aufgehoben, und alle und jede ohne Unterschied der Personen allen und jeden Lasten, ohne irgend einige Ausnahme, unterworfen seyn.

Die Herren von Adel besitzen unstreitig das Mark vom Lande, welchen die Geistlichen und die Räthe in den Städten in Ansehung der erkauften, und sonst erlangten Güter nothwendig mit beyzuzehlen. Weil nun in Sachsen alle Abgaben nach den Schocken und den Gütern vergeben werden, der Adel und Magistrate aber unzehlig viel Bauer- und Bürger-Güter an Häusern, Aeckern, Wiesen und dergleichen unter sich gezogen, und zu den ihrigen geschlagen, welche sie aus vorerwehntem Grund ihrer habenden Privilegien befreyet, und durch Abschreibung der Schocke entlediget, so daß diese Güter in Adeliche verwandelt worden, die Herren Geistlichen aber, wenn Sie unbewegliche Güter erkauft, ebenfalls aus dem Ober=Steuer=Collegio einen Freybefehl zu erpracticiren wissen. Hiernächst bey den Städten die Magistratus viele Bürgerhäuser und Güter in ihr Reich gebracht, solche eximiret, auch sonsten andere unzehlbare Unterschleife mit einmengen. So ist daher leicht der Schluß zu machen daß dem Churhause Sachsen an seinen Einkünften jährlich ein sehr großes abgehe, dergestalt daß Ihm auf die letzte eben das wiederfahren werde, was man von den Königreich Neapolis glaubhaft saget: daß ¾ davon die Pfaffen, den wenigen Rest aber der König von Spanien besäße. In Sachsen aber werde das ganze Land der Adel, und die andern frey gemachten Personen in ihre Leiber, Mägen und Beutel vollends einschlucken.

§. 40.
Warum das errichtete Revisions-Collegium ohne Nutzen wieder aufgehoben worden?

Zwar Sr. Majestät und Churfürstl. Durchl. Friedrich Augustus führten vor einigen Jahren bey Einrichtung des General-Revisions-Collegii ein höchst löblich Absehen, und wenn solches nur hätte bestehen oder dessen Einrichtung der Sache kundigen Personen anvertrauet werden können, so würde das Land und Herr davon in kurzem sehr gute Früchte und Nutzen zu gewarten gehabt haben; alleine da das letzte fehlete und man in der Behandlungs-Art irrig gieng, hiernächst die schon oft gemeldte schädliche Mit-Gewalt der Stände den Großmächtigsten Augustum so lange ermüdete, bis Er solches wieder aufhube, so muste auch dieser Zweck unerreichet bleiben und das ganze Werk in seiner zartesten Blüthe ersticken; die Stände willigten dafür eine Million fl. in 20 Jahren zu bezahlen, das in Wahrheit eine schämenswürdige Sache, von welcher der Herr keinen Nutzen, Sie die Stände aber noch weniger Ehre hatten. Denn Sie waren entweder in ihren Gewissen versichert daß sie wohl Hauß gehalten, von Domanien, Cammer- und andern steuerbaren Gütern nichts an sich gezogen, sodann hätten sie ja ohne Bedenken, Furcht und Zittern gemeldes Collegium ganz ruhig in seinen Vorhaben können fortfahren lassen, waren Sie solches aber nicht, so seynd Sie einer großen Sünde und Untreue schuldig, daß Sie den hinterführten Landesherrn nicht haben zur Erkänntniß dessen kommen, und der gebührenden Bestrafung sich unterwerfen wollen.

Noch viel verwerflicher war es, daß die Unterthanen eines andern Mißhandelung mit ihren Gelde abkaufen musten. Denn auf das Land ward die Aufbringung dieser Million repartiret, und weil der Landesherr die Summe gleich bey einander haben wollte, muste man Capitalien aufnehmen, die noch bis diese Stunde im Lande mit übern Tisch essen.

Es war eine artige Sache, die Stände hatten unrecht gethan, sie waren deshalber strafbar, die armen Unterthanen aber musten ihren Beutel ziehen, damit dieser lieben Herrn ihr Unrecht nicht etwan an Tag käme.

§. 41.
Churfürstlicher Cabinets-Rath.

Und eben dergleichen schädlichen Einspruch in des Landes-Herrns Vorhaben ereignete sich auch darinnen, als Sr. Königl. Majestät vor ein paar Jahren

Jahren aus sehr wichtigen nutzbaren Motiven, einen Geheimen Cabinets-Rath formirten, denn ehe solcher noch recht auf die Welt kam, schrien die Stände, vornehmlich der Adel, bereits mit vollem Halse darwieder, worbey Sie am meisten exaggerirten, daß solches wieder die alten Landes-Verfaffungen wäre, gleich als wenn ein Souverain an alle alte nichtswürdige und auf den heutigen Staat und Zeiten nicht füglich zu applicirende Dinge unverbrüchlich gebunden wäre. Man lässet die alten in ihren Werth, alleine an allen ihren Satzungen unverändert kleben und solche zu ändern oder zu verbessern, vor den grösten Gewissens-Scrupel achten, ist eine recht lächerliche Gewohnheit, die eben so klug herauskömmt, als wenn man sich ein Gewissen hätte machen wollen, die alten Pluderhosen abzuschaffen. Unsere Vorfahren liefen nackend oder giengen in Thierhäuten einher, warum thut man denn solches nicht auch jetzo? weil man doch auf alle alte Gewohnheiten so erpicht ist; Sie baueten keine so prächtige Palläste, wie heut zu Tage der Adel thut, warum sind Sie nicht ebenfalls bey dieser Gewohnheit blieben? Es ist wohl wahr, das gute, so die ehrlichen guten Alten gehabt, haben wir abgeschaft, hingegen das böse behalten. Die alten Deutschen straften den Ehebruch sehr harte, und ihre Processe fielen treflich kurz, alleine das erste ist jetzo eine Galanterie, das andere aber wollen die neuen Gesetze also haben, hat man nun in Aenderung dessen eine Sünde gethan, das doch Gottes Wort vor Sünde angiebet, warum will man denn in andern Dingen, die zum gemeinen Besten gehören, und nöthig seynd, ein solch großes und Hirnloses Geschrey machen? Doch: interest und refert, ist eine Regel, die in den zehen Geboten der Herren Stände oben anstehet. Die Natur hat es also geordnet, daß die Zeiten, Leute, Sitten und Staaten sich ändern, folglich ist unverboten, auch in des Landes Verwandlung zu spielen, und dasjenige, was auf gegenwärtigen Staat sich nicht schicket, aus solchen auch auszuschnödeln. Kein gescheuter wird läugnen, daß die höchste Gesetzgebende Gewalt allemahl bey dem Landesfürsten sey, vornehmlich in Deutschland (von andern Ländern ist jetzo hier die Rede nicht) auch in dessen freyen Willkühr stehe, selbige zu vermehren, zu verbessern oder aufzuheben. Aus was Grunde dem nach wollen die Stände ihrem Fürsten die Hände binden, daß Er sothaner von Gott erhaltenen Gewalt sich nicht bedienen sollte. Als Schweden, Dännemark und Brandenburg, von dieser Meinung auch noch bezaubert waren, sahe es um Sie gar mißlich aus, nachdem aber die ersten das vollkommene absolute Recht erlanget, und ihren Ständen die schädliche Mitgewalt genommen, und das letztere zu dergleichen auch einen beglückten Anfang gemacht, leben sie jetzo in dem blühendesten Zustande, und haben um dieser gefasten seeligen Veränderung willen die billige Hofnung, ihren Staat noch höher steigend zu machen. Diesen tröstlichen Exempeln sollte der theuerste Churfürst von Sachsen auch folgen, und mit äußerster Macht sich dahin bemühen, seine tapfersten Hände von sothanen unrechtmäßigen Fesseln loszureißen.

§. 42.

Von Emporbringung der Commercien durch Abschaffung der Monopolien, Toleranz und Abstellung des Bettelns und Müßiggangs.

Was aber nun die Commercia anbelangt, so sollte man meynen, Sachsen müste um seiner guten Lage, reichlichen Ueberflußes von verständigen sinnreichen Inwohnern, und andern Gütern der milden Natur wegen, selbige in sehr guten Stand gebracht haben, doch darinnen irret man sehr, und seynd bisher in diesen Punct die gröſten Fehler zu faſt unerſetzlichem Schaden begangen worden; es iſt bereits gemeldet, wie treflich das land mit allen versehen sey, so fehlet es ihm auch nicht an Waßer, daß auf solchen die Waaren gar füglich bey und abgeführet werden könnten, wenn nur die Flüße behöriger maßen zubereitet würden. Jedweder der nur in etwas erlernet, wie Handel und Wandel in einen Lande in Flor zu bringen, wird bekennen müssen, daß die Seele von solchen sey, wenn 1) keine Monopolia verstattet werden, als eine rechte Pest von allen andern Commercien, 2) andere und mit unsern Glaubens-Meinungen nicht stimmende Religionen zuläßt, solche duldet, ungekränkt und ungestört läst, daß freye Religions-Uebung verstattet, und der Landes-Geistlichkeit verbietet, mit ihrer Ketzermacherey bescheidener umzugehen, 3) keine Müßiggänger und Bettler durchaus nicht verträget. Diese Dinge seynd der Strohm, auf welchen Engelland, Holland, Brandenburg, und Dännemark, vornehmlich aber den zwey ersten ganz unbeschreibliche Schätze unaufhörlich zugeschiffet werden, und welches ihnen die Mittel giebt, die Arme von Morgen gegen Abend und von dar nach Süden und Norden unentkräftet auszustrecken; hingegen die Unterlassung dieser Maxime hat Spanien, Volk- Geld- und Macht-loß gemacht, Italien verringert, Frankreich aber den Grund zu seinen jetzigen Falle geleget.

§. 43.

Staatsfehler, daß man die vertriebene Hugonotten in Sachsen nicht aufgenommen; und Nutzen einer weisen Toleranz.

Was würde Sachsen vor Reichthümer haben, und wie würde es jeden Staat von Deutschland mit Nachdruck die Stirne bieten können, wenn es diese herrliche Staats-Schätze in bessere Beobachtung und Praxin gebracht hätte. Mit was großen Haufen würden die Schätze in solches sich ergossen haben, wenn dem so tapfern als klugen Churfürsten Johann Georg 3. die Geistlichkeit mit ihrem schädlichen, ja sündlichen Abmahnen wegen Einnehmung der aus Frankreich Anno 1685 und folgenden Jahren weichenden Hugonotten nicht so unverantwortlich verhindert hätte, diese Leute, die unstreitig die besten und fleißigsten Künstler und Manufacturies aus Frankreich waren, hätten in Sachsen ganze Meere voll Reichthum eingeführet, angesehen selbiges wegen seines herrlichen Climatis und Gütern ihnen vor allen andern Provinzen wohl anstunde, weshalben sie auch die größten Vorstellungen bey Höchstermeldter Sr. Churfürstl. Durchl. thun ließen. Alt-Dreßden, das noch guten theils in seiner Asche begraben lieget,

wäre aus dem Staube erhoben, und Neu-Dreß-
den eine Königin anderer Städte; an Neu-Oster
hätte es eine Schwester bekommen, die übrigen
Oerter des Landes aber würden sich in irrdische
Paradießer und arbeitsame Ameißen-Haufen verwandelt haben, da sie jetzo guten theils nahrlose
Steinhaufen, und fast öde Stellen seyn. Man
hätte mit allen inn- und ausländischen Provinzen
sich genau verknüpfet, und diejenigen Gelder und
Waaren, die wir ihnen jetzo zuwenden, und von
ihnen theuer erkaufen, hätten Sie sodann von
Sachsen mit des Landes gröſten Wucher abfor-
dern müſſen.

Doch daß dieses alles unterblieben, daran
truge, wie gedacht, niemand die Schuld, als die
Herren Geistlichen, und nebst diesen die Stände,
welche sich hinter jene steckten, und mit ihnen hierinnen gemeine Sache machten; daß doch alle dergleichen schädliche Consulenten in den tiefsten Ab-
grund vergraben wären, und immer kein Geistlicher
im Staats-Cabinet etwas zu sprechen sich erküh-
nen dürfte! denn diese Leute haben mit ihren Rath-
schlägen blutselten was gutes gestiftet. Die Stände, sowohl Adliche als Bürgerliche, meineten,
wenn sie die Hugonotten ins Land ließen, so würde
nach vielen Baustädten, die Sie in ihr Reich
practicirt, gefragt, und selbige ihnen wieder ent-

nommen, auch sonst in andern Dingen, darinnen sie bisher ein Monopol und Schinderey getrieben, mächtige Aenderung getroffen werden. Jene aber, die Geistlichen, sahen im Geiste zuvoraus, daß wenn sie diese, nur nach ihrer Bibel, so genannte Ketzer sich auf die Nase gerathen ließen, sie sodann gezwungen werden würden, solche künftig besser in die Bücher und Bibel zu stecken, ein mehrers zu studiren, und solidere Dinge in ihren Predigten vorzubringen, die Postillen, Systeme und wie das Zeug nach einander heißet, damit man füglich den Amazonen- oder Silberfluß in West-Indien steinmen könnte, müsten alsdenn ein betrübtes Valet bekommen, und eine würdige Speise der Motten und Schaaben werden, denen Leuten dürften die Augen etwas heller aufgehen, und nicht alles so einfältig hinglauben, was der Herr Magister von der Canzel daher schnacket, denn allemahl wo religio repugnans sich mit untermischet, müssen allerseits Geistliche einen bessern Fleiß anwenden, als wenn nur eine Religion das præ alleine hat. Dieses siehet man in Holland, wo so viel herrliche Ingenia und gelehrte Leute hervor kommen, und vor diesen war es auch in Frankreich, doch nach Verjagung der Reformirten seynd die Pfaffen fauler worden, und glauben, wenn sie nur eine Legende mit feinen Umständen. daher

U 4

schneiden können, so haben sie ein groß Werk zum Seelen-Heil gethan.

Diese Kunst wissen viele der Lutherischen Geistlichen Harz-Kappen treflich zu practiciren, denn so lange sie auf ihren Geistlichen Fechtboden seyn, da müssen die armen vermeinten Ketzer, und wer nur etwa sonsten wieder ihre Worte das geringste Mürgen thut, erschreckliche Haare lassen, und wenn sie unser Herr Gott wären, liesen sie gleich Feuer von Himmel fallen, wie dorten die Apostel auch verlangten, als ihr Verstand den Himmlischen Habit noch nicht angezogen hatte, alleine wenn ihnen nun ein solcher Ketzer etwan selber unter die Augen kömmt, und seine Einwendungen ein wenig mit anderer Manier vorbringet, als ihre Systemata lehren, da gerathen sie auf einmahl fast in ein Pythagorisches Stillschweigen, und werden gezwungen, zu bekennen, wie sie nicht vermeinet, daß diese Leute auch einen Kopf hätten.

Hiernächst wenn nur eine Religion geduldet wird, so fangen die Herren Geistlichen, wenn sie sonst nichts zu zanken haben, oder ihre faulen Nuß-schalen sonst kein Mensch ansehen, und mit Widerlegung ihres unnützen Geschwätzes die Zeit nicht versplittern will, untereinander selber einen Krieg an, zerbeißen und zercapituliren sich ärger, als die alten Heller-Huren, wie dieses schöne Exempel,

Das sich selbst n. kennende Sachsen. 313

leider Gott erbarm es! in Sachsen allzusehr zum unverantwortlichen Aergerniß der dissentirenden Religionen am Tage lieget; und da bald kömmt ein aufgeblasener Probst, bald ein Mißgünstiger Superindentens, dann ein Schwerdsüchtiger Ober-Pfarr, ein sich klugdünkendes Magistergen, und armes levitgen, welches etwan des Collatoris oder Superintendentens seine Zofe, Muhme oder Köchin, mit vollen Früchten in sein geistlich Ehe-bette genommen, und das da glaubet, was seine alten Tröster, und Semi-Papæ sagen, das wären bessere Wahrheiten, als was in dem allerheiligsten Bibel-Buche zu befinden. Diese machen sich dann an so einen Dissentirenden, der nicht alle ihre Worte vor lauter vom Himmel herabgekommene Glaubens-Articul hält, oder sonst der Meinung ist, außer den symbolischen Büchern wäre auch eine Seeligkeit, und schreyen denn ärger alfouco, alfouco, als die Spanier und Italiener, trügen auch von Herzen gerne, wenn es darzu kommen könnte, das Holz und Stroh auf ihren heiligen Armen zu, wie dorten ein Bäuergen bey Verbrennung des Hussii gethan, welches aber sancta simplicitas war, hier aber damnatus factus Pharisaicus wäre.

Nun diese saubere Herren brachten es damahls dahin, daß nach ihrer Meinung das Sächs. Gosen von denen französischen Aegyptiern, den

Hugonotten, nicht dürfte betreten werden, es möchte gleich dem Lande und dem Fürsten so großer unverantwortlicher Schaden daraus entstehen, als nur immer wolle, die alt-Väterische Entschuldigung hieß: Sachsen wäre allemahl das Theatrum der reinen Lehre gewesen, man müste es darbey erhalten, Gott könnte diesen Abgang schon anders ersetzen.

Das letztere hat wohl certo respectu seine geweißten Schubsäcke, wer aber hat uns erst versichert, daß eben die Lutherische Lehre, die reineste untrügbareste, und von Gott allein beliebete sey, und daß göttliche Majestät selbe alleine erwehlet, und die andern alle verworfen habe; allen Geistlichen sollte man das vortrefliche Werk des seeligen Herrn Puffendorfs de jure feciali divino expreß zu lesen und auch zu practiciren anbefehlen, es wird solches gewiß weit mehrern Nutzen schaffen, als alle ihre Systemata, die nichts als Zunder und lauter Gott mißfällige Zaubereyen seyn, auf welche sich sonderlich die Herren Wittenberger befleißigen, als die in Ketzermachen und Geistlichen Krieg führen, eine rechte Glorie suchen. Diese Sächs. Edomiter, derer Hand wieder jedermann ist, meinen, sie können Gott kein wohlgefälliger Werk erweisen, als wenn sie als veri orthodoxi Lutherani alle andern Religionen uno ictu mit

Stumpf und Stiel zur Höllen stießen, verdammeten und verbanneten. O! welch ein schweres Gericht wird dermahleins über solche Leute ergehen, die so viel tausend Seelen verführen, und zu unvermeidlichen Aergerniß, so sündlichen Anlaß geben? Doch die Herren Geistlichen hatten noch nicht genug, denen armen Refugiés Sachsen auf diese Art præcludiret zu haben, sie giengen noch weiter. Denn als etliche wenige unter Johann Georg 4tens Regierung und von jetziger Königl. Majestät Permission erhielten, in Leipzig sich niederzulassen, und allda ihren Gottesdienst zu üben, worzu ihnen in Auerbachs Hofe eine Stube bewilligt ward, so raseten sie recht unsinnig, so lange, bis diesen Ort man ihnen wieder entzoge. Mit höchst scheelsichtigen Augen aber sahen sie an, als der jetzo unglückliche Premier-Minister, der Herr Graf von Beuchlingen (der vor Sachsens Interesse in dem Punct gar wohl sorgete) in dem Churfürstl. Amthause ihnen eine Stelle anwieß, alleine, da dieser Herr fiel, fiel zugleich der ehrlichen Reformirten ihre Ruhe auch mit; denn die Leipziger Lutherischen Päbste tobten so lange, bis dieser Ort ihnen auch wieder entrissen, und sie also ohne allen Platz gelassen worden; ja die unverständige und mehr als türkische Wuth dieser Harlekinischen Schwarz-Röcke gieng dahin, daß sie selbige mit einander aus dem Lande haben wollten; doch Sr. Königl. Majestät und Churfürstl. Durchl. Herrn Minister Herzen waren weit Christlicher, und weil der Preusische Cammer-Herr, der Herr von Tümmel, dieser armen Leute sich annahme, und ihnen auf seinem Guthe Schönfeld, unweit Leipzig, ein Hauß zu ihren Gottesdienst einräumete, tolerirte die hohe Gnade Sr. Majestät von Sachsen sie auch noch ferner, wie sehr auch die Leipzigischen Baaliten darwider grießgrameten. In Dreßden aber haben die guten Reformirten es nie dahin bringen können, daß man ihnen einen gewissen und öffentlichen Ort erlaubte, ob schon die Catholischen beydes haben, auch die dasige Geistlichkeit diese Brille leiden muß. Sothaner unverständiger Eyfer aber der Geistlichen und der hinter selbigen steckenden Herren Stände hatten es indeß dahin gebracht, daß das von den Hugonotten vorgewesene Etablissement der Commercien, und allerhand Manufacturen völlig unterblieb. Man wollte dabey gewiß versichern, Leipzig habe unter der Hand das seine redlich mit beygetragen; vielleicht daß dadurch den dasigen Hannsen nicht etwan was abgienge, wenn sie an unnöthigen und unnutzbaren Gärten das Geld vertändeln wollten, oder daß sie desto mehr an prächtigen Kutschen, Geschirr und Pferden, die oft der Fürst und seine Ministri nicht beſſer haben, verſchleudern, koſtbare Banquete, Hochzeiten, Schmauſereyen anſtellen, die Maitreſſen deſto reichlicher unterhalten, und ihre Weiber und Töchter denen Courtiſanen deſto ſtärkere Salaria machen könnten.

Die in Sachſen abgewieſene Reformirten aber giengen mit großen Haufen und vielen Schätzen ins Brandenburgiſche, allwo ſie das arme, mit Sand und Heyde hingegen gar wohl verſehene, Land in den beſten Flor brachten, das Sachſen mit ſeinem gröſten Schaden nur allzuſehr, wiewohl zu ſpäte, empfindet.

§. 44.
Von Errichtung eines Commercien-Collegii, Anlockung der Fremden von allen chriſtlichen Religionen ꝛc.

Wenn aber das theuerſte Oberhaupt und deſſen hohes Miniſterium das ſo edle Land, in welches die Güte Gottes unendliche Schätze geleget, die nun noch verborgen, in rechte Aufnahme bringen und ſeinen Cammer-Intraden einen beſtändigen Zuwachs verſchaffen will, ſo muß die erſte Sorge um gute, und der Commercien verſtändige Leute ſeyn, als worinn bisher ebenfalls gar ſehr gefehlet worden, von welchen in Dreßden, Leipzig, oder wo es sich am füglichsten schickte, ein Commercien-Collegium zu etabliren. Die Fremden muß man mit Ertheilung verschiedener Freyheiten, und Last-Jahren, als in Brandenburgischen geschehen, anlocken, sie im Anfange mit nichts beschweren, und nicht gleich das erste oder andere Jahr auf etliche 100,000 Rthlr. Einkünfte den Fond machen, sondern einige Jahre zum Etablissement und Einwurzeln ihnen Zeit lassen, in welchen Stücke gar merklich bisher gefehlet worden, indem man nicht so wohl auf die Etablirung gedacht, als vielmehr wie eine Sache nur hoch genug onerirt werden könne, damit sie viel abwürfe, welches aber gerade die Pferde hinter den Wagen gespannet heiset: die andern Religionen müssen certis modis & limitibus frey gegeben, denen Reformirten Kirchen und Schulen, denen Catholicken und andern aber nur ein circumscribirtes privat-Exercitium verstattet, und denen Catholicis nur Clericos seculares zu gebrauchen erlaubet, absolut aber weder Jesuiten noch andere Pfaffen und Mönche einzuführen gestattet werden, als welche die Pest des Wohls von allen Ländern, und der gänzliche Ruin des Herrns und der Unterthanen seyn.

Den Lutherischen Geistlichen aber müste in totum, und bey harter Strafe untersagt seyn, jene mit nichts, weder mit Predigten, privat Sermonen und Zusammmenkünften, noch auf Cathedern, Schulen, Academien, und wie es Nahmen habe, anzutasten, welcher Befehl und Verbot jenen in eben der Schärfe aufzulegen. Denen Reformirten wäre gar füglich an einem gewissen Ort ein Consistorium zu verstatten, um ihre Geistlichen Casus unter sich abzuthun, weil dergleichen die Lutherischen in terris reformatæ religionis auch haben. Die Catholicken aber, weil ihre Glaubens-Verwandte allemahln an den Gränzen anzutreffen, oder doch nicht weit davon, bedürfen dieses nicht, wäre auch nicht rathsam. Die übrigen hingegen müßten, wenn es nicht Sachen von großer Wichtigkeit, entweder bey denen Lutherischen oder Reformirten, welche sie in caufis Ecclesiasticis agnosciren wollten, Bescheid erwarten. So viel möglich würden die Fremden an die Sächs. Rechte zu binden seyn, weil die Einführung eines andern vor wenige Particulier-Personen nicht practicabel noch thunlich fällt, die Sächs. Leges auch fast alle Casus decidiret und erläutert haben.

§. 45.

Von Beförderung der Wollen-Manufacturen.

Weil Sachsen an guter Wolle einen großen Ueberfluß, worunter die Böhmische vor die beste gehalten werden will, wäre vornehmlich darauf zu denken, daß man aus Holland und wo möglich aus Engelland einige Fabrikanten herbeylockete, die das Sortiren der Wolle und die rechte Bereitung der Tücher einführten, und denen Inwohnern wiesen, als woran es ihnen bisher am meisten gefehlet, von welchen, wie auch von den Zeug und Crepon, wollene Flor- und ander Würk- und Webereyen im Lande hin und wieder gewisse Fabricken anzulegen und solche mit nöthigen Freyheiten zu versehen seyn würden. Denn was Güte die Sächs. Wolle habe, wissen die Schweizer und Holländer wohl, die solche zu viel 1000 Steinen jährlich holen, und Sachsen hernach mit seinen eigenen Fette betreufeln. Der Einwurf hierauf, daß sodann, wenn nicht mehr so viel Wolle verführet würde, die Einkünfte abnehmen würden, taugt nichts, denn wenn man hin und wieder gute Fabricken angerichtet, sie mit tüchtigen Leuten versehen, und auch tüchtige Waaren verfertiget, so ziehet man dadurch das Geld selber herein, in dem wenn das Land nun

selber

selber dasjenige liefert, was es sonst anderwärts holen müssen, das Geld dafür im Lande bleibet, und quasi per circulum immer herumgehet, so werden auch durch Unterhaltung so vieler Mäuler die Einkünfte in der General-Consumtions-Accise sich sodann selbsten sattsam erhöhn. Daß aber dieser Vorschlag wegen der Tücher, Wolle und Zeuge practicabel sey, davon ist bereits in Dreßden und Leipzig ein kleiner Vorschmack und Anweisung gegeben worden, das aber noch nichts heißet, und dasjenige noch lange nicht ausmachet, was es in der That seyn könnte, jedoch beweiset es so viel, daß es keine Unmöglichkeit, sondern eine gar practicable Sache sey.

§. 46.
Von denen zu Errichtung der Fabricken ꝛc. erforderlichen Fonds.

Die Fonds zu Einrichtung sothaner Fabricken und Manufacturen können unmaßgeblich unter andern daher mitgenommen werden.

1) Ist bekannt daß viele Klöster in Sachsen die secularisiret und deren Intraden zur Cammer geschlagen worden, alleine es weiset der Augenschein, daß die, so solche administriren, einen ziemlichen Theil davon in ihren Kasten laufen lassen. Sollten nun sothane Revenüen, wenn ihr eigents

licher Betrag genau untersuchet würde, sich nicht besser verintereßiren, wenn an den Orten, wo sonsten die Klöster gestanden, deren Steinhaufen jetzo vollends zu unnützen Wüsteneyen werden, Fabricken angeleget, und die noch stehende Gebäude darzu aptiret würden? Die meisten geben solche ab, weil sie an bequemen Orten liegen, indem die Mönche in der Wahl derselben vor ihre Klöster nie übel gewehlet, hoffentlich sollten die Intraden besser angewendet seyn, auch sich besser verzinsen, als sie bisher nicht gethan.

2) Sind sehr viel reichliche Stiftungen ad pias causas, wie sie genennet werden, bey den Kirchen, Academien, und sonsten vorhanden, als daß sie denenjenigen, so solche einnehmen, dicke Bäuche machen, wie denn manche Kirchen und Hospitäler zu Tonnen Goldes und drüber liegen haben, das aber recht pecunia otiosa, und ebenfalls, wie voriges, keinen andern Nutzen hat, als die Herren Vorsteher zu bereichern; in den Stiftern seynd gar reichliche Einkünfte verordnet, die ebenfalls keinen Nutzen schaffen, als faule Leute zu unterhalten; die Academien haben sehr gute und überflüßige Intraden, die aber die Herren Professores so unter sich brocken, daß sie sich gute Tage, und einen damastenen Muth dafür schaffen, und damit es heise, als ob sie diese fette Suppe nicht

gar umsonst essen, der armen studirenden blinden Jugend, die alle ihre Worte für lauter Verwunsternswürdige Oracula hält, ein hocus pocus dafür hermachen. Alle diese Dinge nun wären genau zu untersuchen, wie bishero damit umgegangen worden, den Kirchen und Schulen so viel zu lassen, als zu ihren, und der Ministrorum nöthigen Unterhalt, und zum Baulohne nöthig, und pro cujusvis loci & viri dignitate unumgänglich seyn müste, die Academischen Einkünfte derer Professoren gröstentheils zu nehmen, als die solche ohnedem mit Sünden verzehren, und nur soviel abzusondern, als nöthig wäre, die Collegia und Academien in aufrechten Stande zu erhalten, die Stifter aber könnten, als ohnedem unfruchtbare Dinge, entweder gar aufgehoben, oder doch denen Herren die fetten Bißen trefflich retrenchiret werden. Denn es sollte ganz unfehlbar weit nüzlicher und verantwortlicher dem ganzen Lande ausfallen, wenn diese Gelder zu einer solchen Sache verwendet würden, daran Gott selber einen bessern Gefallen, das Land aber durchgehends lauter Nuzen davon hätte, da hingegen von selbigen jezo nur welche ganz sündlich ihre Beutel spicken. Zwar weiß man wohl, daß viele, wenn sie dieses hören, oder lesen werden, ein grausam Zettergeschrey anheben und diesen Satz als höchst gottlos ausschel-

ten werden, als welcher alle religieuse Werke
übern Haufen würfe. Aber wenn diese Leute ih=
res Landesherrns und des Vaterlandes Nutzen und
Wohlstand recht gewissenhaft betrachteten, wür=
den sie gewiß gar anders sentiren. Man stößt ja
nicht alle gute Werke und Vermächtniße um, son=
dern nur der Miß= und unrechte Gebrauch soll
cassiret und in rectum & justum usum verwan=
delt seyn, man weiß auch, daß leider! welche Schu=
len und Kirchen so elend versehen, daß die Leute
und Gebäude kaum, ja kaum noch so einigermasen,
weben und miserablement bestehen können; bey
andern ist der Ueberfluß um desto ärgerlicher; und
wo hat Christus und seine Apostel befohlen, daß
man den Kirchen große Capitalia hinlegen, kostbare
Kirchen=Zierarten verschaffen, Sie und ihre Vor=
steher mit Gelde wuchern lassen, reiche Pfründen
stiften, und die Professores auf den Universitäten
die Gelder mit Müßiggang verzehren lassen sollen.
Wenn die ersten so viel haben, daß sie in baulichen
Wesen erhalten, den Geistlichen ein reinlicher schwar=
zer Rock geschaffet, die letztern aber ihren Stande
nach ehrlich besoldet werden können, so verbindet
sie ihr Gewissen, vergnügt zu seyn. Die sogenannte
Stifter und Stiftungen taugen gar nichts, und
seynd eine Erfindung der müßigen Pfaffen, die
nicht arbeiten wollen, die prächtigen Kirchen=Ge=

bäude, Altäre, Meßgewande und andere Zierarten aber, wie auch der sämtliche heutige Geistliche Habit hat seinen Ursprung, wie jedem, der in der Historien kein Gast ist, dieses bekannt, aus dem Heyden- und Jüdenthum; der erstern Religion, ihre Ceremonien und alle zugehörige Stücke musten ins Auge fallen, um das gemeine Volk zu betrügen. Der andern ihrer war von Gott zum Unterschied von andern Völkern nur eingesetzet, hatte auch viel von dem Heydenthum erborgtes, als eine gelehrte Englische Feder dieses gnugsam dargethan. Post ecclesiam plantatam & ingruente Papatu & Monachismo, da die Herren Geistlichen des Pauli und Petri Armuth überdrüßig und ihnen solche gleichsam anstunke, wollten sie auch gerne was zu tändeln haben, derohalben musten die Heydnischen Gebräuche quoad ecclesias ædificandas, ceremonias & habitus clericales wieder aufgewärmet und eingeführet werden. Wiewohl es auch viele gab, die an diesen Greueln kein Wohlgefallen hatten. Da das Pabstthum zu seinen mannbaren Jahren kommen, seynd diese Absurditæten nicht vermindert, sondern vielmehr vermehret worden, denn man bildete den Leuten ein, wenn sie viel ad pias causas legirten, so stünde beym Abschiede aus dieser Welt gleich des Elid feuriger Wagen zu ihren Diensten.

Alle hierwider einzuwerfen seyende Exempel von großen Herrn seynd bereits vorhin berühret worden, und hat man diesen Sauerteig post reformationem daher nicht mit ausgefegt, quia erat ex re Ecclesiasticorum, doch daß ein Landesherr ganz wohl berechtiget sey, dergleichen Dinge aufzuheben und die Gelder verantwortlicher anzuwenden, wird kein vernünftiger läugnen. Denn die weltlichen Rechte erlauben dem Donanti & leganti ob ingratitudinem aut abusum revocationem factæ donationis & legati. Wo sollte sich aber ein größerer Mißbrauch, & ingratitudo contra intentionem donantis sich finden, als eben bey allen diesen erzählten Stiftungen, Geschenken und Vermächtnißen? Ist demnach ein Fürst zu ihrer Revocation ipso jure befugt, und darf solche ad justiores usus anwenden. Die göttlichen Gesetze verbinden ihn zu einiger Haltung ganz nicht, weil mit einer ceremonial-Religion Gott nicht gedienet seyn will, ihm auch alle und jede Mißbräuche zum höchsten Greuel mißfallen.

Auf bisher erzählte Art und Weise würden nun die Mittel zum Etablissement der Manufacturen und Fabricken gar bald sich ergeben und könnten allenfalls denen piis causis eine gewisse Ergötzlichkeit und Vorzug von denen Einkünften

Das sich selbst u. kennende Sachsen. 327

etwan gemachet werden, das doch aber keinen Nachtheil der Fürstl. Kammer bringen müste.

Bey sothanen Bewandnissen würden auch die Hospitäler um ein gut theil kleiner werden, denn die allda befindlichen Hospital-Personen würden in denen Fabricken zur Arbeit, nach jedes seinen Kräften und Jahren, angewendet, angesehen unter hunderten kaum einer so elend ist, daß er zu gar keiner Verrichtung und Arbeit nicht mehr sollte tauglich seyn. Die gar alten und lahmen aber würden billig allda gelassen, und ihnen ihr nothdürftiger Unterhalt gereichet; zu dem entstünde durch sothane Fabricken und Manufacturen dieser Nutzen, daß das Land von der fast unglaublichen Menge der Bettler gereiniget würde, als die demselben nicht eine kleine Beschwerde und Last seyn, unter welchen meistens Diebe, Spitzbuben und Beutelschneider mit einschleichen, des großen Betrugs, der bey diesen Leuten vorhin mit unterzulaufen pfleget, nicht zu gedenken, ihre große Menge erneheret sich daher, wenn eine Messe einfället oder eine Spende auszutheilen ist; es ist unter die Kennzeichen eines wohlbestallten Regiments mitgerechnet, wenn man dieses Gesindel und Last der Erden nicht duldet.

In Holland werden sie in die Zucht- Spinn- und Raspelhäuser gethan, daher jener Niederländer Anlaß zu scherzen genommen, daß Sie in Holland zwey Heiligen hätten, die mehr Wunder thäten, als kein Päbstlicher zu thun vermöchte, wodurch er obige Häuser gar klüglich verstanden; die allermeisten von diesen Leuten seynd zur Arbeit tüchtig, und wenn sie gleich nicht von der Stelle zu gehen vermöchten, so können sie doch solche Arbeit verrichten, die in bloßen Stillsitzen gethan wird, hierdurch bekäme der Landesherr in seine Fabricken Leute und Arbeiter, ohne große Kosten, die auch in die andern von Privat-Personen erbauten gethan werden könnten, dürfte auch solchen außer Essen und Trinken und nothdürftigen Kleidern sonst nichts gegeben werden, und das Land würde einer großen Last und vielen unnützen faulen Gesindels auf einmahl loß.

Wenn nun der Landesherr die Fabricken auf solche Art selber anrichtete, so wäre sodann es auch nichts unbilliges, wenn die Kaufleute, auch die andern Unterthanen die Waaren, deren sie nöthig, aus selben nehmen müsten. Worbey vor allen Dingen dahin zu sehen, daß die Waaren in sattsamer Güte verfertiget und auf solche ein leidlicher Tax gesetzet würden, der ganz nicht erhöhet werden dürfte; fände nun gleich der Ertrag und Ueberschuß sich nicht im ersten Jahre, so würde es doch gewiß in den folgenden seyn; wenn aber auch denen Unterthanen und Fremden erlaubet würde, dergleichen

Werkſtädte anzurichten, das denen nothwendig ſeyn müſte, wäre der erſte Punct, ſolche nicht mit allzu großen Abgaben und Auflagen zu beſchweren, ſondern hierinne nach dem Modell anderer Länder hauptſächlich ſich zu richten, und müſte ſodann wegen obiges eine Auskunft getroffen werden, daß nehmlich kein Kaufmann ſo ſtricte und præciſe an des Landesherrns ſeine Fabricken nicht gebunden, daß er die andern, oder, wenn er ſelber deren hätte, die ſeinen übergehen müſte, ſondern ſie hätten ihre Freyheit. Nur müſte man vielmehr dahin bemühet ſeyn, daß die verfertigten Waaren in ſolchen Credit und Annehmlichkeit geriethen, daß ſie auch von den Ausländern geſuchet würden.

§. 47.
Wie denen Fremden zu helfen ſeye?

Da auch die Fremden, die ſich im Lande ſetzen und Manufacturen anrichten wollten, nicht mit gnugſamen Mitteln verſehen, könnte von der Rent-Kammer ihnen wohl ein Vorſchuß geſchehen, dar-bey doch zu betrachten wäre, wer? und was ſie vor Leute? zugleich auch Aufſicht zu haben, wie ſie Haußhielten und ihre Sachen anſtelleten; die Gelder müſten nicht ſogleich mit Wucher wieder gegeben ſeyn, ſondern ſie Zeit zur Einrichtung haben, da denn beym guten Erfolg die Intereſſen überflüßig von selbsten kommen würden; vermeinte der Landesherr, daß es nützlicher, wenn er auf eigene Kosten nicht allzuviel Fabricken stiftete, könnten denen Privatis die Gelder von obigen Fonds angewiesen und bestimmt, hingegen denen piis Causis ein gar leidliches Interesse, als zum höchsten 3 pro Cent davon gegeben, im Anfange aber und so lange, bis sie im rechten Schwange, solche denen Interessenten gar ohne Verzinßung gelassen werden.

§. 48.
Von Errichtung Seiden-Manufacturen und Färbereyen.

Die Seiden-Manufacturen würden eben auch in Stand zu bringen und in dem guten Climate des Landes solche Oerter zu finden seyn, wo die Maulbeer-Bäume gepflanzet werden könnten. Worzu vornehmlich in der treflichen Gegend um Dreßden, Meißen, dann in der sogenannten güldenen Aue bey Lommatsch sich schon gute Bequemlichkeit finden würde; die meisten Wasser in Sachsen sind frisch und gesund, welches die zu Pirna und Pegau beweisen, allwo tüchtige Seiden- und Wollene Färbereyen aufzurichten stünden.

Und hat man zwar an diesen Oertern bereits welche, doch sie stünden um ein merkliches zu ver-

Das sich selbst n. kennende Sachsen.

bessern, deshalben wäre den Italienischen Künstlern gute Worte zu geben, damit man hinter die Griffe käme; der Haupt-Fehler bey den Sachsen ist zwar, wie bereits gedacht, daß man gleich fraget, was eine Sache im ersten Jahre tragen könnte, und wenn nicht gleich Cent pro Cent im facit herauskömmt, so läst man die Hände sinken, andere Nationen aber sind nicht also gesinnet und daran handeln sie auch sehr vernünftig, denn hat man Gedult, bis ein Baum seine Früchte bringet, warum will man in diesen Dingen nicht auch nachsehen, und auf eine Erndte warten, die mit vollen Wucher sich einstellen wird; wenn nun dieses schädliche Principium abandoniret, von Landes-Herrn die nöthige Gewissens- und andere Freyheiten gestattet, auch guten Künstlern und Erfindern noch eine Belohnung gesetzt würde, würde alsdenn an guten Erfolg dieser Dinge und Herbeyziehung tüchtiger Leute ganz nicht zu zweifeln stehen.

§. 49.

Von Bergwerken insbesondere von Kobold und Zinn.

Hiernächst seynd männiglich des Landes gute Bergwerke bekannt, was aber bey solchen vor Unterschleif und Unrecht vorgehet und wie der köstliche Seegen Gottes mit Gewalt fortgejaget werde, liesget leider auch am Tage. Bey selbigen müste nun vor allen Dingen eine gründliche Untersuchung, wie bisher Haußgehalten, angestellet, die Königl. Intraden genau untersucht, der andern und auswärtigen Gewerken ihren Empfang und der Betrag des Bergwerks wohl überschlagen, die Kosten gründlich durchsuchet, der Bergleute und Bedienten sündliche Unterschleif und handgreifliche Betrügereyen bestrafet und abgeschaffet, und dann gute behörige Anstalt besser als bisher geschehen, gemachet werden, damit dergleichen vor Gott so strafbare Dinge, die gewiß ein großes mit beytragen, daß der Seegen sich nicht mehr so reichlich einstellen will, als wie vor diesen, hinführo gänzlich unterbleiben, zum Mit= und Anbauen die Fremden angelocket, ins Land gezogen, und die noch verborgenen großen Schätze vollends recht entdecket oder die bereits entdeckten in den rechten Gebrauch verwendet werden müßten.

Der Kobelt ist bisher eines der besten Stücke gewesen, durch welchen Sachsen einige Verkehrung mit den Ausländern getrieben, aber auch selbiger stünde noch weit höher zu bringen, und haben davon Privati bisher den besten Nutzen gezogen. Es liegt in selbigen ein großer von den Sachsen noch unerforschter Schatz verborgen, und dürfte bey angewandter Mühe sich vielleicht finden, daß daraus eine Farbe zu verfertigen die dem Venetianischen Ultra Marine wohl möchte die Waage halten können.

Die Zinn-Bergwerke liegen ebenfalls einer großen Verbesserung unterworfen, worbey vornehmlich nachzuforschen, ex quo jure & concessione selbige meistens in lauter Privatorum Händen von denen denn genaue Rechnung zu fordern stünde, wie denn überhaupt die besten und nutzbarsten Gruben von Privatis besessen werden, die dem Landesherrn davon ein weniges geben, den besten Profit aber in ihre Beutel stecken.

§. 50.

Von Verbesserung des Nahrungs-Stands der Bergstädte; vom Hütten-Rauch und Schlacken.

Wenn denn sowohl die Bergwerke als auch die Bergstädte in guten Stand und Aufnahme gebracht werden sollen; so wäre vor allen Dingen nöthig, genau zu untersuchen, worinne der bisherige Erwerb und Nahrung eines jeden Orts bestanden? wie solches verbessert, die Werke in ergiebigen Anbau zu bringen, die eingegangenen wieder zu erheben, die eingegrabenen Ertze wohl und besser zu nutzen, als zeither, ob in Scheid- und Reinigung der Metallen nicht ein näherer, leichter, und wenig kostbarer Weg zu finden wäre? Ob der Hüttens Rauch und die sogenannten Schlacken denn lediglich so gar nichts mehr zu nutzen, oder ob nicht vielmehr ein unvermutheter und bisher noch unbekannter Seegen Gottes in solchen verborgen lieget, als wohl viele Bergverständige nicht sonder Grund bereits wahrgenommen, und befunden, daß große Reichthümer entweder liederlich weggeschmissen werden, oder unverantwortlich im Rauche wegfliegen müssen. Wie die Bergwerks-Commercia mit Ausländern besser einzurichten, und die fans des Schätze in mehrern Abgang zu bringen? vornehmlich aber, an welchen Orte am bequemsten Tuch-Wollen- und andere Fabricken etwan anzulegen stünden, welches alles durch getreue der Berwerk- und Commercien-Sachen wohl erfahrne Leute wohl und genau zu untersuchen, und mit selben von Einrichtung dieser Dinge zu conferiren und sie zu solchen vor allen andern mit zu gebrauchen wären.

§. 51.

Von Sächsischen Gebürgen, Edelgesteinen und Marmor.

Hiernächst so seynd die Sächs. Gebürge dermaßen reich von allerley Sorten Steinen; daß

Das sich selbst n. kennende Sachsen. 335

wenn selbige recht nach der Kunst genutzet würden, der Cammer daraus unfehlbar ein großer Nutzen zuwachsen würde. Die vielerley Arten von Marmor und andern guten Steinen bezeigen dieses gnugsam, mit welchen Schätzen bisher nicht recht Haußwirthlich und verständig ist umgegangen worden. Richtete man die Sächs. Marmor recht zu, und machte Anstalt, solche in der Größe besser, als er in den Grüften wächset, heraus zu bringen, führe zugleich fort die noch verborgenen Reichthümer fleißig zu entdecken, die Ausländer würden uns ihr gutes Geld gar gerne vor solche geben, und selbiges mit Haufen herein gebracht werden, und sollten die Sachsen sich wohl schämen, daß Fremde ja sogar die Italiener besser von Schätzen der Sächs. Berge und wo solche, auch was in solchen zu befinden, zu sagen und Nachricht zu geben wissen, als die Inwohner selbst.

§. 52.

Von Sächsischen Bergleuten.

Die Sächs. Bergleute rühmen sich zwar, als ob sie vor allen andern die verständigsten, doch sie betrügen sich gar merklich, indem sich noch anderswärts immer welche finden, die ihnen große und vorher unbekannt gewesene Sachen aufzugeben wissen, alleine der liebe Neid ist dermaßen zu einer fürchterlichen Größe erwachsen, daß wenn jemand gekommen, der mehrere Erläuterung und Licht in Bergwerks-Sachen zu geben sich erboten, solcher als ein alberner Tropf verlachet, und bey der Cammer seine Vorschläge dermaßen verschwärzet worden, daß Er mit großen Schimpf abziehen müssen, oder man hat ihn unter der Hand so gedrückt, und ihm alle Mittel aufzukommen benommen, daß er unvermeidlich erliegen, und zurücke stehen müssen. Dieses ist auch gröstentheils die Ursache, daß die Sorge auf sothane nöthige nützliche Werke bisher fast ganz vernachläßiget worden, und was man gewonnen, ist entweder ebenfalls privatis wieder in die Hände gefallen, oder privati haben sich unterstanden, diese Sachen dem Landesherrn abzubeteln, und ihm weis zu machen als ob es Dinge, die nicht viel betrügen.

§. 53.

Von Granat-Flüßen, Diamanten, Aquamarinen rc.

Was Nutzen könnte zugleich aus den andern Steinen, die man sonst Edel zu nennen pfleget, gezogen werden? die Holl- und Engelland gar angenehm fallen dürften, um solche denen Ost- und West-Indiern zu verstechen, als die fremde Sachen ihren innländischen Gütern weit vorzuziehen pflegen.

gen. Zu dem hat es in Sachsen viel Edelgesteine, die ihm alle eigen und anderwärts nicht gefunden werden, aus deren rechten Gebrauch ebenfalls kein schlechter Gewinn zu erwarten wäre. Man findet die schönsten Granat= und andere Flüße, die aber unter der Erden unverlangt dahin streichen, und selber bedauern, daß die Sachsen so gar läßig, sie nicht aufsuchen und durch sie ihrem Armuth ein Erleichterung zu geben wissen. Nebst dem seynd hin= und wieder Gold= und Silber=Adern anzu= treffen, die aber ebenfalls unbegehrt verborgen bleiben müssen, und hat sonderlich ein Bergver= ständiger Mann gewiesen und dem Herrn von Reise= witz angezeiget, daß um und in Ehrenfriedersdorf die besten Gold= und Silber=Granaten und andere Gänge anzutreffen, und darauf warteten, daß solche jemand zu suchen begehre. Doch aber Unfleiß, ziemlicher Unverstand und auch sehr großen theils der Neid verhindert den Nutzen, der sich selbsten anbietet, und nur gesuchet seyn will. Jetzt gemel= der Ort ist nur zum Exempel angeführet, in dem ich gewiß versichert bin, daß dergleichen Reichthümer annoch an mehrern Orten, ja allen Berg=Orten verborgen liegen und auf ihre Erlösung warten.

Es ist auch kein Zweifel, alle diese Sächs. Land=Steine würden auch in Deutschland selber ihre Liebhaber finden, wenn nur der Sachsen Mühe, auf deren Excotirung sich extendiren wollte, um selbige nach der Kunst und zur Pretiosité recht zu bereiten, oder falls sie diese Griffe selber noch nicht recht wissen, (wiewohl es an solchen Leuten nicht fehlen dürfte) denjenigen, die solches können, erlaubeten, in ihrem Lande zu wohnen, und sodann sie von ihnen zu begreifen.

Man siehet, was Böhmen vor ein groß Gewerbe mit seinen Diamanten treibet, da doch die Sächsische ungleich besser, härter, und durch Kunst den Asiatischen in allen beygebracht werden können, derer Aquamarinen und andere jetzo zu geschweigen, die capabel seyn, manch Edelgestein verständiges Auge gar füglich zu hinterführen. Das Gebürge wird zwar insgemein als arm beschrieben, alleine warum? Warlich aus keiner andern Ursache, als weil man sich allda bisher wegen Einrichtung der Commercien keine bessere Mühe gegeben, die vorhandenen Güter nicht recht genutzet, viel Betrug darbey mit unterlaufen lassen, die annoch verborgenen aber zu suchen, zu faul gewesen, und mancher das Geld lieber etwa auf eine Eitelkeit oder unnütze Processe verthändelt.

§. 54.

Von Spitzen=Fabricken.

Zu dem ernehret sich allda ein ziemlich Volk mit Spitzenklöppeln, sie machen solche gewiß auch so delicat und fein, daß sie oft den Brabandischen Trotz bieten, man bemühe sich auch nun diese, zwar schlecht scheinende Sache in bessere Aufnahme zu bringen und darinnen gute Einrichtung zu machen, vornehmlich aber denen Italienischen und andern Kaufleuten die Führung und Verkaufung der Brabandischen gänzlich zu untersagen, oder wenigstens solche mit starkem Impost zu belegen, angesehen ohnedem das in diesen Stücke einfältige Frauenzimmer unzehlich mahl getäuschet, und ihnen vor Brabandische, schöne Schneeberger, oder andere aus dem Gebürge gebürtige, verkaufet werden, wie solches aufn Nothfall mit Exempeln zu erweisen stünde, gewiß der Ausgang würde zeigen, daß auch diese Manufactur fähig sey, viele 1000 Rthlr. ins Land zu bringen, viele 1000 Rthlr., die unnöthig an die Fremden verschleudert werden, darinnen zu behalten, und auch viel 1000 Mäulern Brod verschaffen.

§. 55.
Von Verfertigung der Seegel-Tücher.

An einigen Orten ist der Anfang zu Verfertigung der Seegeltücher gemacht worden, alleine man hat die Leute mit Imposten allzuharte beleget und das Werk dadurch ersticket, so daß viele tausend dergleichen Leute in fremde Herrschaften sich begeben. Doch dieses müste ganz aufgehoben, jeden alle Freyheiten verstattet, sie nur mit wenigen beschweret, und dieses so nutzbar und Geldtragende Werk in einen rechten vollkommenen Stand gebracht, solche Leute mehr und mehr herbeygelocket, und alles das unterlassen werden, was bishero diesen Commercio geschadet und selbigen in Wege gestanden. Denn weil Holl- und Engelland, auch andere See-Oerter die Waaren unmöglich entbehren können, selber aber nicht zu fabriciren vermögen: so ist leicht zu ermessen, was aus solchen, wenn sie in rechten Gang gebracht, vor ein großes Geld gelöset, und wie vieles Volk darbey unterhalten werden könne.

§. 56.
Von dem Leinwand- und Zwirn-Handel.

Die Laußnitz treibet gar feine Nahrung mit Leinwand, Zwirn und dergleichen, doch solche stehet

Das sich selbst n. kennende Sachsen. 341

ebenfalls in sehr vielen zu verbessern, und wären vornehmlich die bisherigen Gebrechen wohl zu examiniren, das Commercium gegen Böhmen und mit Schlesien besser einzurichten, die Accisen und Auflagen durchgehends leidlicher zu machen, und dann um tüchtige Barchend-Weber sich zu bemühen, selbigen auch, und wer in diesen Manufacturen was thun wollte, eben diejenigen Freyheiten zu gönnen, die andere zu genießen hätten.

§. 57.

Von Hüth- und Strumpf-Fabricken.

Frankreich hat bisher mit seinen Hüthen recht gut zu schachern gewust, doch hat man in Döbeln einen Anfang gemacht, wie allda eben auch solche Hüthe verfertiget werden könnten, die jenen fast gleich kommen, und wenn die Fremden, denen bey dieser Sache die rechten Griffe vielleicht besser bekannt, als denen unsrigen, im Lande sich niederlassen dürften, ist kein Zweifel, sie würden die Fabricken mit dieser Waare eben auch noch höher bringen, und in bessern Stand setzen, mithin des Landesherrns Einkünfte und Landes-Zustand durch diese manchen geringscheinende Sache um ein großes verbessern.

Zu Fabricirung und Würkung der Strümpfe ist wohl einiger Anfang gemacht worden, alleine weil so wohl diese als alle andere Dinge zeithero von bloßen Privatis getrieben worden, die entweder den nöthigen Verlag nicht haben, oder dermaßen gedruckt werden, daß sie von ihren guten Vorhaben balde abstehen müssen, als wären diese Fehler sowohl hierinn, als in allen andern Handlungs-Articken gänzlich, wie schon erinnert, abzustellen, und entweder selber Fabricken zu stiften, oder solches Privatis und Fremden zu erlauben. Die Fonds darzu seynd bereits gewiesen worden, die Strumpf-Fabricken aber würden ganz nicht ohne Nutzen seyn, weil die Sächs. Wolle so gut, daß die daraus gemachten Strümpfe den Englischen und Hamburgern zu weichen nicht Ursache haben würden.

§ 58.

Vom Wein- und Getrayde-Handel; ingleichen dem Wayd-Bau.

Wie geseegnet ferner das Land an Wein und Früchten sey, ist eine nur allzubekannte Sache. Nun möchte zwar wohl wegen des Weinbaues nicht viel zu erinnern seyn, alleine in Zubereitung der mancherley Arten von gebrannten Wassern, wissen sie die rechten Griffe noch nicht, und hätten die Inwohner darinnen noch viel von den Franzosen und Italienern zu lernen, denen man jetzo dafür das Geld mit Haufen zuwendet, das alsdann im Lande bliebe und selben zu gute käme.

Vor diesen seynd in Thüringen die Wayd-Mühlen in großer Aufnahme gewesen, und haben manchen Armen Menschen das Brod gegeben, alleine die häufige Einführung des Indigo hat solche ganz ruinirt, zugleich aber auch viele arme Leute gemacht. Wenn nun das letztere gemindert, hingegen das erstere wieder hergestellet würde, fände sich sodann die vorige Nahrung auch wiederum, und ist nur zu bedauern, daß dieser schöne Schatz fast gar nichts mehr geachtet werde, und auf die Verbesserung, oder vielmehr Reintroducirung dieses Commercii nicht gesehen wird, da es doch einen ganz unnachbleiblichen großen Nutzen schaffen würde.

Noch wegen der Weine etwas zu gedenken, so dürfte hoffentlich dieses nicht sonder Frucht seyn, weil die Dreßdnischen, Meißnischen, Torgauischen und Naumburgischen Gegenden unstreitig die besten hervor bringen, vornehmlich, wenn sie sich ausgelegen, und in ihrer Reinigkeit gelassen werden, wenn die übermäßige Einfuhre der Rhein, Necker, Mosler, Franken und anderer Weine gemindert, von solchen jeden Orte nur ein gewisses Quantum einzuführen erlaubet und selbige mit einen ziemlichen Impost beleget würden, damit so viel 1000 Rthlr.

welche jährlich vor diese Waare außer Landes gehen, darinnen bleiben, die Leute hingegen ihren Zuwachs verthun könnten, und die Inwohner an die ihnen von Gott selbst bescherten Früchte sich gewöhnen, und solche nicht verachten möchten. Hierbey wäre gar nicht auf die Gemächlichkeit eines und des andern Privati zu sehen, sondern lediglich auf das gemeine Beste, und des Landesherrn Aerary Aufnahme, sintemahl es ja besser, daß ein Unterthan an seinen Appetit Tort leide, als wenn um deswillen das ganze Land und der Herr Nachtheil empfinden sollen.

§. 59.

Von Ausländischen Waaren überhaupt.

Was hier wegen Einführung der fremden Weine gesagt worden, würde sich zugleich auf alle und jede Ausländische Waaren mit verstehen, die entweder ganz und gar zu verbieten, oder wenn solches sich mit allen nicht wollte practiciren lassen dennoch mit starken Imposten, gleich wie in Holl- und Engelland geschicht, beleget werden müssen, damit die Inwohner an die im Lande gemachten sich gewöhneten, und ihr Geld in ihres Herrn Cassen laufen ließen, worbey die Delicatesse einiger Zärtlinge ebenfalls dem gemeinen und des Landesherrn Besten nachgesetzt werden müssen.

§. 60.
Von Ausgehenden Waaren.

Die aus dem lande ausgehenden Waaren aber, wären entweder mit keiner Accise, sintemahl dieser Abgang bey der Consumtions-Accise sich schon gefunden, und noch fände oder wenigstens mit einer sehr gelinden und kaum merkbaren zu belegen, auch alles dasjenige ganz und gar zu vermeiden, so die Fremden von der Ausfuhre abschrecken könnte.

§. 61.
Wo die Fabricken am besten zu errichten wären? und von Schiffbarmachung der Flüße.

Bey Beschreibung Sachsens ist erwehnet worden, daß selbiges mit unterschiedenen Ströhmen und Flüßen versehen, auch viele feine Städte in solchen sich finden, in diesen nun könnten, wo es sich wollte thun laßen, Fabricken und Manufacturen angeleget werden, vornehmlich aber müste man darauf bedacht seyn, wie verschiedene Flüße schiffbar gemacht, und dabey erhalten würden. Die Elbe ist es schon, die Schiffahrt aber darauf leidet gar eine merkliche Verbeßerung, indem der Strohm an vielen Orten zu vertiefen, verdammen, und das durch sein Fluß in einen etwas engern Gang gebracht werden müsse, zu denen noch Schiffbar zu machenden würde die Saal, Unstruth, beyde Mulden, Queus, Bober und Oder sich am besten schicken, zu welchen Werke geschickte Holländer und Engelländer am füglichsten zu employren und consuliren wären. Es ist wahr, der Hund hat Haar, daß dieses Kosten erfordern, und die hin- und wieder auf selbigen gebaueten Wehre und Mühlen viele Schwürigkeiten in Weg legen dürften, doch da der gleich wieder zu ersehende Nutzen das erstere mit der Zeit schon reichlich wieder einbrächte, als ist kein Zweifel, es könnte wegen des letztern sich auch schon ein Expediens finden, wenn das Werk nur mit Ernst angegriffen, und einige darunter laufende Privat-Interessen ausser Augen gesetzt würden.

§. 62.

Von einem Canal zu Vereinigung der Elbe und Pleiße.

Man sagt als gewiß, daß der in lauter Ruhm bis in die Ewigkeit lebende Churfürst Johann Georg der Dritte und dann auch sein Sohn Johann Georg der Vierte dieses sehr nöthige und nützliche Werk fürgehabt, durch einen Canal die Elbe mit der Pleiße und Elster zu Leipzig zu combiniren, es waren aber so viel particulair

Intriquen und Interessen in Weg kommen, und dem theuersten Landes-Vatern alles so schwer gemacht, daß das Werk gänzlich unterbrochen worden, wobey denn die Herren Leipziger, ut fama fert, aus verschiedenen Absichten, auch aus Furcht, es dürfte die Blumen-Tändeley und Spielwerk in einigen Gärten mit untergehen müssen, das ihrige pro more redlich mit beygetragen hätten. Es ist aber ganz gewiß, daß wenn dieses Werk noch zum Stande gediehen, solches dem Lande sehr großen Nutzen schaffen sollte. Denn was dermahln mit vielen Kosten und Mühe auf den Achsen von Hamburg her transportiret wird, geschähe sodann durch die Schiffe auf diesem neuen Canale, da denn auch die nach Holland zu spedirende, und von dar erwartende Güter weit eher und leichter, als jetzo, hin- und her zu bringen wären, zu dem findet sich in dieser Sache eben keine sonderliche Schwürigkeit, sintemahl das Land darzu gar wohl situiret, und der Canal von Torgau bis Eulenburg, und von dar bis Leipzig sehr leichte zu verfertigen, würde auch binnen wenig Jahren wegen der Kosten sich sattsam lösen. Der Einwurf, wo so viele Fuhrleute bleiben sollten, ist hoffentlich damit zu heben, wenn man saget, daß sodann der Brauch einzuführen, den sie aufn Rhein, Necker und Mayn haben, da nehmlich die Schiffe mit Pferden gezogen werden, um desto eher und schneller fortzukommen, welche Art bey der jetzigen Schiffahrt auf der Elbe gar wohl einzuführen stünde, und dieselbige sehr erleichtern würde, darbey fänden nun die Fuhrleute ihren Unterhalt schon, als die ohnedem nicht gar abgiengen, denn ja Güter gnug ins Reich gesendet werden, sie über dies Winterszeit, wenn die Flüße ohnedem unbrauchbar, zu führen genug hätten.

Mit den Vicinis würde wegen dieses nützlichen Vorhabens schon ein Vergleich zu treffen seyn, als daß es ihren Landen ganz keinen Schaden und Abgang brächte, und ob gleich die Schiffe, welche auf der Saale und andern schiffbar gemachten Flüßen sodann nöthig wären, eben nicht die größesten, aber auch nicht die geringsten, sondern nach Proportion des Strohms und Wassers beschaffen seyn müßten: so ist doch außer allen Zweifel, daß selbige schon capabel wären, eine eigentliche Anzahl Waaren zu führen, diese auch dadurch viel leichter und mit wenigen Kosten von einem Orte zum andern transportiren könnten, die Commercien befördert, nebst deme mehr Leute Brod zu verdienen Anlaß hätten, als wohl bey den Fuhrwesen nicht ist, daher die jetzo vorhandenen Arbeiter müßig zu gehen nicht die geringste Gelegenheit fänden.

Das sich selbst u. kennende Sachsen.

Von der Zierde und Commodité, die dieses dem Lande brächte, will man gar nichts erwehnen, jeder siehet aber hieraus, daß solche nicht außen bleiben, und bey der einmahl geschehenen Introducirung sich ein mehrers schon selbst finden würde. Einmahl ist es möglich, angesehen in der Welt der Mensch alles thun und ausführen kann, es sey denn, daß Gott ihn gar particulariter im Wege stünde, wenn er nur seinen Fleiß, Arbeit, Geld und Mühe daran wenden will. Diesen Satz hat nunmehro nur allzusehr der König in Frankreich gewiesen, welcher lauter vorher unmöglich geschätzte Dinge möglich gemacht und beynahe der Natur selber ihre Terminos verrücket.

Dasjenige nun, was bisher gemeldet und angeführet worden, wird sattsam verificiren, daß Sachsen ratione der Commercien den zeitlichen Wohlstand noch lange nicht erreichet habe, ja schwerlich auf der Schwellen dieses Tempels stehe. Sollte es aber diese geringe ohnmaßgebliche Vorschläge, die zu vermehren und zu verbessern, jedem geschickten unpartheyischen geziemend überlassen werden und ganz nicht aus den Absehen aufs Tapet geworfen seyn, jemanden dadurch insbesondere zu nahe zu treten, als worwider Solennissime Protestiret wird, sondern blos aus schuldigster Devotion gegen das theuerste Oberhaupt, Liebe gegen die Wahrheit und aufrichtiger Abſicht, Sachſen in beſtändigen Aufnehmen und Flor zu ſehen, einiger Conſideration und Nachfolge zu würdigen, ſo iſt kein Zweifel es werde ſodann die Güte des Himmels das edle Sachſen zu dem vorgeſteckten Glückſeeligkeits-Ziele gelangen laſſen.

§. 63.
Von dem Kriegs-Etat und Dependentien.

Was aber hernach die nöthigen Veſtungen, Errichtung der Magazins und Milice betrift, als welche Erforderniß obige Stücke in ihren Kräften und aufrecht erhalten müſſen, ſo ſtehet darinnen ebenfalls ein ſehr großes zu erinnern. Sachſen iſt faſt mitten im Herzen von Deutſchland ſituirt, daher es dieſe Glückſeeligkeit bisher zum voraus gehabt, daß wenn andere Länder von Rauch und Kriegs-Flammen ganz gelodert haben, es doch allemahl in ſüßer Ruhe ſitzen können, und ſeiner Mitländer Zuſtand von ferne anzuſehen Gelegenheit gehabt. Seine Nachbarn ſeynd bereits oben erwehnet.

§. 64.

Consideration in Ansehung des Kaysers, der Sachsen in sich selbst zu schwächen gesucht.

Es ist bekannt, daß mit dem Kayser Chur-Sachsen in vorigen Seculo eine Zeitlang nicht wohl stund, doch in Pragischen Frieden folgete die beyderseitige Versöhnung, weiln nun Chur-Sachsen seine Kinder damahln in einem Bande beysammen, und dem Hause Oesterreich sattsam gewiesen hatte, wie vermögend seine Kräfte wären, dachte dieses Hauß auf nichts mehr, als wie ein so besorglicher Nachbar könnte geschwächt werden, und wie man inskünftge seinethalben aller Besorgniß überhoben seyn könnte, mochte auch seyn, daß eine heimliche Rache mit darunter stack, weil Sachsen am meisten mit darzu geholfen, daß Schweden auf den Deutschen Boden kommen, da aber solches nicht mehr mit offenbahrer Gewalt geschehen konnte, fiel man auf andere Mittel.

Johann Georg der 1ste hatte vier Söhne, der andere war bereits Administrator zu Magdeburg, welches vortrefliche Stift aber durch den Münster-Osnabrückischen Friedens-Schluß, wenn dieser verstürbe, von Sachsen (Unglückseelig genug) ab und an Brandenburg verfiel. Denn vor Brandenburg furchte sich das Hauß Oesterreich nicht, als das damahln in der Consideration nicht war, darinnen es jetzo ist, tacite aber hat Oesterreich dadurch den Grund zu der hernach erfolgten Größe mit legen helfen, hierdurch war schon ein Coup der Schwäche Sachsens anbracht. Doch es muste noch weiter extendirt seyn, derowegen wurden Sr. Churfürstl. Durchl. Ministri gewonnen, diese musten ihrem hohen Principal die Testaments-Gedanken in Kopf bringen, und daß Er die vielen Länder unter die Herren Söhne vertheilen solte, weil in Deutschland vornemlich bey diesen Hause das Recht der Erstgeburt nicht eingeführet wäre. Die Sache lief nach Wunsch, denn die Ministri, die diese schädliche Consilia hätten wiederrathen sollen, beredten den hochseel. Churfürsten mit vielen scheinbaren Gründen zu diesen Dingen, der Successor in der Chur wuste entweder das rechte Herz des Testaments nicht, und wurde Ihm solches verhehlet, oder man divertirte ihn mit etwan einem andern egregio quodam nihilo, denn er damahls Feuer gnug hatte, und eben dadurch dem Hause Oesterreich solche sorgsame Gedanken verursachete, wiewohl solches bey Antritt seiner Regierung balde verlöschen muste. Hierdurch nun ward Sachsen hauptsächlich geschwächet, und das Absehen des Hauses Oesterreichs in so weit erreichet. Denn

die

Das sich selbst n. kennende Sachsen. 353

die Herren Brüder die von Rechtswegen mit einer hinlänglichen Appanage hätten müssen zufrieden seyn, bekamen ansehnliche Stücken Landes, und wurden in regierende Herren verwandelt, und man confirmirte am Kayserlichen Hofe dieses Testament mit großen Freuden, ohne was darwider zu erinnern, dieses Testament aber hat Sachsen unsäglich böse Suiten verursachet, wird auch ferner dergleichen zu gebähren nicht aufhören, so lange es sich noch etwas aufrecht befindet. Johann Georg III. sahe zwar dieses alles sehr wohl, bemühete sich auch es zu redressiren, dergleichen denn seine beyden Successores ebenfalls auch gethan, doch noch zur Zeit alles absque ullo effectu, bis etwan ein gütiger Aspect und Revolution vor das Churhauß sich præsentiren möchte. Nachher hat der Adler die Sächs. Raute gar wohl vertragen können, wie denn sonderlich die jetzo Glorwürdigst regierende Majestät mit der Kayserlichen Majestät als Sie beyde annoch ohne würklichen Purpur waren, eine sehr vertrauliche Freundschaft zusammen gestiftet, deren unveränderte Dauer der Himmel in Gnaden geben wolle, und um so viel mehr zu hoffen, wei die Sächs. Majestät durch Annehmung der Pohlnischen Crone vor das Wohl des Haußes Oesterreich sich ganz sacrificiret hat. Hat demnach von dieser Seiten das Churhauß bey jetzigen Bewandtnissen und Conjuncturen sich nichts anders als alles Gutes und Nachbarliches zu versehen.

§. 65.
Consideration gegen Brandenburg.

Brandenburg hingegen dürfte etwas beträchtlicher in Consideration fallen, indem es nicht nur ansehnliche zum Churhauß behörige Stücke besitzet, als nemlich Magdeburg und den Saal-Creyß, so der rechte Arm von Sachsen, das Stift Quedlinburg, das Amt Petersburg und das Jus Protectorii über Nordhausen, sondern es hat auch bis anhero das Ansehen haben wollen, als ob der Preußische Hof nicht solche Consilia hege, welche mit denen Absichten und der Intention des Chur-Sächs. Haußes harmonirten, das sich sonderlich in der Zeitzischen Affaire, und bey dem jüngsten Schwedischen Einfall in Sachsen gar merklich blicken lassen. Jedoch da Sr. Churfürstl. Durchlaucht von Sachsen als Majestät von Pohlen das meiste mit beygetragen, daß Brandenburg zur Königl. Preußischen Würde sich eleviren dürfen, auch solche am ersten vor einen König erkannt: als hoffet man, der Höchste werde durch seinen himmlischen Einfluß allerseits Absichten so lenken, daß auch von dar eine beständige Ruhe und Sicherheit vor Sachsen zu hoffen.

§. 66.
Conſideration gegen Heſſen.

Das Hochfürſtl. Hauß Heſſen wird wegen der bereits vor drey Seculis errichteten Confraternitæt, mit Sachſen in ſteten guten Vernehmen leben, angeſehen auch beyde Häußer zu einen Mißvergnügen einander nie Anlaß gegeben, und die Macht auf beyden Seiten nicht ſowohl gleich, als vielmehr die Heßiſche von der Sächſ. prævaliret wird.

§. 67.
Conſideration gegen Lüneburg.

Lüneburg iſt nur auf eine Seite auf wenige Meilen ein Nachbar, auch nicht füglich von daher gegen Sachſen etwas zu befürchten, als deſſen Vermögen die Sächſ. Kräfte jederzeit gewachſen ſind.

§. 68.
Conſideration gegen Bayreuth.

Bayreuth hat die nahe Alliance zu einem unbeweglichen Grunde beſtändiger Freundſchaft, hat auch vor langen Jahren her gute Vertraulichkeit unterhalten, es läſt zu dem auch ſein Etat nicht zu, Kriegsſüchtige Gedanken zu führen.

§. 69.
Consideration gegen die Erneſtiniſche Linie.

Die Herren Vettern Erneſtiniſcher Linie ſind allzuſehr getheilet, der meiſten ihre Studia gehen ad pacem, haben auch nicht die Quelle, daß ihnen andere Gedanken zuflieſſen könnten, jedoch wenn ſie in ein Corps unter dem Hauß Gotha wieder zuſammen wachſen ſollten, ſo iſt ganz glaubwürdig, es möchte der alte noch nicht erſtorbene Groll, wegen der verlohrnen Churwürde ſich treflich wieder mannbar machen, vornehmlich wenn ſo ein treflich Oberhaupt da wäre, als der verſtorbene Herzog Friederich war, rebus autem sic stantibus & divisis Principalibus hat Sachſen zwar nicht viel daher zu befürchten, jedoch aber auch groſſe Urſache, allemahl fleißig nach ſeiner Huth zu ſehen, weiln ein verſöhnter Feind der gefährlichſte Freund zu ſeyn pfleget.

§. 70.
Conſideration gegen die Herren Vettern.

Die a ſtipite communi abſtammende Herren Vettern aber, vornehmlich der Zeitziſche und Mörſeburgiſche, denn Weiſenfels machet propter proximam Succeſſionis ſpem mit dem Churhauße nunmehro partem communem, seynd mehr verdrüßliche Dornen und anstößige Steine, als zu befahrende Feinde, welcher Gordianische Knoten durch nichts als durch das väterliche Testament verknüpfet worden. Ob er nun von dem Allerdurchl. Augusto ad imitationem Alexandri wird aufgelöset werden, indem doch immer ein Held des andern Thaten nachahmen will, bleibet der Belehrung der Zeit überlassen. Indessen erweiset bisheriges, daß Sachsen secundum considerationem Politicam das Hauß Oesterreich und Preußen am meisten zu observiren habe.

§. 71.
Consideration gegen gesammtes Reich.

Zwar wird das Reich wohl nicht zulassen, daß ein so vornehmes Glied sollte avelliret werden. Alleine hat es jetzo zugelassen, daß es der Nordische König berauben durfte, so möcht es nach Befindung der Conjuncturen auch wohl noch ein mehrers connivendo geschehen lassen, dem allen aber durch innerliche gute Verfassung und veranstaltete Defension, Verwahrung der Gränzen, und getroffenen Aliancen am füglichsten zu rathen und vorzubeugen.

§. 72.
Von Befestigung des Landes und dessen Gränzen.

Was nun des Landes Befestigung betrift, so erweiset leider! der Augenschein, daß diese herrlichen Provinzen aller Orten ganz offen, und fast nirgends mit verwahrten Oertern versehen, demnach demjenigen, der es anfallen wollte, zu einem Raube nolens volens sich selbsten unterwerfen muß, wie bey dem neulichen Schwedischen unverantwortlichen Einbruche die Erfahrung dieses alles, leider Gottes! nur gar zu sehr bestärket hat. Seine Frontiren seynd allenthalben blos, die Päße nicht verwahret, und was im Lande lieget, entweder negligiret oder gar demolirt.

§. 73.
Von Dreßden, Sonnenstein und Königstein.

Dreßden, so die Haupt-Stadt, liegt nicht in den Frontieren und wenn ein Feind bis dahin kömmt, so Gnade Gott dem übrigen Lande. Sonnenstein, noch weniger, Königstein aber, wird vollends gar kein Feind in einige Consideration ziehen, indem der Ort zwar an sich selber Haupt considerable ist, den aber ein Feind ohne seine incommodité vorbeygehen kann, und der ihn auch nicht groß zu incommodiren vermag.

Die übrigen, so zwar Vestungen heißen, doch solche nicht seynd, gar füglich aber seyn und werden könnten, deren Werke liegen in Ruin, ist auch zu deren Reparirung keine Anstalt zu befinden. Und gewiß es muß eine sonderlich fatalitæt vor Sachsen seyn, daß bisher kein Mensch auf Verwahrung der Gränze bedacht gewesen, da doch bey andern Staaten dieses eine der vornehmsten Sorgen mit ist.

§. 74.
Von dem Verlust Erfurths und dessen Recuperation.

An Erfurth hat es einen höchstschädlichen Dorn im Fuße, welchen heraus zu reißen das Churhauß alle Kräfte anspannen und sein äußerstes thun sollte. Denn dieser Ort ist capable, nicht alleine Thüringen und anliegende Oerter, sondern auch ganz Sachsen unter Contribution zu setzen. Vielleicht stünde es in Güte zu recuperiren, und bedächte auf hinlängliche Remonstration, mit was vor unbefugten Rechte es acquiriret worden, sich Chur-Maynz eines andern. Denn das Churhauß Sachsen hat seine Ansprüche, die es als Landgraf in Thüringen darauf führet, in

rechten Ernste, und auch de Jure sich nimmer mehr
begeben können; man weiß zwar wohl, daß die
An. 1665 in Leipzig geschlossene Tractaten An. 1666
ratificiret, confirmiret und von denen übrigen
sämtlichen Herren Vettern ratihabiret worden;
doch wenn die Umstände consideriret werden, wie
damahln alle diese Dinge zugegangen, dürfte sich
auch wohl ein Remedium Juris und Expediens
wieder selbe finden. Die Bürgerlichen Gesetze
wollen, daß jeder, der seines Rechtens sich begeben
will oder soll, vorhero erst dessen gnugsam erkläret
sey, widrigens ihm das Beneficium restitutionis
in integrum allemahl vorbehalten ist. Da nun
noch dieses darzu kömmt, daß Staaten, quando
de damno illorum agitur, allezeit denen minoribus gleich geschätzet werden, zu deren præjudiz
niemahln mit Bestande Rechtens etwas verhänget
werden oder eines Rechten sie sich selber begeben
können: so möchte die Annullirung obiges allen
aus diesen Gründen zu behaupten stehen. Zu dem
ist kein großer Herr befugt, seinen Successoribus,
an ihren Rechten, Ansprüchen, Land und Leuten
etwas zu vergeben, noch sein Successor an der:
gleichen geschehene præjudicirliche Dinge gebun:
den. Da nun diese thesis richtig, so fället die
Gültigkeit obiger Tractaten und Recesse von
selbsten hinweg, und seynd die Durchl. Nachfol:

ger an der Chur, an selbige nullo Jure verpflichtet, denn, positis sed non concessis his principiis, ist auch dieses liquid, daß keinen dasjenige vinculiren könne, wovon er nicht selber persona contrahens ist, oder solches ratihabiret, oder er sattsame Erklärung gehabt: ob es de commodo suo, sey, solches genehm- und gültig zu erkennen. Zu dem sprechen die Ausländer, und wollen affirmiren, die Chur-Sächs. Ministri hätten die Stadt um ein groß Stück Geld, so in ihre Beutel gefallen, und etliche Fuder Rhein- und Moßler Wein verkaufet, wäre nun dem so, wie es denn bey scharfer Nachfrage sich so befinden dürfte, so stünden die gemachten Tractaten etiam ex hoc capite, salva Domus & Serenissimi Domini paciscentis defuncti existimatione, auf sehr schlechten Füßen, und wären allerdings invalidi und zu annulliren, quia ministrorum falsis remonstrationibus deceptus iisque inductus genio suo indulgisset, & in læsionem enormissimam summe nescius consensisset. Diese nun ist ganz unstreitig talis, denn die in der Stadt ausgezogene, und Freyhöfe heißen nichts, und können ja gegen das Haupt-Recht in nicht die geringste Comparaison kommen. Chur-Sachsen war, was noch mehr, als Kreyß-Director vom Kayser ratione der übertragenen Execution, ohne die geringste Ursache, übergang gen, und sollte contra statuta, Capitulationem, & leges fundamentales Imperii einem Extraneo gegeben werden, imo ipsa præscriptionis causa wäre insufficiant gewesen.

Man wollte der Stadt propter odium religionis in die Haare, und solche einem Catholischen zuschanzen; die vorgeschützte Præscription hat auch nicht statt, weil solche noch nicht immemorialis, auch contra æque privilegiatum nicht Platz finden kann. Die Charte war von Frankreich also gemischt, das aus einen Privat-Hasse gegen Sachsen, und weil damahliger Maynzischer Churfürst es mit ihm hielte, dieses Spiel also am Kayserl. Hofe entamiren lassen. Zu dem da Maynz in denen sogenannten Pactis denen Lutheranern in der Stadt alle Glaubens-Sicherheit, und in Sacris nicht die geringste Aenderung vorzunehmen versprochen, solches aber Blutschlecht gehalten, so ist ja Chur-Sachsen an die Obligation auch ferner nicht gebunden, denn dieses Recht bringet die Natur sothaner Contracte mit, und was dem einen billig, ist dem andern Recht, auch unverwehrt. Zur Sicherheit demnach Sachsens wäre zu wünschen, daß der Durchl. Churfürst zu Sachsen die Wiederherstellung dieser großen Vormauer vom ganzen Lande mit nachdrücklichen Ernste und Rigeur suchen möchte, wordurch er sich und seinem Chur-Huth eine beständige Ruhe verschaffen, dem Nachbar aber von einem etwan einmahl auffsteigenden Chur-Appetit Ziel und Maaße legen könnte.

§. 75.
Von Naumburg.

Ob nun aber gleich hierbenebst die Stadt Naumburg in Thüringen zu einer Vormauer in Vorschlag kommen möchte, so ist sie darzu doch nicht allzuwohl gelegen, zwar auf der einen Seite hat es Ebene gnug, und auf den Berge, wo das alte Kloster gestanden, möchte noch wohl eine ziemliche Citadelle hinzubringen seyn; doch die Stadt hat von der andern Seiten den sogenannten Galgenberg, der alle Werke übersehen würde und dem Schloße gegen über liegt ein anderer Berg von der es gar füglich könnte beschoßen werden, welches zu applaniren allzukostbar fallen dürfte. Jedoch der Ort schickte sich in der That ziemlich zu einer Vestung.

§. 76.
Von dem alten Schloß Heldrungen und Querfurth.

In Thüringen liegt sonst das Schloß Heldrungen, welches eine treffliche Lage hat, allein das schlimmste ist, daß es nicht an Gränzen, und zu weit im Lande, also ein Feind solches wohl vorbey: gehen und bloquiren lassen könnte. Doch stünde Querfurth noch am besten zu aptiren, welches nicht weit von Gränzen, und eine ziemliche ebene Lage hat, wenn aber die Thüringischen Frontiren verwahret werden sollten, müßte sodann ein anderer wohlgelegener Ort gewählt und solcher zu einer Vestung gemacht werden; welche Kunst Frankreich gar wohl zu practiciren weiß, das ganz leichte einen sonst schlechten Ort in hauptsächlichen Stand bringen kann, und wohl weiß, wie man seine Gränzen verwahren solle, als welches jedesmahl eine von seinen vornehmsten Maximen gewesen und das auch bey einem Staat ein höchstnöthiges Requisitum ist, sonsten der Herr niemahls ruhig schlaffen kann, sondern immer vor seiner benachbarten ungeziemendem Begierde und Attaque sich fürchten muß. Durch den Wald seynd zwar die Gränzen einigermaßen sicher, alleine das hat keinen Bestand und ist nur blos ad tempus.

§. 77.

Von Plauen, zur Sicherheit der Vogtländischen Gränzen; zugleichen Eger.

Die Voigtländischen Gränzen wird man durch Plauen in Sicherheit setzen können, wiewohl die:

ſer ſämtliche Diſtrict und ſeine Confinien ſo beſchaffen, daß man neue Oerter aufſuchen müſte, indem die alten Städte am wenigſten darzu tauglich; wenn aber dem Kayſerl. Hauße geſiele, an Chur-Sachſen vor ſeine viele Prætenſiones die Städte Eger, ſamt ihren Diſtricte loco ſolutionis zu cediren, ſo wäre alsdenn das ganze Voigtland gnugſam bedeckt, und mit einer ſtattlichen Barriere verſehen.

§. 78.
Von Chemniz, Freyberg, Zwickau.

Die Städte Chemniz, Freyberg und Zwickau, ſeynd zwar an ſich ſelbſten gar wohl ſituirer, liegen aber im Lande, wiewohl man findet, daß die Spaniſchen und Holländiſchen Niederlande nicht allein ihre Gränzen, ſondern auch die im Lande liegende Oerter wohl fortificirer und dieſes nicht ohne Raiſon, denn wenn die Gränz-Veſtungen verlohren, ſo findet ſich im Lande weiter nichts, das einen Feind aufhielte, und iſt daſſelbe auf einmahl durch dieſe Eroberung in ſeiner Gewalt. Iſt demnach bey Fortificirung eines Landes nicht allein auf die Frontieren, ſondern auch auf einen gelegenen Platz hauptſächlich mit zu ſehen, damit, wenn eine verlohren gehet, man dem Feind eine andere Nuß vorwerfen könne.

§. 79.
Von Königstein.

Königstein ist bereits erwehnet und wenn die von der Stadtseite anliegende schädliche Höhe, durch deren Hülfe man fast bis an die Vestung verdeckt kommen kann, vollends weggeschaffet, ist der Ort der considerablesten einer, weil ihm weder Wasser noch Proviant benommen werden kann, als welches beydes er in sich selbsten bauet und hat, und mit wenig Mann eine große Macht abzuhalten vermag, wenn auch Kayserl. Majestät ebenfalls loco solutionis an das Churhauß, den Leutmeritzer- und Saatzer Kreys abträten, so wäre alsdenn das Land auch von hieraus in Sicherheit.

§. 80.
Von Schandau, Sonnenstein und Pirna.

Sonsten an diesen Gränzen Schandau zu einer Vormauer auszulesen wäre. Sonnenstein ist einer Gewalt noch ziemlich bastant, und die Stadt gebe eine trefliche Vestung, wenn es nur Dreßden nicht zu nahe, wiewohl man dieses in denen Niederlanden nicht regardiret findet, allwo die festen Oerter nur allzu dichte beysammen seyn.

§. 81.
Von Dreßden.

Dreßden, wenn es in Neu-Ostra mit einer Citadelle und mit Schleußen versehen würde, auch bey der Ziegelscheune man ein Cronenwerk hinlegete, und ihme die Vorstädte vom Halse schaffete, würde sodann capable seyn, der gröſten Armee sattsam zu schaffen zu machen.

§. 82.
Von Senftenberg, Pillau, Görlitz, Löbau, Guben, Sommern und Herzberg.

Senftenberg wäre unvergleichlich gegen die Ober- und Nieder-Laußnitz gelegen, der Ort hat Morast, der ihn von Natur ziemlich feste machet. Zittau defendirte das Land von der Seiten gegen Böhmen, Görlitz aber mit dem Schloße Landstern, und Löbau, gegen Schlesien, wiewohl diese Frontiren recht zu verwahren, würde man abermahl ein paar neue Oerter aussuchen müssen.

Guben ist eine sehr gute Passage in Schlesien, daraus eine sehr regulaire Vestung werden könnte und müste das Werk jenseit der Oder zur vollkommen Fortresse errichtet werden, Sommern aber könnte die Barriere gegen Magdeburg zu halten, sintemahl der Ort zur besten realesten Vestung unvergleichlich gelegen.

Herzberg, ob es schon etwas im Lande, ist von Natur etwas feste, würde aber zur vollkommenen Fortresse des Wassers und Morasts halber zu machen seyn.

§. 83.
Von Pleißenburg oder dem Freybergischen Schloß und Leipzig.

Die Pleißenburg wäre in guten Stand zu bringen, wenn ein Stück von der Burggasse demoliret, der Platz mit mehrern Werken versehen sein Graben geräumet, und mit Wasser angelassen würde. Wie denn Leipzig an sich selber zur Fortification wohl gelegen, und von zweyen Seiten mit Approchen nicht füglich angegriffen werden kann; es ist wohl eine artige raison, wenn die Leipziger sagen, ihre Stadt dürfte daher nicht fortificiret werden, weil die Commercien in keine Vestung sich einschließen ließen, eben als wenn die großen Handels-Städte in Niederlande, (anderer zu geschweigen) nicht auch befestiget wären, alleine dieses ist der guten Leute ihrer Unwissenheit also zu pardoniren, als von welchen viele in Staats- und Welt-Affairen, die Köpfe sich nicht groß zerbrechen und wenn sie eine Tour von einigen

gen Meilen, außer ihren Vaterlande gethan, meynen sie gleich, sie hätten die halbe Welt gesehen, solche Mutter-Hätschelgen glauben, bey der Maitresse eine ziemliche Courtoisie abstechen zu können, und mit einer bonne grace den Schnupf-Toback auf der Krausen herum zu streuen, auch zur Noth ein Morbleu, ventrebleu, fluchen zu wissen, das wären Dinge, die sie unstreitig zu den raffinirtesten Leuten von der Welt machten, und müste man gleich an ihrem Spanischen Gange ansehen, was sie vor beaux Esprits wären, sed transeant!

§. 84.
Von Sicherstellung der Elbe in Gommern, Wittenberg, Pretsch, Torgau.

Wenn nun Sachsen seinen Elbstrohm, als der ihm von Natur ein starker Schutz ist, recht verwahren wollte, müste gemeldtes Gommern oder Elbenau vornehmlich in Consideration kommen (denn es wird doch die Hofnung zur Recuperation von Magdeburg so balde noch nicht erscheinen) Wittenberg, das vornehmlich mit einer Ciradelle und Schleusen zu versehen, Pretsch und Torgau schlössen vollends, und ein Feind würde sich sodann groß bedenken, selbigen zu paßiren. Diese drey

Oerter geben die regulärsten Vestungen, als man finden könnte, weil sie ein ebenes Terrain haben, da der Feind sich nicht sogleich zu vergraben vermag, die Schanze jenseit Torgau müste vor allen Dingen in Vollkommenheit gebracht und solche zu einem rechten Werke gemacht werden, auch jedweden dieser zwey Oerter die Befestigung durch Schleusen gleich Wittenberg vermehret werden. Wenn nun Sachsen auf solche Art sich eingerichtet, würde ein Feind es zu attaquiren sich ziemlich bedenken, weil es doch allemahl viel Mühe und Volk kostet, in ein mit Vestungen wohl verwahrtes Land einzugehen, da man den Rücken nirgends sicher hat.

§. 85.
Von den Mittel zu diesem allen.

Die Mittel zu Erbauung der so gar nöthigen Vestungen würde das Land schon liefern, und eine gute Haußhaltung des Landesherrns, eingezogene Jägerey und ein erleidliches gleich durchgehendes Kopf-Geld, wovon weder Adel noch Bürger noch Geistliche zu eximiren, solche sattsam darreichen. Denn vor die Kosten, so der mittlere Punct jetzo erfordert, verschiedene Vestungen mit großer Gemächlichkeit errichtet und solche denn mehr Nutzen schaffen würden, als wann der Jagd-Etat noch dop-

Das sich selbst u. kennende Sachsen. 371

pelt vermehrt würde, zu dem müsten Sie auch nicht auf einmahl erbauet werden, sondern jedes Jahr eine gewisse Anzahl vorgenommen, dabey die im Lande seyende Miliz, wie Frankreich thut, mit zu gebrauchen oder sie würden gewissen Entrepreneurs verdungen, die solche in bestimmter Zeit in völligen Stand setzen müsten.

§ 86.

Von Guarnisonen und Magazinen.

Weil aber Vestungen ohne Guarnisonen und Magazinen so viel nutzen, als eine Glocke ohne Klöppel, ja vielmehr schädlich seyn, so wäre nunmehro zu sehen, wo Sachsen diese zwo Requisita hernehmen könne? Oben ist erwiesen worden, daß Sachsen sehr populos und mit einer großen Anzahl seiner Städte, Märkte, Flecken, Schlössern und Dörfern versehen. Ob nun wohl derjenigen Meinung nicht als ganz vollwürdig beyzupflichten, welche die Zahl der bloßen Dörfer so sehr ausdehnen: so möchte doch der Wahrheit eben nicht zu nahe getreten seyn, wenn man glaubet, daß der Städte, Flecken, Märkte und Schlösser in allen und jeden Provinzen, wobey die Oberlausnitz, der 3 Herren Vettern Portiones, und Schutzverwandte auch mit begriffen, die Zahl unter obigen Summen nicht zu viel seyn würde, angesehen

Sachsen treflich bebauet, und es desfalls der gantzen Mark, und allen Nieder-Sächsischen, Westphälischen, ja auch verschiedenen Deutschen Provincien weit zuvorthut, allda man öfters 2. 3 auch dann und wann mehrere Meilen reiset, ehe man ein Dorf oder Hof zu sehen bekömmt, dahingegen in Sachsen deren 3. 4 und mehrere, fast auf jede halbe Stunden anzutreffen. Dorten seynd sehr große Heyden, leere wüste Plätze, und Mooren Land, in Sachsen aber ist von alle dem nichts zu finden, und kaum einer Hand breit Land anzutreffen, die nicht bebauet, bewohnet oder zur Trift angewendet werde. Die Heyden heißen in Sachsen große Wälder, in welchen jährlich eine große Menge Holz gehauen wird, noch mehr aber nicht zu nutzen kömmt, sondern verfaulet, da es hingegen in jenen Landen unbebauete Straßen seyn. Wenn nun aus jeden Orten nach Beschaffenheit seiner Größe, eine gewisse Anzahl Mannschaft genommen würde, fiele es dem Durchlauchtigsten Churfürsten gar leichte, eine Armee von 30000 Mann zu stellen, ohne daß das Land einigen Abgang von Volk verspühren sollte. Wie denn Johann Georg der Iste in vorigen Kriegen jederzeit bis 30000 Mann auch anfangs drüber gehabt, da doch die Laußnitz noch nicht darbey war, jetzige Majestät und Churfürstl. Durchlaucht aber durch ihre zahlreichen

Armeen in Ungarn und Pohlen gewiesen, was Sachsen an Mannschaft vermöge, welche doch nicht auf diese Art zusammen gebracht, sondern geworben worden.

§. 87.
Von der Schwedischen Methode des militis perpetui.

Wann die Großmächtigste Majestät und Churfürstl. Durchl. von Sachsen geruhete, derjenigen Methode zu folgen, welche Schweden, was dieses Capitel anlanget, in seinen Landen eingeführet, da jedem Orte eine gewisse Mannschaft zu Roß und zu Fuß zu unterhalten auferleget, von deren Unterhalt weder Adel noch Unadel, noch Geistlicher befreyet, das auch seyn muß, wenn ein Land die gehörige Gleichheit zu seiner Ruhe und Wohlstand suchen will, würde gar leichte Jahr aus Jahr ein, eine Mannschaft von 16000 Mann, ohne des Landes sonderliche Belästigung sustentiret werden können; wobey denn der Herren Vettern und Schutzverwandten Territoria ganz nicht verschonet seyn müsten. Dieser Modus würde Sachsen weit leichter fallen, als Schweden, weil es vor jenen viel bevölkerter, unter einem gemäßigten Himmelsstrich lieget, und durchgehends viel fruchtbarer ist, daher der Soldat, wenn er nach bemeldeter Schwedischen Erfindung und Methode ins Land vertheilet würde, seinen Unterhalt ohne alle Mühe fände. Bey diesem modo würde sich weiter keine Schwürigkeit ereignen, als daß der Adel und die Magistratus mit ihren Privilegien, die Geistlichen und andere aber mit ihrer prætentirenden Exemption gewiß würden angestochen kommen, doch wie weit der Souverain von Sachsen solche zu regardiren befugt, ist bereits zur Gnüge dargethan worden, diese Herren, wenn das Werk mit Ernst getrieben werden sollte, dürften sich vielleicht schämen, wenn sie ob interesse publicum & commune eine widerrechtliche und dem Lande schädliche Freyheit sich anmaßen wollten.

§. 88.
Von den Ritter=Pferden.

Bey den Adelichen Gütern, die in der That solche, und nicht etwan Domainen, Cammer= und Bauer=Güter wären oder solche seyn sollten, könnten die Ritter=Pferde der Fuß zu solchem Reglement seyn, diese nutzen dem Herrn und Lande ohnedem nichts, kommen nie zum Vorscheine, und wenn es auch geschicht, ist es eine nichtswürdige Mannschaft, aller Exercitien und Kriegs=Uebungen unerfahren, und mit der absolute nichts fruchtbarliches anzufangen; Anno 1652 im Jan. hat

Das sich selbst u. kennende Sachsen. 375

man in Sachsen, als nemlich nur in sieben Kreyßen und in den drey Stiftern Meißen, Naumburg und Mörseburg 1593¼ Ritter-Pferde gezehlet, wobey die beyden Laußnitze, Hennebergischer Antheil und Mannsfeldischer nicht mit einbegriffen, Anno 1673 seynd in den 7 Kreyßen bereits 1461½ caduce Ritter-Pferde angegeben worden, kein Zweifel ist, es werden derer nachher noch wohl welche darzu kommen seyn, weil die Herren von Adel immer ihre Köpfe aus der Beytrags-Schlinge zu ziehen suchen. Nun muß genau untersuchet werden, woher die Caducité rühre und unnachbleiblich wieder in Gang gebracht, und die gangbaren einem scharfen Examini unterworfen werden. Wenn nun das Land in sothane von Gott und Rechtswegen gehörige billige Gleichheit gesetzet, und jeder ad sustentandum commune bonum nach Proportion mit beygezogen und die vorhin vorgeschlagene löbliche Schwedische Methode mit Nachdruck eingeführet würde, sollte in effectu sich unfehlbar zeigen, daß obige 16000 Mann facillimo modo unterhalten werden könnten. Der Scrupel, so die Donativ-Gelder von den Ritter-Pferden hier machen wollten, die etwa der Adel in 100 Jahren einmahl dem Landesherrn gegeben, käme ganz in keine Consideration, denn der vermeinte Vortheil von solchen verhält sich eben als wie 1 gegen 50 zu dem geben diese Donativ-Gelder die Edelleute gar nie aus ihren Beutel, sondern haben aus der Arithmetica schon so viel begriffen, daß sie solche unter ihre Bauern einzutheilen wissen.

§. 89.

Von den Defensionern.

Die Städte und Dörfer haben bisanhero die sogenannten Defensioner gehabt, deren Anzahl von 1500 endlich mit großer Mühe und Noth bis 3000 vermehret worden. Denn als jetzige Königl. Majestät sie Anno 1700 auf den Landtag bis 6000 augiret wissen wollten, da erhuben die Stände ein solch Zetergeschrey, als wenn Himmel und Erden zusammen fallen wollten; was nun zu ihrer Unterhaltung bisher gewidmet gewesen, könnte mit beybehalten werden, und combinirte man es mit obigem modo. Wo auch diese Defensioner bisher Montur und Gewehr hergenommen, da nehme es auch das sämtliche Corpo, welches alles sich von selbsten finden würde, wenn man beliebte den vorgeschlagenen Schwedischen Reglement hierinnen exactissime nach zu gehen, wobey das, so ratione des Exerciren, und der Officirer in jenen gedacht, hier auch mit beyzubehalten und also einzurichten stünde. Dieses ist das wahre Moyen, dardurch sich Schweden formidable gemacht und weshalber ihme niemahls Mannschaft gebricht.

§. 90.
Von der Land=Milice.

Nebst dem könnte doch noch a parte eine Land=Milice enrouliret und aufgerichtet werden, deren Numerus auf 6 à 8000 Mann zu setzen wäre, aus diesen würden allemahl die in jenen abgängigen Stellen ersetzet, von dem Lande aber die ledigen Plätze in dieser wieder gut gethan, bey deren Einrichtung stünde unmaßgeblich denjenigen löblichen Veranstaltungen in allen von Fuß zu Fuß nachzugehen, so Preußen und Dännemark in ihren Ländern desfalls eingeführet haben. Käme nun eine Feindes=Gefahr, so würde dem Landesherrn sehr leichte seyn, jede Compagnie mit einigen Mann zu vermehren, und weil die Sustentation der Truppen weder seiner Kriegs=Casse noch dem Lande eine große Beschwerde machten, in der erstern Geld zu stärkern Anwerbungen, im Lande aber beydes zu finden stehen. Die Regulirte Milice arbeitete in Friedens=Zeiten gegen ein gewisses leidliches Tagelohn und Commiß=Brod an Errichtung der neuen und Reparatur der alten Vestungen, auch worzu man sie sonsten nöthig brauchete und damit aus der Experienz des Campirens sie nicht geriethen, dürfte nicht undienlich fallen, wenn sie jährlich im Früh-Jahre und Herbste nach der Erndte auf einige Wochen an einen bequemen Orte ein Campement formirten, darbey ihnen alles was in Campagne vorfället, gewiesen und durch Erbau- Attaquir- und Bestürmung einiger gemachten Redouten sie zugleich in Belagerungen unterrichtet würden; die verfertigten Werke gleichten sie bey Ende des Campements wieder zur Erden, damit dem Lande kein Ruin daraus entstehe, zum hin- und her Marsche wird eine solche Etape verordnet, daß Sie in den Nachtlägern weiter nichts als Obdach bekämen, weil die Subsistence der Ort, der sie ordinair hält, ihnen mitgebe; endlich der Bauer einen so kurzen Marsch nicht groß achten würde, ob er schon den Soldaten einige Tage zu essen geben müste; um den Inwohnern in Städten die Molest der Einquartirung zu benehmen, würde der oft gewesene Vorschlag wegen Erbauung der Casernen einmahl zum Stande gebracht, und jede Vestung mit solchen versehen, die Fonds aber so wohl zu solchen als denen Fortificationen, und solche in tüchtigen Stande zu erhalten, stünde vom Lande ohne große Pressuren aufzubringen, wenn nur jährlich, so ferne der modus der General-Accise durchgehends eingeführet, quod præsupponitur tanquam necessarium requisitum; hingegen die Schocke, als in welchen nichts als Verwirrung, Ungleichheit und Partheylichkeit stecket, ganz aufgehoben würden, quod iterum tanquam justissimum & inevitabile quid requiritur, eine andere extraordinaire Anlage an einer sogenannten Miliz- und Fortificat̃ions-Steuer, der bishero auch dem Nahmen nach gewesen, der Landesherr ausschriebe. Diese, gleichwie sie absque ulla exceptione & exemtione generalement seyn müste, also drückte sie auch keinen, wenn man anders justam & arithmeticam proportionem observirte, und würde doch ein großes Geld austragen, wovon die Vestungen sattsam unterhalten und Cásernen erbauet werden könnten. Die nöthigen Garnisonen nehme man von der Miliz, so das Land halten sollte, und die rata, so zu ihrer Sustentation geordnet, lieferten die Contribuenten in die Vestungen, worbey zur Facilitirung des allen aufzuzeichnen, aus welchen Kreyß und Amte jede Mannschaft wäre, da denn jeder Ort die Gelder an die Garnisonen einsendete, und durch den Regiments-Commissarium bezahlen ließen, worbey denn die, so in Garnisonen liegen, zu ihrer bessern Sustentation, und weiln es doch in Städten allemahl theuerer, als aufn Lande, noch ex ærario Principis militari eine ordentliche Gage empfiengen, auch mit solchen jährlich umgewechselt würde, damit die, so dieses

Jahr Garnison gehalten, das folgende wieder aufs Land kåmen, bey Bezahlung der Gage könnte daher keine Confusion entstehen, weil die Individua bleiben und nur die Nahmen sich änderten; obige Zahl der 16000 Mann, und 6 à 8000 Mann Land-Miliz dürfte manchen vor das Land zu viel scheinen und daher die Unerträglichkeit einwerfen, alleine wie Sachsen oft viele Jahre nacheinander fast eben eine so hohe Mannschaft in Quartier und Verpflegung haben müssen, da der Soldat ja in weit höherer Ordinanz gestanden, als er bey diesen vorgeschlagenen Modo nicht stehen würde, so ist gar nicht abzusehen, wie diese Anzahl das Land beschweren sollte, so wenig als solches Schweden und den andern sich also eingerichten Provinzien sauer ankömmt. Nur wird ein vor allemahln die billige Gleichheit erinnert, und der große Nutzen, der aus solcher beständigen Miliz entspringet, ist so offenbar, daß selbigen weitläuftig zu beschreiben nicht nöthig.

§. 91.

Von den Magazinen.

So viel die Magazine an Mund- und Kriegs-Provision anlanget, so ist Sachsen zwar bereits jetzo mit einen gewissen Reglement versehen, wie viel nehmlich jede Hufe Landes an Getrayde in die

Das sich selbst n. kennende Sachsen. 381

Magazine liefern sollen, doch der liebe Gott weiß, was sowohl von den Liveranten als den Proviant-Schreibern diesfalls vor Unterschleif vorgehet. Jene suchen sich entweder gar zu subtrahiren und kommen auch diesfalls mit ihren Privilegien und Immunitæten angestochen; diese aber machen durch verkaufen, und ihre künstliche Rechnungen, darinnen ein A vor ein U & vice versa, solchen Unterschleif, daß die guten Magazine, als die ohnedem in keinem rechten Stande, fast immerdar leer stehen. Wenn aber richtig untersuchet, und denn auch angeordnet würde, was, und wie viel ein jeder zu liefern, zugleich hierbey keine Exemtion gültig seyn dürfte, hiernächst, von denen Proviant-Officiers genau auf ihre Hände und Rechnung acht gegeben würde, sollten die Magazins wohl bald in guten Stand und an Sustentation der Soldaten und nöthigen Commiß-Brod kein Mangel seyn; jeder Liverant müste sein Quittungs-Buch haben, darein einzuzeichnen, aus welchen Kreyße und Amte er wäre, wie viel, wann, und wohin er sein Contingent geliefert, das wenigstens alle Quartale von Kriegs-Commissario durchsehen und dann jährlich die Magazin-Rechnung in der Kriegs-Canzley abgenommen, scharfe acht und Nachfrage gehalten würde, ob der eingekommene Vorrath vorhanden, oder wo er hingekommen,

Der in Garnison commandirende Officier en Chef hätte auf die Magazin-lieferung zugleich mit acht zu haben, und müste vor die Rechnung mit responsable seyn. Auf die Art stünde zu dem Mund-Magazin gar leichte zu gelangen und solche zu erhalten. Die Kleidung der Miliz geschehe aus den Churfürstl. errichteten Tuch- und andern Fabricken, wofür wie bisher dem Soldaten jährlich an seiner Gage ein gewisses abzukürzen, dieser Abzug aber in eine beständige Richtigkeit zu bringen wäre. Es ist jeden Soldaten sowohl hohen als geringen zeithero alle Monate von Thaler 6 gr. Invaliden-Geld decourtiret worden, diejenigen, so diesen Abzug gethan und die Einnahme davon gehabt, werden am besten wissen, wo solche hingekommen, denn die sogenannten Invaliden haben wohl das allergeringste davon zu sehen bekommen, welches ihre große ungestüme Betteley auf allen Straßen sattsam bezeiget, und das zum schlechten Respect des Landesherrn und noch schlechtern Encouragement vor andern gereichet. Diese Gelder hätte man genau zu untersuchen, zum rechten anfänglich destinirten Gebrauch unnachbleiblich zu verweisen, weswegen an einen gewissen Ort in Sachsen ein Invaliden-Hauß zu erbauen, und die Blessirten dahin zu verschaffen, auch mit nothdürftigen Unterhalt zu versehen, solches würde bey allen eine

luſt erwecken, ſich zu enroulliren, und anwerben
zu laſſen, denn ein Soldat noch einmal ſo gern
dem Kalbfelle folget, wenn er weiß, wo er bey folgender Untauglichkeit, ſeinen übrigen Lebens-
Reſt ehrlich hinbringen kann, als wenn er den Bet-
telſtab ſodann zur Hand nehmen muß. Kein In-
valide aber iſt ſo unvermögend, daß er nicht noch
etwas ſollte thun und arbeiten können. Wenn
nun in dieſes Hauß aus denen Fabricken Arbeit,
es ſey mit Wolle leſen, ſammelen, Spinnen, und
wie dieſe und andere Arbeiten alle heiſen, vor dieſe
Leute gegeben würde, ſo ſchaften ſie dadurch vor
ſich, ihre geſunde Cameraden, das Land, und ihren
Herrn annoch Nutzen, und man würde ſich ihres
Fleißes ganz nutzbar bedienen können.

§. 92.

Von Kriegs=Proviſion=Ma=
gazinen.

So viel die Errricht= und Vorſorgung der
Kriegs=Proviſion und Magazine anlanget, würde
ſolche daher nicht ſchwer fallen, weil Sachſen mit
allen Arten Metallen, als auch mit Bley, Eiſen,
Schwefel, Salpeter, und andern gnugſam verſehen, und was noch fehlete, das wäre von anders-
her gegen Verſtechung anderer Waaren gar leicht

zu erlangen, auch obbemeldte Miliz-Steuer zu diesen schon mit hinlänglich seyn, indem wohl vernünftig, daß eben nicht in einem Jahre die Errichtung der Vestungen geschehen müste, und wenn solche nur einmahl im Stande, die Conservation alsdenn mit wenigen Kosten zu bestreiten ist. Das hero von obigen Geldern nicht alleine die Magazine etabliret und unterhalten werden könnten, sondern auch leichte noch ein Ueberschuß beyzulegen seyn dürfte. Die Materialien an Steinen, Holz und Kalche zu allen diesen Gebäuden liefert Sachsen in Ueberfluß, und hat also nicht nöthig, solche mit Unkosten von Fremden herbey zu holen. Dieses waren demnach die gezeigten Mittel, wie das Land in guter Defension hoffentlich zu erhalten, und sich bringen könnte, die aber die rechschaffene Etablirung der Commerzien zum alleinigen Grunde haben, wenn nun solches geschehen, wird das Land in Ruhe und reichen Wohlstande gerathen, bey Ausländern aber in Estim und Ansehen sich bringen und formidable machen.

§. 93.

Von dem Justiz-Wesen.

Mit wenigen noch von Einrichtung des Justiz-Wesens zu gedenken, so muß der, der der Sachsen Rechte nur ein wenig kundig, von selbst bekennen,

Das sich selbst u. kennende Sachsen. 385

nen, daß selbige mit sehr vielen und guten Gesetzen versehen: alleine eben die große Menge derselben macht, daß die Justiz nicht so observirt wird, als sie wohl verwaltet und ausgetheilet werden sollte, das unsägliche Processiren, und die den Processen kein Ende gebende Proceß-Ordnungen, die vielen Neben-Erklärungen, geheime Observantien, große Menge der juristischen Bücher, noch größere Menge der in den Collegien fallenden leeren und Bei-Urthel, sparsame Zusammenkünfte der 2 hohen Collegiorum, als des Appellations- und Ober-Hofgerichts, die billig, um die Sachen bald zu befördern, in perpetuum und in einen Weg sitzende und sprechende Collegia verwandelt werden sollten, machen, daß Sachsen einer promten Justiz sich nicht rühmen darf. Eine kurze Proceß-Ordnung aber, und daß über keine Sache, die unter 100 Rthlr. wäre, ein Proceß angenommen, sondern in solchen geringen Dingen summariter & de simplici & plano gesprochen werden sollte, die Cassation der vielen und unnöthigen Urthel, die Aufhebung des Mißbrauchs im Appelliren, eine bessere Legalité vieler Richter, die Abschaff- und Einschränkung des Juris civilis und Aufhebung der vielen und unnöthigen Allegationen aus selbigen, wie auch dem Jure Canonico, hingegen lediglich Anführung der Sächsischen Rechte, nach welchen allein in allen Judiciis & Collegiis zu sprechen und dann die letztere Erläuterung und Einrichtung von solchen selber, dieses werden diejenigen Dinge seyn, die Sachsen vielleicht einen gnädigen Gott, und bessere Renommé bey den Ausländern verschaffen. Doch von diesem Punct des Justiz-Wesens mit göttlicher Hülfe an einen andern Ort ein mehrers.

Indessen verleihe die Güte des Himmels, daß Sachsen und das Durchlauchtigste Großmächtigste Churhauß in denjenigen florissanten Zustand, Aufnehmen, und Ruhe kommen möge, den es zu haben wohl verdiente, auch haben könnte, und der Verfasser dieser geringen doch wohl gemeinten Blätter aus unterthänigster Devotion von Herzen wünschet.

*

Faxit Omnia Deus.

V.

Gesetz-Tafel

des

Regierenden Herrn Fürstens und Bischofs

August zu Speyer

für

seine weltliche Dienerschaft

vom 12. Febr. 1781.

Als Muster von Fürsten-Glauben und Dienst-Statistik am Ende des achtzehenden Jahrhunderts.

Nach dem Originaldruck
in Folio.

𝔙on Gottes Gnaden Wir August Bischof zu Speier, Probst der gefürsteten Probstei Weissenburg, des Heiligen Römischen Reichs Fürst, Graf von Limburg-Stirum ꝛc. ꝛc.

Der Allgegenwart, unendlichen Majestät, unbegränzten Weisheit Gottes ists allein eigen und vorbehalten, alles in dem unermeßlichen Ganzen der Schöpfung durch sich selbst zu durchdringen, zu ordnen, in die Wirkung zu setzen. Dessen ungeachtet hat doch der Allerhöchste sich Engel als Diener erschaffen, welche er, nach dem mehrfältigen Zeugnisse der h. Schrift, als Boten und Werkzeuge zu seinen weisesten Absichten gebrauchet. Die Eigenschaften der Menschen, welche von Gott andere an seiner Statt zu regieren sind angeordnet worden, sind begränzt; diese müssen daher, aus Nothwendigkeit, sich anderer Menschen als Diener und Werkzeuge in Ausübung ihrer Regierungspflichten gebrauchen. Wem muß somit nicht gleich hell einleuchten, daß einem Regenten sehr viel an einer wohlgeordneten Dienerschaft gelegen seyn müsse?

Nothwendigkeit einer wohlgeordneten Dienerschaft für einen Regenten.

Gesetztafel des F. Bisch. zu Speyer

Wir haben nun zwar das Zutrauen zu Unserer Dienerschaft, daß jeder aus derselben von seinen Pflichten gnugsam unterrichtet, auch dieselbe genau zu erfüllen beeifert seyn werde. Doch um Unserer Seits gar nichts ermangeln zu lassen, haben Wir Uns, so wie Wir bereits bei den verschiedenen Klassen Unserer Geistlichkeit thaten, auch in Betreff Unserer übrigen Dienerschaft veranlasset gefunden, ihr einen kurzen Inbegriff ihrer Pflichten in gegenwärtiger Ermahnung vor Augen zu legen.

§. 1.

Der Grund hievon muß in den innerlichen Gesinnungen und in dem Herzen liegen; diese setzen nothwendig ein thätiges Christenthum zum voraus.

Der Grund hievon muß in den innern Gesinnungen und in dem Herzen liegen. **Nur wahre Redlichkeit, nur innere Rechtschaffenheit, müssen die Triebfeder von den Handlungen eines Dieners seyn.** Darum ist die getreue Beobachtung der dem höchsten Oberherrn der Allheit, dem großen Gott, schuldigen Pflichten, das wahre und thätige Christentum, der erste Grundsatz eines wahren treuen Dieners. Beide, die Befolgung der Religionspflichten, und jener, die man seinem zeitlichen Herrn zu entrichten hat, sind so enge miteinander verbunden, daß diese nicht bestehen können, wenn jene hindangesetzet werden. Gewiß, wer immer kein wahrer treuer Diener Gottes, kein thätiger Christ, kein aufrichtiger Sohn der Religion ist; kann unmöglich ein treuer Diener seines zeitlichen Herrn sein. Wer dem unendlichen Selbstherrscher der ganzen Welt untreu ist: wie? wird der jenem treuer sein, der nur als ein Statthalter der göttlichen Majestät in einem Bezirke der Welt herrschet? wer gegen den sich eidbrüchig beträgt, vor dem, als dem Herzenskundiger, die innersten Gedanken, noch ehe sie gedacht werden, ohne Hülle entdecket liegen, und dem er als dem allgemeinen und allmächtigen Oberrichter nicht entgehn kann: wird der einen sterblichen Herrn nicht zu teuschen suchen, vor dem er sein böses Herz verbergen, dessen Strafgericht er nicht selten von sich ableinen mag? Selbst die Heiden machten diese wichtige Anmerkung: Wer den Göttern, sprachen sie, untreu ist, bei denen er seinem Regenten die Treue schwört; wird um so mehr treulos gegen den Regenten seyn, dem er schwört. Die göttliche Schrift aber setzet diesen Grundsatz noch deutlicher aus einander: Ihr Diener, spricht sie, gehorsamet mit Furcht und Ehrerbietsamkeit denen, die eure zeitliche Herren nach dem Fleische sind, wie Jesu dem Gesalbten, euerm ewigen Herrn, den sie vorstellen; erfüllet ihre Befehle mit Einfalt und

Bb 4

Aufrichtigkeit, nicht allein damal, wo sie ihre Augen auf euch richten, um also den Menschen zu gefallen: sondern auch, wenn sie abwesend sind, wie es Dienern Jesu Christi zusteht, die in eben diesem den Willen Gottes von Herzen vollziehn.

Die Ehrlichkeit, welche von der Eigenliebe erzeugt wird, ist falsch und betrügerisch: wenn die Beobachtung der Pflicht nur um der Aufmerksamkeit der Menschen willen entsteht; wenn nur der dusserliche Zwang, nur Menschenfurcht die Handlungen beleben; so löscht der Eifer mit der Aufsicht, wie die Irrlichter in der Einsamkeit, aus. Es komme der eigennützige Diener in die Umstände, wo er seinen Vortheil mit der Treulosigkeit vereinigen kann; so wird es ihm ein leichtes werden, sie auch mit seiner Pflicht zu vereinigen: und wird die Furcht, die einzige Kraft, die ihn bisher in Bewegung setzte, still stehn; denn wird man weder nach der Regel einer guten Aufrichtigkeit im Dienste fragen; wenigstens solche weder beständig noch durchgängig vermuthen können.

§. 2.

Hauptsächliche Eigenschaften eines rechtschaffenen Dieners sind: I. Neigung den Willen des

Das Herz also und Gemüth eines rechtschaffenen Dieners muß ganz durchdrungen und erfüllt seyn mit diesen vorzüglichen Eigenschaften, a, ei-

für seine weltliche Dienerschaft.

ner tiefesten Ehrfurcht gegen seinen Oberherrn, und immer fertigsten Neigung, den Willen seines Gebieters auf das genaueste zu erfüllen; b, einer unverbrüchlichen Treue; c, einer durchgängigen Redlichkeit, und d, eines thätigen Diensteifers. *Herrn genauest zu erfüllen: II. unverbrüchliche Treue, III. durchgängige Redlichkeit, und IV. thätiger Diensteifer.* So schwer nun dieses jenem sein wird, den nur Furcht, Zwang, oder Noth seine Schuldigkeit zu erfüllen anspornet; so leicht ist es hingegen jenem, welchen gesagte Eigenschaften in seinen Handlungen beleben, und zwar nach dem Grade der Stärke und Lebhaftigkeit, welchen dieselbe in seinem Gemüthe werden erhalten haben.

Hiezu nun alle Unsere Diener aufzufordern, werden folgende nähere Bemerkungen dienen; wenn sie nur mit jener aufrichtigen Meinung aufgenommen werden, mit welcher Wir sie ihnen mittheilen.

§. 3.

Die Neigung, den Willen des Herrn in allem genau zu erfüllen, muß sich auf die lebhafte Erkenntniß gründen, daß sich hier eine Pflicht vorlege, derer vollkommene Beobachtung Gott, die Religion, das Gewissen, das An- *Die Neigung den Willen des Herrn genauest zu erfüllen, muß zum Grunde haben, a) eine lebhafte Erkenntniß dieser Schuldigkeit.*

sehen eines Oberherrn, und die allgemeine Wohlfart des Staats fordern. Gott gebietet, durch seine Apostel, die Fürsten zu ehren, nicht nur durch ein äusserlich fühlbares Zeichen der Furcht und Ehrerbietung, sondern nebst diesem durch einen innerlichen Trieb des Gewissens und der Religion. Das Amt, das sie begleiten; die Würde, die sie tragen; Gott, dessen Stelle sie vertreten; alles dieses muß das Herz, das Gemüth, die Worte, die Werke zu ihrer Verehrung und nach ihrem Willen antreiben. Wir wiederholen es; der Fürst ist von Gott bestellt, er ist ein Diener Gottes, dessen Stelle er vertritt: daher ist es höchst nothwendig, daß nach dem Ausspruche des Apostels zu den Römern am XIII. dem Fürsten der Diener nicht allein um der Strafe zu entgehn, sondern auch dem Gewissen ein Genügen zu leisten, unterthänig seyn müsse.

Falsche, ja unchristliche Diener sind also die, welche die Handlungen ihres Herrn zu lästern, oder dessen Aufführung gehässig auszulegen, und zum Argen zu deuten, sich unterfangen; die desselben Absichten durchdringen, und den Schleier, der ihre Geheimnisse decken soll, frecher weise wegheben wollen, die sich immer die Freiheit nehmen, den Ruhm ihrer Tugenden oder glücklichen Unternehmungen durch voreilige Urtheile, die sie doch nur in ihren Gedanken hegen, zu schmähen, zu entwürdigen. Diese sind die Leute, die der Geist Gottes in seinen Schriften urtheilet, und verdammet.

Es muß aber auch diese von Gott befohlene Ehrfurcht eine Quelle des Gehorsams sein. Jeder sei der höhern Gewalt unterthan. Gott ist es abermal, der dieß durch den Mund des Apostels redet, und die Ursache folget: weil alle Gewalt von Gott kömmt; weil jener, welcher der Verordnung seines Herrn widersteht, der Verordnung Gottes widerspehstig ist. Jeder Gläubiger sei dem Fürsten und der Obrigkeit unterthänig: denn es ist keine Gewalt, die nicht von Gott käme. . Daher entsteht, daß wer einer rechtmäßigen Obrigkeit sich widersetzt, dem Befehle Gottes sich widersetze, als von welchem jene ihre Gewalt her hat; und diese Widerspenstigkeit wird von Gott ewig gestraft werden. So lauten die Worte des Apostels.

Gleichwie sich nun aus diesen Grundsätzen die Pflicht zu gehorsamen, und in allem den Willen seines Fürsten zu erfüllen, als eine wahre Pflicht der Religion, und des Gewissens zeiget: so ist es auch eine unverbrüchliche Pflicht eines Dieners, als eines Mitgliedes des Staates. Es ist zur Glückseligkeit des Vaterlandes nicht genug, daß die Regenten für ihre Unterthanen gute und gerechte Absichten haben; die Pflichten der Diener werden auch dazu wesentlich erfordert. Was würden die redlichsten Absichten, die weisesten Gesetze eines Fürsten helfen; wenn die Diener die Freiheit hätten, den gütigsten Einfluß davon auf das gemeine Beste zu hemmen, indem sie ihren Eigennutz oder Nebenabsichten zuvor zu Rathe ziehn? So würden die weisesten Herren ihre väterliche Sorgen, ihre beste Absichten unfruchtbar sehen müssen; ja, die heiligste Majestät würde ein Spott der Bosheit, die gerechtesten Gesetze und Befehle ein Spiel des Frevels; die wesentlichsten Verbindungen des Staates alle Augenblicke zerrissen, die Ruhe und Wohlfarth des Herrn so wohl als seiner Länder zu einem Gnadengeschenk der ruchlosen Diener werden. Alle Pflichten also, welche die Dienerschaft auch dem Vaterlande schuldig ist, vereinigen sich in dieser, daß sie den Befehlen des Vaters und Beschützer des Staates sich mit einem reinen und vollkommenen Gehorsame unterwerfen.

§. 4.

b) Einen guten Willen, den Befehlen

Wenn nun einem Diener die Erfüllung einer von Gott selbst ihm auf-

für seine weltliche Dienerschaft.

nach Pflichten zu gehorsamen.

erlegten Schuldigkeit nicht gleichgültig ist (welche höchst strafbare Gleichgültigkeit Wir von keinem Unserer Dienerschaft denken wollen) so muß eine solche Erkenntniß einen geneigten Willen, den Befehlen des Regenten in allem genauest nachzuleben, zur nothwendigen Folge haben: und zwar, da die nemliche Schuldigkeit obwaltet, der Diener mag nun zu dem Befehle des Herrn mitgerathen haben, oder nicht; dieser mag seiner Meinung gemäs seyn, oder entgegenstehn; er mag mit seinem besondern Vortheile, seiner Neigung oder Abneigung einstimmig seyn, oder nicht; so wird auch ein Diener die Biegsamkeit des Willens zu dem Gehorsame nicht von daher, sondern einzig von der immer lebhaft gegenwärtigen Kenntniß seiner Schuldigkeit entnehmen, und also in einem, wie in dem andern Falle, zu gehorchen bereit seyn.

Wo eine Obrigkeit ist, die ist von Gott geordnet; einem Diener steht es also nicht zu, erst zu untersuchen, ob die Obrigkeit, die einmal Gewalt über ihn hat, auch ein Recht habe, dieses oder jenes zu befehlen; noch ist ihm anständig, um die Ursache des Befehls zu fragen. Der Diener ist, so bald die Herrschaft die höchste Gewalt in Händen hat, zum Gehorsame gegen sie verbunden. Die übrigen Untersuchungen gehören nicht für ihn: dieses Gericht hat sich der König aller Könige vorbehalten. Gewiß: was hieße Obrigkeit, was Unterthan, wenn jedem Diener erlaubt wäre, seinen Gehorsam so lange zu verschieben, bis er die Befehle des Herrn nach seinen Absichten gemessen hätte?

§. 5.

und zwar, c). pünktlich und nach dem Buchstaben, wenn der Will des Regenten deutlich ist.

Deßhalben wenn der Will des Regenten deutlich, und bestimmt ist, so bleibt einem rechtschaffenen Diener nichts übrig, als denselben pünktlich zu vollziehen; es wäre dann, daß sich mit Grunde denken ließ, dem Regenten seyen nicht alle Umstände, oder besorgliche Folgen bekannt gewesen, in Ansehung welcher etwann eine andere Entschließung hätte gefaßt werden dörfen. Hier fordert selbst die Dienstpflicht und die schwere Schuldigkeit, das Beste des Herrn in allem zu befördern, demselben die noch unbekannten Umstände kenntbar zu machen, und die fernere Entschließung abzuwarten.

Nichts ist aber hier so nothwendig, nichts einem Diener mehr zu empfehlen, als daß er hierinn mit dem Herrn ohne Verheimlichung eines oder

für seine weltliche Dienerschaft.

des andern Umstandes, ohne heimliche Veranlassungen, Vorbereitungen, Anstiftung durch dritte, ohne zuvor gepflogene Berathschlagung und heimliche Verabredung mit andern, ohne Unterschlagung der Bittschriften, vielleicht unter dem Vorwande, dem Herrn keinen Verdruß zu machen, ohne Abmahnungen, oder vorgegebene Vermittlungen bei andern, welche glauben, einen Umstand dem Herrn entdecken zu müssen, und endlich ohne anmaßliche Beurtheilung der Erheblich- oder Unerheblichkeit der vorkommenden Umstände, handle, und zu Werke gehe. Nebst diesem ist zu bemerken, daß wenn die Erklärung durch eigene unmittelbare Aussage des Herrn erfolgt ist, nun keine weitere Anfrage oder Meldung an andere niedere Vorgesetzte zu machen ist. Genug: der Herr hat geredet, der Herr hat es befohlen: alle übrige, auch Vorgesetzte, müssen den höchsten Willen und Befehl des Herrn verehren, von dem alle ihre Gewalt haben: jeder ist, und bleibt für allzeit ein Diener des Herrn.

§. 6.

Sollte der Wille des Herrn nicht deutlich genug und bestimmt scheinen, alsdann ist eine weitere Erklärung

Wenn der Wille c) undeutlich scheinen sollte und

man mit Grunde glaubte, daß dem Herrn Hauptumstände verborgen gewesen, so ist in gebührigen Wegen die Erläuterung zu suchen.

nachzusuchen. In einem minder weitschichtigen Staate, wo man dieses dem Regenten, der seinen Regierungspflichten fleißig nachlebt, mit einer schriftlichen oder mündlichen Anfrage leicht vorbringen kann, fällt es gar nicht schwer, eine Aufklärung bey ihm selbst zu erhalten. Dieser Weg ist unstrittig allen andern, wodurch der Wille des Vorgesetzten sich nur in einem gewissen Grade der Wahrscheinlichkeit ausfindig machen läßt, weit vorzuziehen: somit ist es in einem solchen Staate eine besondere Pflicht der Dienerschaft, sich zur Quelle selbst zu wenden, und zwar vermittels einer förmlichen schriftlichen, oder mündlichen Anfrage. Doch müssen sich dabey immer Wahrheit und Kürze einfinden; unnöthige Aus- und Umschweife aber und Nebenabsichten sich entfernt halten. Fern sey es, daß man, wie je zuweilen von überklugen, oder durch Nebenabsichten gelenkten Dienern geschieht, durch eine schleichende bloß mündliche Ausspähung, oder durch Verbindungen einiger Wahrnehmungen, und daraus gezogenen Schlußsätzen, (welche, wie die genugsame Erfahrung lehret, leicht teuschen, und statt auf die eigentliche Meinung des Regenten zu führen, von solchen weiters zu entfernen pflegen) den befehlenden Willen auskundschaften wolle.

Mit

Mit der Wahrscheinlichkeit sich aufhalten wollen, wo eine authentische und sichere Erklärung leicht zu haben ist, würde offenbar den Weg zum Willkührlichen bahnen, und veranlassen, daß der Eigendünkel eines Dieners dem eigentlichen Willen des Herrn an die Seite gesetzt würde. Eben dieses ists aber, was eine wohlgeordnete Dienerschaft, die nicht aus den Gränzen ihrer Unterwürfigkeit heraustreten will, aufs sorgfältigste zu vermeiden hat. Fern sei es weiter von jenen Dienern, welche das Amt haben, die Befehle von dem Herrn mündlich zu empfangen, um solche andern zu überbringen, daß sie sich dieser Gelegenheit bedienen, um zum Gunste eines andern einen unnützen Fürspruch zu thun: Fern, sagen Wir, sei von ihnen, auf einen Mitdiener die Gnade des Herrn lenken zu wollen. Die Vertheilung der Gnaden ist das Werk nur des Herrn: Er, der Herr, hat die Ausspendungen der Gnaden seinen höchsten Einsichten allein vorbehalten. Wer dieses Recht ihm rauben, oder doch mit ihm theilen will; der wisse, daß es weiter nichts braucht, die sehnlich verlangte Gnade von dem, welchem er wohl will, für allzeit abzuwenden; als wenn man sich als einen unzeitigen Fürsprecher darbietet, oder sich wirklich als einen solchen darein mischet. Wir verstehen hier einen unzeitigen Fürsprecher, dergleichen jene sind, die nicht das Beste des Herrn, und des Staates, sondern das Ihrige; nicht, das Band, durch welches der Diener mit dem Herrn, und mit dem Staate verknüpft ist, sondern das fleischliche Band der Verwandtschaft; nicht die Aufrichtigkeit, sondern eigennützige Absichten, niederträchtige Gunst, Begierde zu Geschenken, Stolz und Verlangen sich groß und bekannt zu machen, oder endlich Anstiftungen anderer zum Antriebe haben. Derlei Fürsprecher schaden, wenn sie helfen wollen, besonders da ihnen auf des Regenten Gnade kein Vorrecht zukömmt, mithin dieselbe auf dessen Beutel nichts verordnen, und in dieser Absicht jemand einen Nutzen, Nachlaß oder Minderung verschaffen, oder sich günstig zeigen können. Dazu kömmt, daß sie durch eine solche auffallende Unternehmung dem dritten unvermerkt sein Glück erschweren, wo nicht gar verhindern. Doch ist der Weg zum Herrn aufrichtigen Dienern niemal verschlossen, vielmehr fordern es die Pflichten, daß sie sich dem Herrn nähern, um demselben aus reiner Treue und mit Wahrheit gute Eigenschaften,

für seine weltliche Dienerschaft. 403

und vorliegende Fähigkeiten anderer bekannt zu machen; oder dem Herrn die unbekannten Fehler oder sonstige Dienstnachläßigkeiten aus reiner Absicht entdecken.

§. 7.

Sey auch, daß der Diener nicht allemal ein vorsetzlich boßhaftes Absehen habe, wenn er nach dem Verhältnisse der Umstände entweder die Gesinnungen seines Herrn auszuforschen, oder etwas anzubringen, zu bemänteln, jenem, welches einem andern nicht anständig sein möchte, vorzubeugen trachtet. Sey es, daß er seiner Einbildung nach edlere Beweggründe dazu habe; und sich nun durch eine übel verstandene Nächstenliebe, jetzt durch eine etwaige Ruhmbegierde, den beliebten Namen eines Menschenfreundes zu erhaschen, oder weil er es als ein unschuldiges Freundschaftsstück ansieht, das man dem bittenden Freunde nicht abschlagen könne, zu solchem Schritte verleiten lasse. Wie? sind, dessen ungeachtet, die Folgen, die daraus entstehn, nicht höchst unangenehm? läuft bey allem dem nicht die eigene Pflicht so wohl, als der wahre Nutzen und das Glück des Freundes, dem er hat dienen wollen, Gefahr? Denn der Herr ertheilet entweder eine nicht genug bestimmte, oder von fernerer Entschlie-

Fortsetzung des Vorigen.

ßung abhangende Antwort; oder er vermuthet das Vorhaben des Dieners, und hält mit der deutlichen Erklärung an sich: was folget aber hieraus? Dieses: die Aeußerung des Regenten wird nicht vollkommen begriffen, folglich wird der Freund, dem man einen undeutlichen Schluß beybringt, den man nicht nach allen Umständen belehren kann, jederzeit hintergangen, und dadurch in dem Glücke, das er schon in Händen zu haben glaubte, gehindert, wo nicht gar unglücklich gemacht.

§. 8.

Die Treue gegen den Herrn muß a) dessen Nutzen befördern, und Schaden abwenden.

Die aufrichtige Neigung, den Willen seines Herrn auf vorberührte Art zu erfüllen, muß ferner mit einer **unverbrüchlichen Treue** verbunden sein. Der Pflichteid, den die Dienerschaft abschwört, erläutert selbst vorzüglich, worinn die wahre Treue bestehe. Der Diener macht sich verbindlich, den Nutzen seines Herrn nach seinen Kräften, nach aller Möglichkeit zu befördern, und im Gegentheile allen Schaden abzuwenden.

Hier muß er nicht glauben, daß die aus seinem Eide entspringende Pflicht nur in der blosen Erfüllung der ihm offenbar aufliegenden Amtsverrichtungen bestehe. Nein: die Gränzen dieser beschwornen Pflicht sind weitschichtiger, sie sind unbestimmt, wie die Gattung des Nutzens oder Schadens unbestimmt ist. Die Pflicht bezielet alle Gelegenheiten, alle Vorfälle, alle Umstände, in denen das Beste des Herrn kann verschaffet, oder ein Uebel abgewendet werden. Sollte auch außer der Sphäre der besondern Amtsgeschäfte sich das Wohl des Landesherrn blicken oder suchen lassen, so ruft die allgemeine allen Dienern eigene Pflicht; dazu behülflich zu seyn: es drohe ein Uebel auch von weitem, so fordert die beeidigte Treue jeden Diener abermal auf, demselben durch baldigste Entdeckung mit Rath und That zu steuern. Sollte wohl ein Diener die Gnade seines Herrn verdienen; sollte er des oft reichlichen Unterhalts würdig seyn, wenn er weder Dankbarkeit, noch Liebe, weder Wachsamkeit, noch Sorge für seinen Herrn, seinen Wohlthäter, seinen Ernährer, seinen Landesvater, und dessen Wohlsein tragen wollte?

Kann er das billig seinem Fürsten versagen, was er selbst von denen, welche zuweilen das Brod so sparsam von ihm erhalten, mit äußerster Strenge verlanget? So gar das unvernünftige Geschöpf lehret ihn die Treue, da es seinem Herrn mit einer Gattung eines zärtlichen Hanges um deßwillen zugethan ist, weil er ihm die Gutthat des Unterhalts gönnet. Ein christlicher wahrer Diener darf also, dieß ist unläugbar, nicht zufrieden seyn, daß er den Nutzen seines Fürsten durch treue Erfüllung seiner einzelnen Amtspflichten befördere; er muß auch alle Gelegenheit begierig ergreifen, ja aufsuchen, worinn er demselben einen ersprießlichen Dienst zu leisten fähig ist. Hiebei ist immer in allen Gelegenheiten zu merken, daß verschwiegen seyn eine Hauptpflicht eines treuen Dieners sey, der mit warmer Brust sich nach dem Vortheile seines Regenten sehnet. Durch vorläufiges Plaudern würden die guten Absichten, die der Herr zu haben glaubt, weit verscheucht werden; die allenfallsige Hofnung des Guten würde zermalmet, zerstäubet, verfliegen; zumal wenn man die Sache nicht vollkommen nach ihrem ganzen Umfange einsieht. Deßwegen soll der Diener, dem der Herr das Geheimniß seiner Absichten entdeckt, dieses gegen jedermann, selbst gegen die, von welchen er glaubt, daß sie bereits von der Sache Kenntniß haben, in sich verschlossen halten. Er ist nicht versichert, ob er alles wisse, wenn er auch etwas von dem Herrn erfahren hat; er weiß nicht, ob nicht andere mehr, und im Zusammenhange vielleicht das Gegentheil inne haben, wo denn durch hin und her Schwätzen, durch vorurtheiliges Beurtheilen, und Auslegen nothwendig in der Hauptsache und im Ganzen immer ein Schaden zu fürchten ist. Zu dieser Verschwiegenheit sind auch jene Fälle zu rechnen, wenn der Herr sich bewogen findet, einem oder dem andern aus seiner Dienerschaft seine Unzufriedenheit und Mißvergnügen bestmeinend und gnädigst zur künftigen Besserung mündlich zu erkennen zu geben. Gewiß, höchst unanständig, ja sträflich wäre es, wenn ein Diener in solchem Falle sich beigehen ließe, des Regenten mündliche Aeußerungen andern zu entdecken, und sich gleichsam hinterrücks gegen den Herrn rechtfertigen zu wollen; wobei mehrentheils die Grundursache des von dem Regenten geäußerten gerechten Unwillens verschwiegen bleibt, und nur getrachtet wird, eine Verkleinerung der höchsten Person des Fürsten zu erwecken, und den Vorgang als unbillig vorzustellen.

§. 9.

In dem Gesagten findet der Diener auch Beweggründe genug, das Beste seines Herrn, so viel an ihm ist, bey und durch andere zu betreiben, vorzüglich aber bey, und durch jene, die ihm etwa untergeben, und die von Amts wegen seiner einleitenden Obsorge anvertrauet sind. Er wird diese zu gleicher Treue anhalten, sie zu ihren Pflichten ermuntern, ihre Abweichungen verhindern, und hiezu alle Mittel,

b) auch jenen, der durch andern entstehen könnte.

so er in Händen hat, verwenden, besonders aber
bey allen Gelegenheiten, wo den vorliegenden höch=
sten Verordnungen nicht nachgelebet, wo Nutzen
verhindert oder das gewünschte Gute vereitelt wird,
oder, wo eine Anzeige nöthig ist, allenfalls an den
behörigen Orten die erforderlichen Erinnerungen
machen, und im Falle es keine Wirkung haben
sollte, oder man es nachher ersprießlich fände, bei
dem Herrn unmittelbar solches ganz geheim unter=
thänigst melden, wie denn, wo es nöthig ist, diese
Geheimhaltung allerdings hiedurch zugesichert wird.
Hiebey ist noch anzumerken, daß dieser bedenklichen
Pflicht der Treue jene Gattung der Diener offen=
bar zuwider handle, welche andern neu eintreten=
den Dienern entweder Mißtrauen oder Argwohn
gegen ihren Herrn einzuflößen suchet. Sie loben
zwar ihre Herrschaft; bedauern aber zugleich, daß
ihrer Meinung nach das Zutrauen abgehe, und
sie öfters in die Ungewißheit versetzt würden, dem
Willen des Herrn ein Genügen leisten zu können:
sie bemerken deren Tugenden, setzen aber immer dem
Lichte einen falschen Schatten bey, um den neuen
Diener schüchtern zu machen, und auf Irrwege
zu führen: da sie sich auf diese Art als Wegweiser
und Rathgeber darbieten, suchen sie nichts, als
solche noch unerfahrne mit falscher Freundschaft
zu täuschen; dieselben zum Nachtheile der ihrem

für seine weltliche Dienerschaft. 409

Herrn geschwornen Treue und Dienstpflicht sich verbindlich zu machen, und für immer anzufesseln; wo denn nothwendig ein Schaden für den Herrn, und den Staat entstehen muß.

Werden solche Abwege vermieden, wird die Treue als der erste und einzige Gegenstand aller Handlungen und Absichten beibehalten; so, da entsteht in einem Staate aus mehrern auf das gemeine Beste einstimmig arbeitenden Dienern, wie aus verschiedenen Rädern in einem wohlgeordneten Uhrwerke, eine wohlzusammenhangende Verbindung, wodurch unter der gemeinsamen Leitung und Triebe des Regenten die Glückseligkeit auch weitschichtiger Staaten in ihrem Fortgange erhalten, und von Tag zu Tage befördert wird.

§. 10.

Sollten aber die Diener in einem Staate nicht also, wie ist gesagt worden, beschaffen seyn; so werden alle auch noch so ersprießliche Anstalten des Regenten entweder ganz oder doch zum Theile vereitelt. Wir wollen hier keineswegs von Unserer Dienerschaft vermuthen, daß Wir auch nur einen oder den andern Treuvergessenen darunter zählen, welcher ganz vorsetzlich zu Unserm und Unseres Hochstiftes Schaden mitzuwirken sich nicht scheuen sollte. Wir müßten aber schon genug bedauern, wenn einige die Mittel, so

c) schädliche Fehler vermeiden.

Wir ihnen um Unseres Hochstifts Nutzen zu befördern, und von demselben allen Schaden abzuwenden, in die Hand gegeben haben, aus einer sträflichen Nachläßigkeit oder unthätigen Faulheit unwirksam ließen. Eben so unverantwortlich wäre es, wenn man hie und da von Uns selbst ergriffenen Mittel, etwann weil sie nicht nach dem Geschmacke anderer zu seyn scheinen, auf allerhand verborgene Art hinterstellig zu machen, andern auch, statt sie zu ihren Pflichten auf vorbesagte Weise einzuleiten und aufzumuntern, vielmehr gleiche Gesinnungen beizubringen, und den besten Absichten des Regenten Hinderniß in Weg zu legen sich unterfangen sollte. Nicht minder strafbar wäre es, wenn man, da bey andern eine pflichtwidrige Untreue vermerkt würde, diese, wo etwann noch Zeit wäre, den schädlichen Folgen hievon vorzukommen, nicht nur an gehörigen Orten nicht anzeigen, sondern vielmehr zu verheimlichen den eigenen Bedacht nehmen wollte.

§. II.

III. Die Redlichkeit muß a) nur das gemeine Beste zum Zwecke haben, mithin alle Nebenabsichten ausschließen.

Es muß ferner eine ganz offene Redlichkeit die Absichten eines Dieners lenken. Diese müssen niemal ein anders Ziel haben, als den wahren Dienst und die Erfüllung des Willen des Herrn,

für seine weltliche Dienerschaft. 411

somit das gemeine Beste. Schon hieraus muß ein Diener entnehmen, wie erhaben sein Beruf sey. Der Regent ist von Gott gesetzt, an seiner Statt als allgemeiner Vater das Beste der Menschheit zu befördern, und zu eben diesem so großen Ziele müssen die Diener mit ihm hinarbeiten. Keiner ist unter ihnen, wenn er auch auf der mindesten Stufe steht, der nicht auf seine Art das seinige zu diesem Endzwecke beitragen kann, und muß. Dieser große Gedanke sollte immer einen Diener in seinen Handlungen ganz beleben, seine Seele sollte ganz von ihm durchdrungen sein; er sollte alle minder edle, oder gar tadelhafte, niederträchtige Nebenabsichten aus dem Herzen eines Dieners gänzlich verbannen; er sollte in dessen Gemüthe einen edlen Stolz hervorbringen, der immer andere Absichten, welche den wahren Dienst und Willen des Herrn nicht bezielen, als in Ruckficht auf seinen hohen Beruf viel zu geringe, zu nichtsbedeutende, zu verabscheuungswürdige Gegenstände weit von sich entfernte.

§. 12.

Es kann zwar mit Billigkeit ein rechtschaffener Mann, der dem Staate dienet, und diesem Dienste seine Leibes- und Gemüthskräfte opfert, seinen Unterhalt, und die seinem Dienste angemessene Belohnung von

b) insbesondere den Eigennuz überhaupt, und.

dem Staate fordern. Allein nichts verdienet mehr
verabscheuet zu werden, nichts stiftet mehr Schaden, als wenn er von dem, nur kleinen Geistern
eigenen, Eigennuze eingenommen seinen besondern
Nuzen in allem suchet, und diesen dem gemeinen
Besten vorzuziehn, kein Bedenken trägt. So ein
Diener ist nicht nur ein Verräther seines Herrn,
sondern auch selbst der Menschheit. Diese wird
nicht so sehr durch die ihr aufliegende Lasten des
Staates, als durch den Eigennuz der Diener be-
drückt. Denn da der Eigennuz gemeiniglich mit
dem Geize und der Herzenshärtigkeit verbrüderet
ist, so ist so ein Eigennüziger grausam genug, so
gar die mit Zähren triefenden Nahrungsmittel der
Unterthanen auszupressen. Oefters setzet er, um
seines Vortheils willen, die das gemeine Beste zur
Absicht habende Verordnung nicht in Vollzug;
sieht den dargegen sich einschleichenden Mißbräuchen
und Vergehungen durch die Finger; richtet in den
befohlenen Kommissionen sein Augenmerk nur auf
einen längeren Didtenbezug, bringt somit, durch
Verzögerung und Verewigung der Sachen den
Herrn und den Staat um das Seinige, und öfnet
endlich dem Verderben Thür und Thor.

§. 13.

c) sonderheit-
lich, I., bei

Einen hauptsächlich schädlichen
Einfluß hat der Eigennuz in die Ver-

für seine weltliche Dienerschaft. 413

waltung der Gerechtigkeit. Diese ist *Verwaltung der Gerechtigkeit.* die Stütze der Thronen, und die Sicherheit der Unterthanen, sie verdient daher einige besondere Bemerkungen. Die Verwaltung der Gerechtigkeit besteht in einer strengest unparteyischen Anwendung der Gesetze auf die zu beurtheilenden Handlungen der Unterthanen; sie muß also vorgenommen werden mit Beobachtung der in diesem Fache ertheilten Befehlen, mit genauer Haltung der im deutschen Reiche, und besonders im Lande vorgeschriebenen Proceßordnung, mit fleißiger Untersuchung der Rechtssache, mit bedachtsamer Ueberlegung der dahin gehörigen Gesetze, mit Ausarbeitung eines ordentlichen Vortrags, wodurch der ganzen Sache Beschaffenheit den übrigen Räthen zur gemeinschaftlichen Beurtheilung deutlich, aufrichtig, demnächst mit einem gewissenhaften Rechtsspruche, der die Handhabung der Gerechtigkeit ganz allein zur Absicht hat, mitgetheilt wird.

§. 14.

Jene, welche der Landesherr zur *a) Besondere Bemerkungen. Richtigstellung des Faktums.* Verwaltung der Gerechtigkeit anstellt, müssen vor allem den Hauptbedacht dahin nehmen, das Factum (die Thatsache) jedesmal in möglichster Gewißheit zu erheben: daher müssen, wo es nöthig ist, und das Richteramt es erfordert, die Protokollen gleich auf der Stelle geführt; das Zeugenverhör auf das genaueste, so viel immer thunlich ist, mit den selbst eigenen Worten jener, so auf diese Art vernommen werden, zum Protokolle verbracht, und dabey nichts, wenn es auch etwann minder erheblich scheinen sollte, hinweggelassen werden. Bey andern Fällen müssen die Schriften und Urkunden mit der gehörigen Genauig- und Vollständigkeit eingesehen, nach ihren Zeit-Alter und sonstigen Umständen wohl geprüft, und das Zweckmäßige sorgfältig bemerkt werden, ohne hierinn durch die gekünstelten Verdreh- und Wendungen einer Parthie sich irre machen zu lassen.

§. 15.

b) Anwendung der Gesetze auf das Faktum. Nach der Richtigstellung des Faktums hat ein Richter lediglich die Gesetze auf dasselbe anzuwenden, und wenn er hierinn nicht einzig nach ihrer Vorschrift handeln sollte, so begeht er entweder eine Nichtig- oder Ungerechtigkeit, welche nicht nur die Berufung an einen höhern Richterstuhl, und an die obersten Reichsgerichte gründen, sondern ihn zu dem Ersatze des Schadens verbinden, auch ihm allenfalls nach dem Befunde der Umstände eine schwere Ahndung zuziehen würde. Ein Richter hat sich also aller eigenmächtigen Willkühr eines nicht gesetzlichen Eigendünkels zu enthalten, und platterdings nach Maasgabe der zu beurtheilenden Handlungen, und der darauf passenden Geseze sich zu bemessen. Aus diesen Quellen muß er einzig entnehmen, wem die im Streite befangene Rechtsache zu- oder abzusprechen, was sonst zu verhängen, welche Umstände als mildernd oder erschwerend, und in welcher Maase sie anzusehen sein. Außer diesen Ursachen, die in den Gesezen ihren Grund haben, gebührt es keinem Richter, andern aus einem Privateigendünkel erwachsenen Meinungen, wenn sie auch von einem oder dem andern Schriftsteller in seinen, keineswegs eine gesezgebende oder sonstige Macht habenden, Schriften enthalten sein sollten, einigen Plaz zu geben, und dieselbe zu der Wendung, Verdrehung, oder gar zur Vereitlung der geseztlichen Vorschriften geltend zu machen. Es ist ohnedem schon bekannt, daß nicht dem Richter, sondern dem Landesherrn ganz allein das Recht der Begnadigung, oder in den Gesezen einige Milderung zu verhängen zustehe; das Richteramt muß allzeit in der gehorsamen Anwendung der Geseze stehen bleiben, und sich nie auf einige Weise über dieselbe erheben.

§. 16.

Ist ein Diener auf einer ganzen Gerichtsstelle mit andern die Gerechtigkeit zu verwalten angestellt, so wei-

c) den Vortrag seiner Meinung auf dem Dikasterium betreffend

sen ihn seine Pflichten dahin an, daß er nach seiner eigenen unparteiischen Einsicht, und gesetzlichen Ueberzeugung zu Werke gehe: dargegen würde sich nun jener gröblich verfehlen, welcher seine Stimme bei einer solchen Gerichtsstelle alleinig nach der Meinung eines Kollegen, dem er entweder gefällig seyn wollte, oder sich nicht zu widersprechen getrauete, abmessen wollte: eben so sträflich wäre es, sich ein Anliegen daraus machen, die Stimmen eines oder mehr seiner Kollegen, auf was immer für eine Art, für den Beifall zu seiner Meinung zu erwirken. Ganz gleichgültig muß es jedem seyn, wenn er nach seiner Ueberzeugung seine Meinung erklärt hat, ob die übrigen Stimmen dargegen, oder für dieselbe ausfallen. Unerlaubte Nebenwege sind es ferner, sich selbst aus gewissen Absichten zu einem Referenten in einer Sache anbieten; die Gesinnungen seiner Kollegen mittel- oder unmittelbar auszspähen; mit dem Referenten, ehe der Vortrag geschieht, sich vorher besprechen, das Votum oder eine Meinung schon zum voraus ausmachen und festsetzen. Noch weniger kann entschuldiget werden, wenn ein Rath, der sich nur an die Akten zu halten hat, die Advokaten befragen, oder sich mit ihnen unnötig einlassen, wenn ein Richter, Secretarius oder Actuarius des Gerichts denselben die gegentheiligen oder beifälligen Meinungen der Räthen entdecken, einen

Sach-

für seine weltliche Dienerschaft.

Sachwalter in Vorschlag bringen, überhaupt vielmehr selbst das Amt eines Sachwalters, als eines Richters oder eines Secretarius vertreten wollte. Wenn die Ungerechtigkeiten Thronen umstürzen, Reiche zu Grunde richten; wenn die Zähren der Armen und Waisen die Wolken durchdringen; die gedrückte Unschuld den Allerhöchsten zum Schützer und Rächer hat; wenn die Rechtsverletzung die Rache des Himmels auffordert; so können sich jene, welche an Ungerechtigkeiten, was immer für einen, Antheil nehmen, die Verantwortung, zu welcher sie werden gezogen werden, leicht und lebhaft vorstellen.

§. 17.

Bei der Verwaltung der herrschaftlichen Güter und Gefällen, wenn ein Diener hiezu angestellet ist, ist um so nothwendiger, allen Eigennutz zu beseitigen, je leichter sich in einem solchen Amte die Gelegenheit darstellet, demselben Platz zu geben. Diese Güter und Gefälle sind meistentheils das Eigenthum des Staats; aus demselben muß der Regent, und die Dienerschaft selbst ihren Unterhalt ziehen; durch sie müssen die übrigen so vielfältigen Lasten des Staats bestritten werden; sie müssen den Regen-

2, in Verwaltung der Herrschaftlichen Güter und Gefällen.

ten in Stand setzen, seinem Volke bei einer etwan entstehenden öffentlichen Noth beyzuspringen; die öffentlichen Einrichtungen, besonders jene, welche die allgemeinen Nahrungszweige sind, verbessern; Künste und Wissenschaften blühender machen; Männer, die sich besonders um das gemeine Beste verdient gemacht haben, belohnen zu können. Sie sind also in so vielfachem Betrachte ein Heiligthum, an welchem jener, der in Verwaltung dieser Einkünfte die schuldige Redlichkeit vergißt, ein boshafter Räuber wird. Dieses geschieht nun nicht allein, wenn jemand mit vorsetzlicher Untreue herrschaftliche Gelder entwendet, sondern auch, wenn der Diener aus Eigennutze, um sich selbst einen Vortheil zu verschaffen, oder ein Geschenk zu erhalten, oder aus andern Ruchsichten der Anverwandtschaft, Freundschaft, Empfehlung, und wie sie immer heißen mögen, den herrschaftlichen Nutzen aus den Augen setzet; ferner wenn er es an dem gehörigen Fleiße, die Güter der Herrschaft in dem gehörigen Stande zu erhalten, das Nöthige und Nützliche in diesem Betreffe zu besorgen, und in Zeiten anzuzeigen, ermangeln läßt. Nebst der Verletzung der Pflichten muß hier noch jenes in Betracht gezogen werden, was für eine schwere Schuldigkeit des Ersatzes ein solcher Diener seinem Gewissen auflade, und wie drückend es hernach

für seine weltliche Dienerschaft. 419

sey, entweder diese Wiedererstattung zu entrichten, oder die Verantwortung mit sich vor jenen fürchterlichen Richterstuhl mitzunehmen, vor dem alle dereinst erscheinen müssen.

§. 18.

Zu diesem allen muß noch ein lebhafter, thätiger Diensteifer kommen: dieser muß sich vor allem auszeichnen nicht nur vermittelst genauer Beobachtung der bei allen Ständen *IV. Diensteifer der sich auszeichnet, a, durch fertige und den Kräften angemessene Erfüllung der Pflichten.* heilsam eingeführten, und die Geschäfte in bester Ordnung befördernden Subordination, sondern auch durch eine sich darauf beziehende fertige und den Kräften des Dieners angemessene Erfüllung der Pflichten. So wie die Seele aller Geschäfte ein gewisser Eifer ist, so ist er es auch in den herrschaftlichen Angelegenheiten. Dieser wird den Diener immer aufmuntern, und mit einer angenehmen Gewalt zwingen, die ihm aufliegenden Geschäfte zu besorgen. Hingegen wo dieser abgeht, wird der Diener die Geschäfte des Herrn als eine Last ansehen, nur mit Ekel und Verdruß an dieselben gedenken, sie so lange hinaus schieben, bis etwann die Noth oder eine andere unangenehme Befahrniß ihn mit harter Gewalt zwingt, gegen seine Neigung wenigstens einigermaßen seinen Pflichten nachzukommen.

Einem eifrigen Diener fällt die Arbeit gar nicht schwer, es werden ihm unter der Hand alle Geschäfte erleichtert, und eben hiedurch auf eine vorzügliche Art befördert, und gefertiget. Jenem hingegen, welchen dieser Eifer nicht belebet, wird durch einen beständig quälenden Verdruß alles erschweret, wodurch dann endlich jene Vernachläßigung der schuldigen Arbeit, die man bei trägen Dienern so oft bemerkt, nothwendig entstehen muß, die nicht selten, ja allzeit, einen großen Schaden nach sich zieht.

So ist es: Verzögerung und Vernachläßigung in den Amtsgeschäften können niemal ohne Schaden des Herrn, oder der Unterthanen Platz nehmen. Sehr oft entfliehet auch bei dem geringsten Verschube die Gelegenheit, das Beste des Herrn oder des Staates in diesem Falle zu bewirken, dadurch werden die bestn Absichten ganz und gar vereitelt, und der Schaden, der daraus entspringt, ist unaussprechlich. Soll aber dabei nicht immer eine Verantwortung auf den Urheber zurückfallen, und ist solcher nicht nach allen Rechten schuldig, den verursachten Schaden zu ersetzen?

für seine weltliche Dienerschaft.

Weder Gott, noch die Welt, weder der Glaube, noch die Vernunft sprechen ihn von einer Schuld los, die ihm die Nachläßigkeit zugezogen hat, und die ihm durch die ganze Ewigkeit wird angerechnet werden, wenn er sie in seinem Leben nicht tilget.

Menschen haben nicht gleiche Seelen- und Leibskräften, und daher ist einer fertiger als der andere zur Arbeit. Jeder thut aber genug, wenn er nur die ihm verliehenen Talenten verwendet; und dieß wird wieder in voller Maas von einem eifrigen Diener geschehen. Er wird nicht abwägen, was und wie viel Arbeit etwann nach dem Verhältniß seiner Belohnung nach der äußersten Strenge von ihm gefordert werden könne, noch weniger besorgen, daß die ihm auferlegten Geschäfte etwann dieselbe übersteigen; sondern er wird einzig nach seinen Kräften seine Arbeit abmessen, und so lange diese in einem Ebenmaase mit der Arbeit stehn, sich immer willig finden lassen.

§. 19.

Eben so bereitwillig wird er den gehörigen Fleiß und Zeit auf die Arbeit verwenden. Dem wahren Eifer

b) durch Verwendung des gehörigen Fleißes, und der nöthigen Zeit.

steht der Fleiß immer zur Seite; und dieser wird die Zeit nicht hoch genug schätzen, und bemerken, die zu seinem pflichtmäßigen Zwecke nothwendig ist. Wo der Eifer schlaff wird, da findet sich unfehlbar wenigstens in den herrschaftlichen und Amtsgeschäften die Trägheit ein, ein Laster, das Menschen bildet, welche der Herrschaft, und dem Vaterlande zu nichts taugen. Dergleichen sind die, welche die edelste Zeit nur bei überflüßigen Ergözungen, Gesellschaften, Gesprächen hintändeln, und nach dem schändlichen Hange, ihre Sinnlichlichkeit zu befriedigen, dem Müßiggange oder einer unnützen nicht zweckmäßigen Beschäftigung schenken. In diese Klasse gehören auch jene, von denen man in einem faulen Tone sagen höret: man müsse die Sache gehen oder liegen lassen, wie sie geht oder liegt; die den fleißigen Arbeitern nur mit einem Kaltsinne zusehen; denen es gleichgültig ist, was für einen Vortheil das Geschäft gewinne; die der wachtsamen Aufficht des Herrn milde, derer auch den Herrn selbst milde machen wollen. Würden solche ihre Pflichten nach der Menge ihrer Verbindlichkeiten, die sie mit dem Wohl des Staates verknüpfen, genauer abmessen; gewiß sie würden sich nicht so leicht einer weichlichen Unthätigkeit überlassen, die mit ihrem Berufe gar nicht kann vergesellschaftet werden. Es ist wahr, der menschliche Körper, eine aus vielen Theilen zusammengesetzte Maschine, brauchet Ruhe; er leidet nicht, daß die Seelen- und Leibskräfte beständig angestrengt werden. Der Mensch muß zuweilen eine Erfrischung, eine Ermunterung, zur Herstellung seiner Kräfte haben: aber immer in dem Arme der Wollust, der Gemächlichkeiten, der Trägheit schmachten, schafft die für das allgemeine Beste bestimmten Menschen in eine unnütze Last des Staates um. Und wollte Gott, daß der Müßiggang es bei dem nichts- und unnütztun bewenden liesse. Allein er öfnet zugleich die Quelle von höchstbedenklichen, und der allgemeinen Wohlfahrt schädlichsten Uebeln. Es ist um einen beträchtlichen Nutzen des Staates zu thun; es droht dem Herrn und dem Staate ein nicht geringer Schaden: indessen bewegt sich nicht einmal der saumselige Diener, er bleibt in seiner faulen Bequemlichkeit liegen: ist dieses nicht ein Laster, das die ganze Staatsverfassung untergräbt? Wie viele vielleicht ihrem völligen Umsturz bereits nahe Partheien seufzen bitterlich, und flehen umsonst schon durch mehr Jahre um die ihnen zu leistende Gerechtigkeitshülfe; da indessen die, welche von Amtswegen verbunden sind, den Bedrangten schleunige Hülfe zu leisten, ihrer Ruhe pflegen, sich auf allerhand Art erlustigen, oder statt die stoßweise bereits bei ihnen sich häufenden Akten zu durchgehn, einen eiteln Dichter, einen fabelhaften unmännlichen Roman, oder sonstige unnütze Bücher lesen, welche die heutige Welt, wie einst die giftigen Insekten das Aegyptenland, überströmen. Wenn dieß immer auch für einen privilegirten Müßiggänger Tändelei ist, so ist es für einen Mann, der in einem öffentlichen Amte und in Geschäften steht, und diese zu dem sehr oft empfindlichen Schaden anderer darüber versäumt, ein grobes und unverantwortliches Vergehen.

§. 20.

c) durch tägliche mehrere Befähigung zu den herrschaftlichen Diensten.

Ein rechtschaffener Diener wird vielmehr jene Zeit, die ihm auch etwann die Geschäfte und nöthigen Leibeserquickungen übrig lassen, dahin anwenden, daß er sich täglich mehr und mehr zu dem Dienste seines Herrn befähige. In einem jeden Fache ist ein unermäßliches Feld übrig, wo noch jeder sich mehr und mehr Kenntnisse sammeln kann, und soll. Wer dessen nicht schon zum voraus überzeugt ist, verräth eine sehr seichte Kenntniß jener Wissenschaft, die er auch zu besitzen glaubt. Stellt aber selbst die Vernunft nicht jedem einleuchtend dar, daß er bemühet sein müsse, viel mehr das noch Abgängige zu ersetzen, zu vermehren, als daß er den wenigen Vorrath mit kümmerlicher Verzögerung verkleistere? — Doch muß selbst diese Sorgfalt, sich ferner befähigen zu wollen, nicht auf neue Abwege verleiten. Sich ungebeten in Geschäfte einmischen, nach derselben Lage fürwitzig forschen, somit eine naseweise Wißbegierde verrathen, ist jedem, um so mehr also einem Diener, unanständig. Wenn aber aus allem diesen noch das Absehen hervorleuchtete; wenn kenntbar würde, daß man dadurch sich sehne, des Regenten Gesinnungen erfahren, oder errathen zu wollen; um ungegründete Neuigkeiten umher tragen zu können: müßte dieses einem wohldenkenden Regenten nicht zum äußersten Mißvergnügen seyn?

Diese in den Pflichten jeden Die- **Beschluß.** ners gegründete Bemerkungen haben Wir Unserer Dienerschaft wenigst in einem kurzen Inbegriffe, als in einem Spiegel, vorzulegen für gut befunden: nicht, als wenn Wir wirklich vermutheten, daß solche Vergehungen, die Wir in vorstehenden Abschnitten bemerkt haben unter Unsrer sammtlichen Dienerschaft ohne Ausnahme und insgemein im Schwange giengen: nein, Wir äußerten im

Gegentheile Unser Zutrauen gleich anfangs. Doch da wir in der göttlichen Schrift Job. IV. die merkwürdigen Worte lasen: **Selbst Gottes Diener sind nicht beständig; in seinen Engeln findet er Unvollkommenheiten:** konnten Wir nicht umhin, Unsern gesammten Dienern die Abwege zu zeigen, vor denen sie sich zu hüten hätten, und sie väterlich zu warnen, allzeit auf richtiger Bahn einherzugehn. Wir wiederholen daher nochmalen, daß Wir hiebey nichts mehr wünschen, als daß sie von jedem mit jener nur das allgemeine sowohl als das selbst eigene Beste bezielenden Neigung aufgenommen werden, mit welcher wir sie ertheilen. Wer ein wahrer aufrichtiger Diener ist, hört die Ermahnungen seines Herrn mit Freuden, indem er dabey die Gelegenheit findet, sich wirklich als einen wahren Diener zu zeigen. Niemal arbeitet einer vergnügter, als wenn er eine gewisse Regel hat, nach der er arbeiten soll, und niemal wird er glücklicher arbeiten, als wenn er dieser Regel genau folget. Merket dieses zum Schlusse, alle Diener, denen ihr Dienst am Herzen liegt. Die sicherste Regel für einen jeden ist der klare Wille seines Herrn, diesen thuet, sollten sich hie und da Dunkelheiten, ein Anstand oder Zweifel vorfinden, so werdet ihr die Sicher-

für seine weltliche Dienerschaft.

heit, die Gewißheit nur einzig bey dem antreffen, welcher euch die Regel gegeben hat: **Fraget, Saget die wahre Beschaffenheit der Sache euerm Herrn ohne falsche Schminke, ohne Vergrößerung oder Verkleinerung, und handlet in allem aufrichtig mit euerm Herrn.** Wenn also der Diener die herrschaftlichen Verordnungen und Befehle buchstäblich vollzieht, vor Schaden warnet, des Herrn Nutzen befördert, alle Nebenwege, Hochmuth, Eigensinn, Eigennuz beseitiget; sich stets tiefer einprägt, und im Werke äußert, was nachstehende Worte in sich einschließen, **aufrichtig sagen, nichts verhehlen, kürzlich fragen, redlich und vollständig befolgen, und thun:** so thut er Gott, seinem Gewissen, seinem Herrn, dem ganzen Staate genug, befördert das Wohl des Vaterlandes, und erarbeitet sich selbst eine zeitliche und ewige Glückseligkeit.

Sollten Wir aber wider Verhoffen bei einem oder dem andern Unsrer Dienerschaft in Zukunft das Gegentheil erfahren müssen, so wird er sich lediglich zuzumessen haben, daß Wir jene Maasregeln gegen ihn ergreifen, zu welchen eine nach allem Anscheine unverbesserliche Handlungsart des Dieners einen Regenten zwinget.

Gegeben in Unsrer Fürstbischöflichen Residenzstadt Bruchsal, den 12. des Hornung 1781.

August, Bischof und Fürst
        zu Speier.

                        (L.S.)

VI.
Ueber
Christoph Besolds
Religions-Veränderung.

Diß lehrreiche und redende Gemählde hat das Publicum der Bemühung, dem Geist und dem Scharfsinn Herrn Professors Spittler in Göttingen zu verdanken. Es gehörte durchaus als Seitenstück zu der im vorhergehenden siebenden Band befindlichen Biographie des Freyherrn von **Spangenberg**, und ist in seinem glühenden Colorit nicht nur reiche Entschädigung vor die Trockenheit jener Erzählung, sondern belegt mit einem neuen wichtigen Beyspiel, wie weit übel verstandene und übel geleitete Mystik führen könne.

Auch hier erscheinen **Taulerus, Kempis** u. dgl. als **Brücken** zum Uebergang und als **Krücken** des Gefallenen, welches mich an die Erzehlung und Urtheil des berühmten und tiefdenkenden Theologen, **D. Antons** *) in Halle, von einem ähnlichen Fall erinnert, die ich mit dessen eigenen Worten, als heilsame Noten zu diesem Text, wiederhole: "Oftgemeldter Ericus sagte „immer davon, daß er sich mit Tauleri, Thom. „de Kempis, Staupiz, des Petruccii und der-

---

*) In dessen Vorlesungen von verschiedenen in Portugall, Spanien, Frankreich und Italien gehaltenen Religions-Gesprächen in den Sammlungen zum Bau des Reichs Gottes 1732. V. Beytrag p. 493.

„gleichen Schriften helfen müßte. — Die beste
„Regel, die ich in Venedig gelernt, ist: daß,
„wie Gott reliquias meliores sub Papatu ha-
„be, doch Papatus ipse seinen Weg fortgehe, wie
„es das Interesse politicum mit sich bringt. Und
„ist das falsch, wenn man, dem grösten Haufen
„nach, selber einen Eckel daran nimmt, darnach
„aber den Appetit kriegt zu den melioribus dar-
„unter und darüber sich in einen Indifferentissi-
„mum stürzet, wie es diesem Erico begegnet.
„Den grösten Haufen unter uns machen wir auch
„nicht zur Ecclesia Evangelica, als durch welchen
„Anstoß man sich etwa zum Abfall von unserer
„Kirchen möchte bewegen lassen; sondern es muß
„nach der Confessione publica unter uns und
„den Römischen geurtheilet werden. — Wer sich
„zum Pabstthum begibt, der wird nicht auf die
„Schriften des Tauleri angenommen, oder des
„de Kempis, viel weniger auf den Petruccium,
„sondern professio fidei Tridentinæ wird ihm
„vorgelegt; darnach muß er sich vinculiren, und
„sich ihrer ganzen Einrichtung theilhaftig machen;
„da ist also zwischen uns und ihnen eine
„große Kluft befestiget."

Religions-Veränderung.

Vor 170 Jahren lebte zu Tübingen ein großer Rechtsgelehrter, Christoph Besold, ein Mann von ausgebreiteter Gelehrsamkeit, unsträflichstem Charakter und allgemeinem guten Rufe. Sein frommes ruhmvolles Leben krönte endlich die schändlichste Apostasie, den zwanzigjährigen treuen Dienst für Fürst und Vaterland endigte die elendeste Verräthers-Bosheit. Der redlichste Mann, an dessen Redlichkeit die vertrauteste Freunde und Kenner seines Lebens vorher zwanzig Jahre lang nie gezweifelt hatten *), schien wie verwandelt zum hingeworfensten, tückischen Verräther, der

---

*) Diß erhellet aus dem, was Joh. Valentin Andreä in seiner Biographie von Besolds Falle bemerkt, s. Würtemberg. Repertorium I. Band S. 343. und noch mehr aus dem Zeugniß von D. Wagner in Examine elenchtico Atheismi speculativi. Tubingæ 1677. 4. p. 83. Letzterer vergaß gewiß nichts, was gegen Besold bemerkt zu werden verdiente.

Das ganze Leben von Besold erzählt, seiner Art nach, Jugler in seinen bekannten Biographien I. Band. Jugler hat aber nicht einmahl das vollständig benutzt, was sich in Arn. Aaths Luctus Academiæ Ingolstad. und in des Baron von Sprinzenstein Nachrichten von Besolds letzten Tagen und Stunden erzählet findet.

gewissenhafteste Mann schien urplötzlich zum Schurken geworden zu seyn und doch wird kein Mensch plötzlich, was er ist.

Gott! was denn alle Menschentugend wäre, was alles Zutrauen in der Gesellschaft, was alles Kraftgebende Zutrauen auf uns selbst seyn müßte, wenn es uns nicht einmahl für der schwersten Apostasie, schon jenseits des ersten halben Jahrhunderts unsers Lebens, noch sichern solle, funfzig Jahre lang redlich und vor Gott gewandelt zu haben! Welch ein gebrechlich Ding auch der geübteste tugendhafte Mann seyn müßte, wenn der Greiß noch so schwer fallen kann; wenn ein Mann, der auf funfzig wohl zurückgelegte Jahre seines Lebens ruhig zurückschauen konnte, noch am Abend seines Lebens mit einemmahl allen den Empfindungen untreu werden kann, die man von jedem nur halb ehrlichen Mann erwartet; wenn nicht einmahl Reitzungen großer irrdischer Vortheile nothwendig sind, um den durchgeübten alt biedern Mann zu verführen; wenn nicht einmahl scheinbare äußere Noth eintritt, wie dann Besold weder durch irrdische Vortheile gelockt, noch durch einbrechende äußere Noth scheinbar gezwungen wurde *).

---

*) Daß beydes nicht war, wird sich aus der nachfolgenden Erzehlung ergeben. Joh. Valentin Andreä, der sich in

Religions=Veränderung.

Doch kein Mensch wird plötzlich, was er wird. Besolds Fall lehrt nicht kleinmüthiges Zweifeln an durchgeübter Rechtschaffenheit des unter Ehrlichkeit grau gewordenen Mannes. So räthselhaft sein Fall auch lautet, die Boßheit soll ihn, genau historisch entwickelt, nicht mißdeuten können, junge und alte Schurken, die sich mit allgemeiner Verähnlichung gegen ihr eigenes Gewissen gar zu gerne rechtfertigen möchten, junge und alte Religionsverkäufer, wie wir sie fast in jedem Lande genug finden, so bald der Durchlauchtige seinen Glauben zu vertauschen für gut hielt, sollen mit Besolds Beyspiele sich nicht schützen können. So schwer er auch fiel, er fiel doch ehrwürdiger, als jene feile alle, ungeachtet er tiefer fiel, als die meiste jener Allen, doch mildert nicht einmahl sein Beyspiel ihr Verdammungsurtheil, auch der tiefgefallenste, weiland ehrliche Mann, soll nie unter dem allgemeinen Schurkenhaufen begraben werden.

---

dieser ganzen Geschichte viel unpartheyischer, bescheidener und Wahrheit liebender ausdrückt, als Tobias Wagner, bedauert nur, daß der Synchronismus auf Besolds Religionsveränderung einen doppelten Schatten werfen könne, aber er macht den chronologischen Zusammenhang nicht zur Casualverbindung.

Kein Mensch wird plötzlich, was er wird. Besold solls im räthselhaftesten Falle zeigen, wie sich oft die entferntesten Dispositionen endlich zum schauervollesten, geistlichen oder leiblichen, Tode entwickeln; wie nichts wird, wozu nicht natürliche und selbst veranlaßte Dispositionen führen, wie die erste Knospe oft so unähnlich sieht der entwickelten Blüthe, und doch diese Blüthe erste Knospe war; so nach welch ein wichtiges Studium es ist, wie viel seiner eigenen Seele wegen jedem daran liegt, in dem Knospen die Blüthe schon unterscheiden zu können, und menschlicher Liebe, weiser menschlicher Duldung halber, oft auch noch aus der erst entwickelten Blüthe auf ehemalige Formen der Knospen zuverläßig zurückschließen zu können.

Besold war ein feiner junger Mann, da er in den Jahren 1595 bis 1597. zu Tübingen die Rechte studirte, fromm und christlich redlich, schüchtern und zarter Empfindung. Nichts fehlte seinem schon von Natur guten Character, als ein kleiner Zusatz von Seelenstärke, eine höhere Geistesenergie, die bey der Reizbarkeit seiner Empfindung den Schmerz seiner Empfindung, wie jeder ihn kränkende oder unchristliche Vorfall sie weckte, glücklich mindern mochte, oder seiner natürlichen

Religions-Veränderung.

Schüchternheit freye Luft und Bahn machen konnte. Auch lag wohl oft in dem guten lernbegierigen Jüngling mehr Neugier als Wißbegierde und sein fähiger junger Geist schlang sich schon frühe in so ganz verschiedene Arten von Kenntnissen und Wissenschaften hinein, daß er bald oder spät tief geschwächt erliegen mußte oder vielleicht doch noch eine glückliche Gewandtheit gewann, die das seltenste Talent selbst seltener großer Köpfe zu seyn pfleget.

Er war zu Tübingen, unter der theilnehmendsten Aufsicht seines zärtlich liebenden Vaters *), im treflichsten Kreise der edelsten jungen Freunde aufgewachsen. Thomas Lansius, der nachher zu Tübingen 24 Jahre lang sein vertrautester College war, der der historisch-politischen Aufklärung der letztern Helfte des vorigen Jahrhunderts, seiner Art nach, mächtig voranbahnte, Thomas Lansius, von völlig gleichem Alter mit ihm, war schon sein Jugendfreund, der große Johann Keppler °*) sein Freund und Lehrer,

---

*) Um der Erziehung seiner Söhne besser abzuwarten, soll der Vater von Eßlingen, wo er Stadtschreiber war, nach Tübingen gezogen seyn. S. Rath l. c. S. 6.

**) Te fideli olim usus sum præceptore 'schreibt Besold an Keppler 27. Jan. 1605. s. Epp. Keppleri p. 274.

Melchior Nikolai, der nachher Prokanzler zu Tübingen und endlich Probst zu Stuttgardt wurde und Joh. Ulrich Pregizer, der erste Tübingische Canzler nach dem Westphälischen Frieden, waren damahls seine vertrauteste akademische Zeitgenossen.

Die Universität selbst war damahls in allen Fakultäten mit alten und jungen Männern besetzt, die eine so glückliche Mischung unter sich machten, daß Tübingen selten noch so wohlverdienten großen Ruhm genoß und noch seltener zum größten Vortheile der studirenden Jugend so treflich gemischt besetzt war. Zwar stund, seit Jacob Andreä gestorben, der gute alte Heerbrand an der Spitze der theologischen Facultät, der bekannte ehemalige Legationsprediger zu Constantinopel D. Stephan Gerlach, war in schriftstellerischer polemischer Thätigkeit der erste nach ihm, und noch unermüdeter, als er, war D. Johann Georg Sigwart, den ehedem noch als jungen Mann selbst Jacob Andreä bey Streitigkeiten öfters zu Rath zog *). Doch der größte Theil der nachwachsenden jungen Generation, der

---

*) Ex Programate Universitatis Tubingensis apud *Fischli*- Memor. Theol. P. I. p. 321.

Religions-Veränderung. 439

edlere selbstdenkende Haufen von Studierenden schloß sich an den jungen D. Matthias Hafenreffer an, den treflichen jungen Mann übertraf kein Greiß an Mäßigung, kein feuriger Jüngling an Eifer für Weisheit und Tugend. Sein Umgang war so sanft und lieblich, sein Charakter so voll zärtlicher Nachgiebigkeit, die Kenntnisse, die er im Umgang mittheilte, waren so mannichfach, daß auch ein Christoph Forstner und Joh. Valentin Andreä noch in den Zeiten ihrer ausgebildesten Geistesgrösse an die Freuden seines Umgangs und seiner Tischgesellschaft so Rührungsvoll zurückdachten, wie man nur an die heiligste Augenblicke seiner ersten Jugendbildung zurück denkt. So ein eifrig orthodoxer Mann er auch war, nie wurde seine Orthodoxie zudränglich, nie war sie lärmend, selbst wenn sie auch alle Spuren ihrer Localität und ihres Zeitalters trug *). So gewiß er nie vergaß, für Kalwinischen und Papistischen Irrlehren zu warnen, so wenig war sein Warnen

Ee 4

---

*) Keppleri Epistolæ an mehreren Orten. Hafenreffer erscheint in denselben, selbst bey klaren Beweisen einer eingeschränkten Einsicht, doch immer höchst ehrwürdig. Von seinem Eifer gegen die Reformirte siehe das Excerpt eines seiner Briefe vom Jahr 1610. in Caroli Memorab. T. I. p. 244.

eintönig und die Pädagogen Meisterkunst, durch Warnen nie zu reizen, wer muß sie kraft der übereinstimmendsten Nachrichten vollkommener besessen haben, wer ununterbrochener damahls geübt haben, als D. Matthias Hafenreffer that? Ach! Zehen Jahre starb er zu früh für Besold *).

Der junge Besold, zur Rechtsgelehrsamkeit bestimmt, weil sein Vater ein Rechtsgelehrter war, konnte bey Johann Halbritter die Pandecten so gründlich und so weitläuftig hören, als auf irgend einer Universität Deutschlands. Bey dem siebzigjährigen D. Johann Hochmann gab es ein gründliches practisches Jus canonicum. D. Heinrich Bocer fieng damahls an, in feudali und criminali sich zu zeigen, der junge D. David Magirus las die nova digesta und der junge D. Johann Harpprecht war ein Institutionist ohne seines gleichen. Doch so gut auch der junge Besold lernte, was jeder junge Mann in seiner Berufswissenschaft wissen muß, so Professorartig gelehrt er endlich in seiner Berufswissenschaft ward, sein natürlicher Hang führte ihn zu historischen und theologischen Spekulationen, sein Em-

---

*) Er starb den 22. Oct. 1619. und den 1. Aug. 1630. schwur Besold die Evangelische Religion ab.

pfindungsvolles Herz suchte Nahrung, die es nicht in Justinians Werken fand, sein Forschungsgeist, den er in seinen Lieblingsfächern nie sättigen konnte, ward immer mehr nur zu weiterm Genusse gereizt, als zu weiserem und nützlicherem Genusse geschärft.

Er lernte Griechisch und Ebräisch, um die Bibel in ihren Ursprachen lesen zu können. Er las die Bibel und las die Kirchenväter, er saß über Johann Duns Scotus und seines gleichen *);

---

*) Diß sagt er selbst in der Zueignungsschrift an den Churfürsten von Bayern, vor seinen christlichen Motiven. Rath l. c. S. 10. sagt nicht allein von ihm, er habe Lateinisch, Griechisch, Ebräisch, Chaldäisch, Syrisch, Arabisch, Spanisch, Italiänisch, Französisch, non sine naturæ quorum miraculo, recht gut verstanden, sondern rühmt auch S. 21. Biblia omnis, quæ ulla ratione quocunque tantum pretio haberi poterant, sive hebraica, sive græca, sive aliarum linguarum, avidissime coemta studiose examinabat &c.

Auch Wilhelm Schickard in Michael Beringers Lebensbeschreibung (s. Mosers erläutertes Würtemberg S. 313.) nennt Besolden infinitæ lectionis hominem, doctrinæque multiplicis, linguarum non minus octo peritissimum. Ueber die Würkung dieser großen Lektüre und Gelehrsamkeit auf seinen ganzen Charakter urtheilet sehr richtig Joh. Val. Andreä im Würtemb. Repertorium. I. Band S. 343. Anmerk. 70.

so wenig er auch durch Natur und Beruf zu Lesung von Johann Duns Scotus bestimmt war. Was ihm nach allem dem von Muße endlich noch übrig blieb, das war er bey Möstlin, um an den mathematischen Entdeckungen dieses großen Mannes theil zu nehmen, oder er ließ sich von dem alten siebzigjährigen Crusius vorerzählen, der mehr zu erzählen wußte, als der damalige Professor der Geschichte M. Erhard Cellius aus allem seinem Wissen aufbringen konnte.

Er war ein treflicher junger Mann, der die unverdorbensten Sitten im verdorbensten Zeitalter bewahrte, ein frommer junger Mann, den das allgemeine Verderben, wie es damahls von Hofe und selbst vom Beyspiele des Herzogs ausgienge, nur zu ernsthaftern Betrachtungen und zu strengerer Sorgfalt führte. Französische Sitten waren am Hof und von Hof aus selbst auch zu Tübingen eingerissen. Alle Zucht und Ehrbarkeit war verschwunden, der Herzog hielt erklärte Mätressen und Hof-Scandale, die unser Zeitalter mit seiner gewöhnlichen moralischen Apathie sieht, fiengen damahls zu erst an, herrschend zu werden *). Es

---

*) In ein paar Würtembergischen Chronicken, die sich unter den Handschriften der Wolfenbüttelischen Bibliothek befinden und welche beyde von einem Zeitgenossen herrüh-

Religions-Veränderung. 443

war eine wollüstige, geldgierige, despotische Generation, und selbst auch der regierende Herzog, so ein kluger, hochverständiger Herr er war, hatte einen Crayslauf von Verwirrung und Unmoralität durchgemacht, aus dem er selbst noch nach seinem 50sten Jahre mit alter Sünder langsamkeit kaum herauskommen konnte.

Kaum sehnte sich in solchen Zeiten der fromme junge Besold nach einem offentlichen Amt. Schon hatte er 32. Jahre zurückgelegt und noch kein offentliches Amt erhalten *). Schon hatte mancher jüngere vor ihm mit Geld und mit Gunst durch D. Matthäus Enzlin sein Glück in

---

zen, sind weitläuftige Beschreibungen, was deßhalb für Haussuchungen und Reformen nach Herzog Friedrichs Tode vorgenommen werden mußten. Gleich nach des Herzogs Tode wurde zu Urach eine gewisse Madame Ordser eingezogen, sie war Mätresse des Herzogs. Im Schlosse zu Tübingen fand sich eine gewisse Frau Lichtkammerin, hinter der man sehr seltsame Sachen fand. Der damalige Stiftsprediger zu Stuttgardt wurde auf die Superintendentur Laufen removirt, weil er gegen Frau und Tochter noch nachsichtiger war, als Eli war.

*) S. Besolds Brief an Keppler. Keppleri Epist. p. 275. Meas quod attinet conditiones, privata hucusque vita contentus lateo, publicaque attingere, malignitate morum hisce in locis mirum in modum grassante, deterritus theologicis & politico historicis meditationibus immersus sum.

Stuttgardt gemacht und des fähigern stillern Besolds erinnerte sich niemand. Schon war Plebst, der doch kaum ein Jahr älter als er war und an Gelehrsamkeit ihm nicht gleich kam, seit mehreren Jahren Professor des Lehenrechts an der Fürstenakademie zu Tübingen. Schon war auch sein Freund Lansius an eben dieser Akademie Professor worden und Besold allein von allen seinen Jugendfreunden stund noch ungebraucht und unversorgt, er allein sah sich so fühlbar vergessen, daß, je freywillig schüchterner er sich zurückzog, desto tiefer empfand er das Unrecht, desto höher stieg seine stille Erbitterung über sein mißkennendes und verdorbenes Zeitalter.

Gewiß schon in manches Mannes leben ist es kritisch entscheidend für seine ganze Bildung gewesen, ob er frühe oder spät in ein öffentliches Amt eintrat, ob seine Thätigkeit zeitig genug fixirt ward, ob er in den Lebensaugenblicken, da der Mensch bald in sich selbst hinein zu sinken anfängt, bald von einem zu lange unbefriedigten Ehrgeiz getrieben, eigene Laufbahnen sich brechen will, durch ein öffentliches Amt hinlänglich beschäftiget wird. Der von Natur thätige Besold, der, von zudrängenden Amts- und Berufsarbeiten unbehelligt, seine vollefte Muße genoß, überließ sich nun auch dem ganzen, ihm so Labungs-

Religions-Veränderung. 445

vollen, Genusse prophetisch-apokalyptischer Spekulationen. Sein neugieriger Geist hatte nun einmahl schon ganz mehr eine historische als metaphysisch speculative Wendung genommen, Prospecte in die Zukunft waren unter gegenwärtigem Leiden sein Haupttrost, ein paar vertraute Bekanntschaften, die er machte, ein paar Schriften, die er las, entschieden vollends auf langhin die ganze Geistesform desselben, wie oft selbst noch bey stärkern Köpfen, als Besold war, ein neuer Umgang, ein neu gelesenes Buch noch in der letzten embryonischen Periode des Geistes den letzten vollendenden Bildungsstoß giebt.

Auch Johann Valentin Andreä, der nur neun Jahre jünger als Besold war und während seines Aufenthalts zu Tübingen herzlich vertraut mit Besold wurde *), auch Andreä hatte damahls fast ungefähr eben die Sehart, wie sein Freund Besold, eben die reitzbarste Empfindung aller geheimen und offenen Schaden seines Zeitalters, eben den kühnen Apokalyptenblick in die Zukunft. Aber was doch für ein Unterschied zugleich war zwischen Geisteskräften des einen und des an-

---

*) Vir supra omnes mortales de me præclare meritus. So Joh. Val. Andreä von Besold. Vergl. auch Würtemb. Repertor I. B. S. 281.

dern! wie natürliche höhere Geistes-Elasticität den treflichen jungen Andreä rettete, ob er sich schon auf eben demselben Abwege mit Besold befand! was mannichfaltige Reisen und frühere Verflechtung in Amts-Geschäfte, was frühere Haus-Leiden und frühere Haus-Freuden, was muthvollere Offenheit des Charactes, stärkerer Prüfungs-Blick und praktischere Gewandheit zur recktificiteren Bildung des mit Besold ähnlich empfindenden und ähnlich denkenden jungen Andreä beytrugen! Wo Besold wimmerte und klagte, da suchte Andreä mächtig entgegen zu würken. Was Besold in sich selbst hineinpreßte, wovon er kaum im Cirkel vertrauterer Freunde sprach, wo er nach der gewöhnlichen Unstetigkeit tief empfindender und doch schüchterner Menschen bald einen Stoß ins Publikum that, bald ins ängstliche Stillschweigen sich einhüllte, da hat Andreä laut und unaufhörlich in gedruckten Schriften aller Welt verkündet. Wie Besold seiner Welt schnell müde war, und einer Welt überdrüßig, die er nie bessern könnte, sich immermehr in sich selbst verschloß, so versuchte der unermüdete Andreä nach zehn mißlungenen Reformations-Projecten zehen neue gleich tiefgreifende Entwürfe, und so viel er auch Leiden von Stiftung seiner ersten treflich gemeinten Anstalten hatte,*) er

---

*) Würtemb. Repertorium I. B. S. 296. u. s. w.

ermüdete nicht, er war ein Kopf zu Entwürfen und Anstalten, er war als funfzigjähriger Mann, so sehr er auch über Abnahme seiner Kräften klagte, eben der starke, muthvolle Reformator, der er in den Jahren seiner blühendsten Jugend-Kräfte sich gezeigt hatte.

Besolds Geistes-Form war schon entschieden, da er endlich 1610, nach Joh. Valentin Neuffers Tode Professor der Rechten zu Tübingen wurde. Was ihm Muße übrig blieb von Collegien, Disputationen, und Fakultäts-Arbeiten, das verwandte er auf Lesung theosophischer und apokaliptisch-prophetischer Schriften, was er selbst auch mit theils nehmendstem Wohlgefallen schrieb, waren ähnliche Schriften dieser Art. So sehr er von manchem selbst herrschenden Aberglauben seines Zeitalters frey war, *) so emsig er in seinem Berufe sich bewies, sein Herz hieng an Rosenkreuzern und Bruderschaften dieser Art, er suchte und fand nie, er warf sich mit einer Unstetigkeit und Neugier, die selbst durch jeden mißlungenen Versuch wuchs, von einem neuen Versuche zum andern, zu klug, um ganz getäuscht werden zu können, zu schwach, um endlich aufzuhören mit Versuchen.

---

*) s. Besolds Urtheil über die damahls so herrschende Astrologiam judiciariam in Keppleri Epist. p. 275.

Daß er wohl endlich einmahl aus diesem Wirbel herauskommen werde, war gewiß vorher zu sehen, daß ein Mann seines ehrlichen Sinnes, seines gesunden natürlichen Verstandes und seiner ausgebreiteten Gelehrsamkeit unmöglich in diesem Zustand verharren könne, war gewiß vorher zu sagen, aber in welche neue Irrwege, so bald er diesem Wirbel entronnen, er hineinlenken oder hineinrennen werde, ob ihn die Crise seines Geistes zur völligern Gesundheit oder zu einer andern Art Krankheit führen müsse, dieß hätte ihm ein Freund, der seines täglichen Umgangs genoß, der jede Schwäche und jede Stärke seiner Seele kannte, der alle Gelegenheiten seiner bald wechselnden, bald befestigtern Ueberzeugung wahrgenommen, dieß hätte ihm allein ein Freund dieser Art prophezeyen können. Gott! was man geben sollte, wenn man immer einen Freund und Warner dieser Art zur Seite hätte!

An einem Freunde hat es Besolden gefehlt, denn ohnerachtet er im vertraulichsten Cirkel mit **Thomas Lansius** und **Wilhelm Schickard** und mehreren seiner Collegen war, so warm ward doch Besold nie, daß er völlig sich aufschloß und unter allen Theologen zu Tübingen, deren einem er sich billig hätte eröfnen sollen, war seit Hafenreffers Tode auch nicht ein Mann, dem er sich

hätte

Religions=Veränderung.

hätte anvertrauen mögen. Er haßte die Eitelkeits=
volle Rüstigkeit, womit D. Theodor Thumm
auf jeden halbgehörten Einwurf zehenfach sogleich
zu antworten bereit stund, *) denn freilich nichts
empört auch mehr einen Empfindungsvollen Freund
der Wahrheit, als Zweifel und Schwürigkeiten,
über die man lange nachgedacht hatte, die man bey
ernstlichem Nachdenken nie völlig auflösen konnte,
mit dreistlächelnder Leichtigkeit wunderbar aufge=
löst zu hören. Aller Eitelkeit war Besold herzlich
gram **) und gewiß war ihm bey dem lebhaftesten
Hasse dieser gelehrten Epidemie gerad ein Theologe
am verächtlichsten, der ein so unheilbarer Kranker
dieser Art, als D. Theodor Thummius, war.

Noch hätte Besold etwa mehr Zutrauen zu
den damahligen Canzler, D. Lukas Osiander, ge=

---

*) Einem Opponenten bey einer öffentlichen Disputation,
der auf sein vorgebrachtes Argument zu stolzieren schien,
erklärte einst D. Thummius, er wolle ihm auf der Stelle
achtzehenfach zeigen, wie Unrecht er habe. Der Herr
Doctor kam würklich aus dem Stegreif bis Num. 18.
und das ganze Auditorium erstaunte über den großen Doctor
Disputator. f. Caroli Memorab. T. I. p. 740.

**) Fuit Besoldus, sagt Wagner an oben angef. Orte, vita,
quod negari non potest, externe inculpatus, animo
sedatus, discursu non injucundus, sermone modicus,
vanitatis osor, ejusdemque sine læsione gravitatis quo-
dammodo satyricus irrisor.

habt, den selbst auch Joh. Valentin Andreä noch duldender fand, als den ewig zänkischen Thummius, wenn nur nicht den gelehrten Canzler seine ganze theologische Bildung völlig unfähig gemacht hätte, ein paar Worte Besolds ruhig anzuhören. Noch hätte er vielleicht immer eher Osiandern gefragt, als den Ex-Jesuiten Jacob Reising, der damahls als dritter Professor der Theologie zu Tübingen stund, so wenig er auch an Reisings Redlichkeit zu zweifeln Ursache hatte. Noch hätte er sich vielleicht überwunden, mit dem Canzler, so ärgerlich ihm auch seine Schrift gegen Arndt war, gerade heraus zu sprechen, wenn nicht gewöhnlich in solchen Fällen gerade ein College mit seinem Collegen am schwersten zur Sprache käme, und wenn nicht Besold auch den entferntesten Verdacht einer Ketzer-Beschuldigung, wie den Tod, gefürchtet hätte.

So war Besold ganz ermüdet von theosophischen und pseudo-apokalyptischen Schriften, so stund er allein, in der wichtigsten Angelegenheit seines Herzens von seinen Freunden abgesondert, so trieb ihn der unbefriedigte Durst nach Wahrheit, als Johann Arnds Buch vom wahren Christenthum erschien. Sichtbar hat dieß Buch die größte Revolution seiner theologischen Gesinnungen

Religions-Veränderung.

hervorgebracht. *) Ach! wer es sich auch denken kann, wie ihm Arnd zugeflossen seyn muß, wie er ihm Mark und Bein gestärkt haben muß, da ihm vor der zanksüchtigen Theologie seines Zeitalters so herzlich ekelte, da seine alte Apokalypten-liebe erkaltet war, sein Herz leer stund, Arnd sanftere und reinere Wahrheit ihm anbote.

Nun entschied sich sein Herz ganz für Mystik. Um alle die Quellen aufzusuchen, aus welchen der fromme redliche Mann geschöpft hatte oder geschöpft haben sollte, las er Kempis und Taulern und Rusbroch, alle alte Mysticker waren ihm willkommen, er glaubte auch bald eine vollkommenere Religion, eine höhere Geistes-Uebung in ihnen gefunden zu haben, als die seye, von welcher die Osianders und Thummiuse wußten. Den alten

---

*) Diese Veränderung sieht man vorzüglich bey einer schnellen chronologischen Durchlesung seiner theologischen und politischen Schriften. Seit dem Jahr 1620. ändert sich der Ton derselben völlig. Nun erschien Arnds Buch früher, aber es war einige Jahre da, ehe es so große Sensation machte, denn auch Osianders Schrift gegen Arnd erschien erst 1623. Wenn man Besolds eigene Erklärung in seinen christlichen Motiven S. 122. mit dem vergleicht, was er in der Zueignungsschrift sagt, so erhellet offenbar, Arndts Lektüre machte eine Haupt-Revolution seiner Gesinnungen.

Mystickern getreu hielt er nun recht ernstvoll auf Uebungen, Casteyungen und ascetische Bräuche, nun war ihm die Lauigkeit, womit man auf Thun drang, und der Eifer, womit man für Glauben und Meinungen focht, ein unvergeßlicher Aerger, nun schien ihm bald bey allen Irrthümern der Römischen Kirche mehr Ascese, mehr Eifer und Wärme und Zusammenhalt in eben der Kirche zu seyn, als in der sonst reinern Gemeinschaft des lutherischen Glaubens.

Der Mann, der Menschen und Welt nicht kannte, den, so Buchgelehrt er auch war, jeder erste Schein blenden konnte, sah nun mit mystischer Rührung in manchen Gegenden Ober-Schwabens, oft in der Nähe von Tübingen, die Prachtvolle Devotion des Catholischen Gottesdiensts und wenn er bey den ersten neugerührten Blicken, womit er gewöhnliche Ascesen der catholischen Kirche wahrnahm, gerade einem frommen guten Catholicken begegnete, wenn er in solchen Momenten den vollen Contrast seiner alten Apokalypten-Ideen mit seiner neu entdeckten Bekanntschaft recht innigst empfand *), war alles in ihm schon vorbe-

---

*) Besold selbst giebt hie und da deutlich genug zu verstehen, wie sehr seine überspannte Ideen gegen die Catholicken, die aus seinen pseudo-prophetischen Bemühungen flossen, nach etwas genauerer persönlichen Bekanntschaft

Religions-Veränderung. 453

reitet zum Proselyten, so kam er in ein Schwanken von Ueberzeugung, dem er wohl noch unvorsichtig nachhieng, so war er in seinem Innern schon mehr als halb verführt. Nur fehlte denn noch ein feiner, schlauer Führer, der ihn immer nur einige Schritte allmdlig weiter fortlockte, der ihm erst einige der übertriebenen protestantischen Vorwürfe klar machte, der ihn von diesen allmdlig nur schliessen ließ auf manche der übrigen Vorwürfe, der den ersten Punct, wovon Besold ausgieng, recht fest hielt, wie wenig auf Glauben und Meinungen ankomme, wie viel mehr dann aber Frömmigkeits-Uebung und Frömmigkeits-Freuden in der Catholischen Kirchen-Gemeinschaft statt hätten, als man in irgend einer lutherischen Kirche zu finden im Stande seye.

Ehe nur irgend einer der Kollegen und Freunde Besolds argwohnte, so war Besold schon ein vertrauter Religions-Freund des Carmeliten-Priors zu Rotenburg am Necker, so zog ihn schon das weitere Aufsuchen alter, auch ungedruckter, mystischer Schriften in genauere Bekanntschaft mit den dor-

---

mit denselben die erste Prädisposition zu seinem Catholicismus waren. Freilich konnte es nur Prädisposition für diesen Kopf seyn.

tigen Capucinern.*) Ehe selbst die eifrigsten der Tübingischen Theologen in Vermuthungen weiter gegangen waren, als daß man ihn für einen fanatischen Sonderling hielt, der nie völlig zufrieden seyn könne, so war es bey ihm selbst schon zu mancher Berathschlagung gekommen, welche Kirche, ob die Catholische? ob die Lutherische? im allgemeinen genommen, die reineste seyn möchte. Noch hatte nicht selbst sein vertraulicher Umgang mit manchen Catholischen Herrn der Vorder-Oesterreichischen Lande, die sich in Rechts-Sachen seines Raths bedienten, klar entwickelten Verdacht erregt, noch hatte man nicht wahrgenommen, wie er in seinen Schriften, die er herausgab, Streitfragen, die das anti-catholische Schibboleth der Lutheraner waren, immer seichter und gelinder behandelte, da schon 1626. Briefe aus Oesterreich kamen, Besold seye catholisch worden. Die frohe Sage, wie weit man mit Bekehrung des gelehrten Besold gediehen,

---

*) Besold gab 1623. aus einer alten Handschrift heraus: Johann Tauler Nachfolgung des armen Lebens Christi. Er sagt selbst in der Vorrede zu seinen christlichen Motiven: Es seyen schon damahls und gerade auch aus Gelegenheit der Edirung dieses Tractats, seiner Person und seines Glaubens wegen, bey den Lutherischen allerhand seltsame Gedanken, auch nicht wenig Streit entstanden. Also schon 1623. lief Besold um das Feuer herum, das ihn zuletzt völlig ergriff.

Religions-Veränderung. 455

was wie die wichtigste Neuigkeit der catholischen Kirche unter vertrauten Freunden von Mund zu Mund fortgegangen, sie ward nach Linz geschrieben, zu Linz hörte sie Keppler und Keppler schrieb sogleich seinem alten Freunde rein und unverhohlen, was er gehört habe *).

Zwar zeigte diese Antwort, die Besold gab, deutlich genug, daß er noch nicht ganz gewonnen worden sey, aber sie ließ doch gewiß auch den scharfsehenden Keppler sehen, wie fast auf halbem Weg, um endlich doch noch gewonnen zu werden, der gute Besold schon entgegen gekommen sey. Besold that so glimpflich bey einem Vorwurfe, der seinem Christen-Nahmen und seiner bürgerlichen Ehre so nachtheilig war, daß man wohl wahrnahm, wie vertraut er bey sich mit einem Vor-

Ff 4

---

*) Besold an Keppler 17. Sept. 1626. Keppleri Epist. p. 281. Rumor de mea conversione inopinatus plane fuit, at securos esse jubeo vestrates, quos exinde cognosco, salutis meæ esse studiosos. Ex animi sensu iis semper soleo respondere, qui me nescio cujus novitatis suspectum habent: antiqua, imo antiquissima me sequi, malleque cum primitivæ ecclesiæ Doctoribus errare, quam novatorum obscuram diligentiam imitari. Sed puto & firmiter persuasum mihi est, errores, quorum reos agunt Catholico-Romanos nostrates, novos esse, nec ex Ecclesia primitiva.

wurfe dieser Art geworden seyn müßte. Er antwortete so unprotestantisch, daß man wohl sahe, das erste Grund-Principium des Protestantismus sey von ihm aufgegeben worden. Er erklärte wohl, daß er das alles für Irrthümer halte, was der Römisch-Catholischen Kirche von unsern Theologen vorgeworfen werde, aber er erklärte sich nicht, ob er diese Vorwürfe für gegründet halte? Ob die vorgeworfene Lehre seiner Meinung nach würklich auch Lehre der Römisch-Catholischen Kirche sey?

Der Verdacht gegen ihn war nun einmahl rege geworden, Osiander und Thumm ruhten nicht. Die Frage, weß Glaubens ein Lehrer von Besolds Ansehen sey, zu welcher Religions-Parthie der Professor des Staatsrecht auf der Landes-Universität gehöre, war auch viel zu wichtig, als daß man schweigen konnte. Kleine Inquisitionen wurden verhängt, man blieb mit der Untersuchung nicht allein bey Besold stehen, alles, was zu seiner Parthie zu gehören schien, ward aufs strengste untersucht. Kepplers Religions-Gesinnungen schienen ohne diß schon lange verdächtig, Lansius, wenn ihn nicht sein unerschrockener Muth rettete, hatte eine eigene Anklage der Hofprediger zu gewarten. *)

---

*) Schon 1622. schrieb Besold an Keppler: Silent sane inquisitiones apud nos, quæ mire me turbarunt &c.

Religions-Veränderung.

Noch bestund Besold auch bey dieser Untersuchung. Er hatte auch offenbar sich selbst noch nicht ganz entschieden, er schien erst noch die ältesten Kirchen-Väter studiren zu wollen, er schien erst nach Vorschrift der ältesten Kirchen-Väter noch einmahl untersuchen zu wollen, bey wem mehr Evangelische Wahrheit sich finde, bey Thumnius und Osiander, oder bey seinem Freunde, dem Carmeliter-Prior zu Rotenburg. Nun waren überdieß seine Inquisitoren der patristischen Ahnen-Probe aller lutherischen Meinungen so versichert, daß sie den unprotestantischen Fundamental-Satz des Mannes gar nicht zu ahnen schienen. Sie konnten nicht, ohne unbillig zu scheinen, jede zweideutige Redart des undurchdringbar versteckten Mannes aufspähen, sie hoften, daß selbst auch der Schrecken der gezeigten Aufmerksamkeit und die Furcht einer schnelle wieder erwachenden Inqui-

---

und schon 4. Jan. 1615. schreibt Lansius an Kepplern: Theologi nostrates aulici nuper bellum adversus me moliebantur, cum libertatem meam non satis concoquere possent, uti stomachi delicatuli etiam optimos cibos saepe rejicere solent, sed jam placide conquiescunt omnes. Doch nach 1626. erwachten die Inquisitionen wieder. 1622. hatten die Inquisitionen mehr dem fanatisch verdächtigen, 1626. mehr dem Catholisch verdächtigen Besold gegolten.

sition den unvorsichtigen Besold warnen solle. Besold bestund noch, denn wer hätte auch die Zweifel an der Aufrichtigkeit des sonst so geraden ehrlichen Mannes bis aufs äußerste treiben wollen? Noch 1628. hatte er sich feyerlich so gar zur Concordien-Formel bekannt, *) und er sollte catholisch seyn? Noch 1627. hatte er den Würtembergischen Besitz einiger Clöster gegen den Bischof von Augspurg und Abt von Kaysersheim vertheidigt, und er selbst sollte im stillen zu dieser Parthie gehören, die er gründlich zu widerlegen seinem Landes-Fürsten versprochen hatte? Noch gieng er auch seit 1626. wie vorher, gewöhnlich zur Kirche und zum Abendmahl, war fortdaurend vertrautester Freund des gewissenhaften redlichen Schickard, des offenherzigen geraden Lansius, und er sollte heimlich catholisch seyn. **)

Doch in der That noch war ers nicht völlig. Sein Herz hatte längst catholische Parthie genommen, der Verstand war auch dem Herzen schon

---

*) s. des Administrators, Herzog Ludwig Friderichs Rescript an den academischen Senat 2. Dec. 1628.

**) Wie aufmerksam aber doch die Tübingische Theologen und zwar, was dißmahl der Erfolg bewies, mit Recht waren! 1627. gab Besold seinen Heraklit heraus. Gegen diese Schrift predigte man öffentlich auf den Canzeln zu Tübingen. s. Rath l. c. S. 22.

Religions-Veränderung. 459

seit langem nachgezogen, aber eben dieselbe Schüchternheit und Verstecktheit seines Characters, die dem heimlichen Catholisch werden günstig war, verhinderte die frühere laute Erklärung desselben. Unstreitig ändert auch ein bedächtiger gewissenhafter Mann, selbst wenn schon seine innere Ueberzeugungen einigen Stoß gelitten, nicht sogleich die Farbe. Ein bedächtiger Mann kennt Ebbe und Fluth seiner innern Ueberzeugungen und handelt niemahls nach Augenblicken von Ueberzeugung. Ein Mann von 50 Jahren, der Amt und Ehre und Freunde und Vaterland aufopfern solle, ist bedächtiger, als er selbst weiß und mag nicht bey Besolden, wenn er so Jahre lang das Geheimniß bey sich selbst trug, wenn er bald Ankläger bald Vertheidiger hörte, bald diesen bald jenen länger hörte, mag nicht auch bey ihm bald ein Stoß gekommen seyn, der der lutherischen Lehre neu günstig war, bald wieder ein Stoß, der ihn beynahe nicht zaudern ließe, sich feyerlich für die Catholische Kirche zu erklären?

So schwebte Besold drey, vier Jahre lang in der Gefahrvollesten Neutralität, wenn es je noch Neutralität war, so rang in ihm Hofnung und Furcht, Ueberzeugung und Zweifel. Er fühlte die Pflicht, sich zu erklären und empfand nie mehr neue fürchterlich aufwachende Zweifel, als wenn er sich erklären wollte. Er konnte sich nicht entscheiden. Er wollte sich entscheiden und konnte nicht den letzten Schritt thun. — Gott selbst sollte ihm noch den letzten Wink zur Veränderung geben, den unwidersprechbarsten Beweis der Wahrheit der Catholischen Religion.

Schon 29 Jahr lang lebte er in einer völlig unfruchtbaren Ehe. Sein Lieblingswunsch, einen Erben zu haben, der Wunsch, um dessen willen allein so mancher andere seiner Wünsche da war, verschwand selbst nicht als alter 29 jähriger Lieblingswunsch und da er einst 1629. zu Scheer im Truchseßischen die wundervolle Andacht des catholischen Volks sah, der allgemeinen Verehrung den heiligen Wunibald und des heiligen Wilibalds Reliquien beywohnte; so wars in einem Augenblick bey ihm beschlossen, wenn er innerhalb eines Jahrs einen Erben bekomme, dem Gotte, der hier angerufen so mächtig würke, feyerlich die Ehre zu geben, feyerlich zur Catholischen Kirche sich zu bekennen. *)

Der erflehte Erbe traf ein. Die Tochter, die Besolden gebohren wurde, ward ihm noch zum zweytenmahl vom Himmel aus großen Gefahren herausgeschenkt, so bald Besold den heiligen Wuni-

---

*) f. Besolds Motiven S. III. verglichen mit Rath. L k. S. 9.

bald und Wilibald und die heilige Walburg wie‍der anrief: nun glaubte der arme, schwache Mann zwei Beweise des Himmels zu haben, nun weilte er keinen Augenblick länger, er schwur den 1. August 1630. in feyerlichster Stille zu Heilbronn ab, be‍kannte daselbst seinen neuen Glauben vor dem Pro‍vinzial der strengeren Franciscaner, Wolfgang Hoegner. *)

Er mag fest entschlossen gewesen seyn, nun nächstens auch öffentlich seinen Religions-Ueber‍tritt zu erklären, er mag nur erst kleine häusliche Vorbereitungen haben machen wollen, um Tübin‍gen desto leichter verlassen zu können und nach dem benachbarten Oesterreichischen Rotenburg am Necker zu ziehen, er mag seine Frau allmälig vor‍her zu einer ähnlichen Veränderung haben vorbe‍reiten wollen, er mag gezaudert haben, wie er in allem zauderte, wo er handeln sollte, er mag wohl zu diesem letzten Schritt von den Catholischen Geist‍lichen gar nicht mehr gedrängt worden seyn, sie hatten schon, was sie wollten, der heimlich Catho‍lische Besold konnte sie mehr nützen, als der laut erklärte eifrig Catholische Besold. Unterdeß bra-

---

*) Daß Besold schon den 1. August 1630. feyerlich abge‍schworen habe, sagt nicht allein Rath l. c. S. 22. son‍dern auch Baron von Sprinzenstein in seiner Relation von Besolds letzten Tagen und Stunden S. 15.

chen auch in Würtemberg bald Kayserliche, bald Schwedische Unruhen aus, die Schweden eroberten Rothenburg, wohin er sich hatte flüchten wollen, die Schwedische Armee triumphirte zwey Jahre lang in Schwaben, kein weiser Mann, wie vielleicht seine catholische Geistlichkeit ihm nun sagte, durfte zu solchen Zeiten sich erklären.

Ist es aber nicht zum Erstaunen, wie oft selbst gewissenhafte Menschen, was Besold zuverläßig war, mit ihrem Gewissen pacisciren können? Vier volle Jahre blieb der catholische Besold, den Protestantismus heuchelnd, Professor der Rechte zu Tübingen. Vier volle Jahre stahl er das Brod dem Fürsten, der gewiß keinen catholischen Professor erndhren wollte. Vier volle Jahre genoß er, noch selbst bey den wichtigsten Streitigkeiten mit den Catholicken, wo es Parthie gegen Parthie galt, das unbegrähzteste Zutrauen seines Fürsten als treuer protestantischer Publiciste, und er, er hatte den Protestantismus längst abgeschworen. Vier volle Jahre hatte die Universität an ihm einen geheimen Verräther, einen geheimen Jugend-[*]) einen einheimischen Feind, den sie nicht einmahl arg-

---

[*]) Differre coactus fuit, sagt Rath, non sine multorum, quos interea Tubingæ Studiosos convertit, æterno bono. Unter diesen verführten sind Lindenspur, Speidel und Dexlin bekannt worden.

wohnte. Wie oft in solchen vier Jahren, als die von 1630 bis 1634 waren, kritische Fälle vorgekommen seyn mögen, daß sich der akademische Senat, bey dem Andringen der Catholicken auf die Würtembergische Kirchen-Güter, bey der Gierigkeit derselben nach den Tübingischen Probstey-Gefällen *) zum gemeinschaftlichen stillen Widerstande vereinte und einer der ersten Männer unter ihnen, dessen Rath hier der wichtigste seyn mußte, hatte bereits die Lutherische Lehre abgeschworen. Man verbot, so sorgfältig war man damahls in Tübingen, durch ein academisches Senats-Decret vom 4. Dec. 1631. dem damaligen Professor Flay, der allen vielleicht durch sein Bibliothekar-Amt veranlaßten Umgang mit den catholischen München im nahe liegenden Closter Bebenhausen; und wie nun Besolden das Herz geschlagen haben muß, wie er bey Abfassung dieses Senats-Decrets mit saß, wenn er oft hörte, wie man von Osterwald und andern sprach, die Vaterland und Religion dem Kayserlichen Hofe damahls schon verkauft hatten. Vier Jahre lang war er noch im Cirkel seiner vertrautesten Freunde zu Tübingen und keinem von allen bekannte er seinen gethanen Schritt. Sein

---

*) Das Streben der Catholicken nach der Probstey zu Tübingen fieng schon 1628. an. s. Zeller Merkwürdigkeiten von Tübingen S. 682.

Freund Wilhelm Schickard war ein Mann, mit dem sich über alles sprechen ließ, er hat sich ihm nie entdeckt. Thomas Lansius, der Besolden herzlich liebte, hätte ihm vielleicht auch da noch einen guten Rath geben können, Besold blieb auch ihm verschlossen. Sollte Besold nicht gewußt haben, daß sein Freund, Johann Valentin Andreä, einen großen edlen Bund gestiftet habe, den Pabst zu stürzen, und Luthers Lehre zu behaupten? *) und er, Besold, selbst war schon ein Anhänger des Pabsts.

Mir schauert, wie der Mann schweigen konnte, wie ein sonst so gewissenhafter Mann, als Besold nach aller Zeugniß war, durch natürliche Schüchternheit und lang geübte Verschlossenheit seines Characters zu Handlungen des gewissenlosesten Manns gebracht werden konnte. Die Erfahrung giebts tausendfältig, wie gerade der gewissenhafteste Mann, wenn einmal die Dinge vor seinen Augen sich zu verdrehen und zu verschieben angefangen, viel schauervoller handelt, als der leichtsinnige Bösewicht. Jene Energie der Seele, die eine der schönsten Würkungen lange bewahrter Gewissenhaftigkeit ist, jenes muthvolle Hinwegsehen

---

*) s. Württemb. Repertor. I. Band S. 336.

Religions-Veränderung.

ſehen über alles, was gewiſſe Verhältniße zu fordern ſcheinen, was freundſchaftliche und geſellſchaft-
liche Delikateſſe iſt, jene eine Idee, durch die
allein ein ſolcher Mann lebet und webt, hat einmahl eine falſche Richtung genommen, die Thaten
gleichen nun den Thaten des abſcheulichſten Böſe-
wichts, doch allein der allwiſſende Gott kann das
Urtheil ſprechen: ob und wie ein Mann dieſer Art
die vielleicht nur leiſere, aber doch hörbare Stimme
ſeines richtigeren Gewiſſens anfangs bald über-
hört, bald übertäubt, bald nicht rein ausgehört,
bald überſtürmt habe.

Ein ſo ſtiller heimlicher Mann, der Beſold
war, ſammelt oft, ohne daß er es ſelbſt wahrnimmt,
mehrere Jahre hindurch einen Fond von Bitterkeit
und Säure, der nach dem natürlichen Aßimila-
tions-Geſetze, wie ſich den herrſchenden Notionen
unſerer Seele alles anſchließt, alle Kenntniſſe und
Empfindungen deſſelben unglaublich durchſäuret,
wie anders ſoll man ſich ſonſt erklären, was Beſold
that, da er endlich nicht lange nach der Nördlinger
Schlacht ſelbſt an dem Orte, wo er nun vier und
zwanzig Jahr lang als proteſtantiſcher Lehrer der
Rechte geſtanden war, ſelbſt im Kreiſe aller ſeiner
alten Freunde, öffentlich als Apoſtate auftrat.

Würde je ſonſt ein Mann auch nur halb ſeinen Gefühls feyerlich gegen ſein Vaterland aufge-

treten seyn, zu schaden, was er zu schaden vermöchte? Würde je sonst ein Mann von unverdorbener Empfindung, der Besold gewiß war, dem guten Fürsten, der 25 Jahre lang ihm Brod gab, der ihn befördert, mit Zutrauen beehrt, als wichtigsten Rathgeber gebraucht, gegen alle seine Gegner geschützt hatte, *) der ihn nie kränkte, nie zurück setzte, nie undankbar vergaß, dem guten Fürsten den Krieg angekündigt haben, alles aufgeboten haben, ihm ein Drittheil seines Landes zu rauben? Würde je ein Mann nicht ganz versteinerten Herzens, und wie nur zu weich war nicht Besolds Herz? als Zuschauer, froher und thätiger Zuschauer stehen geblieben seyn, wenn nun von der neuen Parthie, zu der er getreten, seine alte Freunde beraubt, hülf- und brodlos gemacht, ins äußerste Elend gestürzt würden?

Das alles und noch mehr that Besold. Alles brach nun in ihm mit einem mahl auf, was sich seit länger als einem Jahrzehend in einer fast tückisch scheinenden Heimlichkeit bey ihm gesammelt hatte.

---

*) Ein recht merkwürdiger Fall dieser Art ereignete sich 1629. Besold schrieb in der Closter-Sache für Würtemberg. Sein College Bidembach enthüllte Schwächen und Kniffe seiner Schrift. Besold brachte es dahin, daß Besold auf die Vestung kam. So großes Ansehen und so unerschütterten Credit hatte damahls noch Besold.

Religions-Veränderung. 467

Falscher Religions-Eifer, von dem er in seiner ganzen Stärke beseelt ward, überschnellte den bedächtigen Mann, er glaubte es seinem Gewissen schuldig zu seyn, daß er selbst mit würke und mit helfe, den Herzogen von Würtemberg zu entreißen, was nicht ihnen, sondern dem Teutschen Reiche gebühre, der Evangelischen Würtembergischen Kirche zu entziehen, was uraltes unbestreitbares Erbtheil der Römisch Katholischen Kirche sey.

So verdächtig es scheint, daß Besold erst nach der unglücklichen Nördlingischen Schlacht laut sich erklärte, als ob sich Religion und Glaube desselben nach dem Glücke der herrschenden Parthie gerichtet hätte, so scheint doch der schüchterne Mann offenbar hier verdächtiger, als er nach dem übrigen ganzen Zusammenhange seines Lebens einem billigen Richter scheinen darf. So sehr man gerade dem schüchternen furchtsamen Manne zutrauen konnte, daß ihm nach der Nördlinger Schlacht unter der neuen Oesterreichischen Regierung in Würtemberg für Brod und Leben bange geworden, daß er aus Brodliebe und vielleicht gar noch aus Geitze nach einem größern Brodte seinem Gewissen untreu geworden, zur Catholischen Religion übergetreten sey, so hat doch nie irgend einer seiner damaligen protestantischen Gegner, selbst nicht zur Zeit des gährendsten Religionseifers, dem

Manne von wohl gekannter Gewissenhaftigkeit einen Vorwurf dieser Art zu machen gewagt *).

In der That war auch sein Schicksal bey der neuen Parthie gar nicht glänzend und gerad eben das, was der Mann, von falschem Religionseifer getrieben, seinem Fürsten und seinem Vaterlande zur Schmach that, gerad eben das, wodurch er seinem Vaterlande mehr schadete, als Schlachten und Niederlagen hätten schaden können, gerade eben das, was der sicherste Beweiß seines Eifers für seine neue Parthie seyn mußte, war selbst bey der neuen Parthie seinem Glücke hinderlich.

Man kann es sich leicht denken, wie aufmerksam sie zu Wien geworden seyn müssen, da Besold mit einem diplomatisch bepanzerten Beweise auftrate, daß fast ein Drittheil dessen, was bisher zu Würtemberg gehörte **), von Würtemberg hinweggerissen und in das alte gesetzmäßige Ver-

---

*) Wagner drückt sich zwar etwas unedel in der Sache aus, aber alle, die ihm auch hier einen Vorwurf machen wollen, vergessen, daß er nicht erst nach der Nördlinger Schlacht catholisch wurde, sondern daß er nur erklärte, was er schon seit vier Jahren war, daß er nur aufhörte, ein Heuchler zu seyn.

**) Sämmtliche Würtembergische Clostergüter machen wenigstens ein Viertheil, wo nicht ein Drittheil des Landes.

Religions-Veränderung. 469.

hältniß seiner unbestreitbaren Reichsunmittelbarkeit gesetzt werden müsse. Bey allem Eifer für die Catholische Kirche vergaß man doch nie zu Wien, daß dem Oesterreichischem Hause, nach Absterben des Würtembergischen Mannsstammes, die Erbfolge in Würtemberg vorbehalten sey. Ob man nun zu Wien den Mann begünstigen konnte, der dem Oesterreichischen Hause seine schöne, künftig doch mögliche, Erbschaft fast um ein volles Drittheil zu schmälern suchte?

Fast allein auch hieraus erklären sich Besolds Schicksale nach seinem Uebergang. Seine erste neue Rolle war glänzend. Er ward Würtembergischer Geheimer Rath bey der neuen Oesterreich-Würtembergischen Regierung, er und ein paar Reichshofräthe, die der Kayser von Wien schickte, regierten das ganze Land. Bald mögen wohl aber die Jesuiten gemerkt haben, daß er mehr für die alten Orden, als für sie sey *), bald mögen es die übrigen Landesregenten beschwerlich gefunden ha-

---

*) Nach Promulgirung des Restitutionsedicts entstund zwischen den Jesuiten und den alten Orden ein Streit über der Beute. Die Jesuiten wollten sich die neu eroberten Clöster vom Kayser schenken lassen, Benedictiner, Cistercienser u. d. m. sprachen ihre alten Clöster an.

ben, einen Mann sich zur Seite gesetzt zu sehen, der redlich und uneigennützig handelte, der eigensinnig wie ein alter Schulgelehrter war und am Ende noch wohl mit Entdeckungen kam, die dem Oesterreichischen Hause frühe oder spät höchst schädlich seyn mußten.

Gewiß war es denn keine belohnende Beförderung, daß Besold von diesem Platze hinweg nach Ingolstadt hin auf den Pandektencatheder versetzt wurde, daß ein Mann, der ganz Würtemberg regieren half, der sein Vaterland regieren half, auf eine Universität hinausgeworfen ward, wo er, ein alter verdienter Greis, erst neue Lebensart, neue Sitten, neue Verhältnisse gewöhnen mußte, wo vielleicht noch Fremdlingshaß und Collegenneid auf ihn warteten.

Fast noch volle zwey Jahre stund Besold als Professor zu Ingolstadt. Bis ans Ende seines Lebens war er unermüdet, die Unmittelbarkeit der Würtembergischen Clöster zu behaupten, unermüdet, bald neue historische Notizen zu geben, bald Rath mitzutheilen *), so wenig ihm auch irgend jemand, den Pabst ausgenommen **), für seine

---

*) S. Sattler Geschichte der Herzoge von Würtemberg, VII. Theil S. 175.

**) Kurz vor seinem Tode bekam er noch von dem Pabste eine Vocation nach Bononien und ein Expectanzdecret auf die Probstey Stuttgards.

Sorgfalt, das unmittelbare Reichsgut zu vergrößern, redlich zu danken schien *).

Schade, daß wir von der Geschichte seiner
letzten Tage, von den kritischen Momenten seiner
Fassung im Antlitze des Todes, keine ausführliche
unpartheyische Nachricht haben **). Es läßt freylich in seine Seele tief genug hinein sehen, welche
Bewegungen in derselben vorgegangen seyn mögen,
da er ein paar Stunden vor seinem Tode zwey-
mahl so herzlich in die Worte ausbrach: **Sterben ist ein hartes Kraut**; da er noch ein paar
Stunden vor diesem, als man ihm vom Sterben
sagte, so herzlich frug: **ist es denn an dem** ***)?
Es konnte wohl in diesen Augenblicken, da man
ihn mit Catholischen Ceremonien bestürmte, da

---

*) Selbst der Churfürst von Bayern wußte ihm wenig
Dank dafür, aus leicht zu vermuthenden Gründen. Es
ist in der That auch daher auffallend, daß der bekannte
Prodromus Vindiciarum und die Documenta rediviva
in seinem zu Ingolstadt 1639. bekannt gemachten Ver-
zeichnisse seiner Schriften gar nicht genannt worden sind,
ohngeachtet Rath in seiner Parentationsrede der Sache
wohl gedenkt.

**) Die Nachrichten des Baron von Sprinzenstein, die der
Ingolstadtischen Ausgabe der Besoldischen Synopsis vor-
gedruckt sind, lauten offenbar gar zu partheyisch katho-
lisch.

***) S. erstgenannte Nachrichten S. 10. 11.

bald noch Beicht abgelegt werden mußte an seinen Beichtvater, den Jesuiten D. Siprand, bald noch in Gegenwart des Rectoris Magnifici, vieler Baronen, Professoren und Studenten das Hochwürdige Gut genossen werden sollte, bald nun die Kerze in die Hände gesteckt, der Rosenkranz fest gehängt, wer weiß, was alles gethan wurde, es konnte in solchen Augenblicken kein freyer Entschluß der Seele reifen. Vielleicht zwar, daß sein schwacher Geist gerade nun noch desto gieriger nach allem sich sehnte, was der catholische Priester in solchen Augenblicken so reichlich anbeut, daß der arme Besold nach jedem Rohr griff, ob ihn dieses und jenes etwa stützen könnte, daß alles pünktlich wahr seyn mag, was eifrig katholische Schriftsteller von seinen letzten eifrig katholischen Gesinnungen erzählen, aber — **Sterben war denn doch ein hartes Kraut!**

VII.
Kabinet-Stücke.

Warum? (sagten mir ganze und halbe Freunde) immer so viel fremdes Gut? warum nicht lauter eigene Fabricate zu Kabinets-Stücken? die kurze und wahre Antwort ist: weil ichs selbst so schön und gut nicht zu machen vermag.

Man fordert von keinem Jubelier, daß er die Diamanten selbst mache, wenn er sie nur, von gutem Feuer und Wasser, wohl geschliffen, gut gefaßt und billigen Preises liefert, ist man mit ihm zufrieden.

Diese Nachsicht vor mich und diesen Glauben an meine Steine erbitte ich auch vor die in diesem Archiv liefernde und mit in den Kauf gebende Kabinet-Stücke.

Wer sie nicht vor Edelsteine oder doch Crystalen gelten lassen will, der nehme sie wenigstens vor Glasstifte, um eine Mosaique daraus zusammen zu setzen.

Ich bemerke nur noch, daß ich die mit * bezeichnete Stücke der gewogentlichen Mittheilung anderer vor die Bereicherung des Archivs sich interessirenden Freunde zu verdanken habe.

1.
Der König und sein Thron-Erbe, Bekenner des Christenthums.

Das Schreiben des Königs an den Freyherrn von Seydliz ist bereits in mehreren Journalen und politischen Zeitungen abgedruckt und das Glaubensbekänntniß des Cronprinzen, auf Befehl des Königs, von dem würdigen K. Hofprediger Sack, nebst denen diese feyerliche Handlung begleitenden Reden, Gebeten und Predigt, besonders im Druck herausgegeben. Beyde sind aber merkwürdige Zeichen unserer Zeit, erfreuliche Denkmahle, daß Christus und seine Wahrheit, auch in Berlin, noch herrschen mitten unter seinen und seines Reiches Feinden, sie sind in vieler Hinsicht wahre christlich-patriotische Archival-Urkunden, daher deren Aufstellung und Bewahrung in gegenwärtiger Sammlung mir zur Pflicht und Freude meines Herzens geworden und mehrern Lesern gewiß eben so willkommen seyn werden.

Cabinetsschreiben König Friderich Wilhelms II in Preußen an den Präsidenten in Schlesien, Freyherrn von Seydliz, vom 26. Julii
1787.

Wohlgebohrner ꝛc. Ich habe Euren Bericht, nebst dem beygefügten Plan des von Euch gestifteten Schulseminarii, erhalten und es freuet mich, zu sehen, daß Ihr ein so redlicher Bekenner der christlichen Religion seyd und die Aufrechthaltung der reinen Lehre so sehr zu Herzen nehmet. Ich bin mit Euch vollkommen einerley Meynung, daß die Grundsätze des Christenthums vornehmlich jungen Gemüthern mit Sorgfalt eingeprägt werden müssen, damit sie bey reifern Jahren einen festen Grund ihres Glaubens haben, und nicht durch die anjetzt leider! so sehr über Hand genommenen sogenannten Aufklärer irre geführt und in ihrer Religion wankend gemacht werden. Ich hasse zwar allen Gewissenszwang und lasse einen jeden bey seiner Ueberzeugung; das aber werde ich nie leiden, daß man in meinen Landen die Religion Jesu untergrabe, dem Volk die Bibel verächtlich mache und das Panier des Unglaubens, des Deismus und Naturalismus offentlich aufpflanze. Diese meine veste Gesinnungen könnt Ihr zur Richtschnur bey Euren Schulanstalten nehmen und ich will, daß Euer obiger Plan von allen drey Schlesischen Ober-Consistoriis befolgt werden solle, wozu der Minister von Zedliz jährlich 3000 Reichsthaler von den ihm angewiesenen Schulgeldern abgeben wird. Ihr könnet diese meine Ordre an besagte Consistoria circuliren lassen und das übrige mit ihnen arrangiren. Ich bin Euer gnädiger König

Potsdam, den 26. Julii 1787.   Friderich Wilhelm.

2.

Das Glaubensbekenntniß des Cronprinzen Friderich Wilhelms von Preußen, feyerlich abgelegt den 4. Julius 1787.

Ich bekenne mich von Herzen zu derjenigen Religion, die sich auf die Lehre Christi und seiner Apostel gründet, und glaube, daß diese Lehre aus den Schriften der Evangelisten und Apostel hinlänglich erkannt werden kann.

Alles, was mich ein richtiger Gebrauch der Vernunft von Gott und seinem Willen lehret, das nehme ich als Wahrheit an, und erkenne meine heilige Verbindlichkeit, mich darnach zu richten.

Denn ich glaube, daß sich das höchste Wesen uns Menschen sowohl durch seine Werke und Einrichtungen in der Natur, als auch durch die Unterweisungen in der heiligen Schrift offenbaret habe. Ich sehe daher die sogenannte natürliche und die geoffenbarte Religion nicht als zwey verschiedene und sich widersprechende Religionen an; halte es aber für eine der dankenswürdigsten Wohlthaten Gottes, daß er der menschlichen Vernunft durch ausserordentliche und zuverläßige Belehrungen zu Hülfe gekommen ist; denn die Erfahrung lehret es genugsam, daß diejenigen, denen diese besondern Unterweisungen nicht zu Theil geworden, oder die dieselben verachten, sich auf die traurigste Weise in der Religion verirren.

Ich erkenne es demnach für ein Glück, ein Christ zu seyn, und will als ein solcher leben und sterben. Wenn ich diesem Vorsatz getreu bleibe: so wird es mir nie an der erfreulichsten Ueberzeugung von den allerwichtigsten und trostreichsten Wahrheiten fehlen, ich werde in mir selbst den stärksten Antrieb zur Tugend haben, und von allem, was unrecht und böse ist, kräftig abgehalten werden; ich werde mit meinem Zustande in der Welt auf eine vernünftige Weise zufrieden seyn; ich werde zu allen Zeiten ein reines und gutes Gewissen haben, und in meinen künftigen

Widerwärtigkeiten wird es mir nie an Trost fehlen: dabey kann ich dann auch auf eine ewige Glückseligkeit nach diesem Leben getrost hoffen.

Wie ich aber Religion und Christenthum für die Quelle der menschlichen Ruhe und für die beste Stütze der Tugend halte: so erkenne ich es auch für die allgemeine Schuldigkeit aller Menschen, Gott nach ihrem besten Wissen zu verehren, und seinem Willen gehorsam zu seyn. Weit gefehlt, daß die Mächtigen und Glücklichen in der Welt dazu weniger verpflichtet seyn sollten; so sind sie im Gegentheil dazu noch mehr verbunden, als die Geringen und Armen. Gott ist aller Menschen Oberherr, Wohlthäter und Richter, und diejenigen, denen er am meisten Gewalt und Macht, und die meiste Gelegenheit, eine gute Erkenntniß zu erlangen, gegeben hat, die müssen auch ihm am dankbarsten und ergebensten seyn.

Ich halte mich auch verpflichtet, meinen Glauben als ein Christ jetzt und zu jeder Zeit freymüthig vor den Menschen zu bekennen. Ich werde nie das verleugnen oder verheelen, was ich für meine Ehre und für mein Glück halte. Ich schäme mich des Evangeliums nicht, denn es ist eine Kraft Gottes, selig zu machen alle, die daran glauben.

Kabinetstücke.

Unglauben und Aberglauben will ich als die beyden gefährlichsten Abwege von der wahren Religion sorgfältig vermeiden. Ich will mich vor allem dem hüten, was in mir nach und nach einen Widerwillen des Herzens gegen die Wahrheiten der Religion erzeugen, und mich zu dem unglückseligen Wunsch verleiten könnte: daß kein höherer Gesetzgeber und keine zukünftige Vergeltung des menschlichen Thuns seyn möchte. Ich will aber auch mit Hülfe einer vernünftigen Ueberlegung und eines treuen Gebrauches der heiligen Schrift die vielfachen Verirrungen des Aberglaubens zu vermeiden bemühet seyn; damit ich nicht die Frömmigkeit in solchen Dingen setze, worinn sie nicht besteht, oder menschlichen Wahn für die Regel meines Thuns und Hoffens halten möge.

Da ich aber weiß, daß Religion und Glauben sich nicht befehlen und nicht erzwingen lassen: so will ich darin Jedermann nach seiner Einsicht und seinem Gewissen handeln lassen. Ich darf und will die Irrenden weder hassen noch verfolgen, und erkenne für das einzige Mittel zu ihrer Zurechtweisung, daß man sie durch Belehrung zu erleuchten und zu überzeugen suche. Ich weiß, daß es unzähliges Unheil in der Welt veranlaßt hat, daß man hat vorschreiben wollen, was die Menschen glauben sollten; und ich erkenne allen Ge-

wissens-

Kabinetſtücke. 481

wiſſenszwang für eine Sache, die ſowohl der Gerechtigkeit und Klugheit, als auch der Lehre und dem Verhalten Chriſti gänzlich entgegen iſt.

Dabey aber halte ich es keinesweges für einerley, was ein Menſch in der Religion glaubt, oder nicht glaubt. Es muß daher ein jeder für ſich mit allem Ernſte dahin trachten, daß er die Wahrheit recht erkenne, und feſthalte. Da mancher Irrthum in der Religion äuſſerſt ſchädlich ſeyn kann, ſo kann ich als ein vernünftiger Menſch nicht dabey gleichgültig ſeyn, ob Gott und ſein Wille von mir und andern richtig erkannt werde, oder nicht.

Die Ueberzeugungen, die ich als ein Chriſt von Gott und ſeinen gnädigen Abſichten mit uns erlangt habe, und die Geſinnungen und Vorſätze, die dadurch in mir erweckt worden ſind, will ich nun freymüthig zu erkennen geben.

* * *

Ich glaube, daß von Ewigkeit her ein allmächtiger, allweiſer und allgütiger Geiſt da geweſen, der der Schöpfer und Erhalter der ganzen Welt iſt. Dieſes allerhöchſte Weſen erkenne ich alſo auch für meinen Schöpfer und Wohlthäter. Ich bekenne meine gänzliche Abhängigkeit von ihm; und ich bete ſeine Vollkommenheiten mit der tiefſten Demuth an.

Patr. Archiv, VIII. Theil.   Hh

Das unsichtbare Wesen Gottes ist allen vernünftigen Geschöpfen offenbaret, denn Gottes Daseyn und Eigenschaften werden aus dem Daseyn und aus der bewundernswürdigen und wohlthätigen Beschaffenheit der Werke Gottes hinlänglich erkannt.

Die Welt mußte entweder durch sich selbst und von Ewigkeit vorhanden seyn; oder ein Ohngefähr muß sie in diesen ihren gegenwärtigen Zustand gesetzt haben, oder es muß ein allmächtiges und verständiges Wesen da seyn, welches alles durch seinen Willen hervorgebracht und in diese Ordnung gesetzt hat. Ewig und durch sich selbst bestehend kann diese Welt nicht seyn, weil alle Dinge in derselben veränderlich und vergänglich sind; es ist auch wider alle gesunde Vernunft, zu glauben: daß sie von Ohngefehr entstanden, da überall in derselben eine so bewundernswürdige Ordnung und weise Absicht wahrgenommen wird; folglich muß sie von einem ewigen allmächtigen und allweisen Schöpfer hervorgebracht worden seyn.

Ich kann Gott weder in seinem Wesen, noch in einer einzigen seiner Eigenschaften ganz ergründen. Es ist mir genug, daß ich seine allgegenwärtige Macht wahrnehme, und seine Güte empfinde; und daß ich ihn nach der trostvollen Lehre Jesu als

Kabinettstücke. 483

meinen für mich sorgenden, und barmherzigen Vater verehren darf. Ich will seine Vollkommenheiten und seinen Willen immer richtiger zu erkennen suchen; ich will bemüht seyn, ihm in seiner Weisheit, Heiligkeit und Güte immer ähnlicher zu werden; ich will alle Kräfte, die er mir verliehen, nach seinem Willen gebrauchen, allen seinen Gesetzen gehorchen, für alle seine Wohlthaten dankbar seyn, und mich allen seinen Fügungen voll Vertrauen unterwerfen. So will ich ihn im Geist und in der Wahrheit anbeten, wie es mich Christus gelehrt hat.

Ich erkenne den allmächtigen Schöpfer der Welt zugleich für den allweisen Regierer derselben. Ich glaube, daß alle Geschöpfe durch Gottes allgegenwärtige Macht und Fürsorge erhalten werden; und daß alle Veränderungen und Begebenheiten in der Welt, nicht allein nach seinem Vorherwissen, sondern auch nach seinem unveränderlichen ewigen Rathschlusse geschehen.

Es findet also in der Welt kein bloßes Ohngefähr und kein blinder Zufall statt; sondern Gott hat alles, das Kleine, wie das Große geordnet, und er lenkt und regiert alles nach seinem allerweisesten Willen, daß es zuletzt zur Verherrlichung seiner Vollkommenheiten dienen muß.

Auch die Sünden der Menschen stehen unter Gottes Aufsicht und Regierung. Gott weiß alle böse Gedanken, Anschläge und Werke der Menschen vorher; er setzt den Sünden auf mancherley Weise Maaß und Ziel, und er leitet sie so, daß zuletzt seine Weisheit und Gerechtigkeit verherrlichet werden wird.

Ich weiß sehr wohl, welche Einwürfe von den Gegnern der Religion gegen diese auf alle Menschen und alle Begebenheiten sich erstreckende Regierung Gottes gemacht werden. Man stellt es der Majestät Gottes als verkleinerlich vor, daß er alle unwichtige Begebenheiten und die kleinen Angelegenheiten der Menschen seiner Aufsicht und Regierung würdigen sollte; man führt die mancherley Uebel, die sich in der Welt befinden, und die ungleiche Austheilung des Guten und Bösen in den menschlichen Schicksalen als einen Beweisgrund an, daß keine feste moralische Regierung der Welt vorhanden seyn könne. Aber alle diese Einwendungen der Ungläubigen und Zweifler können meine Ueberzeugung von Gottes allwaltender Vorsehung nicht wankend machen. Ich bescheide mich zwar, daß mir die Absichten und die Wege Gottes in vielen Stücken dunkel und unerforschlich bleiben müssen. Ich sehe aber die trostvolle Lehre Jesu von einer alle Dinge leitenden göttlichen

Vorsorge auch durch unzählige Erfahrungen bestätiget. Ich sehe ein, daß der unendliche Verstand Gottes alle Dinge in ihren Würkungen und Folgen umfassen müsse, und daß es vermöge des genauen Zusammenhangs in der Welt keine Regierung derselben geben könne, als eine solche, die sich auch auf alle einzelne Geschöpfe und Begebenheiten erstreckt. Auch erkenne ich, daß eine Welt nicht ohne alle Uebel seyn könne, da sie aus endlichen und eingeschränkten Geschöpfen besteht. Des Guten sehe ich unzählich viel mehr, als des Bösen; es scheint vieles ein Uebel, was es nicht ist, und viele würkliche Uebel erkenne ich schon jetzt für Mittel zu Erreichung weiser und gütiger Absichten. Ich traue es also der höchsten Weisheit des Allmächtigen getrost zu, daß sie zuletzt alle Dinge zu ihrer Verherrlichung, und zur Wohlfarth der Guten hinlenken werde. Dieses Vertrauen beruhiget mich auch bey der scheinbaren Straflosigkeit der Uebelthäter und bey dem Elende, das die tugendhaften Verehrer Gottes zuweilen bis an ihren Tod plagt. Da überhaupt die Einrichtung der Dinge von Gott so gemacht ist, daß das Gute belohnt, und das Böse bestraft wird: so erwarte ich auch, daß diese Ordnung in allen einzelnen Fällen, wo nicht in dieser Welt, doch gewiß in einem zukünftigen Zustande, statt finden werde.

Da ich also fest davon überzeugt bin, daß auch ich unter der beständigen Aufsicht und Leitung Gottes stehe: so erkenne ich auch meine Schuldigkeit, mich der göttlichen Vorsehung mit dem völligsten Vertrauen zu überlassen. Im Glücke will ich Gott dem Geber alles Guten dankbar, in der Gefahr will ich getrost, in der Widerwärtigkeit will ich unverzagt und geduldig seyn; denn mein ganzes Schicksal ist in den Händen eines allmächtigen und allgütigen Vaters.

Mein Bemühen soll aber vornemlich dahin gehen, daß ich die besondern Absichten, die die Vorsehung mit mir hat, nicht nur vor den Augen behalte, sondern sie auch nach meinem besten Vermögen erfülle. Diese Absichten können keine andern seyn, als daß ich in Nachahmung der göttlichen Gerechtigkeit, Weisheit und Liebe ein Beschützer und Wohlthäter andrer Menschen sey, und überall, so weit meine Macht reicht, Ordnung und Recht, Zufriedenheit und Glückseligkeit verbreite und befördre; denn darum hat mir Gott mehr Ansehen und Gewalt verliehen, als andern. Nur in so fern, als ich diesen Beruf erfülle, bin ich ein treuer Diener der Vorsehung, und kann mich ihres Schutzes und ihrer Vergeltungen getrösten. Ich weiß zwar, daß, wenn ich ein ungerechter und böser Fürst würde, ich doch ein Werkzeug in der Hand

Gottes bleiben würde, denn auch die Bösen und die Menschenfeinde müssen ihm dienen. Ich würde aber, wenn ich nicht in Gottes gute Absichten einstimmte, meine eigne Ehre, meine Ruhe, und mein Glück zerstören, und eine schwere Verantwortung haben.

Ich erkenne es nach diesen Grundsätzen für einen thörichten Unglauben, wenn ein Mensch meinet, daß er ohne Gottes Willen und Beystand etwas zu Stande bringen werde; oder daß ihm seine Anschläge wider Gottes Rathschluß gelingen werden.

Ich erkenne es aber für einen eben so thörichten Aberglauben, wenn man die Ordnung verläßt, in der uns Gott helfen und wohlthun will, und ohne Gebrauch vernünftig gewählter Mittel glücklich zu werden gedenkt, oder wenn man bey bösen Unternehmungen und ungerechten Thaten auf Gottes Schutz und Segen baut.

Meine Entschließung ist demnach, in allen Dingen mit Verstand und Ueberlegung zu handeln; und die besten Mittel zur Ausführung guter Absichten anzuwenden. Da aber mein Verstand eingeschränkt ist, und ich sehr leicht irren kann: so will ich in allen wichtigen Dingen den Rath weiser, erfahrener und guter Menschen suchen und benutzen. Ich will überall nur das unternehmen, was ich als recht vor Gott, und für meine Pflicht erkenne; und dann will ich auf Gott hoffen, und mir alle seine Schickungen gefallen lassen.

Da ich vollkommen einsehe, daß die Menschen, als Sünder und wegen ihrer dem Tode unterworfener Natur, einer Erlösung und Hülfe von Gott höchst bedürftig sind: so erkenne ich es auch für den stärksten Beweis der Barmherzigkeit und Liebe Gottes, daß er uns diese Hülfe, die wir selbst uns nicht schaffen konnten, so gnädiglich veranstaltet hat. Ich glaube, daß Jesus Christus der von Gott verordnete Erlöser und alleinige Heiland der Menschen sey. Ich halte für wahr alles, was er von sich behauptet hat, und was seine Apostel von ihm, und den Absichten Gottes, die er ausführen wird, gelehrt haben. Ich verehre ihn nicht blos als den von Gott gesandten untrüglichen Lehrer, der durch seine Unterweisungen der menschlichen Vernunft ein Licht angezündet, und ihr die wahre Religion auf das zuverläßigste bekannt gemacht hat, sondern ich erkenne ihn auch für den barmherzigen Mittler zwischen Gott und den Menschen, der sich zur Vergebung der Sünden im Leiden und Tod willig dahingegeben, und ein ewig gültiges Opfer der Versöhnung gebracht hat. Ich bete ihn daher mit der dankbarsten

Freude auch als meinen Heiland und Herrn an; ich setze mein völliges Vertrauen auf alle seine Versicherungen und Verheißungen; ich erwarte durch ihn die Begnadigung und Vergebung, deren ich bedarf; alle meine kindliche Zuversicht zu Gott gründet sich auf ihn, und seine Lehre soll die Vorschrift meines Verhaltens und mein Trost bleiben, so lange ich lebe.

Ich erwarte insbesondere in dem Glauben an ihn den Beystand des heiligen Geistes, welchen er allen denen verheißen hat, die Gott mit Aufrichtigkeit darum bitten würden. Ob ich gleich die außerordentlichen Gaben und Kräfte, die den ersten Zeugen Jesu verliehen worden, nicht hoffen darf: so kann ich mich doch mit Zuversicht aller der Hülfe, Leitung und Unterstützung getrösten, die mir zu meiner Besserung und Bewahrung im Guten und zur standhaften Ertragung aller Leiden, die Gott zu meiner Läuterung und Erziehung auf Erden gut finden wird, nöthig sind.

Das Geheimnißvolle und Dunkle in der Lehre der Schrift von dem Vater, dem Sohne, und dem heiligen Geiste soll mich in meinem Vertrauen auf die Wahrheit des Evangeliums nicht wankend machen. Um des Schweren und Unbegreiflichen willen kann ich das Verständliche und Trostvolle nicht fahren lassen, und das hellere Licht der

Ewigkeit wird alle Dunkelheiten meiner gegenwärtigen Erkenntniß aufhellen.

Der feste Grund meines Glaubens an das Evangelium ist die Lehre selbst, die der Sohn Gottes verkündiget hat, und die durchaus die Kennzeichen ihres göttlichen Ursprungs an sich trägt; die Unschuld und Heiligkeit, mit der Jesus gelebt hat, und die Ruhe und Getrostheit, mit der er gestorben ist; die merkwürdige Erfüllung seiner Weissagungen, und derer, die wir in den Schriften des alten Testaments antreffen; die Wunderwerke, die er zu Beglaubigung seiner Sendung von Gott verrichtet hat; seine Auferstehung von den Todten, und die Art, wie der Glaube an ihn in der Welt ausgebreitet worden ist.

Am besten aber hoffe ich beständig von der Wahrheit und Göttlichkeit des Christenthums überzeugt zu bleiben, wenn ich die Wirkungen des Glaubens an Jesum an mir selbst erfahre. Diese Wirkungen sind ein kindliches und festes Vertrauen zu der Vaterliebe und Barmherzigkeit Gottes; ein ruhiges und reines Gewissen; eine herzliche Lust und Neigung zu allem, was recht ist, und eine frohe Hofnung einer zukünftigen ewigen Glückseligkeit. Wenn ich nach meines Heilandes Anweisung den Willen des himmlischen Vaters thue: so werde ich es auch immer mehr inne werden, daß seine Lehre von Gott sey.

Ich erkenne mich für verpflichtet, und ich will es mir beständig Freude seyn lassen, meinen Glauben an Christum auch vor der Welt öffentlich zu bekennen. Ich halte es für niedrig und sündlich, sich des Bekenntnisses der Religion zu schämen, und aus Menschenfurcht oder Eigennutz sich wider sein Gewissen andren gleich zu stellen. Ich weiß aber, daß der beste Beweis, wie die beste Furcht des Glaubens an den Erlöser ein gerechter und seiner Lehre gemäßer Wandel sey. Es soll mein redliches Bemühen bleiben: es der Welt beständig auf diese Art zu zeigen, daß ich ein aufrichtiger Christ bin, und von dem Geiste Jesu regiert werde.

Ich bin überzeugt, daß das Evangelium einen jeden, der auf die rechte Art daran glaubt, zur Seligkeit führe. Ich erkenne aber auch die christliche Religion für die stärkste Stütze eines jeden Staates und für das beste Beförderungsmittel der Ruhe und Wohlfahrt der bürgerlichen Gesellschaft; indem sie wohl überhaupt die Menschen zu allem, was recht ist, und Tugend heißt, auf das kräftigste antreibt; als auch insbesondre Obrigkeiten und Unterthanen zur Erfüllung ihrer Berufspflichten auf das heiligste verpflichtet, und eine allgemeine Menschenliebe mit der wahren Gottesverehrung unzertrennlich verbindet.

Der vielerley Aberglauben, der unter den Völkern, die sich zur christlichen Religion bekennen, herrschend geworden ist, und die Ungerechtigkeiten, und Verfolgungen, deren sich die Christen schuldig gemacht haben, sind mir nicht unbekannt. Sie verringern aber nicht meine Ueberzeugung von der Göttlichkeit und Wohlthätigkeit des Christenthums. Es ist dieses alles die Schuld menschlicher Irrthümer und Leidenschaften. Man hat die Lehre Christi und seiner Boten auf mancherley Weise verlassen, und durch mancherley Zusätze verfälscht, und daher ist aller dieser Aberglaube mit seinen traurigen Folgen entstanden.

Ich sehe es daher für eine große Wohlthat der Vorsehung an, daß ich zu einer Zeit und in einem Lande geboren worden bin, da ich die Lehre Christi in ihrer Reinigkeit habe kennen gelernt. Ich unterwerfe meinen Verstand und mein Gewissen nicht den trüglichen Aussprüchen der Menschen; sondern allein Gott und seinem Worte; und ich bekenne mich von ganzem Herzen zu der Lehre und der Freyheit der protestantischen Kirche.

Ich weiß, daß leider auch unter den Protestanten zwey Hauptkirchenpartheyen entstanden sind. Ich halte sie in allem Wesentlichen des christlichen Glaubens für vereiniget, und die eine für so gut als die andre. Ich bekenne mich aber, so lange sie noch von einander getrennt bleiben, zu der sogenannten evangelisch-reformirten Kirche, weil ich sie mit der heiligen Schrift am einstimmigsten finde, und ich bin entschlossen, bey derselben zu verharren.

Meine Hofnung zu Gott ist nicht auf dieses Leben eingeschränkt. Ich will auch darum an dem christlichen Glauben festhalten, weil durch ihn Leben und Unsterblichkeit recht gewiß geworden ist. Die Ueberzeugung, die ich von der Weisheit, Gerechtigkeit und Güte meines Schöpfers habe, erweckt in mir zwar schon die Erwartung eines zukünftigen Lebens. Ich sehe ein, daß es der Weisheit Gottes gemäß sey, daß das künftig noch vollendet werde, was hier unvollkommen und unvollendet bleibt; ich erkenne es der Gerechtigkeit Gottes für gemäß, daß die Tugend, die hier leidet, künftig belohnt, und der Lasterhafte und der Menschenfeind, der hier glücklich ist, künftig bestraft werde; ich finde es der Güte Gottes gemäß, daß der Wunsch nach reinerer und höherer Glückseligkeit, den er in seinen Verehrern erweckt hat, nicht unerfüllt bleibe. Ich darf also von der Allmacht Gottes erwarten, was ich seiner Weisheit und Güte so angemessen finde. Aber diese meine Erwartung wird durch die lehre Jesu von allen Zweifeln befreyet, und auf die trostvolleste Weise bestätiget. Denn diese lehre versichert mich nicht allein, daß Gott einen andern Zustand des Daseyns für die Menschen bestimmt habe, sondern sie unterrichtet mich auch noch näher von den gnädigen Absichten Gottes. Als ein Christ weiß und glaube ich, daß Gott durch Jesum Christum alle Menschen von den Todten wieder auferwecken werde; ich glaube, daß der Erlöser der Menschen auch ihr zukünftiger Richter seyn, und einem jeden ohne Ansehen der Person mit der genauesten Unpartheylichkeit vergelten werde nach seinen Werken; ich glaube, daß die Frommen und Tugendhaften zu einer unvergänglichen himmlischen Glückseligkeit gelangen, die Gottlosen und lasterhaften aber die verdienten Strafen leiden werden.

In diesem meinen Glauben will ich mich üben ein unverletztes Gewissen zu haben. Ich sehe mein gegenwärtiges Leben als einen Stand der Erziehung und Vorübung an; und da ich einmal Rechenschaft ablegen muß von allem meinen Thun: so will ich mich vor aller Art der Ungerechtigkeit und der Sünde auf das sorgfältigste hüten. Ich will meine große Bestimmung als ein zur Unsterblichkeit Berufener vor Augen behalten; und das Laster nicht allein als eine wahre Erniedrigung und

Kabinetstücke.

Schande, sondern auch als etwas, das mir auch noch nach dem Tode Schaden und Elend bringt, meiden. Dagegen will ich meine Seele immer mehr zu veredeln bemüht seyn, und die Tugend auch dann üben, wenn sie mir in dieser Welt nachtheilig seyn sollte. So werde ich unter allen Umständen meines Lebens einen standhaften Sinn, und Hofnung zu Gott behalten, und der Tod wird auch einst für mich ein Uebergang zu einem weit vollkommeneren und glückseligeren Zustande seyn.

So setze ich demnach das Wesen der christlichen Religion in einem solchen Glauben an Gott und an Jesum Christum, durch welchen unser Herz wahrhaftig gebessert, und wir zur gewissenhaften Erfüllung aller unsrer Pflichten angetrieben werden.

Ich erkenne die Nothwendigkeit einer wahren Bekehrung und Ablassung von allem Bösen für alle, die an der Gnade Gottes und den Wohlthaten der Erlösung Christi Antheil zu haben wünschen. Nicht weniger bin ich überzeugt von der Nothwendigkeit eines beständigen Fleißes der Heiligung, und einer treuen Erfüllung aller meiner Pflichten, in Gehorsam gegen Gottes Gebote. Für den Hauptinhalt des göttlichen Gesetzes erkenne ich nach der Lehre Jesu eine aufrichtige Liebe zu Gott und eine aufrichtige Menschenliebe.

Meine Liebe zu Gott muß sich in freudiger Anbetung seiner Größe und Güte, in kindlichen Gehorsam gegen alle seine Gesetze, in gewissenhaften dankbaren Gebrauch aller seiner Wohlthaten, in Unterwerfung unter alle seine Fügungen, und in einem festen Vertrauen auf seine Weisheit, Wahrhaftigkeit und Güte beweisen.

Die Liebe des Nächsten bin ich schuldig dadurch zu beweisen, daß ich nicht allein Niemand in der Welt auf irgend eine Art beleidige und kränke; mich gegen Niemand ungerecht, hart und unversöhnlich beweise; sondern gegen Jedermann redlich, freundlich, sanftmüthig und dienstfertig sey, mein gegebenes Wort heilig halte, einem Jeden so viel Gutes erweise, als ich nur irgend kann, und auch meinen Feinden und Beleidigern von Herzen vergebe.

Eine sichre Regel des gottgefälligen Verhaltens habe ich in meinem eignen Gewissen; und dieser will ich folgen: wie ich wünsche, daß andre sich gegen mich betragen: so will ich mich auch gegen sie betragen, und nie will ich mir erlauben, was ich in andern verdammen muß.

Ich erkenne mich für verbunden, vorzüglich diejenigen Pflichten als ein Christ auszuüben, die ich nach dem besonderen Stande und Berufe, dem mir die Vorsehung angewiesen, zu erfüllen habe.

Ich bin zu einem Beschützer und zu einem Wohl: thäter vieler ausersehen. Ich muß also vor an: dern gerecht, freygebig, großmüthig und gütig seyn. Ich muß für die Wohlfahrt andrer sorgen und ar: beiten, und mich in allen meinen Eigenschaften und Handlungen als ein Vorbild der Tugend zeigen.

Ich erkenne es daher für heilige Pflicht, die ich gegen mich selbst zu beobachten habe: daß ich nach nützlicher Erkenntniß strebe, daß ich mich der Mäßigkeit und Ordnung in allen Stücken beflei: ßige, daß ich meine Leidenschaften beherrsche, und das allgemeine Beste höher achte, als meinen eignen Vortheil.

Dieses alles wird allerdings seine besondre große Schwürigkeiten haben; denn ich bin den Versuchungen der großen Welt, der Gewalt der Sinnlichkeit und dem Betruge der Schmeichler mehr als andre ausgesetzt.

Es wird mir dem ohnerachtet mit Gottes Hülfe möglich seyn, daß ich als ein Christ mich verhalte und die Tugend übe; wenn ich Gott vor Augen und im Herzen behalte; wenn ich über mich selbst wache; wenn ich auf mein Gewissen Ach: tung gebe; wenn ich den vertrauten Umgang mit lasterhaften Menschen vermeide, und täglich mein Herz im Gebete zu Gott erhebe, und ihn um den Beystand seiner Gnade anflehe.

Kabinetstücke.

Zu beten erkenne ich nicht nur für meine Pflicht und meine Ehre, sondern auch für ein nothwendiges Hülfsmittel zur Bewahrung und Vermehrung guter Gesinnungen.

Ich bekenne mich aber auch zu der Pflicht, den öffentlichen Gottesdienst in Ehren zu halten und mit Andacht daran Theil zu nehmen. Es ist mein Vorsatz, auch diese Pflicht zu meiner eignen Erbauung und zur Erbauung andrer fleißig zu beobachten.

Ich ehre die Weisheit meines Erlösers, daß er seinen Jüngern nicht eine Menge von gottesdienstlichen Gebräuchen geboten hat. Desto theurer sind mir die beyden von ihm ausdrücklich verordneten heiligen Handlungen. Sie sind mir rührende Denkmäler der Liebe Gottes und der Wohlthaten der Erlösung durch Christum, und kräftige Erweckungsmittel zu einem christlichen Sinn und Leben. Die Absicht, in welcher Jesus das heilige Abendmal eingesetzt hat, soll mir bey einem jedesmaligen Gebrauche desselben vor Augen seyn; ich will es mit dem dankbarsten Andenken an seine Liebe, und mit den aufrichtigsten Vorsätzen der Besserung feyern, und dabey zugleich ein freudiges Bekenntniß meines Glaubens ablegen. So soll mir auch die Erinnerung an meinen Taufbund eine beständige Erweckung seyn, allem sündlichen Wesen von ganzem Herzen abzusagen, und mit reinem Gewissen und reinem Herzen vor Gott zu leben, damit ich mich auch zu jeder Zeit des Bewußtseyns, ein wahrer Christ zu seyn, erfreuen könne.

Dieses ist mein aufrichtiges Glaubensbekenntniß, das ich hier vor Gott mit herzlichem Dank, daß er mich zur Erkenntniß seines Willens hat kommen lassen, ablege. Ich bin fest entschlossen, bey diesem Glauben zu verharren bis an mein Ende. Ich erkenne diese Treue gegen die erkannte Wahrheit nicht blos für meine heilige Pflicht, sondern auch für den allein sichern Weg zu meiner wahren Wohlfahrt. Denn wenn ich den Grundsätzen und Lehren der Religion, zu der ich mich bekannt habe, gewissenhaft folge: so werde ich in mir selbst Ruhe und Zufriedenheit haben, und von Gott meinem himmlischen Vater nie verlassen werden; ich werde ein gerechter, weiser, menschenfreundlicher Fürst seyn, und von den Menschen nicht blos gefürchtet, sondern von Herzen geehrt und geliebt werden. Mein größester Gewinn aber wird darin bestehen, daß ich der ewigen Glückseligkeit in dem Reiche meines Herrn und Heilandes Jesu Christi theilhaftig werde.

Ich will also ein Christ seyn und bleiben, und ich bin zu dem Ende hier erschienen, dieses vor Gott und vor dieser Versammlung feyerlich zu versprechen. Ich bin daher bereit, mein Taufgelübde zu erneuern und zu bestätigen.

Die Erneuerung des Taufgelübdes.

Ich bestätige und bekräftige mein Taufgelübde; ich sage allem ungöttlichen Wesen, aller Lasterhaftigkeit und Sünde auf ewig ab; und ich gelobe es hier vor Gott und vor diesen Zeugen: daß ich meinen Glauben freymüthig vor den Menschen bekennen, und als ein wahrer Christ leben und sterben will; wozu mir Gott den Beystand seines heiligen Geistes verleihen wolle! Amen!

Nachdem Seine Königliche Hoheit Ihren Taufbund bestätiget hatten: knieten Sie nieder, und wurden mit folgendem Gebet eingesegnet:

Heiliger Gott und Vater! hier weyhet sich dieser uns so theure Prinz der Anbetung deiner, wie sie uns dein Sohn Jesus Christus gelehrt hat. Dein Segen sey über ihm in allen künftigen Tagen seines Lebens! laß es seinem Verstande nie an dem Lichte der Wahrheit; laß es seinem Herzen nie an Willigkeit zum Guten und an Trost von dir fehlen! Vollende dein Werk, und gieb, daß er unter allen Versuchungen der Welt, dir und seinem Erlöser treu bleiben möge; damit er auf Erden seinen erhabenen Beruf erfülle, und einst der Seligkeit

wahrer Christen im Himmel fähig und würdig
seyn möge. Erhöre uns durch Jesum Christum,
unsern Herrn. Amen!

Anrede nach der Einsegnung.

Theuerster Prinz! Gott hat Ihnen eine große Würde auf Erden gegeben; was aber
eine noch größere Wohlthat seiner Vorsehung ist:
er hat Ihnen die Weisheit bekannt werden lassen,
die allen irdischen Vorzügen erst ihren wahren
Werth und ihre eigentliche Brauchbarkeit giebt.
Euer Königliche Hoheit haben Sich jetzt
für einen überzeugten Christen bekannt; Sie haben Sich der kindlichen Verehrung Gottes, Ihres
und unsers himmlischen Vaters gewidmet; Sie
haben angelobet: Ihren Erlöser nicht nur vor
der Welt zu bekennen, sondern auch seiner Lehre
und seinem Beyspiele zu folgen bis an Ihr Ende;
Sie haben Religion und Tugend zu den beständigen Gefährten Ihres künftigen Lebens erwählt.
Das ist etwas großes und vortrefliches, Gnädiger
Herr! und wenn Sie die Erkenntniß in Sich
bewahren, die Sie durch Gottes Gnade erlangt
haben, und Ihren Entschließungen treu bleiben:
so werden Sie glücklicher und verehrungswürdiger
seyn, als Sie es jemals bloß durch Stand und
Geburt, durch Macht und Ansehen seyn und wer-

den können. Denn alsdann werden Sie alle Ihre Vorzüge nach Gottes Willen zur Beglückung vieler tausend Menschen gebrauchen; Sie werden eine reine tugendhafte Seele behalten; die Ruhe und der Trost eines guten Gewissens wird Ihnen innerlichen Frieden geben; Vertrauen auf den allmächtigen Beschützer und Regierer Ihres Lebens wird in Gefahren Ihr Schild und in Widerwärtigkeiten Ihr Trost seyn; und unter den Segnungen einer dankbaren Welt werden Sie einer seligen Unsterblichkeit entgegen gehen. Das ist das Glück, dessen Sie, als ein wahrer Christ theilhaftig werden können. Bedenken Sie, **Theuerster Prinz!** wie viel es werth ist, und lassen Sie von heute an Ihr eifrigstes Streben dahin gerichtet seyn, es nicht durch Ihre Schuld zu verscherzen. Bleiben Sie also unveränderlich fest in den Grundsätzen, die Sie als wahr und gut erkannt haben; machen Sie Sich immer vertrauter mit der Weisheit, die uns nach Gottes Willen leben, und in Gottes Gnade sterben lehrt; behalten Sie Ihren großen Beruf als ein Christ vor den Augen, und zeigen es der Welt in einem neuen seegensreichen Beyspiele, wie möglich und wie wohlthätig die Vereinigung christlicher Gesinnung und weltlicher Größe sey. — Euer Königlichen Hoheit habe ich nach meiner Pflicht die Schwierigkeiten nicht verschwiegen, mit denen Sie zu kämpfen haben werden, um den großen Preiß der Standhaftigkeit und der Treue zu erlangen; aber fassen Sie Muth, mein Prinz! — Gott ist mit Ihnen, und er hat schon viele in gleichen Umständen gestärkt, geleitet, und zum Ziele geführt. Wachen Sie nur über Ihre unsterbliche Seele; halten Sie Ihr Herz in strenger Ordnung und Zucht; wafnen Sie Sich gegen die Angriffe der Sinnlichkeit und des Lasters; ehren Sie die Stimme Ihres Gewissens; erhalten Sie in Sich sorgfältig diese Redlichkeit und Wahrheitsliebe, diese Schätzung der Gerechtigkeit, diese Verachtung der Schmeicheley und der Schmeichler, die ein so herrlicher edler Zug in Ihrem Charakter ist — und vor allen Dingen: Gott, Ihr Herr, Ihr Richter, Ihr Wohlthäter, Ihr Vater bleibe Ihrem Herzen anbetungswürdig und theuer; das Gebet zu ihm bleibe Ihre tägliche Beschäftigung und Ihre Stärke; die Lehre Jesu bleibe Ihr Gesetz und Ihr Trost, und die Ewigkeit Ihre Hofnung und Ihr Ziel: so werden Sie festen Sinnes fortgehen auf der Bahn christlicher Gottseeligkeit, die Sie heute erwählt haben; und auch an Ihrer theuern Seele wird die große Verheissung Jesu erfüllt werden: *Wer beharret bis ans Ende, der wird selig werden.*

Wir wollen mit Ihnen Gott bitten, daß er Sie stärken, und bewahren wolle zum ewigen Leben.

O Allgegenwärtiger! erhöre das Gebet des Königlichen Jünglings, der hier vor dir auf seinen Knien liegt! Er bittet dich o Gott! nicht um langes Leben, nicht um Reichthum, nicht um weltliche Freude und Ehre; er bittet dich um Weisheit, um einen Königlichen Sinn, um die Bewahrung und Leitung deines Geistes. Er ist des festen Vorsatzes: gerecht und tugendhaft, und ein Menschenfreund, und ein wahrer Christ zu seyn sein Leben lang. Aber o Gott! er erkennt und empfindet auch seine Schwachheit als ein Mensch; er erkennt die Nothwendigkeit deines Schutzes und deiner Hülfe, denn groß sind die Versuchungen, die auf ihn warten; unzählbar sind die Gefahren, denen er entgegen geht. O himmlischer Vater! Bewahre, stärke, bevestige ihn ihm Guten. Mit ihm betet für seine unsterbliche Seele der König, der ihn mit der ganzen Zärtlichkeit eines väterlichen Herzens liebt; mit ihm die Königin, die ihn, ihren Erstgebohrnen, unter ihrem Herzen getragen; mit ihm dieses ganze Königliche Haus, dem Er heute noch theurer geworden; für ihn steigt das Flehen aller Frommen, aller Guten, aller Getreuen im Lande zu deinem Throne auf! O Vater! erhöre uns! Verleihe ihm alle zu seiner großen Bestimmung nöthige Weisheit und Stärke der Seele! Gieb ihm deinen Geist zum Führer auf allen seinen Wegen! der erinnere, der warne, der leite ihn in allem seinen Thun, und tröste ihn in allen dunkeln Tagen seines Lebens! So segne ihn, und durch ihn seine Königlichen Eltern, und das Vaterland, das sich heute dankbar freuet, wie es sich freuete am Tage seiner Geburt! Segne die Erziehung aller Königlichen Prinzen und Prinzeßinnen, daß auch sie in allerley Weisheit und Verstand, und an Gnade bey dir und den Menschen, zunehmen, und einst alle deinen Willen recht erkennen und von Herzen thun mögen! Gieb langes Leben und Heil dem Könige! Laß das Königliche Haus unter deinen Segnungen blühen bis an das Ende der Tage! Schenke dem Lande Wohlfahrt und Friede, und laß Hohe und Niedrige in Einem Geiste christlicher Frömmigkeit immer mehr vereiniget werden! Dir sey ewig Anbetung und Lob. Amen.

Des allmächtigen Gottes Seegen sey mit dem Könige und mit seinem ganzen Königlichen Hause!

Der Herr seegne uns alle, und lasse sein Angesicht über uns leuchten. Amen.

3. *

Evangelischer Vortrag des Chur-Sächsischen Conferenz-Ministers und würklichen Geheimen Raths, Herrn von Wurmb, Excell. bey Vorstellung des neuen würdigsten Ober-Consistorial-Präsidentens, Herrn von Burgsdorf, gehalten zu Dreßden den 11. Febr. 1788.

Ihro Churfürstl. Durchl. unserm gnädigsten Herrn ist gefällig gewesen, den bisherigen Herrn Ober-Consistorialpräsidenten v. Perlepsch in Betracht der von ihm in seiner zeitherigen Dienstverrichtung dargelegten vorzüglichen Einsicht, Wissenschaft, und treuester Devotion zu Dero Conferenzminister und würklichen Geheimen Rath zu erheben.

Empfindlich hat allerdings einerseits dem Collegio der Verlust eines so würdigen und rechtschaffenen Chefs seyn müssen, den ich denselben im Jahr 1779. vorzustellen die Ehre gehabt habe, und der seit solcher Zeit demselben mit Liebe und Treue vorgestanden. Doch hatte dasselbe andererseits Zweifelsohne auch freudigen Antheil an der Erhebung seines Chefs genommen, da dessen Abberufung zur Belohnung seiner Verdienste geschehen ist, und ihm ein noch weiteres Feld, Gutes zu schaffen, angewiesen hat.

Doppelt erfreulich muß es demselben seyn, daß Ihro Churfürstl. Durchl. in Gnaden geruhet haben, diesen Verlust sofort wiederum durch Dero bisherigen wohlverdienten Oberaufseher der Grafschaft Mansfeld und Cammerherrn von Burgsdorf zu ersetzen: einen Mann, dem Höchst=Dieselben Selbst das Zeugniß geben, daß er wegen gründlicher Wissenschaft, bewährter Rechtschaffenheit, und treuen devotesten Diensteifers, auch sonstiger stattlichen Eigenschaften, dieser ansehnlichen Stelle vollkommen würdig und derselben gewachsen sey.

Dieser neue Herr Präsident sind, dem höchsten Befehl zu Folge, heute bey dem Geheimen Consilio zu diesem Amte verpflichtet worden: Und ich habe den Auftrag, denselben in solches nunmehro einzuweisen, und diesem Collegio vorzustellen.

Sie, mein Herr Präsident, sollen forthin das Direktorium eines Collegii führen, dem die Fürsorge für die Beybehaltung der reinen Lehre in hiesigem Churfürstenthum und Landen; für den Unterricht der Bürger des Staats und ihrer Nachkommen, in Kirchen, auf hohen und niedern Schulen; für die milde Stiftungen, auch deren

Anwendung zum gemeinen Nutz; und für die Entscheidung derer dahin gehörigen Rechtssachen anvertrauet ist.

Welch ein Umfang von Arbeiten und Pflichten! Welch eine Quelle von Freuden! aber auch für den Mann von edlem Herzen und gutem Willen, seine Kräfte und sein ganzes Leben zur Beförderung der Ehre Gottes unter den Menschen, und zum gemeinen Dienst hinzugeben, wenn ihm ein so weiter Würkungskreiß, um Gutes zu schaffen, angewiesen wird. —

Die gereinigte Religion, die Freyheit darüber nachzudenken, und mit Verwerfung alles Menschentands sich bloß an das Wort der Offenbahrung zu halten — Dieses kostbare Kleinod, das die göttliche Fürsehung unsern Vorfahren anvertrauet, und durch sie auf andere Nationen gebracht hat — welche Schande für uns, wenn wir solche unsern Nachkommen minder rein, minder vollständig hinterlassen wollten! Duldung und Aufklärung — derentwegen sich unsere Zeiten so groß dünken — wahre Würden der Menschheit, wenn sie im rechten Verstand genommen werden. Um desto mehr muß aber auch deren schädlichem Mißbrauch Einhalt geschehen. Es ist Pflicht, den zu dulden, den Gott duldet; den irrenden Bruder zu lieben, und ihn friedlich bey sich wohnen zu laſſen. Es iſt Pflicht, dem Wachsthum in der Erkenntniß nachzuſtreben, und uns deren Hülfsmittel zur Auslegung der Schriften der Offenbahrung treulich zu gebrauchen, die wir für unſern Vorfahren voraus haben. Es iſt Pflicht, die ſelbſt in unſern Symboliſchen Büchern vorbehaltene chriſtliche Freyheit in Anſehung der äuſſerlichen Einrichtung des Gottesdienſtes uns nicht rauben zu laſſen, und nur deren Gebrauch dergeſtalt klüglich einzurichten, damit ſie zur Beſſerung und nicht zum Anſtoß gereiche. —

Wenn aber der Irrende ſich ohnberufen zum öffentlichen Lehrer, oder wohl gar zum Spötter aufwirft, wenn die vom Staat beſtellten Lehrer von der Vorſchrift der heilſamen Lehre abweichen, den Grund unſers Heils, den Glauben an Jeſum den Gekreutzigten, untergraben, und die ſtolzen Träume ſeiner eingebildeten Vernunft an die Stelle der Offenbahrung ſetzen will: dann iſt es wiederum Pflicht, mit Ernſt und Nachdruck dem Verderben zu ſteuern, damit nicht der Unwiſſende verführt, die Sitten verderbet, und ſelbſt die Ruhe des Staats geſtört werde.

Wie nöthig iſt es demnach, den anzuſtellenden Lehrer der Religion ſorgfältig, ſowohl in Anſehung der Wiſſenſchaften, als auch des ſittlichen Charakters zu prüfen, in Beſetzung der Aemter jedes zeit auf die würdigsten zu sehen, auch in der Folge auf ihre Lehre und ihr Betragen fortwährend Acht zu haben, und so fern sie Aergerniß geben, solches ohne Nachsicht abzustellen.

Zuförderst aber muß für die Erziehung künftiger Lehrer sowohl, als des übrigen Theils der Nation, billig um desto mehrere Sorgfalt getragen werden, je wesentlicher der Einfluß davon auf die Wohlfahrt des ganzen Staats und seiner Mitglieder ist.

An hohen und sogenannten lateinischen Schulen fehlt es in unserm Vaterlande nicht, wenn nur dabey beständig auf Anstellung geschickter Lehrer, auf Fleiß, Ordnung und Sittlichkeit gesehen, und die dazu geordneten Stiftungen wohl verwaltet, und wohl angewendet werden. Bey den mittlern und untern Schulen möchte es wohl noch an mehreren, besonders auch an der Bildung derer dazu brauchbaren Lehrer, ermangeln, und eifrige Fürsorge um desto nöthiger seyn.

Auch andere milde Stiftungen im Lande stehen theils unter der unmittelbaren Verwaltung dieses Collegii, theils unter dessen Oberaufsicht. Bey den erstern kommt es nur auf Handhabung der hergestellten Ordnung und vestgesetzten Etats; bey den andern aber auf fortwährende Wachsamkeit an, damit von denenjenigen, welchen die Verwaltung empfohlen ist, solche zweckmäßig geführet und ordentlich berechnet, auch das Vermögen, besonders derer Kirchen, ehender durch gute Wirthschaft vermehrt, als durch unnöthige Ausgaben und Unkosten vermindert werde. —

Endlich liegt auch noch dem Collegio die Rechtspflege, in mehreren der Verfassung nach für selbiges gewiesenen Streitsachen ob: und da erwarten die Partheyen mit Recht deren ohnpartheyische und schleunige Verwaltung; um so mehr, da die vormals mit andern Rechtskollegiis vorgewaltete, manchen unnöthigen Verschleif der Sachen veranlassende Gränzirrungen, nunmehro durch bestimmte Vorschriften abgethan sind. —

Alle diese nur im allgemeinsten Umfange vorgelegte Züge weitläuftiger auszubilden, ist dermahlen die Zeit nicht.

Für ihre Einsichten, Begabnisse und Eifer, mein Herr Präsident, sind diese wenige Winke schon mehr als hinreichend, um Ihnen den ganzen Umfang Ihres künftigen Wirkungskreises für Augen zu stellen.

Sie sind ein Christ und machen Sich eine Ehre daraus, Sich auch öffentlich dafür zu bekennen.

Dieses allein ist schon Bürge dafür, daß sie die Pflichten ihres Amtes mit aller Treue, nicht um zeitlicher Ehre und Gewinnsts, sondern um des Gewissens willen, zu erfüllen suchen werden. —

Und welche reiche Quelle von Zufriedenheit und Freude wird es nicht dagegen für Sie seyn, wenn Gott, der Ihnen hiebey Seegen und Beystand, auch zu Führung Ihres Amtes ununterbrochene Gemüths- und Leibeskräfte verleihen wolle, Sie für die treue Anwendung solcher Kräfte hienieden durch das Bewußtseyn, recht gehandelt und Gutes gewürkt zu haben, dort aber durch die Erfüllung der jedem frommen und getreuen Knecht beschehenen Verheißung, belohnt. —

Unterziehen Sie sich demnach mit Zuversicht dem Ihnen anbefohlnen Amte. Empfahen Sie vorietzo das zur Bestärkung der künftig unter Dero Anordnung, bey diesem Collegio ergehenden Befehle und Ausfertigungen erforderliche Siegel.

Nehmen Sie bey den Sitzungen des Collegii den Ihnen als Präsidenten gebührenden Platz und Stuhl ein, und dirigiren die in selbigem vorkommenden Geschäfte mit gewohnter Amtstreue, und mit aller der Betriebsamkeit, die deren Wichtigkeit und Umfang erheischet. —

Ihnen

Kabinetſtücke.

Ihnen aber, den geiſtlichen und weltlichen Herrn Räthen und Mitgliedern dieſes Collegii, — an denen ich mit Vergnügen und Hochachtung ſo viele biedere und für den gemeinen Dienſt treulich befliſſene Männer, und beſonders noch immer in ihrer Mitte den Ehrwürdigen Greiß ſehe, der bey ſeinem hochangeſtiegenen Alter mit fortwährender Munterkeit des Geiſtes dem Collegio einen unerſchöpflichen Schatz von Gelehrſamkeit und Erfahrung darbietet, — Ihnen ſtelle ich hiermit Ihren neuen Chef und Präſidenten vor; in der gewiſſen Zuverſicht, Sie werden Ihn dafür anſehen und ehren, und forthin unter ſeinem Directorio ſich die Beförderung der Geſchäfte, und die Erreichung des gemeinſchaftlichen Endzwecks treueifrigſt angelegen ſeyn laſſen. Auch wird der ſämmtlichen Verwandten der zugegebenen Canzley Pflicht und Obliegenheit ſeyn, denen Befehlen und Anordnungen des Herrn Präſidenten gehorſamſt Folge zu leiſten, und durch unermüdete Fortſetzung ihres bisher erwieſenen Fleißes und Dienſteifers ſich des Beyfalles und guten Zeugniſſes zu verſichern.

Gott ſeegne Ihre allerſeits treueifrigſte Bemühungen, damit auch dadurch ſeine Ehre unter uns befördert, und ſein Reich zum Glück der Menſchheit immer mehr ausgebreitet werde.

Patr. Archiv, VIII. Theil.

4.
Der schönste Fürstenbund.

Als der fürtrefliche Pfalzgraf Wolfgang, Stammvater des neuern Pfälzischen Hauses, auf das dringendste angegangen ward, dem Schmalcaldischen Fürstenbund beyzutreten, verweigerte er solches mit beharrlicher Standhaftigkeit und mit der wahrhaft patriotischen Aeußerung: Er halte dieses für den besten und stärksten Bund, daß ein jeder das seine schaffe, und wissentlich niemand unrecht thue. Auf solche Weise habe man sich des Bundes und Beystandes Gottes aufs gewisseste zu getrösten: dahingegen ein Bundsgenoß gemeiniglich des andern Fehler und Irrthum mit tragen und entgelten müsse.

Dan. *Chytraus* in Orat. in obitum Wolfgangi Com. Pal.

5.
Edle Einfalt der alten Fürsten.

*

„Ich halte es nicht für eine Ehre, sondern für einen Fluch unsrer Zeiten, daß immer weniger solcher Menschen werden, die in gutem Verstand einfältig sind; tumme Leute giebts genug. Der frommen einfältigen Herrn, die bey ihrer Einfalt

Kabinetstücke.

Gott von Herzen suchen, werden alle Tage weniger. Wenn man die alten Fürsten bedenkt, wie sie noch vor 200 Jahren gewesen, was für eine simple Art sie gehabt, von göttlichen Dingen zu reden und mit Gott und ihren Nebenmenschen zu handeln, so muß man ihrer Art Beyfall geben und sich zugleich betrüben, daß so wenig Spuren davon übrig seyn. Vor diesem, wer ein einfältig Gemüth hatte, der war auch gewiß ein frommer Mensch, der Gott liebte. — Leute, die sich schon besinnen und denken, können vielleicht doch keine Conduite haben, aber einfältig kann man sie nicht nennen. **Die wahre Einfalt agirt eher gescheud, als daß sie gescheud dächte;** sie nimmt eine jede Sache, wie sie ist. So, denk ich, sind auch die alte Fürsten gewesen, die haben eine solche Einfalt gehabt, die was seeliges ist, wer sie besitzet. Daraus machen manche Leute ein besonderes Raffinement; denn, wenn man **recht einfältig ist,** so kommen die Worte und Handlungen zuweilen **sehr klug** heraus, daß man Wunder denkt, was dahinter steckt, aber es ist pure Einfalt gewesen, denn, wenns **Verstand** gewesen wäre, so hätten sie sich gehütet, es zu sagen; aber in alten Zeiten wars naif und kein Genie oder Raffinement."

Reden über biblische Texte I. Theil S. 125.

Um diesen Text noch mit einem Beyspiel zu belegen, so fienge Herzog Moriz zu Sachsen-Naumburg sein An. 1681. errichtetes Testament mit dem herzlichen Bekänntniß an: "Wir haben durch den Beystand Gottes des heil. Geistes in unserm Leben uns oft und viel erinnert, wie wir, ohngeachtet höhern Standes, dennoch gleich allen andern Menschen sterblich seyen und in dieser Welt keine bleibende Stätte, auch in derselben den **letzten Zweck unsers Thun und Lebens** keineswegs zu suchen, sondern unser wahres Heil in der ewigen Seeligkeit zu gewarten haben, dahin wir dann auch in wahrem christlichen Glauben und Vertrauen auf das ewige vollkommene Verdienst Jesu Christi unsere Hofnung, Ziel und Zweck gesetzt und dabey bis an unser letztes Ende zu verharren gedenken, der ungezweifelten Zuversicht, der dreyeinige Gott, **dem wir in Einfalt des Herzens gedient,** werde uns, so lang wir in diesem irrdischen Leben und Pilgrimschaft wandeln und wallen, in seiner Gnade erhalten und bey beständiger Bekänntniß der wahren christlichen Evangelischen Religion bis an unser letztes Ende kräftiglich stärken."

Kabinetstücke. 517

6.
Fürst Graukopf.

Herzog Heinrich zu Meklenburg lase den 71. Psalm und betete dabey: Ach! Herr mein Gott, auf den ich traue, siehe! meine Regierung wird mir schwer, noch schwerer aber, daß ich für alle meine Unterthanen am jüngsten Tage soll Rechenschaft geben; er kam über dieser Betrachtung in solche Wehmuth, daß er seine Hand auf sein Haupt legte und unter Vergießung vieler Thränen seufzte: Ach Gott, verlaß doch diesen alten Graukopf nicht.

Møller in Biblia in Hist. P. I. p. 209.

7.
In der Welt habt ihr Angst. Joh. 16, 33.
Beyspiel, daß diß Wort auch dem Fürsten gelte.

Herzog Friderich Wilhelm zu Sachsen-Altenburg verordnete in seinem Anno 1668. errichteten Testament: „Unser Leichen-Text soll genommen werden aus dem 16. Cap. Joh. vers. ult. In der Welt habt ihr Angst ꝛc. welchen Wir aus christlicher Andacht erwehlet, und so sich vielleicht mancher verwundert, wie Wir auf diese Gedanken kommen, der soll wissen: daß, ob uns schon der große Gott zu hohen Fürstlichen Würden erhoben, Wir jedoch hiebey weniger Freude genoßen, sintemahl wohl bekannt, daß Wir nicht 1. wie die meiste Kinder ihren leiblichen Vater, unsern geliebtesten seeligen Herrn Vater, in dieser Welt gesehen oder gekannt, 2. die Frau Mutter bis an ihr seeliges Ende in einem bekannten betrübten Zustand wissen müssen, 3. unser Geschwister eines nach dem andern hinfallen sehen, 4. Uns in gefährlichen und schweren Reisen und Kriegs-Diensten aufgehalten, 5. was bey dem langwührigen Kriegs-Wesen, Verwüstung der Lande und Bedrückung der armen Unterthanen Uns vor Herzeleid zugewachsen; ja 6. endlich bey Antretung unserer Landes-Regierung Uns vor eine Last aufgebürdet, ist allen unsern getreuen Dienern und Unterthanen bekannt; als nun der liebe Friede hervorblickte, wurde 7. Uns unsere herzliebste Gemahlin erster Ehe von der Seite gerissen, und Wir das erstemahl in betrübten Wittwer-Stand gesetzt, dannenhero Wir billig von Creutz und Angst reden können; und ob Uns schon 8. der allerhöchste Gott hinwiederum mit unserer herzgeliebten zweyten Gemahlin, mit dem lieben Ehrseegen väterlich erfreuet, so hat uns doch der liebe Gott durch das zeitliche Absterben des Durchlauchtigsten Hochgebohrnen Fürsten, Herrn Johann Georgen des ersten, Herzogen zu Sachsen ꝛc. Churfürsten ꝛc. unsers freundlichen vielgeliebten hochgeehrten Herrn Vaters und Gevatters, des theuren hochwerthen Churfürstens, da Wir von Seiner Gnaden, der gegen Uns von Kindesbeinen an getragenen hohen Gnaden und recht väterlichen Gewogenheit nach, viel Trost und Hülfe erwartet und gehoffet, höchlich und schmerzlich betrübet; dabey es zum 9. nicht geblieben, sondern Gott hat Uns auch beyde Frau Schwieger-Mutter durch den zeitlichen Tod hinweggerissen, und 10. unsern Primogenitum, Herzog Christian, lobseeliger Gedächtniß, hinweggenommen, einen Prinzen von sehr hoher Hofnung, insonderheit aber 11. durch unvermuthete Abforderung mehr hochbemeldter unser zweyten Gemahlin Ihden uns ein hartes erzeiget, dazu noch 12. die überaus gefährliche Läufte kommen, die freilich nicht anders können, als treuer und sorgsamer Regenten Herz und Gemüth mit Kummer und Angst quälen und abmatten.

Bey allen diesen Unglücksfällen und Beschwerlichkeiten dieses Lebens aber haben wir niemahls wider den lieben Gott gemurret, sondern, ob es gleich Fleisch und Blut wehe gethan, gleichwohl solches alles mit christlicher Gedult ertragen, der tröstlichen Hofnung lebende, daß er getreu und nicht über Vermögen versuche, wofern es auch zu seiner heiligen Ehre und zu zeitlicher und ewiger Wohlfahrt gereichet, kan und vermag er alles zu ersetzen und uns wiederum zu erfreuen, in dessen Willen und heiligen Wohlgefallen alles gestellt seye."

8.

Vorstellungs-Schreiben König Friderichs II. in Preußen an den Marggrafen Friderich Christian zu Brandenburg-Culmbach, über seine Cabinets-Schurken. d. d. Berlin den 21ten April 1766.

*

Aus beglaubter Abschrift.

P. P.

Ew. Lbden werden mir hoffentlich die Gerechtigkeit wiederfahren lassen, aus meinem bisherigen Betragen zu erkennen, daß ich nicht allein äußerst beflissen bin, Deroselben alle wahre Freundschaft zu bezeugen, sondern auch mich sorgfältig enthalten habe, mich nur auf die geringste Weise in Dero Regierungs-Angelegenheiten zu mischen, oder Ihnen darunter vorzugreifen; ich würde auch auf solchem Wege noch weiter fortgefahren seyn, wann mich nicht die von allen Orten her einlaufende

Nachricht von dem kläglichen Zustand Dero dortigen Landes-Angelegenheiten in die unangenehme Nothwendigkeit setzten, Ew. Löbden darüber einige Freundschaftliche Eröfnung zu thun und Vorstellung zu machen. Ich muß leider vernehmen, daß der Medicus Schröder und ein gewisser Wünscholt und andere ihres Anhangs das Vertrauen, welches Ew. Löbden in ihn setzen, dergestalt mißbrauchen, daß das ganze Land darüber seufzet; um nur einige Probe davon anzuführen, so verkaufen diese Leute alle Bedienungen, alle Gnaden-Bezeugungen, Dispensationen 2c. und die Erlassungen bey denen abscheulichsten Verbrechen 2c. ohne die Rücksicht auf die geringste Verdienste, ja die Gerechtigkeit, für ganz unerschwingliche Summen; sie erfüllen das ganze Land mit Rauberey und Plackerey, verfälschen die Münzen so, daß dieselben außer Landes verrufen werden; sie ziehen unter dem Namen eines Scatull-Directorii und allerhand Erfindungen, fast alle Landes-Revenüen an sich und entwenden sie dem Lande, so daß weder Capital noch Zinsen von den Landes-Schulden bezahlt werden, welches doch bey einer ordentlichen Wirthschaft gar füglich beschehen könnte, und daß die Schulden-Lasten immer größer werden und zuletzt den Werth des Landes übersteigen müssen. Sie suchen die Ew. Löbden eröfnende ansehnliche Lehne,

welche nach allen Rechten und Haußverträgen dem
Lande einverleibet werden sollen, zu dessen gröſten
Nachtheil an Fremde und Auswärtige zu veräuſern.
Sie entfernen von Ew. Lbden und von Dero Ver-
trauen die alten wohlgesinnten und redlichen Die-
ner des Hauses und schmieden solche gefährliche
Anschläge, welche unserm ganzen Hause und Ew.
Liebden selbſten zum gröſten Nachtheil gereichen
müſſen.

Es sind dieses keine leere Beschuldigungen,
sondern Ew. Lbden werden davon überzeuget werden, wann Sie nur geruhen wollen, meinen Etats-
Miniſtre von **Plotho**, der Ihnen dieses überreichen wird, ohne Vorurtheil anzuhören, und Ihre
eigene Geheimde Räthe darüber zu vernehmen, auch
den **Schröder** und **Wünſcholt**, in Ihrer aller
Gegenwart vorfordern zu laſſen, da es nicht ſchwer
halten wird, dieſe Leute von ihrer Bosheit, Rauberey und gefährlichen Unternehmungen durch un-
trüglichſte Beweißthümer zu überführen. Ich
hoffe, daß Ew. Lbden alsdann auch kein Bedenken
finden noch Anſtand nehmen werden, den **Schröder** und **Wünſcholt** nicht allein ſogleich aus der
bishero ſo ſchädlichen Activitæt zu ſetzen, ſondern
ihnen auch als Feinden des Landes nach denen
Geſetzen den Proceß machen zu laſſen, und übrigens Ihren wohlgeſinnten Räthen und Collegüs

Ihr Vertrauen wieder zu schenken und das Land mit Gerechtigkeit und Milde, und nach dem Deroselben eigenthümlichen Character zu regieren. Ich weiß, daß Ew. Liebden Religion, Gewissen und Großmuth haben; ich bin überzeugt, daß Sie das von Gott Ihnen anvertraute Land und das ruhmwürdige Haus, aus welchem Sie entsprossen sind, lieben und daß Sie also das erste nicht untergehen lassen, noch die Ehre, das Ansehen und Interesse des letztern, den hinterlistigen und eigennützigen Absichten einiger böser Rathgeber aufopfern werden.

Ich ersuche und beschwöre also Ew. Liebden bey allen diesen großen Bewegungs-Gründen, diesen meinen Freundschaftlichen und wohlgesinnten Vorstellungen Gehör zu geben und solche Maasreguln zu nehmen, welche Dero wahrem Wohl und Dero eigenen Ehre und der Glorie unsers Hauses gemäß sind. Ich versichere nochmahls auf das heiligste, daß ich bey dem jetzigen Schritt, den Ich ungerne thue, keine andere Absicht als diese habe, und daß ich sehr entfernet bin, Ew. Lbden als einem regierenden Reichs-Fürsten im geringsten etwas vorzuschreiben oder Dero Auctoritæt einschränken zu wollen.

Es kann mir aber Niemand verdenken, wann ich nicht länger gleichgültig ansehen kann, daß ein so gesegnetes Land, zu dessen Besitz und Nachfolge das ganze Chur-Haus berechtiget ist, durch einige nichtswürdige Leute, auf eine so unverantwortliche Weise gänzlich zu Grunde gerichtet wird. Ich bin vielmehr als Chef des Hauses und als Agnat von Ew. Lbden sowohl durch die Reichs-Gesetze, als Haus-Verträge berechtiget und verbunden, ein so großes Uebel nach allen Kräften abzuwenden und alle rechtmäßige Mittel dargegen vorzukehren: wann Ew. Lbden meinem wohlgemeinten Rath folgen: so werden Sie dadurch das gute Vertrauen Dero Bluts-Verwandten, Unterthanen und Nachbarn sogleich wieder gewinnen, und Ich werde gewißlich derjenige seyn, der mit Rath und That alles ersinnliche beytragen wird, um Dero Landes-Regierung so dauerhaft als beglückt und vergnügt zu machen, indem mit aufrichtiger Freundschaft und Hochachtung bin

Ew. Liebden 2c.

Friedrich.

Kabinetstücke.

9. *
Abschiedsschreiben Herzog Anton Ulrichs zu Braunschweig an seine Enkelin, die Römische Kayserin Elisabeth, Gemahlin K. Carls VI. vom 22. Merz 1714*).

Aus einer Handschrift.

Meine allergnädigste Kayserin und allerwertheste Frau Tochter und Enkelin.

Es muß Ew. Kayserl. Maj. surpreniren, eine fremde Hand zu lesen, wann Sie nicht schon vorlängst Ihres Großvattern Zustand gewußt hätten, der nunmehr dahin gerathen, daß ich ganz kraftlos meiner Zungen nur noch mächtig bin, mit derselben Ew. Kays. Maj. die letzte gute Nacht wissend machen zu können. Ich wiederhohle hiemit den zu Inspruck Ew. Kays. Maj. ertheilten Großväterlichen Seegen, den der Allerhöchste an Ew. Kays. Majestät wolle erfüllet lassen werden. Befehle mein Haus in Dero Schutz und Fürsorge und bitte meinen allergnädigsten Kayser (den mir das Glück erlaubet Sohn zu nennen) mich bestens zu befehlen. Gott laße seinen Thron bis an das Ende der Welt grünen. Er erhalte ihn in beständ-

---

*) Er starb fünf Tage hernach den 27. Merz.

digem Frieden und in nimmer erlöschenden Zuneigung zu unser Hauß, so ich dann hiemit seiner Reichsvätterlichen Fürsorge und Schutze allerunterthänigst will anbefohlen haben. Zu dem nunmehr geschlossenem Frieden wünsche Ich tausend Heyl und Seegen. Ich will in der Ewigkeit nicht allein für Erhaltung desselben den großen Gott anflehen, sondern auch nach dieser Zeit verhoffentlich einen viel bessern ausbitten. Das Hauß Oesterreich müsse bis ans Ende der Welt blühen, der große Carl seine Posterität in das dritte vierte Glied erleben und aller dieser Vergnügungen Ew. Kays. Maj. mit genießen, wovor Ich bey Gott anzuflehen nimmer ermüden werde. Ersterbe

Ew. Kays. Majestät

allerunterthänigster Fürst des Reichs und getreuester Groß=Vater und Diener.

Anton Ulrich

Salzdahl den 22. Martii 1714.

P. S.

Auch Allergnädigste Kayserin. Recommendire ich hiemit meinen Ober=Cammer=Junker Stechinelli in Ew. Kays. Majestät allergnädigsten Schutz, daß Sie denselben in Ihre Dienste nehmen und sich bey ihme Ihres alten Großvatters erinnern wollen, dann er trewe Dienste geleistet, wegen der Catholischen Religion aber allhier keine Beförderung zu hoffen. In dem Stand, darinnen Gott Ew. Kayſ. Maj. geſetzet, können Sie dieſer meiner letzten Bitte leicht gewähren, ſo daß ich den geringſten Zweifel darinnen nicht ſetze. Will auch für Ihn repondiren, daß Er durch ſeine getreweſte Dienſte einiger maßen das erſetzen ſolle, was Ihme hierinn eine Kayſerliche Gnade wird wiederfahren. Sie erlauben mir auch: mich in meiner lieben Mama Gebet einzuſchließen, auch den trewen Hanſel, der Zwerg Ihrer Majeſtät des Kayſers, Baron Klein genannt, meinen Gruß noch zu überſchreiben.

*

Der große Carl und ſein Hanſel!!!

*

Stechinelli ward von Wien aus an den Chur-Pfälziſchen Hof ſpedirt, allwo er in Dienſte genommen und zum Präſidenten der geiſtlichen Adminiſtration beſtellet wurde. Er war ein gelehrter und in den Alterthümern auch andern Wiſſenſchaften bewanderter Mann.

10.

Eigenhändiges Schreiben Herzog Friderich Ludwigs zu Zweybrücken, an einen seiner Diener über den Tod seines zweyten Prinzen Carl Ludwigs, dd. Landsberg den 15. Sept. 1673.

*

Ausdruck der tiefsten Traurigkeit und Beweiß, daß auch Fürsten im Creutz werden, wie unser einer.

*

Aus einer Handschrift.

Lieber * * wie es mir ist, könnt ihr leicht erachten. Ich lieg im Streit und widerstreb, hilf, o Herr Gott! mir Schwachen. Die natürliche Lieb und weltliche Consideration des Verlusts will dem Geist nicht genug zulassen, die Eitelkeit des Zeitlichen und die Hoheit des Ewigen zu betrachten. Ich hab meinen linken Arm verlohren, mein ältester Sohn einen guten Second, und das ganze Haus ein schön Lüster und Stück. Hingegen hat Gottes Arm ihn zu sich genommen, der Versuchung befreyet und früh in die himmlische Klarheit versetzet. Seine Schwester Louise hat derselbigen

Kabinetſtücke.

bi..n Frau Mutter gefolget, ehe Ihr, und nun h..ffe ich, werde es an mir ſeyn. Im übrigen weiß ich nichts zu ſagen, ein jeder hat das ſeinige gethan, vielleicht zu viel, dahero es gefährlicher mit uns, als andern Menſchen geringern Stands, in ſolchen Fällen zu ſtehen pfleget, aber nichts ohne den Willen Gottes. Der bewahre meinen Joſeph deſto länger und kräftiger. Mein Benjamin, den die liebe Rachel hinterlaſſen, iſt nicht mehr da. Muth, Kraft und alles vergehet mir, ich kan ahn niemand ſchreiben, noch weniger etwas verordnen, remittir es Eurem gutfinden und werdet Ihr wißen, was ſich am beſten ſchickt und thun läſſet. Verbleibe Euch mit gnädigem Willen gewogen.

II.

Fürſtliche Kinderbriefe.

Es iſt einem Privatmann ein kleines Päckchen von Briefen des Prinzen Friderich Heinrichs, älteſten Sohns des unglücklichen Churfürſt Friderichs V. zu Pfalz, an ſeinen Bruder, Carl Ludwig, in die Hände gefallen. Hiſtoriſches Intereſſe können ſie nicht haben, da der Schreibende zu Anfang dieſes Briefwechſels kaum das 6te, der, an welchen geschrieben wurde, aber noch nicht ganz das 3te Jahr seines Lebens zurückgelegt hatten. Sie zeugen aber doch von der sorgfältigen Erziehung dieser Fürstenkinder, und haben für den, der die Veranlassung weiß, welche diese Kinder trennte *), etwas Rührendes. Also hier ein Paar Proben derselben zur Abwechslung für den Leser.

Das Prinzgen schrieb schon um diese Zeit **Deutsch**, **Französisch**, **Englisch**, **Italiänisch** und **Lateinisch**, lernte auch vermuthlich nebenher **Böhmisch**, denn er meldete wenigstens von seinem jüngern Bruder **Rupert**, daß er zu gehen anfieng, und schon auf Bömisch sagen könne Pam Buka, welches **Herr Gott** heisse.

Der erste Brief ist von Leuwarden den 3ten **)
Novembr. 1620.

„Herzallerliebster Bruder. Ich hab eine große Reise gethan von **Prag** bis in **Niederland**, in **Frießland** bey Graf **Ernst** zu **Lewarden**. Ich höre, daß Spinola ist geschlagen, aber er ist noch nicht tod. Ich bitte

---

*) S. den Versuch eine Geschichte Carl Ludwigs S. 11.
**) Versteht sich den 13. unsers Styls, wie auch von den folgenden. War freylich eine grose und schnelle Reise!

euch, wollet meiner gnädigen Großfraumutter meinen unterthänigen und gehorsamen Dienst vermelden, und meiner lieben Schwester meinen brüderlichen Gruß ꝛc.

Der andere aus dem Haag vom 25ten Apr. 1621.

„— Unser jüngster Bruder Maurizgen, der zu Cüstrin gebohren, ist zu Berlin geblieben, aber unser Bruder Rupert ist hier im Haag frisch und gesund ꝛc."

Eben daher den 21ten Jun. des nehmlichen Jahrs.

„Mein Bruder und wir alle sind wohl auf, Gott lob. Wir sind gestern zu Leyden gewesen, und haben einen Arabischen Professoren allda gehört. Aber ich hab kein Wort verstanden ꝛc."

Den 29. Jenn. 1622. schrieb er aus dem Haag:

— „Ich hoffe, Ew. Lbden seyen, sammt Schwester Elisabeth noch frisch und gesund. Es verlanget mich nichts so sehr, als daß ich Dieselbe in glücklichem Zustand zu Heydelb. wiederum sehen möchte. Ich schicke Ew. Lbdn etliche Handschuh, und eine Feder. Wollte wünschen, daß sie besser wären. Ew. Lbdn wolle Base Cathärein *) meinen freundlichen Gruß und Dienst vermelden, und Schwester Elisabeth brüderlich meinetwegen küssen. Ich schicke Ihr ein klein Hertzlein zum Zeichen meiner treuherzigen brüderlichen Affection."

Allein in eben diesem Jahr hieß es:

— „Es verlangt mich gar sehr, Ew. Lbdn zu sehen. Ich fürchte aber, es werde noch lang nicht geschehen: weil wir hören, daß Heydelberg belagert ist. Ich hoffe, Ew. Lbdn beten fleißig, wie ich auch thue alle Tag, damit, daß uns Gott doch einmahl wiederum Glück verleihen wolle. Ich habe einen Bogen und Pfeile, mit einem schönen sammtnen Köcher mit Silber gestickt, die wollte ich Ew. ꝛc. gern zuschicken, aber ich habe noch keine Gelegenheit. Ich sorge, sie möchten dem Feind in die Hände fallen ꝛc."

Carl Ludwig befand sich damahls zu Schorendorf, im Würtenbergischen, wohin dieser Brief addreßirt wurde. In den folgenden Jahren 1623. und 1624. war er zu Berlin, und sein Bruder bezeugte ihm eine große Freude darüber, gehört zu haben, daß er schon so viel gelernt hätte.

---

*) Seine Tante Catharina Sophia.

Auch an seinen gewesenen Informator, Kolb, dachte Friederich Heinrich in seinem Exil, und schrieb ihm folgenden buntscheckigen Brief.

Mi Colbi. Posthac ut expleam animum tuum omni gaudio, favente Deo, non solum probitate sed etiam pietate, rogo Deum, ut te incolumem conservet; tibique aliquas sententias mitto.

Un bel morir touta la vita honora.
Ama Iddio & non fallire.
Fa pur ben, & lascia dire.
Lauda la guerra & accinti a la pace.
Valete Signore.
Tuus bonus amicus
Fridericus comes Palatinus.

Er ertrank zu Harlem den 17ten Jenner 1629.

12.

Der Fragmenten-Mensch.

Es giebt unter den Großen mehr als unter andern, so viele Fragmenten-Menschen, die einzele Tugenden besitzen, einzele schöne Handlungen verrichten, aber eben so viele Fehler, ja Laster an sich haben, eben so viel Böses, niedriges, schlechtes dagegen thun, inconsequente unsystematische Zwitter, die nicht ganz bös und noch weniger ganz gut sind. Auf dergleichen Menschen möchte das Wort eines weisen Manns *) passen: „In der höchsteinfältigen Person dieses Manns soll würklich eine doppelte Natur liegen, deren Grånzlinien eben so sehr in einander laufen, als ihre dusserste Enden sich von einander zu entfernen und ganz entgegen gesetzt zu seyn scheinen."

13.

Palliativ vor die unmoralische Beyspiele der Fürsten.

O Freund! Freund! was soll der gemeine Mann denken, wenn die Sittenlehrer, mit aller Macht der Beredtsamkeit, Opern, Comödien und Redouten verdammen, und gleichwohl sieht, daß die großen Fürsten und Fürstinnen, deren Weisheit und Tugend eben diese Sittenlehrer nicht genug zu erheben wissen, ihrer Lehre geradezu entgegen handeln? wenn eben diejenigen, welche eine Sache zu prüfen und zu schätzen wissen, sich an diesen Vergnügungen gar nichts abziehen lassen? Muß er nicht hier ganz irre werden? muß er nicht zuletzt glauben, alle Sittenlehre seye bloßes Gewäsche und indem er Ein Gebot verachtet sieht,

---

*) Hamanns Zweifel und Einfälle, 1776. S. 6.

Kabinetstück.

alle für gleich verdächtlich halten? und thäten wir nicht vernünftiger, wenn wir aufrichtig sagten: seidene Kleider sind gut, aber nicht für jedermann, als wenn wir, um die Unvermögenden abzuhalten, sich nicht auch darinn zu kleiden, sie für sündlich erklärten und uns gleichwohl selbst darinn brüsteten?

Mösers patriot. Phantasien IV. B. S. 30.

14.

Sultans-Justiz.

Ein der Aufklärung und Menschlichkeit unsers Zeitalters unwürdiges Vorurtheil ist: daß man dem, welcher ein offentliches Amt bekleidet, in Fällen, welche angeschuldigte Verletzung der Dienstpflichten betreffen, die Wohlthat der gesetzlichen Formen ohne Ungerechtigkeit versagen könne, und daß der Fürst einen solchen mißfälligen Diener verabschieden, das heißt in den mehresten Fällen, zum Bettelstab verurtheilen mag, ohne seine Rechtfertigung gehört, ohne eine Untersuchung verhängt zu haben; ja daß es überhaupt von der Willkühr des Fürsten abhängen müsse, jedem, der das Brod des Staats isset, nach seinem Gefallen diß Brod zu nehmen. Wer siehet nicht, daß hier eine Vermischung sehr wesentlich verschiedener Begriffe zu Grund liege, indeme man die Dienste des Staats, mit denen, welche der Person des Fürsten geleistet werden, für eins hält. — Jeder Eingriff also, durch den der Fürst das heilige Ansehen der Gesetze kränket, indem er ihre Würkung eigenmächtig unterbricht, und wäre es in der unbeträchtlichsten Formalität und unter dem scheinbarsten Vorwand der höchsten Billigkeit, ist fürs ganze eben so nachtheilig, als die Handlung der schwärzesten Ungerechtigkeit Sultanischer Impudenz.

Freyh. von Ungern-Sternberg in den Blicken auf die moralische und politische Welt S. 185.

15.

Es gieng ihm nicht allein so, er hat noch mehrere seines Gleichen.

Die Regierungsgeschäfte wurden ihm zur Last, sie schienen ihm nichts anders, als das Treiben eines Fuhrmanns an einem überladenen Wagen, der durch Sumpf und Koth fort muß, geh es, wie es geh. Er hieß seine beste Minister gar oft Karren-Rosse, freylich gab er ihnen diesen Namen eben, wie gewisse Leute ein wichtigeres Scheltwort *), der halben Welt nicht mit Unwillen und Verachtung, sondern mit Bedauren und Mitlei-

---

*) Guter Narr, armer Teufel u. s. w.

ten; aber sie hörtens doch nicht gerne, insonderheit, weil er mit dem geringsten Mann, der am Hof war, eine Ausnahme machte und diesen nicht so nannte, aber er that es um deßwillen nicht minder.

Oft gieng er einsam von der Jagd weg in die Hütte des Landmanns, aß von seinem Brod, trank von seiner Milch, legte ihm Gold in die Becken, floh dann wieder die niedere Hütte und sagte: „wäre ich doch, wie ihrer einer, und hätte ichs, wie sie!"

Er gab dem Bettler am Weg seine Uhr und dem Kind, das ihn um Brod bat, seine Börse; sagte oft im ganzen Gefühl seines Unglücks laut seufzend: „Ich meynte, ich wollte und könnte ihnen seyn, wie ein Vater. Aber wären sie jetzt nur vor mir sicher, sie sind nicht einmahl das — wer mich kennt, den flieht das Volk, es zittert vor dem Mann, der meine Befehle bringt, sie sind in ihren Augen und in ihrem Mund nichts anders, als der Schlüssel zu ihren Geldkisten, den meine Knechte allenthalben wider sie im Sack haben."

Andere Gesetze zu machen, dachte er wohl, aber die es konnten, sagten, sie können es nicht, und die, so es nicht konnten, wollten es machen, aber er sah, daß sie es nicht konnten.

Das war seine Lage. Er sah im allgemeinen wohl, wo er hindenken sollte, aber er irrte sich Stück für Stück in den Mitteln, und kam endlich dahin, wo viele Menschen in ähnlichen Fällen hinkommen, zu glauben; es sey unmöglich, zu seinem Ziel zu gelangen."

Lienhard und Gertrud. Ein Buch für das Volk. 1787. IV. Band S. 155.

16.

Der Staatsverwalter.

Nur für einen Philosophen ohne Gram und Schaam, nur für einen Nimrod, im Stande der Natur, würde es sich ziemen, mit dem Nachdruck einer gehörnten Stirn auszurufen: Mir und Mir allein kommt das Entscheidungsrecht zu, ob? und wie viel? wem? wenn? unter welchen Umständen? ich zum Wohlthun verbunden bin? Ist aber das Ich, selbst im Stande der Natur, so ungerecht und unbescheiden, und hat jeder Mensch ein gleiches Recht zum Mir! und Mir allein! so laßt uns fröhlich seyn über dem Wir von Gottes Gnaden und dankbar für die Brosamen, die Ihm Jagd- und Schooßhunde, Windspiele und Bärenbeißer, unmündigen Waysen übrig lassen! Siehe er schluckt in sich den Strohm, und acht's nicht groß, lässet sich dünken, als wolle er den Jordan mit seinem Munde ausschöpfen.

<small>Golgatha ꝛc. von einem Prediger in der Wüsten 1784. S. 24.</small>

17.
Weissagung oder Satyre über Deutschland vom Jahr 1783 *).

In Deutschland fangen unabhängige Justiz-Verfassung, Freyheit zu denken und zu reden und allgemein werdende Publicität der Fürsten-Thaten, dem Despotismus und dem Soldaten-Sinn die Wage zu halten. Bald wird, das ahnd' ich, Aidos, die ewige Göttin der Alten, Furcht vor den Göttern und Ehrfurcht vor den Menschen, sie, die das Gleichgewicht im Staat erhält und Weisheit und Gewalt zum Zweck des Ganzen stimmet, bald wird sie ihren Wohnsitz in Deutschland aufschlagen und unsere Fürsten-Söhne werden nicht mehr, wie sonst, ausrufen: Heureux le Gouvernement Francois, qui peut faire des sottises impunement.

Guter Mann! Der du diß geschrieben, wie wenig kennst du Deutschland, Fürsten und Fürstensöhne?

---

*) Von Cassel aus sich datirend im deutschen Museum 1783. II. Band. S. 361.

18.

Nachricht von König Gustav Adolphs in Schweden Aufenthalt zu Mainz zu Ende des Jahrs 1631.

Meinz den 17. (27.) Dec. 1631.

Allhier zu Meinz seindt wir in gutem wolstandt vnd in einer guten herbrig angelangt, ist sonst die Statt ganz voll volckhs. Vergangenen Dienstag, nachdem der Accord alhie getroffen, ist die königliche Majestet in Schweden noch selbigen Tag mit etlichem Volckh eingezogen, sein losament im Schloß genommen, Mittwochs ist das Fueßvolckh mit vier Regimentern einkommen, die Spanischen aber seindt zuvor mit Sack vnd Pack vnd mit zwey Stucken Geschütz ausgezogen, die Pappenheimische vnd Meinzische Soldaten, so in der Schanz gelegen, haben ihre vier Fahnen von der Stangen gerissen vnd sich vndergestellt, es hat mancher Burger 20 vnd mehr Soldaten im Haus. Es gehet wunderlich zue, wo so viel Volckhs ist, die Burger vnd Thumbherrn, so sich von hier weggemacht, werden ihre Heuser vnd Keller ganz spoliirt, den Burgern kombt das seltsam vor, vermeinen, wenn es so soll hergehen, müssen sie in acht Tagen entlaufen, aber göstern ist mit der Burgerschaft accordirt wegen des Gelds, so sie Ihrer Majestät

Kabinetstücke.

vor die Blünderung geben sollen, nemblich achtzig tausend Reichsthaler müsten innerhalb zwölf Tagen erlegt seyn. D. Vogt und Hans Heckh vnd andere handeln mit Ihrer Majestet im Nahmen der Burger, ein jeder Burger, wie viel Gulden er ein Jahr Schazung geben hat, muß jezo achtzehenmal so viel geben, wie sie sagen, trägt manchen Reichen diese Steuer 2 bis 300 Reichsthaler vnd ist ihnen sehr angst, das Geld aufzubringen. So bald die Angab geschehen, welches noch heut werden wird, alsdann soll die Burgerschaft ihr Gewehr ins Schloß zusammen bringen, dann das Jurament leisten und von Ihrer Majestät in Schutz genommen, auch mit einer leidentlichen Garnison belegt werden. Wegen der Geistlichen ist göstern ebenmeßig Nachmittag beschlossen, daß sie 200,000 Reichsthaler erlegen sollen, welchen es leichter als die Burger ankommt, weil sie bessere Mittel dazu haben vnd ihrer auch mehrere als der Burger sind. Ihre Majestät haben alle Posten vnd Wachten selbst besehen, vnd ist ein großes Anlaufen bey Ihnen von viel Herrn vnd Abgesandten, dabey auch des Pfalzgrafen Friderichs Ambaßador sich befindet, ist zu verwundern, wie sie alle Audienz geben können. Sonsten sollen die Jesuiten alhie zu Meintz offentlich vf der Canzel vor Ihr Königl. Maj. bitten, daß der liebe Gott zu ihrem Vorhaben glückliches

Gedeuen verleyhen wolle, wie es aber gemeint, vnd von Herzen gehet, ist leichtlich zu erachten, wie denn dieser Tagen ein Schuß aus einem Rohr in des Königs Saal, nicht weiß man, von weme, geschehen.

Anderweites Schreiben von Mainz den 28. Dec. 1631.

Als wir nacher Mainz kommen, ist fast die ganze Schwedische Infanterie noch da gelegen, also daß schwerlich ist unterzukommen gewesen, zumahlen weil ein großer Zutritt ist gewesen von Fürsten, Grafen und Gesandten, wie dann nächst dem Landtgrauen Wilhelm vnd Herzog Bernhardt von Weimar, auch Herzog Christian von Birckenfeldt, Fürst Ludwig von Anhalt, Herzog von Mecheinburg vnd Herzog Augustus, Pfalzgraue zu Sulzbach da ankommen, wie auch in wenig Tagen nacheinander zwey unterschiedliche französische Gesandte, erstlich Mr. de l'Isle vnd Mr. Estienne, so dann absonderlich auch ein französischer Courier, worüber allerhand Discours gangen, sonderlich weil Rex Gallus mit seiner Armee so weit herausgeruckt, daß, wie der Herr Ober=Amtmann von Bergzabern, so von seinem gnädigsten Herrn auch ad Regem Galliæ geschickt worden, mich berichtet, die französische Armee bis auf 6 Meil Wegs

Kabinetstücke. 543

Zweybrücken nahe gekommen; man macht sie auf 40000 Mann stark, soll aber nit über 26000 Mann seyn. Mr. de l'Isle soll gesagt haben, daß sein König sich gegen ihm habe vernehmen lassen: Er könnte ihme kein angenehmere Relation bringen, als wenn er ihm des Königs in Schweden glückliche Progressen versichern würde. Interim soll Rex Gallus die drey geistliche Churfürsten in seinen Schutz genommen und solches per alterum Legatum Regi Sueciæ notificirt haben. Sonsten sind auch in meinem Anwesen zu Mainz Chur-Sächsische und Braunschweigische Gesandten gewesen, wie auch Wormsische Abgeordnete, in welcher Stadt auch Schwedische Garnison liegt, daß, neben der ganzen Bergstraßen bis gen Weinheim vnd Ladenburg, auch über Rhein das ganze Rhingauw vnd Ingelheimer Grundt, sambt Newstatt vnd Lautern a Suecis eingenommen. Eben jetzt bekommen wir Bericht, daß die Stadt Creuzenach eingenommen seye, das Schloß aber noch halte. Bingen und Bacharach sind auch vber. Aber zu Frankenthal sind die Unterthanen übel bran, dann in die 10000 Spanisch Volk drinnen liegen solle, wie denn auch in Heydelberg über 2000 Mann geworben Volk seyn solle.

Zu Mainz läßt Suecus den Geistlichen noch ihr Exercitium, allein lassen Sie in der Hof-

Kirchen Teutsch vnd Schwedisch predigen vnd sollen Jhre Majestät die Stadt, sonderlich aber das Schloß wegen der vber der Stadt gelegenen Schanz stark befestigen lassen wollen, dazu schon ein Anfang gemacht worden. Sonsten haben Jhr Majestät vf Begehren erlaubt, daß die Kirchen in der Pfalz mit Jhren Predigern bestellt werden mögen, deren sich denn von Tag zu Tag welche einstellen.

Graue Albrecht zu Hanau hat sich zu einem Statthalter im Erzstift Mainz bestellen lassen, andere Grauen aber haben Patente zu Werben angenommen, daß allein in der Wetterau und Westerwald in die 12 Regimenter geworben werden sollen.

19.

Königlich Schwedisches Patent, die Einführung der Evangelischen Religions-Uebung im Hochstift Würzburg betr. vom 17. May 1632.

Aus einer Archival-Handschrift.

Demnach hiemit aus der Königl. Maytt zue Schweeden, vnßers gnedigstes Königß vnndt Herrnß loblichstes verordtnung vnndt Bevelch, daß offentliche Exercitium der im heyligen Reich Approbirten Religion, der Augspurgisches Confession

Kabinetstücke.

fession angestellet, vnndt darburch die Freyheit deß gewißenß, der Heyligen Göttlichen Schrifft gemeeß, in Dero landt vnndt Herzogthum Franckhen, Jedermenniglichß Seelen Heyl, vnndt Seeligkeits zum besten, publicirt vnndt geöffnet wirdt, also ist in Crafft diß, höchst gedachter Ihrer Königl. Maytt, Gnedigster will vnndt erclerung, daß Allen vnndt Jeden Wohlgedachtem Herzogthumb verwandten, Burgern vnndt vnterthanen, Geist= vnndt weltliches Standteß, frey stehen, vnndt zuegelassen sein solle, sich bey oberwehnten Christliches Evangelischen Exercitio, jedoch ohne veruhrsachen einiges Scandali oder Ergernuß, einzuestellen, der Predigt vnndt Abhändlung Göttliches Wortts beyzuwohnen, vnndt sich aller vnndt jeder Pfarrlichen vnndt Kirchen Actuum, zuegebrauchen vnndt theilhaftig zu machen, auch hierinnen Ihrer Geistlichen Vorstehere (zue denen mann sich ohne daß deß schuldigen respects, vnnd Enthaltung alleß vnnotwendigen calumnirenß, endtlichen versiehet) Abmahn= vnndt Betrohungen, (die mann vff eingelangte aigentliche Nachrichtung, andern zum Exempell, ernstlich cœrciren vnndt abstraffen wirdt) wieder Ihren Willen, nichts abhalten noch abschroeckhen zue laßen. Wie nun herauß höchst=ermelter Ihrer Königl. Maytt Christlöblichste Intention erleuchtet, also wirdt sich Jedermän=

Patr. Archiv, VIII. Theil.   M m

niglich hiernach zu richten vnndt zu erzeigen wissen. Vhrkhundt hier forgetruckhten Königl. Regiments Secrets. Datum Würtzburg den 17ten May Anno 1632.

> Der Königl. Maytt zue Schweeden verordtnete Stattbalter, Cantzler vnndt Räth der landts Regierung Hertzogthumbs zue Franckhen.

20.

Bestallung D. Donners zum Evangelischen Superintendenten und Pfarrer zu Mainz vom 2. August 1633.

*

Aus einer dem nachfolgenden Original angehängten Abschrift.

*

Der Königlichen Majestät und Reiche Schweden Rath ec. Ritter ec.

Demnach die Jesuiter Kirch zu Meintz nunmehr ledig ist, so ist Ihr Excellenz Will und Befelch, das dieselbe für die Evangelische vnd der Augspurgischen Confession verwandte Gemein daselbsten von D. Donner eingenommen vnd die Frue= vnd Hauptpredigtten darinnen sampt andern

Kabinetstücke. 547

gewohnlichen actibus ecclesiasticis hinfüro von ihme verrichtet, hinwiederumb aber der Evangelische Lutherische Feldprediger unter dem Horndorfischen Regiment sampt ihme anvertrawten Evangelischen Soldaten in die Capell, in welcher bißhero ohne Vorwissen ein ander Exercitium angestöllt worden, verwiesen und ihme die ställ, so lang er zu Meintz bei dem Regiment sich aufhalten württ, eingeraumbt werden sollen. Und weil der Reformirte Prediger ohne Beruf und ordnung dahin kommen, als solle von Herren Statthaltern derselbe abgemahnet und hinführo dergleichen ohne Ihr Excellenz Vorwissen und Willen nit mehr gestattet werden. Damit auch die Evangelische wahre Religion desto fleißiger und embsiger getrieben, benebens D. Donnern die vilfältige labores geringert, auch die Examina Theologica, sampt einem geistlichen Consistorio, angestellt werden möchten, als ist von Ihr Excellenz besagtem D. Donner anbefolen worden, ehist zwey Diaconos von gutten den Kirchendienern geziemenden qualiteten dahin zu berufen und der Evangelischen Kirchen zu Meintz vorzustöllen, denen dann zu notwendiger Aufenthaltung und Recompens und gebürende Besoldung gereicht werden soll, wie folgt:

Dem ersten oder Archi-Diacono.
250 Reichsthaler an gelb und für Holtz.

Zwey Fuder Wein.
22 Malter Korn.
3 Malter Weitzen.
2 Malter Gersten.
8 Säck Habern.
Freye Behausung.

  Dem andern oder Sub-Diacono.

230 Reichsthaler an geld vnd, für Holz.
Zwey Fuder Wein.
20 Malter Korn.
2 Malter Weizen.
2 Malter Gersten.
7 Säck Habern.
Freye Behausung.

 Zu Vrkund mit hochermelt Ihr Excellenz eigenhändiger Vnderschrifft vnd fürgedrucktem Secret bekräftiget. Signatum Franckfortt am Mayn 1633. 2. Augusti.

    Axel Oxenstiern. mppr.
 (L. S.)

Kabinettstücke.

21.

Bestallung M. Johann Dieterichs Heylands zum Evangelischen Pfarrer in der Jesuiter Kirche zu Mainz, vom 10. Junii 1634.

*

Aus dem Original.

*

Der Königlichen Mayestät vnd Reiche Schweden ins Churfürstenthumb Maintz, Bißthumb Wormbs vnd Reservirte Orth in Francken, verordnete Cammer-Præsident, Räht vnd Cammermeister.

Thun kund vnd bekennen hiemit: Daß im nahmen höchstgedachter Königlichen Mayt vnd Reiche Schweden ꝛc. vf Herrn Reichs Cantzlars vnd Evangelischen Bundts-Directoris Excellentz gnädigen special Befelch, wir zu mehrerm vfnehmen vnd propagirung der wahren vnd allein Seeligmachenden Evangelischen Augspurgischen Religion, den Ehrwürdigen vnd Hochgelahrten, Herrn M. Johann Dieterich Heylanden, zu einem Pfarrer in der Jesuiter Kirchen zu Meintz vffgenohmen vnd bestelt haben, also vnd dergestalt, daß er zuforders der Königlichen Mayestät vnd Reiche Schweden treuw, hold vnd gewärtig sein soll, Dero schaden warnen vnd bestes allezeit werben, die ordentliche predigten, dem allein seeligmachenden wortt Gottes vnd der vnueränderten Augspurgischen Confession gemeeß, treulich vnd fleißig verrichten, die Heilige Sacramenta nach der einsatzung Christi administriren, nebest Herrn D. Donnern, alß Superintendenten, die new beruffene ministros examiniren, so sie tauglich befunden, ordiniren helffen, seiner Gemeindt auch mit einem ohnstraffbaren leben vnd exemplarischen wandell vorgehen. In Summa, all dasjenige, waß zu erbawung der Christlichen Kirchen vnd seiner anvertrauweten Evangelischen Gemein Ewigen Heill gereichen mag, so viell an Ihme, mit ohnnachläßig getrewesten fleiß verrichten vnd leisten soll.

Damit Er nun sambt den seinigen nothwendigen Vnderhalt genießen mög, haben Herrn Reichscanzlers Excellenz gnädig bewilliget, Ihme jährlichen zu Besoldung auß hiesiger Cammer gereichet zu werden, wie volgt: als nemblich dreyhundert Reichsthaler an Geldt, drey Fuder Wein, zwantzig Sechs Malter Korn, Sechs Malter Weizen, zwey Malter Erbsen, zwey Malter Gersten, acht Säck Haffern, nebst freyer Wohnung in der Weylerischen Behaußung, da hiebevor der außgewichene Thumbherr Weyler gewohnet hat, soll Ihme auch diese Competenz alle Quartall richtig bezahlet werden vnd nimbt diese Bestallung ihren ahnfang den Ersten Januarii dieses lauffenden 1634sten Jahrs. Uhrkundlich des Königlichen Cammer-Secrets und vnser eigenhändigen Subscription. Geben Mainz am 10. Junii Ao. 1634.

(L. S.)

Die Unterschrift fehlt, das Siegel enthält das Schwedische Wappen mit der Umschrift: Sigillum Regiæ Majestatis Sueciæ Cameræ Moguntinæ.

Da durch die den 27. August 1634 zum Nachtheil der Schweden erfolgte Nördlinger Schlacht sich der ganze Stand der Sachen geändert und die Schweden sich vom Rhein, und aus Francken und Schwaben zurückziehen müssen, so hat auch diese kirchliche Einrichtung in Mainz damit ihr kurzes Ende bekommen.

22.

Blanchard's und Compagnie Luftschifferey, Windbeuteley ꝛc. ꝛc.

Der Medaillenschneider Werner in Nürnberg hat auf Blanchards Luftfahrerey eine Denkmünze geprägt, auf deren einen Seite der Luftballon zu sehen ist, mit der Ueberschrift:

Nil mortalibus arduum est.

Diese Worte sind aus Horazens Oden L. I. oda 3. v. 37. genommen; das beste, der gleich nachfolgende 38 Vers ist aber weggelassen worden, der billig noch dabey stehen sollte:

Coelum ipsum petimus stultitia.

Daß der Schlosser Blanchard sich, wie andere Gaukler, Seiltänzer, Luftspringer ꝛc. von seinem Luftballen und dessen begaffenden Publico nährt und daß andere Affen diesem Franzosen nachblanchardisiren, dagegen ist nun nicht viel zu sagen, wer sich von der Luft zu nähren versteht, bedarf es nicht von Gassenkehren, Mistführen ꝛc. ꝛc. es giebt aber moralische Blanchards, geistische Licht- und Windmacher und Luft-Professors, die in den Köpfen und Herzen der Menschen mehr Unheil, als alle jene auf eigenes Halsbrechen es wagende Ebentheurer, anrichten, denen möchte man Horazens letzte Worte auf den Rock nähen oder mit entzündbarer Luft auf die Stirne brennen.

23.
Wiener Schneckengang.

Num. 1. ist die Rechnung oder Anbringung, so zu Ihro Excellenz dem Präsidenten um das Præsentatum eingereicht wird; hievon kommt selbige

2 zu Dero Canzley, in behöriges Departement eingetheilt zu werden.

3 Zu dem Præsidi illius Commissionis, um das Præsentatum.

4 Zum Secretario oder Concipisten.

5 in das Cameral-Expedit.

6 in die Buchhalterey ad præsentandum.

7 ins Buchhalterey-Expedit eingetragen zu werden.

8 Depositorium.

9 In Commissariats-Buchhalterey, um ihre Anmerkungen darüber zu formiren, so ferne die Materie es erfordert und von dar immer erst in etlichen Monathen wieder zurück kommt.

10 In die Buchhalterey-Expedit einzutragen.

11 Wieder ad depositorium.

12 Zum Raith-Officier ad examen.

13 Zum Rechnungs-Rath ad revisionem.

14 Zum Vice- und Buchhalter.

15 ad super-revisionem.

16 Zum Accessisten, die Mängel und Bedenken abzuschreiben.

17 ins Expedit einzutragen und auszufertigen.
18 Zu Ihro Excellenz.
19 Zu Dero Canzley.
20 Zur gehörigen Commission.
21 Zum Secretario oder Concipisten.
22 Ins Cameral-Expedit und von da das erstemal.
23 Zum Rechnungsführer, um die erste Erläuterung.

Diesen vorigen Weg muß jeder gegenwärtige sowohl als absente Rechnungsführer, jedoch exclusive der Commissariatischen passibus mit der formirten Erläuterung und folgends auf die super-Mängel noch zu formiren habende super-Erläuterung, noch zweymal also passiren durch 41 Numeros, folglich zusammen ist avancirt bis No. 64. wo die Erledigung aus der Buchhalterey zu Ihro Excellenz dem Präsidenten gelanget und wieder

65 zu Dero Haus-Canzley kommt
66 Von dar zur Commission,
67 Zum Secretario oder Concipisten,
68 Zu dem Cammer-Rath, des es NB. in Commissione referiren soll.
69 Nachdem sich selber bey der Buchhalterey informirt, referirt er es in Commissione und wird darüber gesprochen.
70 Gehet es wieder in die Buchhalterey, um den

Kabinetstücke.

summari Extract oder die Verabschreibung des Verfaß des Officiers.

71 Revidirt der Rechnungs-Rath.
72 Super revidirt der Vice- und
73 Kriegs-Buchhalter.
74 Durch den Accessisten abgeschrieben.
75 Ins Expedit ausgefertigt,
76 zu dem Cammer-Rath,
77 und durch diesen wieder in die Commission zum notiren.
78 Durch den Secretarium oder Concipisten wieder inprotocollirt.
79. Seiner Excellenz pro ratificatione zugestellt.
80 Von der Decision wiederum zum Secretario oder Concipisten, die Assignation zu machen,
81 Ins Cameral-Expedit und von dar
82 zur Bancalirát im Rath.
83 Secretarius.
84 In Ihro Buchhalterey einzutragen und das Geschäft zu machen,
85 Im Rath zur Unterschrift und nach deme zum Cassier.

Dieses ist nun der kürzeste Weg.

Wenn es aber ein mixtum ist, so kommt es wohl über 100 Passus und erfordert sehr lange Zeit, da doch sonsten alles durch 9 Passus geschehen könnte.

24.

Frage und Antwort: ob einem Ehrenmann, sich selbst Nase und Ohren abzuschneiden, zugemuthet werden könne?

Im Jahr 1783. kam ein handschriftlicher Aufsatz in die Wiener Büchercensur, der die Aufschrift führte:

„Der Cardinal Migazzi war schon im Jahr „1777. in geheim das, was er im Jahr 1783. „öffentlich ist."

Der Freyherr von Swieten fragte bey dem Cardinal, der zugleich Erzbischof von Wien ist, schriftlich an: ob diese Schrift gedruckt oder unterdrückt werden solle?

Der Cardinal Migazzi gabe darauf folgende mit Klugheit und Würde gefaßte Antwort: "die „Blätter, worüber Seine Majestät geruhen, meine „Aeußerung zu vernehmen, enthalten nichts neues; „sie sind bloß eine fleißige Sammlung aller derje„nigen Anzüglichkeiten und Verläumdungen, die „bisher von einer gewissen Gattung Leute in ver„schiedenen Schmähschriften wider mich ausge„streuet worden, und von Zeit zu Zeit vor den „Augen des Publikums erschienen sind. Gleichwie „ich aber bisher es unter meiner Würde gehalten

„habe, mich in einem Schreibzank, oder, wie
„diese Art von Leuten es zu wünschen scheinet, in
„einen Briefwechsel einzulassen, so bleibe ich auch
„jetzo unveränderlich bey meinem Entschlusse, und
„sehe dieses gegenwärtige Product, als den Inn=
„begriff aller Schmähungen, mit eben der Ver=
„achtung an, womit ich alle derley einzele Stü=
„cke angesehen habe.

„Mein Betragen war immer das nehmliche,
„ich war beflissen, es nach den Pflichten abzumes=
„sen, die ich Gott, der Kirche, dem Landesfürsten,
„der Rechtschaffenheit und meinem Gewissen schul=
„dig bin. Stets habe ich nach diesen Gründen
„gehandelt und mein Gewissen macht mir durch
„Gottes Gnade keine Vorwürfe, daß ich mein
„Hirtenamt nachläßig verwaltet hätte. Es sind
„wenige Canzeln in meiner Diöces, von welchen
„ich nicht öfters Gottes Wort verkündiget; es ist
„kein Seelsorger, den ich nicht jährlich in geistli=
„chen Uebungen geprüfet und ermuntert; es ist
„kein Gegenstand meines Hirtenamts, den ich bey
„vorgenommener Visitation ausser Acht gelassen
„hätte. Jedermann stehet meine Thüre offen, und
„ich versage niemanden Gehör und Hülfe, die ich
„zu reichen vermag. Was ich in dem ganzen Lauf
„meines Hirtenamts that, geschahe vor den Augen
„des Hofs und des Publikums, denn ich habe das

"licht nie gescheuet. Daß aber eine gewisse Art
"Menschen mich hasset, nimmt mich nicht Wun-
"der, denn ihre Denkungsart war nie die meinige
"und wird es auch nie werden.

"Es bleibt mir also nichts übrig, als Seiner
"Majestät den unterthänigsten Dank für die mil-
"deste Rücksicht abzustatten, welche Allerhöchst-
"Dieselben für mich auch in gegenwärtigem Fall
"zu äussern geruhen und allerhöchster er-
"lauchter Einsicht ganz zu überlassen: ob
"es sich zieme, daß der Vorsteher der
"Kirche, überhaupt, daß ein Erzbischof
"der Kayserlichen Residenzstadt, in den
"Augen des ganzen Volks, dessen Ober-
"hirte er ist, zur Zielscheibe des beißend-
"sten Spottes und der schimpflichsten Miß-
"handlungen gewählet werde?

*

Der Erfolg war der, den man vorher sehen
konnte, die Schrift ward gedruckt und in Wien
öffentlich verkauft.

25.

Einer meiner ehemaligen Collegen.

"Immer wollte Nicias den Anführer, den
Rathgeber machen, wo seine Furchtsamkeit ihn

kaum zum letzten Handlanger taugen ließ. — Bey jeder kleinen Unternehmung wars mein Geschäft, meinen eigenen Gefährten Herz einzusprechen, das seinige, es ihnen zu rauben. Fehler, Schwürigkeiten, Gefahren aufzufinden, war seine Hauptweisheit und oft war er noch mitten in seinen Beweisen, daß unser Vorhaben unthunlich seye, wann wir es schon vollendet hatten."

Meisners Alcibiades I. Th. S. 119.

26.
Was soll nun erst der Minister thun?

"Ein Arzt, der dem Kayser, dem König und dem Fürsten, nicht da widerspricht, wo er soll, ist kein Arzt."

Zimmermann über die Einsamkeit II. Band S. 112.

27.
Wenn soll er gehen und was soll er hernach thun?

Die Würksamkeit des größten Manns reicht nicht hin, auf immer und allenthalben Licht zu verbreiten. Sterbfälle, Gährungen, Mißverstand, Zufall, Kühnheit der Widersprecher, Bosheit, Eigensinn, Vorurtheile, sind oft fähig, das beste Vorhaben zu hemmen. Deßwegen lasse sich der Staatsmann nicht abschrecken; entschlossen fahre er fort! mißlungene Versuche sind Vorbereitungen für künftige glücklichere Versuche. — Verschwindet (aber) alle Möglichkeit, kommt er in die seltene Lage, in der ihm nichts übrig ist, als Wahl: **Mitschuldiger schädlicher Handlungen zu werden, oder seiner Stelle zu entsagen; da zaudere er nicht.** Er wird im Privatleben, in Ausübung bürgerlicher Tugenden, Trost und Glückseligkeit finden. Das Beyspiel seiner Entschlossenheit wird für den Staat letzte Wohlthat seyn. Er sehe sich als Werkzeug der Vorsehung an, dazu bestimmt, das Reich der Tugend und der Wahrheit zu befestigen.

Verhältniß zwischen Moral und Staatskunst vom Freyh. v. Dalberg 1786. S. 19.

28.

Wer seine Ungnade am längsten aushält.

Wenn ein Minister, dems immer wohl und glücklich in der Welt gegangen, in Ungnade fällt, so hält ers nicht lange mehr aus, er stirbt bald nach seinem Fall; ein Mann aber, der sich unter tausendfachen Mühseligkeiten zu seinem Posten hinanarbeiten müssen, erholt und erhält sich auch bey einer noch so schweren ihn betreffenden Ungnade; drum hat sich der zärtliche, weichmüthige Graf **Bernstorff** im dritten Jahr seiner Ungnade zu

todt

todt gegrämt, der Rußische Graf Münch hingegen ist nach 20 Jahren mit unerloschenem Feuer und Muth aus Sibirien zurück gekommen.

29.
Die drey Ministerialkollegen.

Homo licet probus, nobilis & valde
 Generosus sit, nihil id ei prodest in hoc
            sæculo:
Primas in hac vita habet assentator; alteras
 Calumniator, at malignus tertias.

Σ Poeta græco in *Ruisdorfs* Confiliis p. 357.

30.
Fürstlicher Elends=Rath.

Ihrer ist legion! kann man von der zahllosen Menge derer in ihren Nahmen und Uniformen sich noch immer vervielfältigenden Königlichen und Fürstlichen Räthe sagen; mit der kleinen Beyhülfe von ein paar Adreßkalendern habe ich 84 verschiedene Rathstitel zusammengebracht, unter allen aber, zu meiner Betrübniß, keinen Volks= und keinen Elends=Rath gefunden. Die Aemter sind gleichwohl in der That selbst vorhanden, die sobenannte Land=Räthe sollten jenes seyn und die Cammer=Räthe an leider! nur allzuvielen Höfen sind dieses würklich, nicht so sehr, dem Elend zu helfen, als solches zu vermehren und zu vergrößern. Alles diß ist nun in der Ordnung der menschlichen Dinge, war vor uns so und wird nach uns so bleiben; nur sollte, kraft der gepriesenen Freyheit zu denken, und kraft der eben so allgemein seyn sollenden Preßfreyheit erlaubt seyn, jedem dieser Herrn den characteristischen Nahmen seiner wahren und würklichen Beschäftigungen zu geben, und wann solche ehrlich an sich ist, so sollte sichs der Mann so wenig zu schämen haben, als ein Theater-Intendant, ein Lotto-Intendant, ein Directeur des plaisirs (eine Hofcharge zu Dreßden) sich dieser ihrer Ehrenämter schämen. Als die jetzige Kayserin von Rußland den General-Feldzeugmeister, Grafen Bruce, nach Moscau geschickt hatte, um der daselbst wüthenden Pest zu steuren, bekam solcher einen Brief mit der Ueberschrift: A son Excellence Mr. le Comte de Bruce, Grandmaitre de l'Artillerie, & *Directeur de la Peste Imperiale* à Moscau; welche ruhmvolle Benennung wäre es vor jeden Cammerpräsidenten, wann man ihm im besten Sinn des Worts Directeur de la Misére publique zuschreiben könnte? und wann ich den Titus von Fürsten auf Gottes Deutschen Erde wüßte, bey dem ich den Nahmen von Elends-Präsident durch Wohlthätigkeit verdienen könnte, fürwahr, ich würde stolzer darauf seyn, als Cabinetsminister eines Monarchen oder Geheime Rathspräsident eines verschuldeten Fürsten zu seyn. Dann was läßt sich bey den zehntausend Geheimen Räthen, womit Deutschland überschwemmt ist, denken, so lang nicht jeder seinen eigenthümlichen Stempel führt? Nenne man doch die Leute, was sie sind, Geheimer Chatoull-Geheimer Chicanen-Geheimer Monopol-Geheimer Convenienz-Geheimer Cabinets-Justiz-Rath u. s. w. so kennt das Inn- und Ausland seinen Mann, an den es sich in vorkommenden Fällen zu wenden und zu halten hat.

Bis nun diese Gewohnheit in Deutschland zu Stand kommt oder auch, wann solches niemahls geschähe, kann man diejenige Biedermänner vor wahre Volks-Räthe erkennen, welche mit Rath, Warnung, Aufklärung ꝛc. dem allgemeinen Bedürfniß zu statten kommen und dadurch, in Ermanglung äußern Berufs, oder zu dessen Ergänzung, dem innern Trieb eines menschenliebenden Herzens Genüge zu leisten suchen. Einer dieses Geschlechts ist ohnstreitig der Verfasser eines kurzen, aber körnichten Aufsatzes: „Quellen der Armuth, des Elendes, und des moralischen und politischen Verfalls der Staaten *);" in 18 Sätzen, mit dem Ausspruch: dem Weisen genug! Es hätten freylich noch mehrere angeführt werden können und einige Sätze werden starken und nicht ungegründeten Widerspruch leiden, z. B. daß die Feldgüter nicht in kleine Portionen, welche unter 24 Morgen betragen, getheilt werden sollen, welches man in der Pfalz, in Schwaben ꝛc. politischen Unsinn nennen wird, hingegen sind auch einige der treuesten Beherzigung würdig. Ich nenne davon zu dem besondern Zweck gegenwärtigen Werks nur folgende:

"9. Daß die Kinder der Fürsten von der wahren Quelle des Wohlstands der Länder und der großen Ordnung, in welcher jene benutzt werden muß, bisher keinen oder gemeiniglich einen verführenden Unterricht bekommen.

10. Der elende verachtungswürdige Ton in den Gesellschaften, nach welchem die Menschen die Würde ihrer Menschheit ganz beyseite setzen und über ihre wichtige moralische, wirthschaftliche und politische Angelegenheiten mit einander zu reden sich schämen, in Absicht auf Weisheit und Religion und gemeinschaftliches Interesse der Menschheit ganz fremd gegen einander thun und die Zeit mit

---

*) In Hrn. R. R. Schlettweins Archiv für den Menschen VIII. Band S. 126.

Spielen oder armseligen Zeitungsnachrichten und Erzehlungen verderben müssen.

11. Daß Monarchen einem Komödianten oder einer Komödiantin mit Vergnügen 1000 Carolinen oder Guineen hingeben, hingegen sich bedenken: ob sie einem verdienstvollen Schullehrer, einem erfindsamen oder fleißigen Landwirthe oder Handwerksmann hundert oder ein paar hundert Thaler geben wollen?

12. Indifferenz der Großen in Absicht auf Wahrheit oder Religion.

13. Herrschende Sinnlichkeit unter den Menschen überhaupt, besonders aber unter denen, welche an der Staatsverwaltung Antheil haben."

31.

Der gewesene Cammer-Präsident †

Er hatte die unnachahmliche Kunst, Sachen, die er wie in den Tag hinein zu reden schien, den Menschen tief in die Seele hinein zu bringen. Wenn man glaubte, er pfeife den Vögeln ein Lied vor, oder er sehe zum Fenster hinaus auf die Bruck, so warf er, ehe man sichs versäh, ein Wort weg, mit dem er ihrer zehen den Kopf umdrehte, die kaum sahen, daß er da war. Seine Meynungen waren kurz und bestimmt; es war immer viel

Wahrheit darinn, sie schmeichelten dem Fürsten, und er schien dem Volk nicht unrecht thun zu wollen, indem er es würklich that. Man meynte, er kehre ihm den Rücken nur darum, weil es nicht möglich sey, ihm die Hände zu bieten; seine Entschlossenheit mahlte das Leben leicht, er lenkte Mühseeligkeit ab, zerschnitt den Faden, wo er ihn nicht auflösen konnte und machte kein Geheimniß aus dem Glaubensbekenntniß, das tausend Schwächere seines gleichen verbergen: „Er sorge für sich selber und das sey die Bestimmung des Menschen."

Etliche seiner vorzüglichen Aeußerungen waren diese: Wer herrschen will, muß sein Herz also in den Kopf hinauf nehmen, daß er in keinem Fall unter dem Hals mehr viel von sich selber empfinde.

Item: es seye die Hauptkunst eines Fürsten, weder Menschen noch Sachen vor sich kommen zu lassen, die ihm an einem Ort warm machen könnten, wo es einem Fürsten nie warm werden solle.

Weiter: Ein Fürst muß nicht glauben, daß er die Heerde wolle weyden lehren, dafür hat sie selber ein Maul und er ist nicht um deßwillen da.

Item: Es liegt im Grund nicht so viel daran, was er würklich thut, die Heerde zu hüten, als an dem, was er thut, den Hund und den Wolf und die Schaafe glauben zu machen, daß er sie hüte.

Er machte sich auch gar nichts daraus, laut zu behaupten: Man könne die Menschen nie in eine Ordnung bringen, daß sie würklich vor einander sicher seyen, die Grundsätze von der allgemeinen Sicherheit seyen eine Chimäre und, wer daran glaube, ein Narr oder Charletan.

Zu Bestättigung dieses Satzes behauptete er: der Mensch habe einen Zahn im Mund gegen sein Geschlecht, den ihm niemand ausziehen könne; und so lange er diesen habe, so höre sein Beißen nicht auf.

Es braucht viel und mehr Verstand, als der Herzog hatte, das wahre und falsche dieser Sätze zu sondern; aber weil er ein innig gutes Herz hatte, so schadete ihm dieser Mischmasch nichts, er that ihm vielmehr manchmahl wohl, zerstreuete ihn und machte ihm gutes Blut — und sonst nichts.

Lienhard und Gertrud, ein Buch für das Volk, 1787. IV. Band S. 158.

32.

Bußprediger.

Den 11. Apr. 1717. berichtete ein Agent aus Heidelberg an seine Principalschaft: „Im übrigen berichte, daß einige Mißionarii, oder sogenannte Bußprediger, vor einigen Tagen allhier angekommen, so, daß vor morgen über 8 Tage in den allhiesigen Dicasteriis nichts zu thun ist."

Fragt sich: was Bußprediger und Dicasteria mit einander zu schaffen hatten?

33.

Habeat Sibi!

Wer sich zum Helden, das ist zum Leiden für Wohlthun (weil es wider die Instruction und Gesetze ist) berufen fühlt, der klage nicht über die Regenten, die ihn etwas dafür leiden lassen.

Basedow im Examen der allernatürlichsten Religion, S. 50.

34.

Zöglinge der Staats- und Cameral-Schulen.

Möser *) sagt: „So wie junge Leute, welche ein Handwerk lernen sollen, niemahls dasjenige

---

*) In den Patriot. Phantasien IV. B. S. 19.

in einer Realschule lernen werden, was ihnen in der Werkstätte eines guten Meisters gelehret wird: eben so wenig werden künftige Staatsmänner in einer Staats- oder Cameralschule vollkommen gebildet werden. Jene müssen, so wie sie ihr vierzehendes Jahr erreichet, und dasjenige erlernet haben, was sie erlernen können und müssen, die Schulen der Gelehrten verlassen und sich einem Meister übergeben; und eben dieses müssen meiner Meynung auch diejenige thun, welche sich andern Ständen widmen wollen."

Eben derselbe *): „Ich glaube nicht, daß die Leute, welche Bücher geschrieben haben, es jemahls in der Kunst der Aufmerksamkeit denjenigen gleich thun werden, die sich gewöhnt haben, alles mit einem natürlichen Auge zu betrachten und dem ersten Urtheil ihrer Sinne zu folgen. Der Fürst sagte einmahl bey der Tafel, ein General könne wohl ein vortrefliches Buch schreiben, aber ein Bücherschreiber kein General werden; und das glaube ich, überhaupt wahr zu seyn; unser Hof-Jude soll in Geschäften zehenmal brauchbarer seyn, als die Professoren zu — — die jedoch auch in ihrer Stelle tausendmal besser seyn mögen, als der Jude; jedes Ding an seinem Orte."

---

*) Eben daselbst S. 95.

Endlich legt er noch in einem Brief *) zwo theure Wahrheiten dar: „Ich habe vor einigen Tagen mit dem Canzler gesprochen und habe ihn gefragt, wie ihm Ihr Bruder gefiele. Recht gut, antwortete er mir, aber es geht ihm wie dem Schreibmeister, der insgemein kein guter Copist ist. Die jungen Genies wissen die gemeinsten Sachen nicht anzugreifen, sie sind allumfassend und allzugewaltig, besitzen Horn- und Stoßkraft, wollen die Natur gebähren helfen und können kein Protocoll fassen. — Aber stören Sie sich daran nicht, der alte Canzler ist bisweilen grämlich und Ihr Bruder noch jung genug, um seine Horn- und Stoßkraft brauchbar zu machen; seine gute Mine wird ihm so lang Credit verschaffen, bis er bezahlen kann und wer weiß, ob er dann nicht noch einmahl Canzler wird? Es ist doch immer gut, wenn man das Tanzen gelernet hat, aber traurig, Zeit lebens Tanzmeister zu bleiben.

35.

Romanen-Bauren.

Einzele ökonomische, physicalische und moralische Wahrheiten, ohne sie auf das Fundament

---

*) Eben daselbst S. 96.

einer wahren Volksbildung zu gründen und alle Versuche, die mit Vorbeygehung eines festen Einflusses auf das Ganze seiner Stimmung, allerley Kunst und Wissenschaften in das Volk werfen wollen, sind Schlösser in die Luft und Arbeit in den Wind. — Nein! nein! diese Art Aufklärung, die aus Romanen-Bauren machen könnte, wie wir Romanen-Bürger haben, ist nichts nutz und die Fassungskraft des Volks durch festen Einfluß auf seine Berufsbildung zu erweitern, ist das einzige wahre Mittel zu seiner rechten Aufklärung.

Lienhard und Gertrud. Ein Buch für das Volk, 1787. IV. B. S. 456.

36.

Hinc illæ lacrymæ!

„Offenbar entstund, bald nach dem Westphälischen Frieden, in den meisten Deutschen Ländern, und vielleicht nirgends stärker, als gerade in Sachsen, ein vielfacher Eifer, die Rechte des Landesherrn recht kunstvoll hinauf zu winden, bald auf Kosten der Stände, bald auf Kosten des Kaysers, alle Territorial- und vermeinte Souverainitäts-Begriffe bis zur äussersten Freyheit auszubilden. Offenbar entflammte sich der Eifer, so bald vollends ein auswärtiger Majestätsglanz dem

Durchlauchtigen Landesherrn zufiel. Offenbar entstund ein Wetteifer zwischen dem immer mehr prätendirenden Hofe und den immer mehr demonstrirenden Rechtsgelehrten. Und wie dann die Wachtparade immer vollzähliger wurde, wie der prachtvolleste Hofglanz zur orientalischen Höhe stieg, wie selbst auch die hohen Rechtssprecher zu Wien oft mehr Gewalt, als Recht, suchten und oft glücklichst nicht zu wissen schienen *), wie man durch Recht zur Gewalt komme, so war man oft schneller am Ziele, als die älteste, ehrwürdigste Geheime Räthe jemahls gefürchtet hatten und selbst auch dem demonstrirenden Rechtsgelehrten lieb war.

Gebt den Fürsten, was der Fürsten ist; dem Kayser, was des Kaysers ist **)!

Spittler in der Abhandlung über das Sächsische Privilegium de non appellando, in dem Göttingischen historischen Magazin II. B. 3tem Stück S. 494.

---

*) oder es auch unglücklicher Weise würklich nicht wusten, unseeliger Dingen es noch würklich nicht wissen, nicht wissen wollen, und durch das Wehen des Cabinets- und Staats-Canzley-Winds verblindet nicht wissen dürfen.

**) Wenn die Fürsten erst alles haben, was sie, ihr zu seyn, glauben, wird dem Kayser wenig genug übrig bleiben. Drum greift jeder, Fürst und Kayser, zu, wo und so viel er kann.

Wiener Schnecken Gang
Vor dem Regierungs-Antritt Kaÿser Josephs II.
oder So genante Paßus durch welche man nach dem ehmaligen Cameral jnstituto bis zu Erhaltung der Richtigkeit gehen muste

1, 5, 6, 10, 14, 15, 19
2, 7, 9, 12, 16, 18
3, 4, 8, 11, 13, 17, 20
38, 34, 32, 28, 26, 21
39, 36, 33, 30, 27, 23, 22
37, 35, 31, 29, 25, 24
40, 44, 46, 50, 52, 57, 58
41, 45, 48, 51, 54, 56
42, 43, 47, 49, 53, 55, 59
81, 79, 74, 69, 67, 60
82, 80, 75, 73, 68, 64, 61
83, 78, 76, 70, 66, 63
85, 84, 77, 72, 71, 65, 62

Innhalt
des achten Bandes.

Seite.

I. Des Fürstlichen Gesamthauses Nassau im Jahre 1783. erneuerter Erbverein. Nebst der Kayserlichen Bestättigungs-Urkunde vom 29. Sept. 1786.
  Nach dem Original-Druck. . . 3

II. Actenmäsiger Beytrag zur Geschichte des Kayserl. Reichs-Hof-Raths unter der Regierung Kayser Josephs des Zweyten.
  Aus glaubhaften Handschriften. . 77

III. Leben Hans Meynhards von Schönburg, Ritters, K. Groß-Brittannischen Raths, Kur-Pfälzischen geheimen Raths, Obermarschalls und Oberstens. Ein Beytrag zur Geschichte der Protestantischen Union.
  Aus Original-Urkunden mit Beylagen. 109

IV. Das sich selbst nicht kennende Sachsen, oder politische Rathschläge über Chur-Sachsens Stärke und Schwäche, vom Jahr 1707.
  Aus einer beglaubten Handschrift. . 249

Innhalt

Seite.

V. Gesetz-Tafel des regierenden Herrn Fürstens und Bischofs August zu Speyer für seine weltliche Dienerschaft, vom 12. Febr. 1781.   387

    Nach dem Original-Druck.

VI. Ueber Christoph Besolds Religions-Veränderung.   429

VII. Kabinet-Stücke.

  1. Der König und sein Thron-Erbe, Bekenner des Christenthums.

    Kabinets-Schreiben K. Friderich Wilhelms II. in Preußen an den Präsidenten in Schlesien, Freyherrn von Seydliz, vom 26. Jul. 1787.   476

  2. Das Glaubens-Bekänntniß des Cron-Prinzen Friderich Wilhelm von Preußen, feyerlich abgelegt den 4. Jul. 1787.   477

  3. Evangelischer Vortrag des Chur-Sächsischen Conf. Ministers und würklichen Geh. Raths Hrn. v. Wurmb bey Vorstellung des neuen würdigsten Ober-Consistorial-Präsidentens Hrn. v. Burgsdorf zu Dresden den 11. Febr. 1788.   506

  4. Der schönste Fürsten-Bund.   514

  5. Edle Einfalt der alten Fürsten.   514

  6. Fürst Graukopf.   517

  7. In der Welt habt ihr Angst. Joh. 16, 33. Beyspiel, daß diß Wort auch den Fürsten gelte.   517

des achten Bandes.

Seite.

8. Vorstellungs-Schreiben K. Friderichs II. in Preußen an den Marggrafen Friderich Christian zu Brandenburg über seine Cabinets-Schurken, Berlin den 21. April 1766. 520
9. Abschieds-Schreiben Herzog Anton Ulrichs zu Braunschweig an seine Enkelin, die Röm. Kayserin Elisabeth, Gemahlin K. Carls VI. vom 22. Merz 1714. 525
10. Eigenhändiges Schreiben H. Friderichs Ludwigs zu Zweybrücken an einer seiner Diener über den Tod seines zweyten Prinzen Carl Ludwigs, Landsberg den 15 Sept. 1675. 528
11. Fürstliche Kinder-Briefe. 529
12. Der Fragmenten-Mensch. 533
13. Palliativ vor die unmoralische Beyspiele der Fürsten. 534
14. Sultans-Justiz. 535
15. Es gieng ihm nicht allein so, er hat mehrere seines gleichen. 536
16. Der Staats-Verwalter. 538
17. Weissagung oder Satyre über Deutschland vom Jahr 1783. 539
18. Nachricht von König Gustav Adolphs in Schweden Aufenthalt zu Maynz, zu Ende des Jahrs 1631. 540
19. K. Schwedisches Patent, die Einführung der Evangelischen Religions-Uebung im Hochstift Würzburg betr. vom 17ten May 1632. 544

Innhalt des achten Bandes.

Seite.

20. Bestallung D. Donners zum Evangelischen Superintendenten und Pfarrer zu Maynz, vom 2. August 1633. . . 546
21. Bestallung M. Johann Dieterich Heylands zum Evangelischen Pfarrer in der Jesuiterkirche zu Mainz, vom 10. Jun. 1634. 549
22. Blanchard's und Compagnie Luftschifferey, Windbeuteley ꝛc. ꝛc. . . . 551
23. Wiener Schnecken-Gang. . . 553
24. Frage und Antwort: ob einem Ehrenmann, sich selbst Nase und Ohren abzuschneiden, zugemuthet werden könne? . . 556
25. Einer meiner ehemaligen Collegen. . 558
26. Was soll nun erst der Minister thun? 559
27. Wenn soll er gehen und was soll er hernach thun? . . . 559
28. Wer seine Ungnade am längsten aushält. 560
29. Drey Ministerial-Collegen. . . 561
30. Fürstlicher Elends-Rath. . . 561
31. Der gewesene Cammer-Präsident † . 565
32. Buß-Prediger. . . . 568
33. Habeat Sibi. . . . 568
34. Zöglinge der Staats- und Cameral-Schulen. . . . 568
35. Romanen-Bauren. . . . 570
36. Hinc illæ lacrymæ. . . . 571

Nota. Das innliegende Kupferblätgen, Wiener Schnecken-Gang betitelt, ist Num. 23. der Kabinetsstücke und von dem Buchbinder allda einzuschalten.

www.ingramcontent.com/pod-product-compliance
Lightning Source LLC
Chambersburg PA
CBHW031937290426
44108CB00011B/587